权威·前沿·原创

皮书系列为
“十二五”“十三五”国家重点图书出版规划项目

智库成果出版与传播平台

泉州经济社会发展报告（2019）

REPORT ON ECONOMY AND SOCIAL DEVELOPMENT OF QUANZHOU(2019)

主　编／刘义圣
副主编／谢志忠　雷国铨

社会科学文献出版社
SOCIAL SCIENCES ACADEMIC PRESS (CHINA)

图书在版编目(CIP)数据

泉州经济社会发展报告．2019／刘义圣主编．-- 北京：社会科学文献出版社，2020．1

（泉州蓝皮书）

ISBN 978－7－5201－6297－5

Ⅰ．①泉…　Ⅱ．①刘…　Ⅲ．①区域经济发展－研究报告－泉州－2019②社会发展－研究报告－泉州－2019
Ⅳ．①F127．573

中国版本图书馆 CIP 数据核字（2020）第 028265 号

泉州蓝皮书
泉州经济社会发展报告（2019）

主　　编／刘义圣
副 主 编／谢志忠　雷国铨

出 版 人／谢寿光
责任编辑／高　雁
文稿编辑／王春梅

出　　版／社会科学文献出版社 · 经济与管理分社（010）59367226
　　地址：北京市北三环中路甲 29 号院华龙大厦　邮编：100029
　　网址：www. ssap. com. cn
发　　行／市场营销中心（010）59367081　59367083
印　　装／三河市东方印刷有限公司

规　　格／开 本：787mm × 1092mm　1/16
　　印 张：27．75　字 数：404 千字
版　　次／2020 年 1 月第 1 版　2020 年 1 月第 1 次印刷
书　　号／ISBN 978－7－5201－6297－5
定　　价／198．00 元

本报告系福建省民营经济发展研究院、福建省高等学校应用文科国际商务研究基地、泉州师范学院中国经济研究中心、泉州师范学院侨乡区域经济发展研究中心、福建省茶产业技术开发基地、泉州师范学院云计算物联网电子商务智能福建省高校工程研究中心、福建省高校人文社会科学研究基地——茶产业发展研究中心的阶段性研究成果。

主要编撰者简介

刘义圣 男，1958 年 7 月生，汉族，福建福州人，中共党员，现任泉州师范学院商学院二级教授、博士生导师。1978 年考入北京大学经济学系本科；1988 年师承著名经济学家、北京大学经济学院胡代光教授，获硕士学位；2005 年师承著名经济学家、福建师范大学经济学院陈征教授，获博士学位。长期以来，主要围绕西方经济理论在我国的应用以及改革开放中出现的新情况、新问题进行研究，撰写了《中国利率市场化改革论纲》（北京大学出版社）、《中国资本市场的多功能定位与发展方略》（社会科学文献出版社）、《发展经济学与中国经济发展策论》（社会科学文献出版社）、《利息理论的深度比较与中国应用》（长春出版社）等 14 部著述，并先后参加《西方经济思想评论》（厉以宁主编）、《凯恩斯主义与中国经济》（厉以宁主编）、《闽台经济关系：历史·现状·未来》等论著的撰写工作，在国家正式刊物发表论文 140 余篇，其中 CSSCI 期刊 100 多篇，在《经济学动态》《数量经济技术经济研究》《宏观经济研究》《台湾研究》《新华文摘》等国家权威期刊发表论文 18 篇。曾获福建省社会科学优秀成果奖一等奖 2 个，二等奖 4 个，三等奖 1 个。现任中华全国外国经济学说研究会常务理事。2001 年入选“百千万人才工程”，2005 年开始享受国务院政府特殊津贴，2014 年被评为福建省第一批哲学社会科学领军人才。

谢志忠 男，1970 年 11 月生，汉族，福建仙游人，九三学社社员，泉州师范学院商学院教授，博士生导师，金融工程专业主任，全国农村金融学科组副组长，教育部社科基金评审专家，教育部博士基金评审专家，教育部本科专业评审专家，福建省九三学社经济委员会副主任，福建农林大学海峡经济区发展研究中心研究员，（农业部）海峡两岸农业技术合作中心两岸农村金融研究部首席研究员，福州市农村商业银行高级管理顾问，福建省统计局高级统计师评审委员，中华两岸农业交流发展协会大陆顾问，福州市农村商业银行高级管理顾问。长期致力于区域可持续发展和农村金融的教学和科研工作，先后主持和参与国家自然基金、国家软科学基金、教育部人文社科基金、福建省社科基金、福建省教育厅、福建省自然基金、福建省科技厅等课题43项，发表学术论文200多篇、专著5部，作为副主编编写教材3部，参与的科研项目获福建省社科优秀成果一等奖3项。

雷国铨　男，1966年生，毕业于福建农学院，现任福建农林大学安溪茶学院党委书记、教授，硕士研究生导师，农业管理硕士点学科带头人、农业推广体系专家，兼任中国商业经济学会商务经济学委员会常务副会长、福建省茶产业研究会会长，长期从事农业推广、农业管理、大学生创新创业等方面的研究。先后发表论文40余篇，被《学术交流》、《统计与决策》、《中国高校科技》、《福建论坛》（人文社会科学版）、《东南学术》等CSSCI、北大中文核心期刊等重要期刊收录论文20余篇。先后获全国教学成果二等奖1项（排名第四）、省教学成果特等奖1项（排名第四）、校教学成果一等奖1项；指导大学生团队参加全国挑战杯创新创业大赛分别荣获银奖、铜奖各1项；指导大学生团队参加福建省挑战杯创新创业大赛获一等奖2项、二等奖1项；参加的项目获福建省社科三等奖；先后主持省部级课题12项，参编多部专业教材与著作。

摘 要

《泉州经济社会发展报告（2019）》是关于泉州经济社会发展第四本系统的年度研究报告。本书主要由泉州师范学院牵头，邀请行业内的专家、学者共同编撰。全书由总报告、经济篇、社会文化篇、资源环境篇、企业篇、附录六部分构成，分别从经济、社会文化、资源环境、企业等层面，研究勾勒2018年泉州经济社会发展的全貌，剖析经济社会发展中的焦点、热点问题，分析发展趋势并思考解决问题的对策。

经济篇，深入剖析泉州工业经济、农业农村经济、对外贸易以及现代服务业的发展现状；同时，该篇还对泉州特色现代农业、制造业融合、村集体经济、小微企业减税降费和普惠金融服务等方面展开详细研究，并针对发展中出现的问题提出了相应的对策建议。

社会文化篇，主要围绕泉州教育服务区域经济发展、海丝申遗、“海丝”文化遗产保护与开发、“海丝”文化与泉州城市形象、体育产业政策供给优化、历史文化资源开发、医养结合养老模式等热点问题进行研究，分析当前泉州社会发展面临的主要问题与挑战，从而提出相应的解决对策并预测泉州社会文化发展的基本态势。

资源环境篇，就目前泉州土壤污染综合防治、主要农业气象灾害、花卉产业发展、水源地保护、水土保持等方面展开深入探讨，详细阐明泉州经济社会发展中遇到的资源环境问题，并提出相应的改进措施，为促进泉州经济社会高质量发展提供可参考的依据。

企业篇，多方位研究不同企业的发展状况、成功经验和未来发展策略，包括泉州文旅集团、泉州农商银行、华远电讯集团、中坤集团、八马茶业、佳友茶机、福建万家美轻纺服饰有限公司，以期对国内同类企业的发展提供一定的借鉴。

本书编撰力求贴近泉州经济社会发展的实际，关注其发展热点和难点问题，通过进一步总结经验、开拓创新，担当服务泉州经济社会发展的重任，积极为泉州市经济社会发展建言献策。

关键词： 泉州　经济形势　社会发展　海丝文化　高质量发展

Abstract

Report on Economy and Society Development of Quanzhou (2019) is the fourth annual research report on the development of Quanzhou's economy and society. The blue book is the collaborative effort a number of Quanzhou Normal University and industry experts recruited by it. The blue book consists of six parts, namely, "General Reports", "Economic Analysis", "Society and Culture Analysis", "Resource and Environment Analysis", "Enterprises Reports" and "Appendix". Centered on economy, society and culture, resource and environment, and enterprises, the book presents a complete picture of the development of Quanzhou's economy and society, examines the focal points and key issues of development, analyzes the trends of development, and offers recommendations for and solutions to the issues.

The "Economic Analysis" part deeply analyzes the current situation of Quanzhou's industrial economy, agricultural and rural economy, external trade and modern service industry. This part also makes the detail researches on the modern agriculture with characteristics of Quanzhou, the industry convergence in manufacturing, the village collective economy, the decline in taxes and fees of small and micro businesses, and the inclusive financial services for small and micro businesses. Meanwhile, some corresponding suggestions are put forward to solve the problems appearing in the development.

The "Society and Culture Analysis" part concentrated on the issues of education serving the regional economy, "Marine Silk Road" cultural heritage applicating for World Heritag, pretection and development of "Marine Silk Road" cultural heritage, "Marine Silk Road" culture and city identity of Quanzhou, supply optimization in sports industry, development of historical and cultural resources, combination of medical treatment and endowment for the old. This part also analyzes the main problems and challenges during the social development of Quanzhou, presents the corresponding solutions and predicts the basic trend of social and cultural development of Quanzhou in the future.

The "Resource and Environment Analysis" part deeply discusses the inssues of comprehensive prevention and control of soil pollution, major agrometeorological disasters, development of flower industry, protection of headwaters, soil and water conservation in Quanzhou. Meanwhile, in order to provide reference for promoting the high-quality development of Quanzhou's economic and social, this part also in detail expounds the restriction of resource and environmental and put forward some improvement measures.

The "Enterprises Reports" part researched the development, successful experience and future development strategies of different enterprises in many aspects, in order to provide references for the domestic similar enterprises, including Quanzhaou Culture Tourism Group, Rural Commercial Bank of Quanzhou, Huayuan Telecommunications Group, Zhongkun Group, Bama Tea, Jiayou tea machine and Wanjiamei.

Every effort has been made to ensure that this bluebook captures the reality of the development of Quanzhou's economy and socity, sheds light on the key trend and issues. Relying on the further experience and innovation, this bluebook strives to serve the development of Quanzhou's economy and society, and provides some reasonable suggestions and solutions.

Keywords: Quanzhou; Economic Development; Social Development; Maritime Silk Culture; High-quality Development

目　录

Ⅰ　总报告

B.1　2018~2019年泉州经济形势分析与预测 …… 王世杰　刘义圣 / 001

B.2　泉州城市经济竞争力综合评价分析 …………… 郭　志　谢志忠 / 018

B.3　泉州社会发展现状与展望 ………………………………… 刘艺灵 / 031

Ⅱ　经济篇

B.4　泉州市2018年工业发展形势分析与对策建议 ………… 颜雅英 / 043

B.5　泉州市农业农村经济发展形势与趋势分析
……………………………… 叶　颉　陈鎏鹏　谢志忠 / 060

B.6　2018~2019年泉州对外贸易发展形势与展望 ………… 黄晓玲 / 073

B.7　泉州市现代服务业发展现状与对策研究…………………… 裴彩霞 / 086

B.8　乡村振兴战略背景下泉州特色现代农业发展研究……… 黄本梅 / 099

B.9　泉州制造产业融合的路径、动因与效应分析…………… 卢志渊 / 112

B.10　乡村振兴战略背景下泉州市村集体经济发展研究
……………………………………… 施琼霞　刘义圣 / 128

B.11 泉州小微企业减税降费政策的初步成效及发展建议 …… 张　豪 / 143

B.12 泉州小微企业普惠金融服务发展存在的问题及对策 …… 张　豪 / 157

Ⅲ　社会文化篇

B.13 被需值引领下产业学院服务区域经济发展的育人机制
——基于“一带一路”倡议背景 ………… 王树生　黄重成 / 173

B.14 2020年泉州海丝申遗对策与建议 …………………… 王万盈 / 192

B.15 泉州“海丝”文化遗产及其保护与开发 …………… 徐　丹 / 203

B.16 “海丝”文化与泉州城市形象 ……………………… 徐　丹 / 216

B.17 泉州市体育产业政策供给现状与优化策略研究
……………………………………………… 任慧涛　许月云 / 238

B.18 基于文化旅游视角的历史文化资源产业开发
——以福建省泉州市为例 ………………………… 黄志锋 / 250

B.19 泉州医养结合养老模式研究 ………………… 李亚辉　刘义圣 / 260

Ⅳ　资源环境篇

B.20 泉州市土壤污染综合防治问题分析 …………………… 陈永山 / 274

B.21 泉州主要农业气象灾害分析 ………………………… 钱莲文 / 282

B.22 泉州市花卉产业发展规划策略 ……………………… 冯　莹 / 291

B.23 泉州市水源地现状及发展对策分析 ………………… 陈腾殊 / 302

B.24 泉州市水土保持状况及对策建议 …………………… 许敬华 / 311

Ⅴ　企业篇

B.25 引领泉州文旅新发展　书写文旅发展新篇章 ………… 谢志忠 / 319

B.26 提升金融服务水平 助力民营企业发展
——泉州农商银行推动民营企业转型升级的实践
…………………………………………………… 林向前 谢志忠 / 329

B.27 诚信立业，做电讯行业的先行者
——福建省华远电讯集团发展纪实 ……… 谢志忠 叶 颉 / 335

B.28 砥砺前行 做行业的领航者
——中坤集团发展纪实 ……………………… 叶 颉 余东烨 / 343

B.29 从乾隆钦定到大国品牌，八马茶业引领的中国茶
…………………………………………………… 雷国铨 谢志忠 / 353

B.30 创新致远，实干争先
——佳友茶机助推茶产业转型升级的实践
…………………………………………………… 雷国铨 谢志忠 / 357

B.31 坚守民生情怀 做有温度的好银行
——泉州农商银行发展纪实 ……………… 林向前 谢志忠 / 369

B.32 奋力新作为 开启新征程
——福建万家美轻纺服饰有限公司发展纪实
…………………………………………………… 谢志忠 叶 颉 / 374

Ⅵ 附录

B.33 泉州师范学院服务泉州经济社会发展行动计划
……………………………………………… 泉州师范学院科研处 / 378

B.34 云计算物联网电子商务智能福建省高校工程研究中心简介
…………………………………………………… 许旭红 郭建宏 / 391

B.35 中国经济研究中心与侨乡区域经济研究中心简介
…………………………………………………… 刘义圣 谢志忠 / 400

B.36 泉州师范学院民营经济发展研究院简介 …… 谢志忠　刘义圣 / 402

B.37 福建省高校人文社会科学研究基地“茶产业发展研究中心”
…………………………………………………… 雷国铨 / 408

B.38 福建省茶产业技术开发基地 ……………………… 雷国铨 / 409

B.39 福建省茶产业工程技术研究中心 ………………… 雷国铨 / 411

参考文献 …………………………………………………………… / 412

皮书数据库阅读**使用指南**

总 报 告

General Reports

B.1 2018～2019年泉州经济形势分析与预测

王世杰 刘义圣*

摘 要： 2018年以来，伴随着中美贸易谈判的开展以及贸易摩擦的持续升级，我国经济形势依然复杂严峻，经济面临新的下行压力。泉州市委市政府全面贯彻落实党的十九大精神，坚持以习近平新时代中国特色社会主义思想为指导，坚持稳中求进工作总基调，坚持新发展理念，按照高质量发展的要求，主动融入新福建建设大局。本报告从农业、工业、建筑业等方面论述2018年泉州市经济的运行状况，阐述了经济运行中存在的总体经济结构不尽合理、企业自主创新能力不足、融资

* 王世杰，广东金融学院经济贸易学院副教授，博士，研究方向为宏观金融的数量分析；刘义圣，泉州师范学院二级教授，博士生导师，研究方向为区域经济学。

和投资环境有待优化、人才资源需求缺口短期难解、金融支撑体系亟待完善等问题，并对2018～2019 年泉州市经济形势进行了分析展望，最后对未来泉州经济发展提出助推“1234”现代产业体系建设、积极实施乡村振兴战略、力促区域经济协调发展、优化民间投融资环境等发展建议。

关键词： 泉州　经济形势　区域协同　高质量发展

一　2018年泉州市经济运行状况

（一）整体状况

2018 年，泉州经济运行基本面保持稳定，总体平稳较快增长。泉州市经济增长稳中有升，全市实现地区生产总值 8647.98 亿元，同比增长 8.9%，居全省第 1 位，连续 20 年领跑全省。第一、二、三产业对 GDP 增长的贡献率分别为 0.6%、57.9% 和 41.5%，分别拉动 GDP 增长 0.1 个、5.1 个和 3.7 个百分点。三次产业所占比重之比为 2.4∶57.7∶39.9（见表 1）。

主要特点：农业生产稳步推进；工业生产稳中有升；服务业发展稳中向好；固定资产投资增加；消费需求保持较快增长；外贸出口稳中趋缓；民营经济活力增强。

表 1　2013～2018 年泉州总体经济变化概况

单位：亿元，%

指标	2013 年	2014 年	2015 年	2016 年	2017 年	2018 年
生产总值	5218.00	5733.36	6137.74	6646.63	7548.01	8647.98
比上年增长	11.5	10.1	8.9	8.0	8.4	8.9
三次产业所占比重之比	3.3∶61.8∶34.9	3.0∶62.0∶35.0	2.9∶61.0∶36.1	3.0∶58.7∶38.3	2.6∶58.3∶39.1	2.4∶57.7∶39.9

资料来源：泉州市统计局统计资料。

（二）农业

2018年，泉州市上下按照中央和省的决策部署，坚持稳中求进工作总基调，农村工作深入贯彻落实中央、全省农村工作会议以及省、市党代会精神，以增强农产品市场竞争力为中心，以拓展延伸农业功能为抓手，扎实推进农业供给侧结构性改革。2018年，农业生产稳步推进，全年完成农林牧渔业产值364.23亿元，增长2.3%，增速同比提高1.3个百分点。其中，农业产值为142.78亿元，同比增长5.0%；林业产值为5.91亿元，同比增长6.1%；牧业产值为70.92亿元，同比下降2.1%；渔业产值为135.46亿元，同比增长1.8%；农林牧渔服务业产值为9.16亿元，同比增长6.7%。主要农产品产量增势稳定，全年生产水果13.17万吨，同比增长12.5%；生产茶叶8.36万吨，同比增长3.4%；生产食用菌8.71万吨，同比增长6.7%；生产水产品107.81万吨，同比增长1.8%；生产肉蛋奶26.02万吨，同比下降4.8%。粮食产量达到48.5万吨，同比增长2%。农业现代化稳步推进。

（三）工业和建筑业

2018年，泉州市完成工业增加值4346.46亿元，同比增长8.9%，工业对经济增长的贡献率达53.2%，工业发展稳中有升。其中，规模以上工业增加值为3911.97亿元，同比增长9.1%。全年规模以上工业实现销售产值15994.79亿元，同比增长18.7%。拥有超亿元企业2692家，同比增加169家，其中超10亿元企业为281家，同比增加35家。工业经济运行呈现三个特点。一是行业基本面保持稳定。37个行业大类中有35个行业实现增长；20种主要工业产品中有18种产品产量实现增长。增长面达94.6%，同比提高13.5个百分点。二是传统、重化、高新“三大板块”渐成格局。传统产业发展势头良好，纺织鞋服、建材家居、食品饮料、工艺制品规模以上工业增加值分别同比增长9.7%、11.7%、8.5%和13.2%。重化产业发展稳中趋缓，重工业占比提升，由2017年的37.3%提高至38.1%，石油化工、机械装备两大重化产业规模以上工业增加值分别同比增长5.3%和11.4%，高新技术产业发展强劲，实现规模以上工业增加值637.39亿元，同比增长9.2%。三是龙头企业增势良好。全市525家规上工业龙头企业实现产值6769.51亿元，同比增长15.7%。

（四）服务业与旅游

2018年，泉州市服务业实现平稳较快增长。从增速看，总体保持平稳较快发展；从产业结构变动看，三产占比创历史新高；从对经济增长的贡献看，服务业对经济增长的贡献稳步提升；从服务业内部结构变化看，现代服务业发展速度加快。全年服务业增加值占GDP比重达39.9%，创历年新高，比上年提升0.4个百分点。“互联网+”经济快速发展，邮政快递等现代服务业发展速度加快，全年完成邮政快递业务675.72亿元，同比增长87.5%。其中，完成邮政业务210.17亿元，同比增长32.2%。全年共接待国内外游客6659.88万人次，比上年增长21.7%。其中，境内游客为6481.84万人次，同比增长21.6%；境外游客为178.04万人次，同比增长22.6%。全年实现旅游总收入1089.68亿元，同比增长29.1%。其中，国内旅游收入为971.62亿元，同比增长29.1%；旅游创汇17.84亿美元，同比增长32.0%。“海丝泉州”品牌效应和“东亚文化之都”美誉影响范围扩大，“海丝+古城+旅游”的格局发展势头良好。

（五）固定资产投资

2018年，泉州市全年完成固定资产投资4709.3亿元，全年固定资产投资同比增长14.2%。其中，项目投资为3851亿元，同比增长12.5%；房地产开发投资为791.41亿元，同比增长13.0%。固定资产投资按三次产业分，第一产业投资增长43.5%；第二产业投资增长34.2%；第三产业投资增长6.1%。工业投资增长33.3%，占固定资产投资的比重为31.6%。基础设施投资增长8.7%，占固定资产投资的比重为24.1%。先进制造业投资增长39.3%，占固定资产投资的比重为13.3%，2014~2018年固定资产投资及其增长速度见表2。从投资结构来看，投资结构不断优化。全市先进制造业投资增长39.3%，增速同比提高17.1个百分点，快于全市固定资产投资增速25.1个百分点，占制造业投资比重由2017年的43.7%提高至45.2%。服务消费相关领域投资快速增长，互联网和相关服务业投资增长406.3%，文化体育和娱乐业投资增长93.2%，卫生和社会工作投资增长66.4%，教育投资增长19.9%，均明显快于全市固定资产投资增速平均水平。

表2　2014～2018年固定资产投资及其增长速度

单位：亿元，%

指标	2014年	2015年	2016年	2017年	2018年
固定资产投资	2847.33	3406.25	3748.01	4123.80	4709.3
比上年增长	17.6	18.5	10	10	14.2

资料来源：泉州市统计局统计资料。

（六）国内贸易

2018年，泉州市消费需求持续较快增长，全年实现社会消费品零售总额3407.89亿元，同比增长12.3%，增速提高0.9个百分点，比年度预期目标高0.6个百分点，对经济增长的拉动作用不断增强。在中美贸易摩擦不断的大背景下，泉州外贸仍然取得十分骄人的成绩。全年全市进出口总额达1853.7亿元，同比增长18.2%。其中，出口额为1192.6亿元，同比增长14.0%；进口额为661.1亿元，同比增长26.7%。进出口顺差为531.5亿元，比2017年增加5.5亿元。从消费结构看，消费升级类商品零售额增长快于传统消费品。一是与住房相关商品销售形势较好。全市限额以上商贸企业建筑及装潢材料类商品零售额同比增长18.3%，五金、电料类商品零售额同比增长22.2%，家用电器和音像制品类商品零售额同比增长28.6%，家具类商品零售额同比增长20.3%。二是文化娱乐类商品热销。全市限额以上通信器材类商品零售额同比增长45.0%，文化办公用品类商品零售额同比增长19.1%，儿童玩具类商品零售额同比增长24.2%。三是与出行相关消费回升。限上汽车类商品零售额同比增长13.1%，石油及其制品类商品零售额同比增长12.6%。四是传统零售业销售回暖。全市限额以上批发和零售业企业通过互联网实现商品零售额228.68亿元，同比增长29.7%。

（七）对外经济

2018年，全年全市完成进出口商品总值1853.7亿元，同比增长18.2%，增速居全省各设区市首位，比全国、全省平均水平分别高8.5个和11.6个百分点，比2017年全年高16.2个百分点。其中，出口商品总值为1192.6亿元，同比增长14.0%，增速居全省第2位。全市规上工业企业全年完成出口交货值2590.68亿元，同比增长18.7%，增速提高8.5个百分点。

（八）民营经济发展

自改革开放以来，作为中国民营经济发展的重要阵地、制造业发展的重要基地，泉州成为福建省乃至全国发展最快、最具活力的地区之一。尤其在制造业等传统产业，创造出“晋江经验”和“泉州现象”的泉州民营经济，成为地方经济的主导力量，成为泉州经济最大的活力源泉。2018年，民营经济稳固发展。民营经济全年全市实现增加值6951.27亿元，同比增长9.5%，对全市经济增长的贡献率达88.2%。全市规模以上民营工业企业完成增加值3549.20亿元，同比增长9.5%，对规上工业增加值增长贡献率达94.4%，拉动全市规上工业增加值增长8.6个百分点。全市限上民营单位实现零售额1309.55亿元，同比增长18.1%，对限上零售额增长贡献率达91.7%。

二　2018年泉州市经济运行存在的主要困难及问题

（一）总体经济结构不尽合理

近几年来，泉州的经济发展保持稳步提升势头，地区生产总值持续增长，但总体经济运行质量和效益有待提高，经济发展还不够协调，究其根源仍在于经济结构不尽合理。“三期叠加”的阶段性特征给泉州经济发展带来了显著的压力。主要表现如下。一是产业结构明显不合理。2018 年泉州三次产业所占比重之比为2.4∶57.7∶39.9，仍然呈“二、三、一”型产业结构，从中可以看出，工业结构的比例仍然偏重，第三产业的发展潜力还需大力发掘。二是作为第二产业主体的工业，仍由传统制造业主导，其发展受工业化和城市化滞后的制约。高新技术产业所占比重较小，企业发展的质量和效益不高。三是各县域经济发展不平衡、不充分。近年来，晋江、石狮等发展较快，德化、安溪、永春等欠发达地区生产总值快速增长，发展态势良好，但还是存在发展后劲不足的现象。晋江地区生产总值最高，达 2229 亿元，然而德化县的生产总值只有 246.23 亿元，差距较大（见表3）。

表3　2017～2018 年泉州各县域地区生产总值状况

单位：亿元，%

地区	2017 年地区生产总值	2018 年地区生产总值	同比增长
泉州市	7548.01	8467.98	8.9
鲤城区	464.96	526.77	9.5
丰泽区	590.96	659.97	8.9
洛江区	175.95	200.56	9.6
泉港区	526.89	654.11	8.6
石狮市	772.65	836.03	9.1
晋江市	1981.5	2229	9
南安市	977.38	1067.82	8.4
惠安县	949.31	1094.53	9.7
安溪县	515.33	574.38	8.9
永春县	373.31	419.46	8.7
德化县	221.05	246.23	9.0

资料来源：泉州市统计局统计资料。

（二）企业自主创新能力不足

近年来，虽然泉州高新技术产业发展势头良好，但就泉州民营企业来看，其作为科技创新主体，科研基础条件相对薄弱。泉州企业竞争力不足、自主创新能力弱，缺乏核心技术和较高的管理水平，组织结构缺乏创新，这些问题都影响泉州民营企业的健康发展。改革开放以来，泉州非外源性民营经济发展较快，但这也在客观上阻碍了外资进入泉州，形成缺乏外资进入的“鲶鱼效应”，这既阻碍了企业新型管理方式的更新和高技术管理人才的流入，同时也使泉州民营企业在资源配置、企业管理方法和技术革新上都缺乏必要的创新。而就泉州市工业产业结构发展情况来看，区域创新能力不强的状况尚未改变，最主要的原因还是在于企业自主创新能力不足、高新技术企业数量少，且产品技术含量不高，多数企业技术理念和手段相对落后。目前，泉州市传统优势产业以劳动密集型产业为主，这也导致产业对创新资源吸纳程度和创新依存程度较低。同时，有些以科技创新为主题的民营企业的科研基础条件相对薄弱，创新能力不足，极大地阻碍了泉州民营经济的转型。

（三）融资和投资环境有待优化

从国内政策环境来看，目前泉州市政府虽然实行了一系列扶持中小型企业发展的政策，但在一般情况下，中小型企业仍不能享受同国有企业同等的待遇和优惠。就企业融资而言，近几年泉州中小型企业的贷款存在相对较大的缺口，大部分中小型企业由于自身条件的限制，难以得到银行的长期贷款支持。并且，很多银行贷款利率和贷款门槛较高，使中小型企业融资受阻，严重挫伤了中小型企业的发展积极性，中小型企业仍存在“融资难”现象。另外，企业融资和投资体制不健全，金融资本市场发育相对缓慢。

从国际环境来看，加入 WTO 以来，我国政府提供了许多招商引资的优惠政策，加之我国拥有丰富的劳动力和原材料，吸引了大量的外商投资，但进出口方面仍存在薄弱环节。泉州的外贸企业很多，大量外资进入导致一些国家要求人民币升值，对泉州中小型企业来说，这将直接导致外汇减少，影响企业收入。特别是近年来我国中小型企业的产品经常被排挤，再加上我国物美价廉的产品较多，部分国家对我国实施贸易保护主义政策，这也在一定程度上阻碍了泉州企业的发展。

（四）人才资源需求缺口短期难解

人才资源是第一资源，人才在推动经济社会发展中起着至关重要的作用。当前，泉州市人才资源状况与经济社会的需求还不相匹配，不能适应发展的新形势、新要求。主要表现如下。一是人才总量相对不足。二是高层次人才和高技能人才相当匮乏，特别是具有一定产品开发能力、独立开展科研活动的高科技人才，熟悉国际惯例和世贸规则的高级管理人才等。三是人才分布不合理，民营经济的三大主导产业和五大支柱产业的专业技术人才数量在全市专业技术人才总量中占比偏小，企业经营管理人才队伍整体素质不高，职业经理人体系尚未形成。企业用工结构性问题突出，供需不相适应，人力资源市场上有大量普通工人，这在一定程度上制约了泉州企业的成长和经济的发展。

（五）金融支撑体系亟待完善

伴随泉州金融改革实验推进，泉州金融业持续发展，金融业增加值对GDP的贡献稳中向好，近几年来的平均贡献率约为5%，但是仍存在许多问题，泉州各县区市金融业发展尽管互有长短但并不平衡。近年来，泉州城区面积扩大，然而，相应配套设施建设跟不上前进步伐。现有的硬件设施和软件水平不足以吸引国内、国际较高水平的金融机构平台来泉州设立公司或者分支机构。金融支撑力度不够，金融风险日益凸显，金融风险防控压力增加。不良贷款持续暴露，银行业不良贷款率提高，个别银行抽贷、压贷、惜贷现象仍然存在，企业面临资金链断裂的风险增加；企业融资渠道仍较单一，社会融资规模出现收缩；原本采用的互保联保风险凸显，抵押担保难的问题难以突破。不容乐观的金融风险形势表明建立更完善、安全的金融支撑体系具有紧迫性。

三　2018 ~2019年泉州经济形势分析与展望

2018 年，宏观经济景气度下行，经济增速逐季放缓。2018 年以来，我国宏观经济增速持续小幅回落，与全球经济运行态势基本一致。2018 年全年国内生产总值（GDP）累计为 90. 0 万亿元，名义 GDP 同比增长 9. 7%，比 2017 年回落 0. 7 个百分点；实际 GDP 同比增长 6. 6%，实际增速较 2017 年下滑 0. 2 个百分点，且逐季下滑。其中，第四季度 GDP 同比实际增速降至 6. 4%，与 2009 年第一季度持平，且为有数据记录（1992 年）以来的最低值。需要说明的是，2018 年经济增长仍处于平稳区间，既未脱离年初制定的“6. 5%左右”的目标范围，也未给就业带来明显压力。消费基础性作用增强，投资同比转弱，净出口对经济增长重返负向拉动。“三驾马车”方面，2018 年消费拉动 GDP 增长 5. 0%，较 2017 年提高 0. 9 个百分点，服务消费保持较快增长，带动消费对经济增长的基础性作用进一步增强。2018 年基建投资增速大幅放缓，导致投资对经济增长的贡献减弱，拉动 GDP 增长 2. 1%，较 2017 年下滑 0. 1 个百分点。因货物贸易顺差大幅收窄，服务贸易逆差显著扩大，净出口同比下滑，2018 年净出口拉低 GDP 增速 0. 6 个百分点，而 2017 年为正向拉动 0. 6 个百分点。因此，从总需求角度看，2018 年 GDP 增速放缓主因是净出口拉动转负和投资贡献下滑，而消费成为稳定宏观经济的压舱石。

2018 年以来，中美贸易摩擦不断升级，对市场产生较大影响。但因相关关税措施自下半年起才正式落地，关税税率提高对进出口贸易量的影响还要经过关税传导率及需求的价格弹性等因素过滤，以及存在对美“抢出口”现象，故从全年来看，中美贸易摩擦对我国出口增长并未构成明显拖累。不过，随着“抢出口”红利减退，出口需求透支的影响显现，中美贸易摩擦的负面效应也将逐渐释放，这在 12 月的出口数据中已经有所体现。

2018 年我国货物贸易进出口总值累计同比增长 12. 6%，增速较

2017 年提高 1.2 个百分点。其中，出口额同比增长 9.9%，进口额同比增长 15.8%，均保持较快增长势头。需要说明的是，在内外部需求走弱、“抢出口”效应减退和价格因素支撑作用减弱等影响下，第四季度我国进出口同比增速与前三季度相比有明显下滑，故年内走势表现为前高后低。贸易平衡方面，2018 年我国对外贸易顺差累计为 3518 亿美元，同比下降 16.2%，表明商品贸易净出口对经济增长的拉动作用继续减弱。

从年内走势来看，2018 年全球经济扩张动能边际放缓，制造业 PMI 从年初的 54.4% 持续下滑至年末的 51.2%。主要经济体中，欧元区和日本经济增长动能均趋于减弱，仅美国经济受减税政策刺激增长强劲。美联储加息、美元指数上扬带动一批新兴市场宏观经济波动加剧，本币较大幅度贬值。外部基本面趋弱是年内我国出口贸易增速前高后低的主要原因。

2019 年，在全球经济景气下行背景下，中美贸易摩擦走向仍存在较大不确定性，从而对消费、投资、进出口产生不同程度冲击。国内储蓄率走低、金融周期下行，整体经济运行将延续景气回落过程，但仍处于中高速增长区间。

2019 年，支撑经济增长的因素仍然较多。宏观政策将在稳增长方向上逐步发力，前期供给侧结构性改革的成果为逆周期调节腾出一定空间。城镇化进程每年新增 1000 万个就业岗位，国内消费升级带动服务需求增长较快，高端制造业还有很大发展空间。总体来看，2019 年经济运行的回旋余地仍然较大，最终的结果很可能是“变中有稳”，经济增长不会出现失速风险。

2019 年中美贸易摩擦风险整体可控，世界前两大经济体出现贸易脱钩的可能性很小。从三驾马车来看，2019 年将呈现“投资反弹、消费趋稳、净出口负向拉动加大”的特征。

近年来，党中央高度重视福建省的发展，在省委、省政府的坚强领导下，福建省按照“再上新台阶、建设新福建”的决策部署，紧扣“机制活、

产业优、百姓富、生态美”发展目标，牢牢把握稳中求进工作总基调，坚持以新发展理念适应、把握、引领经济发展新常态。

从泉州市域来看，泉州市2018～2019年经济总体保持平稳较快发展，大部分主要经济指标呈现平稳回升态势。总体经济基本面稳定，农业生产稳步推进，工业发展稳中有升，服务业拉动经济作用增强，对外贸易增幅较大，CPI总体保持稳定，新旧动能转换持续推进，供给侧结构性改革效果逐步显现，但仍存在许多问题：经济运行质量不高；总体经济结构不均衡；缺乏技术创新，人才资源不足，科技对经济增长贡献率偏低；投资环境不够优化，对外开放水平还不够高；民营企业规模单一等。因此必须从产业体系建设、区域协调发展、人才建设、科技创新建设、投资环境及对外格局等方面着手推动泉州经济发展，为泉州经济注入新的活力。

2018年第一季度泉州经济延续上年以来的平稳增长态势，大部分经济指标增速在全省排名靠前。第一季度，全市经济增速继续超过全国、全省平均水平，比全国、全省分别高出2.0个和0.2个百分点。GDP、规模以上工业增加值、固定资产投资、社会消费品零售总额、出口商品总值、一般公共预算总收入、一般公共预算收入等7个指标增速高于全省平均水平。

第一季度全市GDP增长8.4%，增速已连续11个季度运行在8.0%～9.1%之间，经济增长稳定性增强。从生产端来看，第一季度，全市第一产业增加值增长2.3%，增速同比提高1.3个百分点；第二产业增加值增长8.8%，其中工业增加值增长8.7%，增速同比分别提高1.3个和0.9个百分点；第三产业增加值增长8.1%，增速同比回落1.2个百分点。从需求侧来看，全市固定资产投资增长14.3%，增速同比提高0.4个百分点；稳外贸组合拳作用初显，全市出口商品总值增长16.7%，增速虽同比回落1.7个百分点，但比1～2月大幅提高12.5个百分点，规上工业出口交货值增长18.5%，增速同比提高0.5个百分点，出口交货值率为16.1%，同比提高0.4个百分点。从相关指标运行情况看，工业用电恢复明显，在高耗能行业用电增长放缓甚至下降的情况下（第一季度用电量下降3.6%，其中化工行业下降11.0%，非金属行业下降2.4%），第一季度全市工业用电量仍增长3.1%，分别比1～2月和上年同期提高6.8个和0.5%；水路货运周转量增长16.9%，增速比1～2月提高0.1个百分点；机场货邮吞吐量同比下降1.2%，降幅比1～2月缩窄4.5个百分点。从重点企业发展情况看，3月重点监测的1335户用电大户用电量增长57.2%，拉动全社会用电量增长10.7%；第一季度在减税效应开始显现的情况下，全市纳税前百家企业入库税收收入仍同比增长26.9%，其中二产企业增长11.7%，三产企业增长58%。

四　2019年泉州市经济发展的几点建议

（一）助推“1234”现代产业体系建设

“1234”现代产业体系，即力争2020年GDP近万亿元、工业总产值近2万亿元，基本形成传统、重化、高新三足鼎立格局，实现服务业产值占GDP比重超40%的目标。体系中的“3”指的就是传统、重化、高新这三大板块。传统产业转型升级，重化产业做大做强，高新技术产业大力发展。其中传统产业是泉州发展的传家宝，重化产业以其“大块头”的吨位，为泉州经济发展提供强力支撑，高新技术产业蕴含无限可能，将引领泉州转型攻坚，朝着更加高端、高质量方向发展。

2019年，泉州要致力于推动“1234”现代产业体系发展。加快传统产业转型升级和产业发展规划引导，给“泉州模式”赋予新的增长动力。一是抓好福厦泉国家级自主创新示范区建设，抓紧制定并推动实施泉州片区发展规划，提升高新区发展质量。加快建设泉州高新区科技金融服务中心，进一步营造有利于聚集科技创新资源的环境和生态。大力培育一批科技小巨人企业、高新技术企业、创新型企业，引导企业开展技术创新活动和校企深度合作，不断开发具有市场竞争力的新产品。二是争创“中国制造2025”国家级示范区。深化智能制造示范创建工程，加快发展数字经济，推动互联网、大数据、人工智能同实体经济发展深度融

合。力争至“十三五”末期，自动化数字化制造广泛运用于泉州市各类企业，切实提升全员劳动生产率。

（二）积极实施乡村振兴战略

落实中央关于乡村振兴战略的决策部署，推动乡村振兴成为泉州市构建现代化经济体系的新引擎。坚持优先发展农业农村，按照产业兴旺、生态宜居、乡风文明、治理有效、生活富裕的总要求，立足泉州实际，持续推进农业供给侧结构性改革，推动农业全面升级、农村全面进步、农民全面发展。争取至“十三五”末期，乡村振兴取得重要进展，制度框架和政策体系基本形成。一是建设美丽乡村，促进绿色发展，充分利用乡村自然禀赋和民俗特色发展旅游业，打造乡村旅游休闲集镇和特色村。二是深化农村集体产权制度改革，保障农民财产权益，壮大集体经济。促进农村三次产业融合发展，支持和鼓励农民就业创业，拓宽增收渠道。三是发展农村电子商务，线上线下营销农特产品，培育农产品电商示范乡镇，例如加大力度扶持安溪茶叶、永春芦柑等农特产品的电商系统项目建设。四是发展以信用为基础的小额信贷，为农业经营主体、小农户生产提供有效金融服务。

（三）力促区域经济协调发展

泉州各县区市经济发展的不充分、不平衡仍制约着泉州经济整体水平的提升，为进一步发展，泉州要着力促进区域经济的协调性、平衡性发展，补齐“短板”，形成优势互补、发展共享的区域发展空间布局。推动各县区市城镇化建设，依靠各县区市的特有优势、历史文化特色、产业发展需求等方面进行规划和布局，因地制宜，建设具有地方特色的区域经济。充分发挥区域自然禀赋、资源条件、民俗民风、区位特征等优势，“宜工则工、宜农则农、宜游则游”，扬长避短。晋江、石狮等发展较快，而安溪、永春、德化等发展较为缓慢，差别明显。对安溪、永春、德化等，要积极引导金融机构加大扶持力度，把特色产业园作为该地区产业发展的重要载体，推动产业园从单一生产型向多元化、多功能转型，促进产业与城市互动融合、协调发展。晋江市利用“晋江模式”“晋江经验”，继续发挥工业优势。石狮市应该立足行政区域较小、乡镇之间发展差距不大的实际，把全市作为一个城市进行规划。南安市可以根据沿海、中部和山区区域发展不平衡的实际情况，多极化发展，通过区域中心带动，促进城乡经济社会整体腾飞。德化县可以利用城关良好的产业基础和商业氛围，促进城关率先发展、协调推进。通过打造将地方特色和时代特色相结合的区域经济，推动区域经济协调并进。

（四）优化民间投融资环境

从投融资角度来看，泉州的企业融资和投资体制不健全，金融资本市场发育相对滞后，尤其是中小企业仍存在“融资难”情况。优化民间投融资环境，一是政府要加大政策支持力度，规范民间融资，推动民间投资主体多元化，进一步完善中小微企业贷款风险补偿机制，引导金融机构向中小企业发放贷款，改善民间投资环境，有效防范金融风险。完善民营企业公开、公正、公平地参与市场竞争的制度环境，赋予民营企业家参加政策决策的机会与权力。二是企业要增强自身的综合实力，重视优化产品设计和技术创新，加大研发投入和人才引进力度，扩大市场份额，增强产品市场竞争力，瞄准国际化水平，吸引外资。

（五）提高企业科技创新能力

创新是引领发展的第一动力，是建设现代化经济体系的战略支撑。泉州企业要瞄准世界科技前沿，坚持将创新驱动战略放在发展全局，重视科技创新，强化基础研究，实现前瞻性基础研究、引领性原创成果重大突破。“泉州制造2025”和“数控一代”试点示范有赖企业的科技水平和创新能力，泉州企业要把经济增长的立足点放在技术进步上，加大企业科技创新力度。一是出台相关政策支持各类科技平台和资源向企业、社会开放，实现科技创新服务资源的信息化集成、高效利用和开放共享。二是进一步提升产业聚集度和关联度，加强产业间的交流和合作，提供信息推进虚拟合作经营开展，加强科技创新的风险保障体系建设，整合社会各界力量，从整体上推进泉州民营企业转型升级。三是以“数控一代”试点示范、建设国家自主创新示范区为契机，大力激发“产学研用”结合体制机制本身的创新，发展纺织、鞋服、食品、建材等产业的智能装备和工业机器人，使“泉州制造”迅速走向世界。四是建立有效的激励机制，充分调动科技人员和广大职工参与企业科技创新的积极性，鼓励职工广泛开展技术发明、技术革新活动，调动一切积极因素加快企业技术创新步伐。

（六）加强产业人才队伍建设

健全完善人才市场体系，解决泉州高层次产业人才不足以及人才资源分布不合理的问题，加大产业人才资源的市场优化配置力度。健全完善有利于泉州人才引进的落户优惠政策，全面放开对高级人才、紧缺人才和企业经营管理人才的户口限制。加强面向民营经济的博士后工作站平台、留学人才创业园区等人才载体建设，把招商引资和招才引智结合起来，重点引进产业发展急需的高层次经营管理人才、专业技术人才和高级技能人才。实施“海外人才和留学人员带项目来泉创业服务计划”，加大对高层次留学人才回国的资助力度，建立留学人才项目风险投资补偿机制。健全完善职业教育与产业需求紧密结合的政策措施，创新职业教育助推制造业发展体制机制，保障产业转型升级的高技能人才和熟练工人需求。

（七）推动形成全面开放新格局

要以“一带一路”建设为重点，利用泉州海上丝绸之路起点的优势，坚持“引进来”和“走出去”并重，以“海丝先行区”建设为引领，形成陆海内外联动、东西双向互济的开放格局。拓展对外贸易，培育贸易新业态、新模式，推进贸易强国建设。实行高水平的贸易和投资自由化便利化政策，全面实行准入前国民待遇加负面清单管理制度，大幅度放宽市场准入，扩大服务业对外开放范围，保护外商投资合法权益。凡是在我国境内注册的企业，都要一视同仁、平等对待。鼓励“走出去”民营企业在泉州设立海外业务总部，探索开展准离岸贸易和国际结算中心业务。着力推进金融服务企业对外支持体系建设，简化和改进直接投资的外汇管理方式，为企业境外投资提供更加便利的外汇管理服务。优化区域开放布局，加大西部开放力度。赋予自由贸易试验区更大改革自主权，探索建设自由贸易港。创新对外投资方式，促进国际产能合作，形成面向全球的贸易、投融资、生产、服务网络，加快培育国际经济合作和竞争新优势。

B.2

泉州城市经济竞争力综合评价分析

郭 志 谢志忠*

摘 要： 城市经济竞争力是综合反映城市生产能力、生活质量、社会全面进步及对外影响的重要指标。福建省泉州市作为我国经济比较发达的地区，经济延续平稳较快增长态势，生产、需求方面大部分指标增速居全省各设区市前列，物价涨势温和，供求结构和企业效益不断改善。整体经济实力较强，但仍然存在制约城市经济发展的因素。本报告运用比较分析法对泉州经济竞争力进行深入研究，对福厦泉及全国同规模城市进行经济竞争力比较分析——以泉州、大连、合肥等城市为例，发现泉州在GDP方面具有领先优势，而在人均GDP、职工年平均工资、第三产业增加值占GDP的比重、开放程度、营商环境、资金实力方面却存在明显不足，因此，应当从综合经济实力、资金实力、开放程度及营商环境等方面实施有针对性的改善措施，从而促进泉州经济快速发展。

关键词： 城市经济竞争力 比较分析法 营商环境

一 城市经济竞争力评价指标体系

经济竞争力指的是城市在竞争和发展过程中，与其他城市相比所具有的

* 郭志，泉州师范学院讲师，博士，研究方向为数理金融；谢志忠，泉州师范学院教授，博士生导师，研究方向为农村金融。

吸引、争夺、拥有、控制和转化资源，争夺、占领和控制市场，以创造价值，为其居民提供福利的能力。

城市经济竞争力表现为长期综合经济增长率、综合市场占有率、综合地均 GDP 和居民人均收入水平（生产率水平），它是竞争的基础和源泉。

通过对《中国城市统计年鉴》《中国统计年鉴》《中国经济年鉴》以及各相关城市历年地方统计年鉴所收集的相关原始指标进行分析，并考虑指标统计口径的一致性和连贯性，本报告在综合经济实力、资金实力、开放程度、营商环境四个方面评价城市经济竞争力。考虑到不同城市的可比性，这些指标全部采用人均或相对比重。这些指标体系包括如下内容。

第一，综合经济实力，反映一个城市总体经济发展水平和经济发展所处的阶段，包括地区国内生产总值、人均国内生产总值、国内生产总值增长率、第三产业增加值占国内生产总值比重、职工年平均工资等指标。

第二，资金实力，表明在财富生产、创造过程中不可缺少的资金要素的地位与作用，资金的投入和积累是促成经济增长的直接动因，从而也是促进城市自身发展进步的因素之一，包括固定资产投资额占国内生产总值比重、人均居民储蓄余额、人均财政预算支出等指标。

第三，开放程度，体现一个城市对城市外区域的吸引力和城市的扩散辐射作用。建立市场经济，参与世界竞争，要求的是高度开放、竞争活跃的市场体系，因此一个城市的开放度、外向度是城市经济竞争力的重要组成部分。其包括出口额占国内生产总值比重、进口额占国内生产总值比重、人均实际利用外资等指标。

第四，营商环境。2001 年世界银行提出加快发展各国私营部门新战略，急需一套衡量和评估各国私营部门发展环境的指标体系，即企业营商环境指标体系。为更好实施促进各国私营部门发展的战略，营商环境指标由 2004 年的五组发展到 2005 年的十组，世界银行正式出版了 2004 年和 2005 年两份年度报告。2004 年 Doing Business 小组重点研究有关企业生命周期的环境指标。

二 福、厦、泉城市经济竞争力比较

福、厦、泉是福建省的三大中心城市。厦门是副省级城市、经济特区，东南沿海重要的中心城市、港口及风景旅游城市，国际知名度高。福州是福建省省会，海峡西岸经济区中心城市之一，首批 14 个对外开放的沿海港口城市之一。泉州是福建省地级市，全国首个东亚文化之都，联合国教科文组织唯一认定的海上丝绸之路起点。泉州轻工制造业在省内“一家独大”，泉州在省内是生产中心。

福、厦、泉这三个福建省的核心城市，谁的综合经济实力最强一直是福建省内大家探讨的热门话题。因此，以下从综合经济实力、资金实力、开放程度及营商环境方面对比分析泉州、福州、厦门这三市的经济竞争力。

（一）综合经济实力

常用的评定城市综合经济实力的指标有城市人均 GDP、城市 GDP 及其增长率、第三产业增加值占国内生产总值比重以及职工年平均工资。从 GDP 来看，泉州多年来一直处于领先地位，2018 年泉州、福州、厦门 GDP 分别列福建省内第一位、第二位、第三位；在 2018 年全国城市 GDP 百强榜中分别列第十八位、第三十一位、第四十九位。

从图 1、图 2 可以看出，福厦泉三地 GDP 都处于不断上升趋势。福州、泉州基本保持相同增速，厦门增速相对较低，与福州、泉州的差距不断拉大。

但在人均 GDP 方面，三市情况截然相反。2009～2018 年，福厦泉三市人均 GDP 不断增长，福州与泉州人均 GDP 相差不大，但近几年差距有拉大趋势；厦门人均 GDP 明显高于福州与泉州，福厦人均 GDP 差距不断缩小。截至 2018 年年底，福厦泉人均 GDP 分别为 102037 元、118015 元、97614 元。

职工年平均工资反映职工工资水平，对人口就业起到导向作用。近几年福州与厦门职工年平均工资差距不大，但泉州与福州和厦门的职工年平均工资差距较大，且有拉大趋势。2018 年福厦泉职工平均工资分别为 80567 元、83839 元、62734 元（见图 3）。

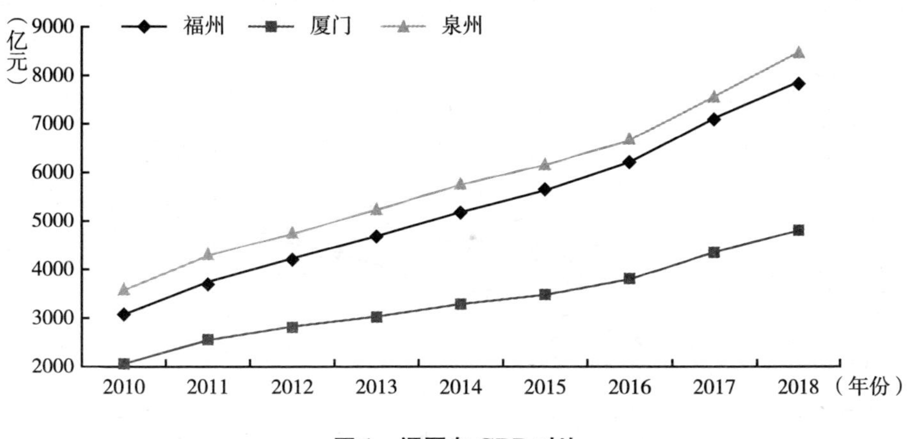

图 1　福厦泉 GDP 对比

资料来源：福建省统计局。

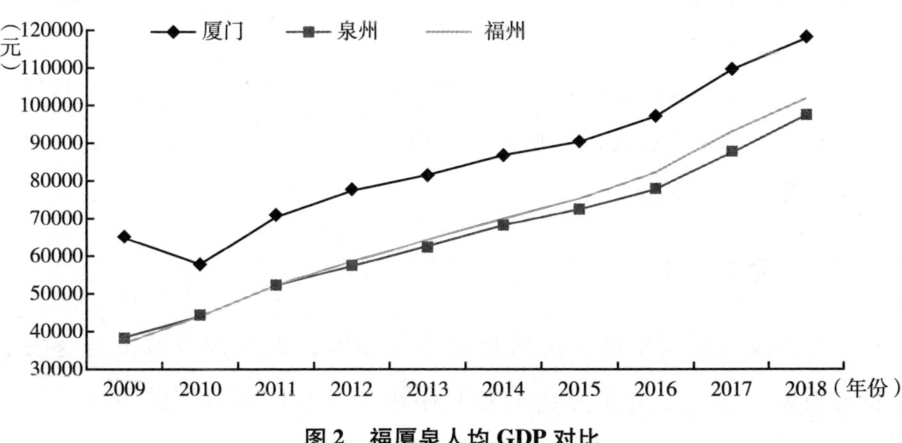

图 2　福厦泉人均 GDP 对比

资料来源：福建省统计局。

第三产业在世界各国迅速崛起，已成为发达国家的重要支柱。从绝对值来看，福厦泉第三产业产值不断增加，福州最高、厦门最低、泉州居中，且三者间的差距有拉大趋势。从第三产业增加值占 GDP 比重来看，厦门占比最高，接着是福州，泉州占比最低。泉州历年来占比变化不大，

福州、厦门占比涨幅相对较大，2009～2018年，福州第三产业增加值占GDP比重增加9.9个百分点，厦门增加8个百分点，泉州仅增加3.8个百分点。

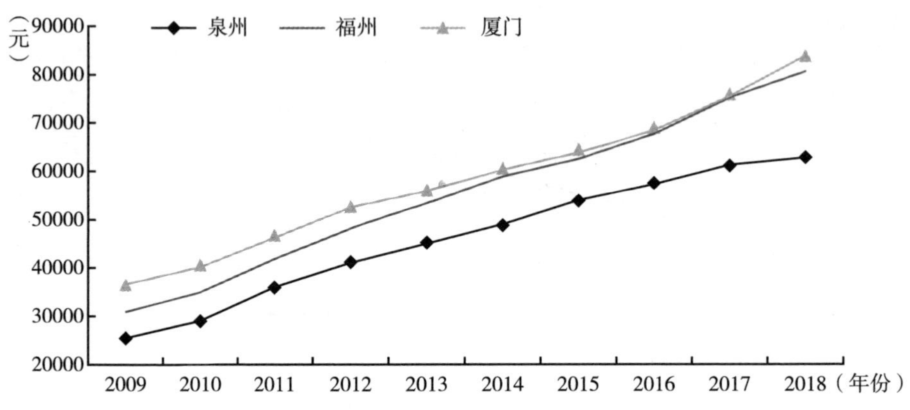

图3　福厦泉职工年平均工资对比

资料来源：福建省统计局。

福州、厦门有政策上的优势，泉州是著名侨乡，民营资本雄厚。在经济总量上泉州远超福州和厦门；但人均GDP、职工年平均工资及第三产业发展情况不及福州、厦门。

（二）资金实力

资金的投入和积累是经济增长的直接动因，也是构成城市自身发展进步的因素之一。三者在资金实力上存在差异。根据数据的可得性，主要采用固定资产投资、财政预算支出体现三者间资金实力的差异。

福厦泉的固定资产投资不断增加，近几年泉州固定资产投资快速上涨，落后于福州，远快于厦门。财政预算支出是表明城市资金控制能力的指标。福厦泉财政预算支出保持增长趋势，福州与厦门间差距不断缩小，远超泉州。此外，2017年，泉州的居民储蓄余额已经达到3511.56亿元，福州达到4248.01亿元，而厦门只有2292.02亿元。

（三）开放程度

开放程度体现一个城市对城市外区域的吸引力和城市的扩散、辐射作用。建立市场经济，参与世界竞争，要求的是高度开放、竞争活跃的市场体系，一个城市的开放度、外向度是城市经济竞争力的重要组成部分。评定开放程度的指标有出口额、进口额及占 GDP 的比重。

从福厦泉整体情况来看，三地都位于沿海地区，海岸线长。福州、厦门的开放程度很高，近几年泉州在“一带一路”背景下，开放程度提高。

出口额及占 GDP 比重表明城市对国外市场的依存度及城市对国外商品的吸引力。福州、厦门、泉州三市的进口额占国内生产总值比重分别为 10.16%、55.59%、7.8%，厦门远高于泉州和福州。总体来看，泉州的开放程度低于福州、厦门。

（四）营商环境

营商环境指数评价体系分为硬环境指数和软环境指数两个方面。硬环境指数占营商环境指数的权重为 40%，具体包括自然环境和基础设施环境 2 个二级指标、11 个三级指标；软环境指数占营商环境指数的权重为 60%，具体包括技术创新环境、人才环境、金融环境、文化环境和生活环境等 5 个二级指标、24 个三级指标。

例如，硬环境指数中自然环境除了包括城市地理环境和气候环境外，还包括空气质量。基础设施环境除了包括人均道路密度、公共汽车密度、公路物流和交通客流的承载能力等传统指标外，还将清洁能源普及度、生活垃圾和城市污水处理率、市政设施完善度等生态和民生指标纳入考察范围。

2019 年福州、厦门、泉州的营商环境指数分别为 62.43、71.73、41.53，分别排在中国城市营商环境指数的第 29、18、63 名。

三　与全国同规模城市经济竞争力比较分析

2018 年泉州市在全国城市 GDP 百强榜中位列第 18，预计 2020 年泉州 GDP 将突破万亿元。在全国城市 GDP 百强榜中，有一批城市的 GDP 与泉州相差不大，例如西安、大连、合肥、济南等。其中一些城市，例如西安、东莞、南通等，发展势头强劲，随时有可能在经济总量上超越泉州。与这些城市相比，泉州经济竞争力的水平，决定了泉州在全国城市经济竞争力中的排名。

（一）综合经济实力对比分析

首先从城市 GDP 及其增长率来看，在规模相差不大的 11 个城市中，除佛山、宁波、郑州外，其他城市的 GDP 相差不大，但在经济增长速度上，泉州明显高于其他城市，按照这样的增速，泉州将在经济总量上超过济南（见图 4）。

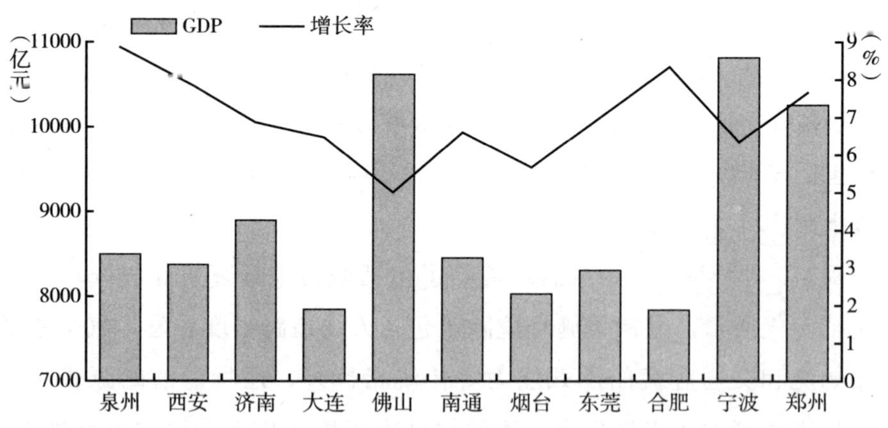

图 4　城市 GDP 及增长率

资料来源：国家统计局。

与其他 10 个城市相比，泉州人均 GDP 处于落后位置（见图 5）。职工年平均工资方面，泉州也处在较落后的位置。

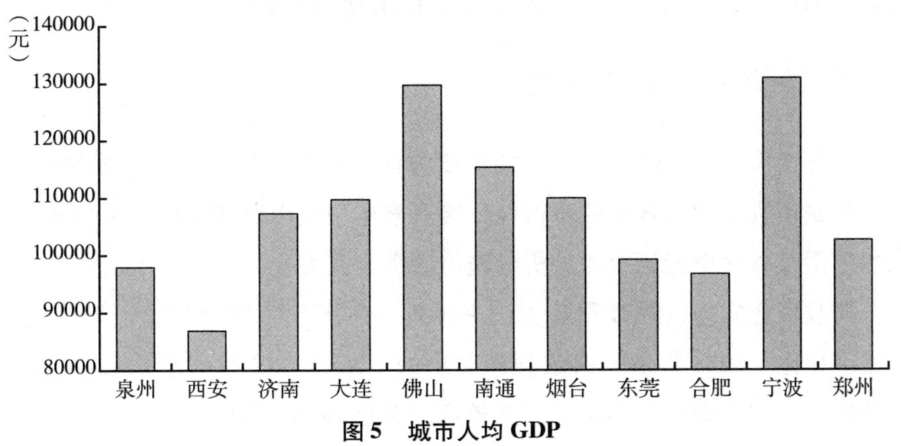

图 5　城市人均 GDP

资料来源：国家统计局。

此外，第三产业增加值占 GDP 比重对城市的经济发展具有一定的影响，是城市经济竞争力的重要影响因素。从图 6 可以看出，济南、西安、大连、东莞、郑州第三产业增加值占 GDP 比重较大，泉州第三产业增加值占 GDP 比重最低，约为 40%。

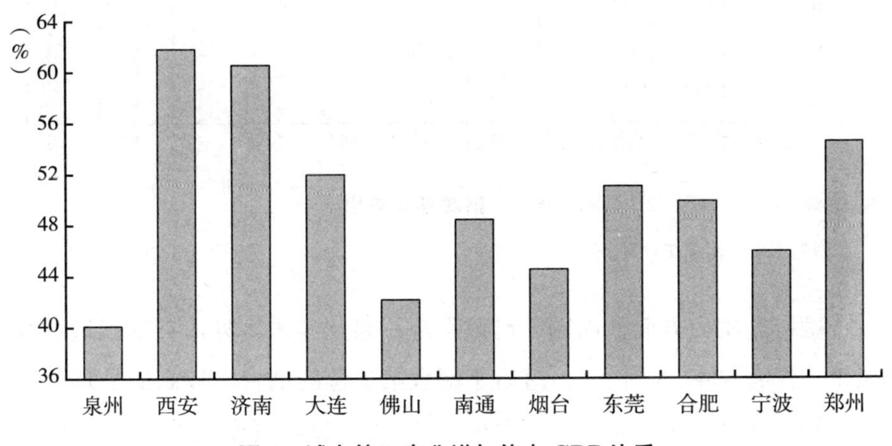

图 6　城市第三产业增加值占 GDP 比重

资料来源：国家统计局。

综合经济实力方面，与其他同规模城市相比，泉州在经济增长速度方面有领先优势；在 GDP 上排名居中，且领先优势微弱；人均 GDP 更是处于较为落后的位置；第三产业增加值占 GDP 比重则处于末位。

（二）资金实力对比分析

资金实力是城市经济竞争力的重要方面，决定了城市的经济发展情况。由于各城市资金实力数据的可得性，接下来运用城市财政预算支出与城市年末本外币存款两个指标对比分析各城市的资金实力。

财政资金实力以财政预算支出来体现，从图 7 中可以看出，与其他 10 个城市相比，2018 年泉州财政预算支出处于末位，仅为 632 亿元，远远低于倒数第二位的烟台。郑州与宁波较高，分别高达 1763. 3 亿元、1594. 1 亿元。财政资金实力方面，泉州远远低于同规模的其他城市。

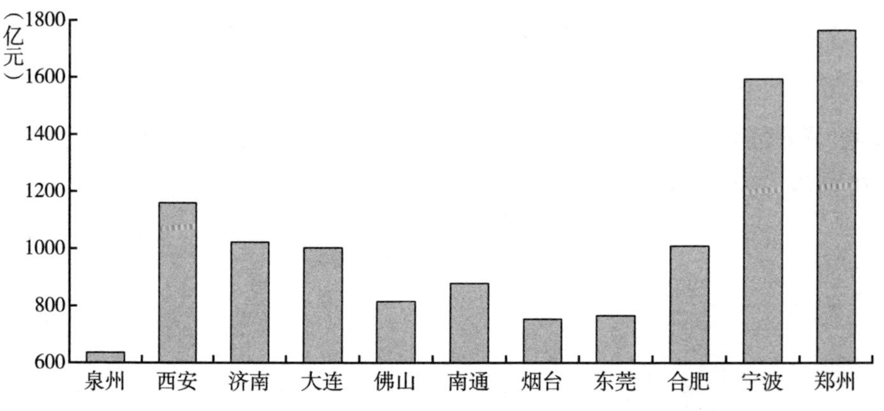

图 7　财政预算支出

资料来源：国家统计局。

金融资金实力方面，由图 8 可以发现，泉州年末本外币存款远远不及其他城市，仅有 6947. 84 亿元，落后于倒数第二位的烟台。较高的是郑州与西安，分别高达 21767. 2 亿元、21266. 72 亿元。金融资金实力方面，泉州也远远落后于同规模的其他城市。

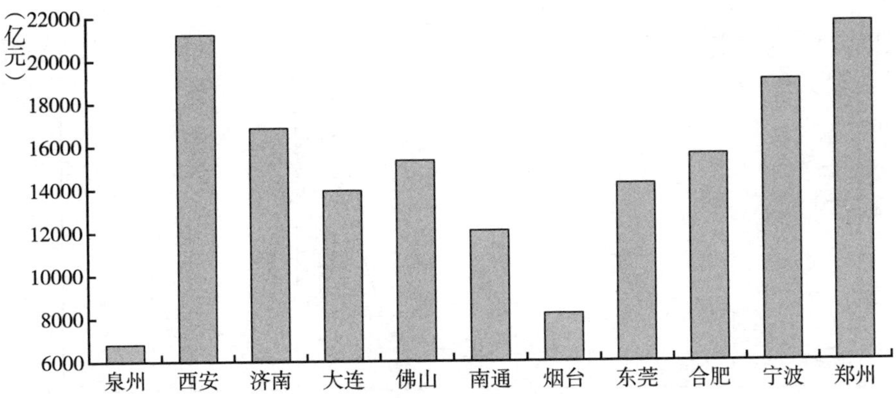

图8　年末本外币存款

资料来源：国家统计局。

资金实力方面，无论是财政资金实力还是金融资金实力，泉州都远远低于其他城市，在11个经济总量同规模的城市中居末位。

（三）开放程度对比分析

全球化的今天，城市的开放程度决定了城市的经济竞争力。根据可获得的相关数据，以城市进口额、出口额及其占GDP的比重来对比泉州与同规模其他城市的开放程度。

从进口额及其占GDP的比重来看，泉州仅仅领先于济南，落后于其他城市。东莞、宁波、大连进口额为5343.06亿元、3025.6亿元、2811.8亿元，占比分别达到66%、28.2%、36.7%，领先优势明显，其他城市领先优势稍弱（见图9）。

从出口额及其占GDP的比重来看，泉州只领先济南，居倒数第二。东莞、宁波出口额分别为7955.64亿元、5550.6亿元，出口额占GDP的比重分别为96.1%、51.65%，领先优势明显（见图10）。

此外，从2018年城市实际利用外资情况来看，泉州仅为6.35亿美元，远低于其他城市，居末位。其中西安、佛山、宁波分别高达63.54亿美元、

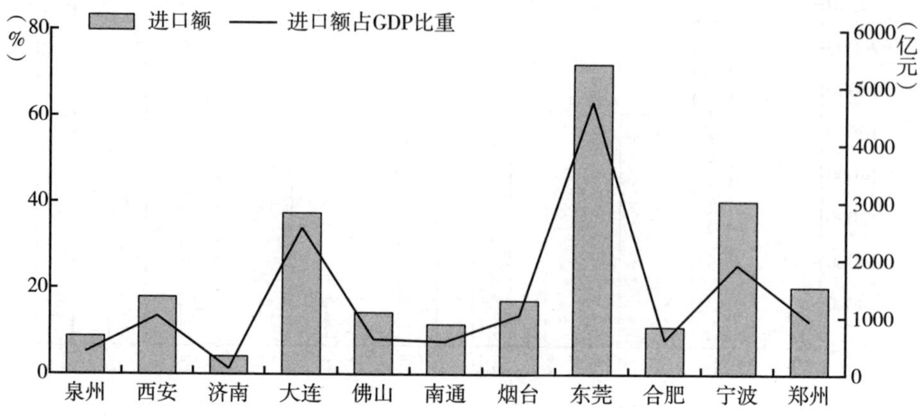

图 9　进口额及其占 GDP 比重

资料来源：国家统计局。

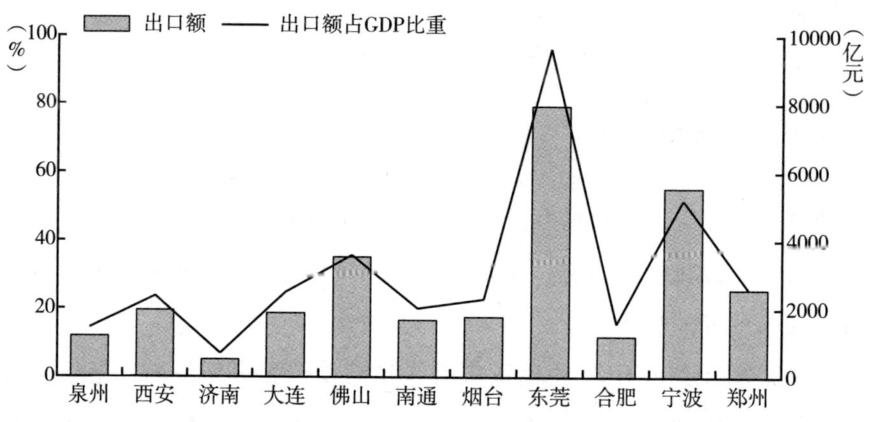

图 10　出口额及其占 GDP 比重

资料来源：国家统计局。

45.73 亿美元、43.2 亿美元（见图 11）。

从 2018 年实际利用外资情况、进出口额及其占 GDP 比重可以看出，泉州与同规模其他城市相比，开放程度低，排名靠后。东莞、宁波等城市开放程度较高，领先优势明显。

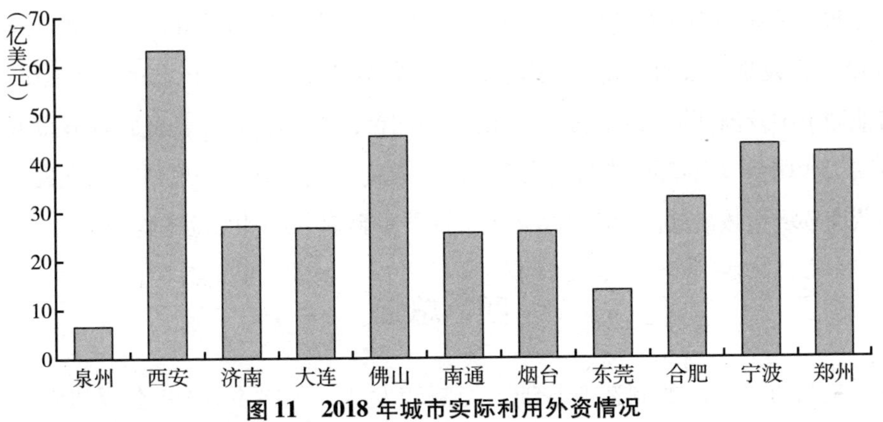

图 11　2018 年城市实际利用外资情况

资料来源：国家统计局。

（四）营商环境对比分析

营商硬环境指数综合考虑了气候条件、地理条件和基础设施建设情况，并重点考量了新时代居民和企业对于自然生态环境和公共产品的新要求，更为全面地衡量一个城市硬环境的综合水平。软环境指数不仅考察技术创新环境、金融环境和人才环境等创新企业发展要素条件，还将文化环境和生活环境纳入考量范畴，以反映对于投资创业、企业经营、吸引人才的支持程度。

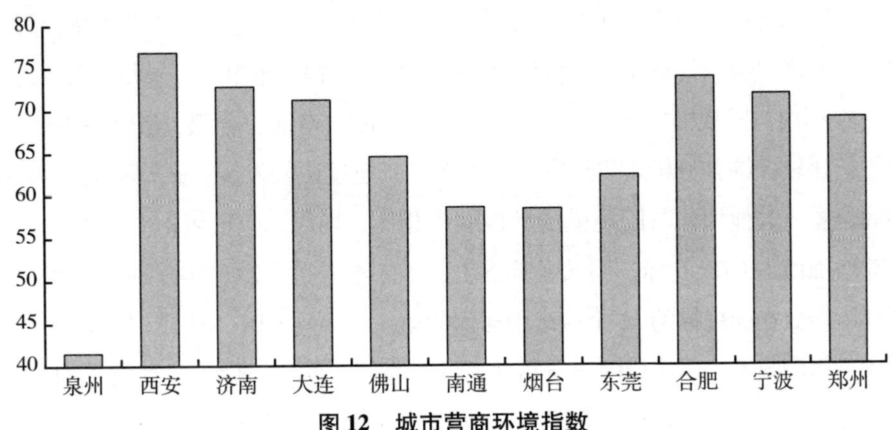

图 12　城市营商环境指数

资料来源：国家统计局。

根据公布的中国营商环境指数，可以得到同规模城市营商环境指数。通过图 12 可以发现，泉州营商环境指数最低，为 41.53，远低于同规模的其他城市。其他城市中营商环境指数较低的是南通和烟台，为 60，西安、合肥等城市的指数在 75 以上。营商环境指数的高低反映了营商环境的好坏，泉州在同规模城市中营商环境指数最低，营商环境最差，这严重影响了泉州的经济竞争力。

四　总结

泉州市是全国的制造业基地，经济较发达，2018 年 GDP 在福建省各城市中位居第一，在全国城市 GDP 排名中也较为靠前。前文从综合经济实力、资金实力、开放程度及营商环境四个方面，运用比较分析法对泉州市的综合经济竞争力进行了分析。

在福建省内，通过与福州、厦门进行比较发现，泉州除了 GDP 方面有领先优势外，其他指标都没有领先优势。人均 GDP、职工年平均工资、第三产业增加值占 GDP 比重方面，厦门排第一、福州排第二、泉州排第三。开放程度方面，进出口额及其占 GDP 的比重厦门排第一、福州排第二、泉州排第三。营商环境方面，厦门营商环境最好、福州排第二、泉州排第三。资金实力方面，福州财政支出最多、厦门排第二、泉州排第三；固定资产投资是福州排第一、泉州排第二、厦门排第三。进一步通过因子分析法计算福州、厦门、泉州的综合因子得分后发现，厦门经济竞争力位居福建省内第一，福州排第二，泉州排第三。

在国内与同规模的西安、佛山、大连、宁波、南通、合肥、济南等 10 个城市进行比较，综合分析泉州经济竞争力情况。通过比较发现，泉州只有 GDP 居中间位置，其他指标与同规模的其他城市相比，均居末位或者倒数第二。第三产业增加值占 GDP 比重、财政预算支出、年末本外币存款、实际利用外资和营商环境指数在同规模的 11 个城市中居倒数第一；人均 GDP、进出口额及占 GDP 的比重居倒数第二。运用因子分析法，计算泉州、西安、佛山、东莞等 11 个城市的综合因子得分后发现，在同规模的 11 个城市中，经济竞争力由强到弱依次为：东莞、佛山、郑州、宁波、南通、济南、西安、大连、泉州、烟台、合肥。

B.3

泉州社会发展现状与展望

刘艺灵*

摘　要： 2018年泉州市在保持GDP全省第一的同时，围绕“转型攻坚、聚力跨越”工作主线，制定实施赶超三年行动计划，致力于构建现代化经济体系。本报告在阐述2018年泉州社会发展基本形势的基础上，对泉州社会发展中城乡差距较为明显、港口优势得不到有效发挥、传统文化尚未有效挖掘方面的问题和挑战展开详细分析，并在营造创新创业氛围、推动乡村振兴战略、抓好“一带一路”和两岸合作时机、生态环境保护与资源节约利用等方面提出相应的对策建议。

关键词： 泉州　社会形势　高质量

一　2018年泉州社会发展基本形势

（一）经济稳步增长，居民生活水平提高

1. 地区生产总值显著增加

2018年，全市实现地区生产总值（GDP）8467.98亿元，按可比价格计算，比2017年增长8.9%（见图1），经济总量连续20年保持全省第一。其

* 刘艺灵，泉州师范学院副教授，研究方向为公共管理。

中，第一产业增加值为 201.80 亿元，增长 2.3%；第二产业增加值为 4885.01 亿元，增长 8.7%；第三产业增加值为 3381.16 亿元，增长 9.5%。另外，2018 年年末全市常住人口为 870 万人，比 2017 年年末增加 5 万人。按常住人口计算，人均地区生产总值为 97614 元（按年平均汇率折合为 14751 美元），比 2017 年增长 8.1%。

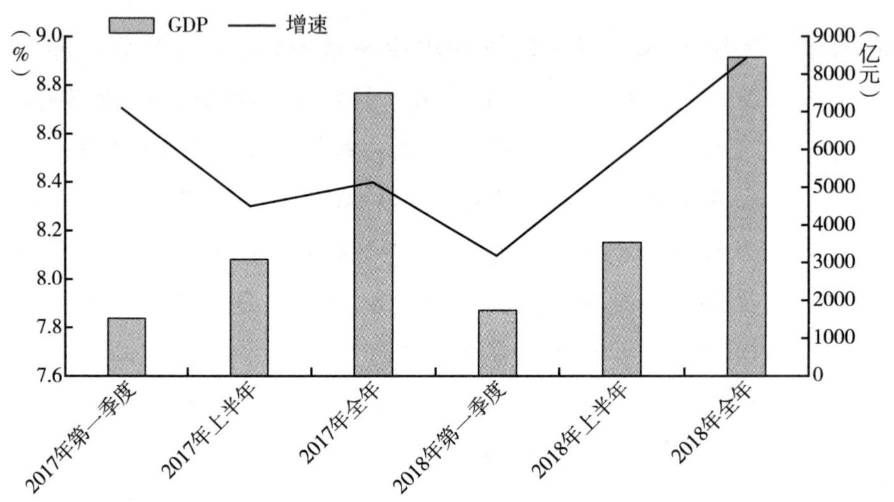

图 1　2017～2018 年泉州 GDP 及其增速变化

资料来源：泉州市统计局统计资料。

2. 居民可支配收入提高

按常住地分，全市城镇居民人均可支配收入为 46111 元，增长 8.0%，人均消费支出为 28193 元，增长 8.3%，人均住房建筑面积为 70.5 平方米；农村居民人均可支配收入为 20277 元，增长 9.0%，人均消费支出为 15511 元，增长 6.6%，人均住房建筑面积为 75 平方米（见图 2）。城乡居民家庭恩格尔系数分别为 32.1% 和 40.8%。

3. 家庭汽车需求量增长快

2018 年年末，全市民用汽车保有量达到 143.92 万辆（含三轮汽车和低速货车），比 2017 年年末增长 13.0%；其中私人汽车保有量为 129.89 万

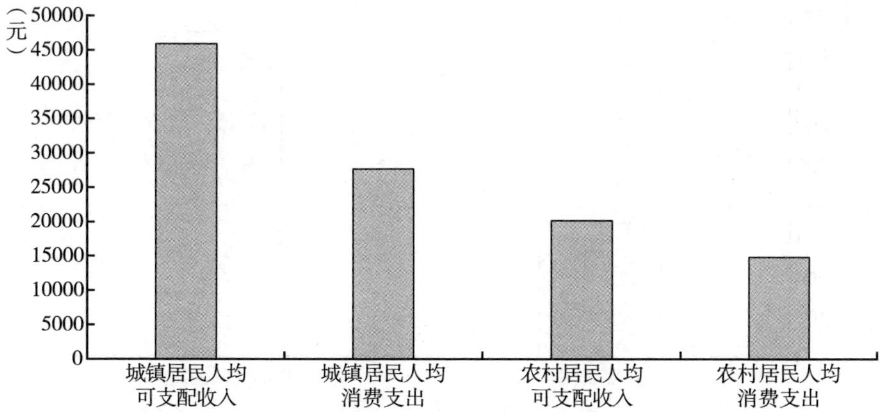

图2　2018 年泉州城镇及农村居民人均可支配收入、消费支出对比

资料来源：泉州市统计局统计资料。

辆，增长 11.4%。全市民用轿车保有量为 92.24 万辆，增长 13.1%；其中私人轿车保有量为 86.29 万辆，增长 11.7%（见图 3）。

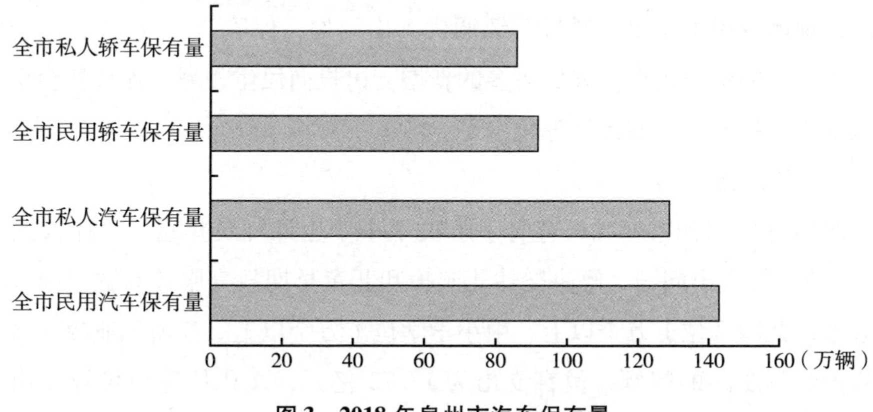

图3　2018 年泉州市汽车保有量

资料来源：泉州市统计局统计资料。

4. 全市互联网用户显著增加

全市互联网用户为 1205.14 万户。其中，固定宽带用户为 351.18 万户，固定宽带家庭普及率为 116.65%；移动互联网用户为 853.96 万户，增加 74.39 万户（见图 4）。

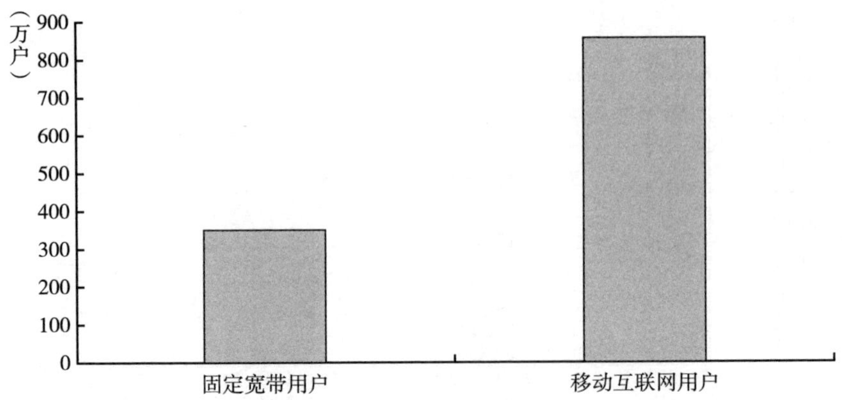

图 4　2018 年泉州互联网用户数量

资料来源：泉州市统计局统计资料。

（二）民生投入增加，公共服务短板持续补齐

2018 年，泉州市更加有效聚财、开明理财、精准用财，加大资金筹措力度，保障好民生支出。通过持续调优支出结构，保障 2018 年省、市为民办实事项目的资金需求，确保更多的新增支出投向民生领域，加快社会保障体系建设，提升公共服务均等化水平。

1. 教育服务

2018 年，泉州市基础教育着手解决中小学生课外负担重、“择校热”、“大班额”等突出问题，解决婴幼儿照护和儿童早期教育服务问题。确保新增公办幼儿园学位 1 万个以上、中小学学位 1 万个以上。泉州职业教育着力解决产学不匹配的问题，教育支出为 17. 72 亿元，文化体育与传媒支出为 3. 39 亿元，科学技术支出为 3. 36 亿元；扶持新建 20 所公办幼儿园，累计完成投资 1. 35 亿元，完成年度投资计划的 103. 8%，已竣工幼儿园 4 所，新增学位 1440 个。

2. 医疗卫生与计划生育服务

2018 年，转型攻坚、聚力跨越是泉州的工作主线。2018 年泉州市建设了 100 个示范村卫生所、28 家中医馆。在卫生方面，全市新增床位 2500 张以上，深化医改工作，推进分级诊疗和家庭医生签约制度，确保所有二级以上公立医院参加医联体建设，建成1个以上紧密型医联体。

值得一提的是，城乡居民可向当地医保经办机构按规定申请门诊特殊病种，可在基层定点医疗机构看普通门诊时报销。符合大病保障的患者可以享受大病保险，大病患者可享受基本医保15万元加大病医保25万元，最高报销额达到40万元。此外，女性参保对象的生育费用按顺产1000元、剖宫产1500元的标准给予一次性补偿；参保对象因病情需要转出泉州市外治疗（含参保对象外出时在泉州市域外急诊住院）的，按统筹区内可报销额度的80%进行报销。以上给泉州市民带来了更大的福利。

3. 养老服务

2018年，泉州全市新建150个农村居家养老服务站（农村幸福院），扶持建设20个老年文化服务示范点，10座村级老年体育活动中心全部完工投用。泉州市老干部（老年）活动中心提升改造项目业已完成。

4. 文体服务

泉州中心城区的体育基础设施得到完善提升，60条全民健身路和15座多功能运动场已全部建成。改造提升24个村（社区）综合性文化服务中心示范点；建设20个社区未成年人文体活动设施场所，全面提升城区社区未成年人文体活动设施场所的建设水平。

5. 公共交通服务

泉州市大力推动公共自行车项目建设，在中心市区已建成站点基础上，继续加密站点。市交发集团已建成中心市区50个站点并投入使用；鲤城区已建成江南新区50个站点并投入使用；洛江区已建成27个站点并投入使用；泉港区已建成30个站点并投入使用。

6. 建设自助行政服务区

截至2018年，泉州中心市区24小时自助行政服务区项目已基本完成，通过在行政服务中心或人群密集的公共场所开辟自助服务区，设置自助服务一体机，配备社保、出入境等自助服务设施，将与群众密切相关的便民服务事项投放到自助服务区，为市民提供全天候开放的服务通道。

（三）精准扶贫全面推进，脱贫成效显著

2018 年，泉州共为 4066 名低保重度肢体残疾人发放居家养护补贴资金 406.6 万元（按照每人 1000 元的标准）。通过实施农村低保安居工程，不断为农村低保户、特困人员新建或修缮住宅；继续为“一户多残”家庭残疾人发放生活补贴；持续开展“计生特殊家庭”关爱行动、“救急难”工作。积极发动乡贤，由贫困户所在村的乡贤认领 1～2 户贫困户，提供物质和精神上的帮扶。鼓励辖区内企业为贫困户提供技术支持、就业岗位信息或服务，增加贫困户家庭收入。

此外，在医疗卫生方面，要积极开展助医脱贫工作，将贫困户纳入医疗救助对象范围；在教育方面，采取定期奖学助学的方式，切实为贫困家庭子女教育提供保障；在就业方面，加大就业脱贫力度；在住房方面，把需要进行房屋重建、新建的贫困户列入“造福工程”补助范围，把遭受自然灾害影响基本生活的贫困户列入临时困难救助和慈善救助范围，并给予相应补助。通过一系列帮扶措施，实现帮扶对象精准、帮扶措施精准、脱贫成效精准。

（四）生态文明优化，美丽家园建设逐步推进

泉州市在保持经济高速增长的同时，生态环境质量持续向好，群众生态环保获得感不断提高。2018 年年末，泉州环湾建成区面积达 226 平方公里，与 2017 年相比，增加了 6 平方公里；其中，中心市区建成区面积达 154.5 平方公里，比 2017 年年末增加 3.5 平方公里。中心市区建成区新增园林绿地 241.8 公顷，总绿地面积达 9107.8 公顷，绿化覆盖面积为 9763.2 公顷，绿化覆盖率为 43.2%，人均公园绿地面积为 14.6 平方米。在 2017 年的基础上，进一步扩大中心城区垃圾分类试点范围，实施中心城区供水旧管网改造及水质优化工程。

在农村地区，大力推进美丽乡村建设，进行“千村整治”。2018 年，泉州市泉港区南埔镇凤翔村等 131 个村庄被列入美丽乡村建设“千村整治”

村庄名单，洛江区马甲镇炉田村等12个村庄被列入美丽乡村示范村创建名单，泉港区南埔镇沙格村等23个村庄被列入美丽乡村备选名单。

（五）社会治理治安水平进一步提升

硬件方面，2018年，全市不断完善城市安全信息系统，扩建了12000个路前端智能感知设备主体工程，优化升级感知大数据平台，实现人脸识别、车辆分析、多维数据融合碰撞分析，并完成市、县两级综治中心建设及视频联网及共享平台的升级改造。

在专项活动方面，2018年，泉州市公安机关牢固树立“四个意识”“四个自信”，把扫黑除恶专项斗争作为“两个维护”的政治自觉和行动自觉，紧紧围绕“有黑扫黑、有恶除恶、有乱治乱”的工作原则；充分发挥主力军作用，坚决打击各类黑恶势力违法犯罪活动，取得阶段性成效。全市打掉黑社会性质犯罪组织14个，铲除恶势力犯罪集团29个，铲除恶势力犯罪团伙41个，破获公安部确定的黑恶九类典型案件1952起，刑事拘留黑恶犯罪嫌疑人3110名，扫黑除恶成效居全省前列；全市公安机关组织核查上级下发线索200多条，有效核查率达到100%；全市摸排收集本地2000多条涉黑涉恶线索，办结率达到97.5%，基本实现每条线索都有结果的工作目标。

随着专项斗争深入开展，打击力度不断加大，人民群众体会到了实实在在的获得感、幸福感和安全感，真心支持和自觉投身专项斗争的积极性不断提升，社会正义得到有效弘扬，社会环境得到明显优化。

二　泉州社会发展面临的主要问题和挑战

（一）城乡发展水平存在一定差距，美丽乡村建设水平有待进一步提升

目前，泉州市农村基层仍在实行“条块结合”的管理体制。县区市下派部门，即所谓“条条”与乡镇政府，即所谓“块块”共同治理乡村。从

实践来看，这种体制加重农民负担；同时，也使各地方及各部门管理呈现相当程度的孤立、分散和封闭性，造成难以统一管理和分配工作，使乡村治理体制仍然存在很多漏洞。

部分村庄公共建设规划不合理，人居环境有待改善。随着人们的居住环境在人口迅速增长所造成的压力下不断恶化，人居环境问题越来越受到人们的关注。目前泉州农村人居环境总体水平仍然有待提升，在居住条件、公共设施和环境卫生等方面与全面建成小康社会的目标要求还有较大差距，主要表现在农村建设总体进展缓慢，发展不平衡，村庄环境脏乱差现象仍比较突出，人居环境的改善与广大农民的强烈愿望不相适应、与全面建成小康社会的要求差距大。

具体来说，一是照明设施建设不完善，我国农村道路多坡，且道路的两旁多是树木，白天起遮阳效果，但晚上同样也会遮住灯光，使道路变暗，这样就会使行走的路人感到不便，尤其是老人，给其带来一定的安全隐患。二是公共厕所未能物尽其用，按照建设美丽乡村的要求，虽然许多农村设立了水冲式厕所，但是由于村庄人口较少，且绝大部分是自己家里有厕所，而外来人口稀少，因而公厕的利用率低，公厕只是一个摆设，造成土地资源浪费。三是农村地区大部分道路狭窄，不能双向通车，随着经济发展，农村买车的人家逐渐增长，这样道路越发显得狭隘，道路基本上只能满足一辆汽车单向通过，这样就会造成交通拥堵，导致道路甚至不能通人。四是村庄娱乐设施不完善，对老年人的针对性不强，很多农村建有篮球场和安置健身器材，但实际上健身器材对于老年人来说用途不大，专门提供给老人休憩的设施基本没有，这样就会使老人的生活缺少趣味性。

（二）港口优势得不到有效发挥，制约物流的发展

泉州市加工贸易企业众多，但大多数企业在产品出口上采用委托外贸公司的形式，因此产生了一个怪现象，即泉州市长期是“供货大市”，却不是“出口大市”。泉州市港口泊位众多，而且有不少深水泊位，拥有国家一类

口岸，但由于缺乏享有国家政策优势的服务平台，口岸优势得不到充分发挥。目前，泉州市产业结构仍是生产比重高、流通比重低的格局，流通制约生产的问题始终影响泉州经济的发展。因此，需要加快转变现代物流业，以适应经济发展的要求。

（三）传统文化产业发展潜力尚未被有效挖掘

泉州的传统优秀文化正面临遗失的风险。在城市化快速推进的过程中，城市化、乡村城市化辐射影响了众多传统村落、旧街巷、古建筑的发展。近年来，保存传统文化、深挖传统文化成为热点，也成为文化传承的新思路。泉州是一个闽南地域文化浓厚的城市，但是在发掘文化资源方面，起步较晚，层次水平较低，缺乏文化与旅游的有效融合，尚未深入探索文化存在的经济意义，许多有价值的古村落、旧街巷、古建筑未得到有效保护和开发。

（四）民营企业创新意识较为薄弱

近年来随着经济进入新常态，国内外经济形势发生变化，国家大力鼓励“大众创业、万众创新”，进行供给侧结构性改革，并且强调发展高智能高科技含量的新兴产业的重要性。具体到泉州民营经济，其一直以劳动力成本低、市场需求多的劳动密集型制造业为主，而对科技含量高、资金技术要求高的新信息产业及智能产业涉足较少。近年来城市用工荒现象加剧，劳动力成本急剧上升、出口贸易受阻、中小企业民间融资成本高等因素制约了民营经济的继续单一式增长发展。而对新的生产工艺及生产技术的创新成本投入大、回收周期长加上民营企业的资金紧张问题使泉州民营经济的自主创新意识不强，对传统民营制造产业的转型升级的积极性不高。

三　2019年泉州市社会发展展望与建议

2019 年，站在贯彻习近平新时代中国特色社会主义思想、改革开放 40 年

的关键节点上，泉州以高质量发展为抓手，围绕产业发展高素质、城乡建设高品质、改革开放高层次、生态环境高颜值、民生幸福高指数、党的建设高质量，以实现赶超为动力，撸起袖子加油干。

（一）营造创新创业创造氛围，鼓励民营经济发展

2019 年泉州市经济产业发展蓝图如下。全市地区生产总值增长预期目标为8.5% ~8.7%。产业增加值增长8% ~8.5%。力争在2019 年，农林牧渔业总产值增长2% ~2.5%；工业增加值增长8% ~8.5%；建筑业增加值增长7.5% ~8%；第三产业增加值增长10.1% ~10.4%。全年培育新增高新技术企业140 家以上，力争全年技改投资增长13%，组织实施重点技改项目200 个以上。结合推动都市型产业发展，支持各地盘活老旧厂房等资源，加快规划建设“泉州科技城”，发挥科技创新平台集聚科技资源的作用；建设全市最具活力发展区域，加快推进“引资回泉”工程；深化“放管服”改革。加快推动海丝先行区建设，加快推动中国海上丝绸之路博物馆、中意“两国双园”等海丝标志性项目建设。

2018 年9 月，《福建省人民政府关于进一步推进创新驱动发展七条措施的通知》公布，通过加大对创新绩效的正向激励力度、发挥福厦泉国家自创区引领作用、建设若干高水平福建省实验室、着力引进重大研发机构、加大对行业领军企业研发扶持力度、推动新一代人工智能加快发展、提升科技金融服务水平等七条路径，让创新驱动成为高质量发展“主引擎”。以传统制造业闻名的泉州，要紧跟产业转型升级的大势，为中小企业、年轻人发展提供有利条件，为高技术企业成长建立加速机制。要坚持“两个毫不动摇”，落实鼓励引导支持民营经济发展的各项政策措施，为各类所有制企业营造公平、透明、法治的发展环境，营造有利于企业家健康成长的良好氛围，帮助民营企业实现创新发展，在市场竞争中打造一支有开拓精神、前瞻眼光、国际视野的企业家队伍。

（二）着力于乡村振兴，进一步推动美丽乡村建设

总体来说，虽然泉州城市发展迅速，但是乡村地区与泉州各城镇相比，

差距仍很大，为更加有序地推进泉州经济健康协调发展，还需完善各方面工作。

1. 强化城乡规划管理，提升美丽乡村建设水平

要坚持规划引领，以改善城乡人居环境为目标，按照“既有共性之美，又有个性之美”的原则，根据各地自然禀赋、优势资源、传统文化、特色产业发展、公共服务设施配套、环境综合整治等情况，尤其要做好特色示范村的乡村规划、基础设施建设、拆旧建新、立面设计改造、村庄美化亮化和特色产业发展等，实现“一村一景”“一村一品”，充分彰显城乡特色和韵味。

2. 加强农村垃圾和污水治理，建设干净整洁乡村

建立“户分类、村收集、乡镇转运、区处理”的收集、转运、处理机制，推进农村垃圾无害化处理，改善农村环境卫生状况。发动村民清理门前屋后垃圾，配合开展垃圾分类减量活动。此外，因地制宜进行农村生活污水处理，开展厕所粪污治理，强力推进“厕所革命”。

3. 发掘乡村文化特色，推进乡村文化建设

一要发掘和培育农村优秀特色文化，打造文化品牌。要本着彰显特色、传承文化、经济适用、美观安全、符合民意的要求，与农村生态环境相结合，利用自然山水的脉络，依山就势，沿水而居，打造精品美丽乡村。将现代建筑技术本土化，传统建筑现代化，实现建筑材料本地化，三者有机融合，打造属于农村自身的特色建筑，体现人与自然相协调的自然美感。二要保护好历史文化遗址。围绕“保护建筑、保持肌理、保存风貌、保存文化”的要求，严格保护其田园景观及环境的空间形态。

4. 建立城乡治理长效机制

一要加强民主法治建设，“民主法治”即社会主义民主得到充分发扬，依法治国基本方略得到切实落实，各方面积极因素得到广泛调动。因此，法治建设作为人居环境建设的一部分，是城乡建设必不可少的步骤。通过开设社会管理服务站、群防群治社会治安联防队及推广社会治安保险等工作，在农村健全落实社会治安综合治理领导责任制，建立完善矛盾纠纷排查化解、平安文化宣传

教育等工作机制，形成一套完整的社会治安体系。通过法治建设，在保障村民利益的同时，约束村民的违法行为，构建安全的人居环境。二要完善监督奖惩机制，在美丽乡村人居环境的建设过程中，严格的监督制度是必不可少的。

（三）要抓住“一带一路”和两岸合作的有利时机，充分发挥港口优势

“一带一路”倡议使泉州由中国的地方区域变成国际经贸带的重要环节，泉州是“21 世纪海上丝绸之路的支点和先行区”。泉州应当充分把握时代机遇，加强与沿线国家基建的互联互通，以及实现贸易投资的便利化。另外，要发挥泉台“五缘”优势和“先行先试”优势，争取将泉州市创立为“两岸合作交流先行试验区”。提升经贸合作畅通、基础设施联通、能源资源互通、行业标准共通水平，加强两岸交流合作，加大文化交流力度，增进台湾同胞对民族、国家的认知和感情。将“31 条惠台措施”“66 条实施意见”落实到位。根据周边城市经济发展水平情况，泉州市可实施差异化的区域协调策略，在沿海产业集聚带中发挥支撑带动作用。拓展腹地，增强城市功能，统筹区域协调发展。

（四）生态环境保护与资源节约利用相协调，加大对传统文化开发和保护力度

面对新形势、新任务，应进一步树立和落实科学发展观，遵循自然规律和经济规律，紧紧围绕海湾型生态城市建设总体规划，切实把生态环境建设与城市、乡镇发展有机结合起来，创新发展模式，转变增长方式，认真解决生态环境面临的突出问题，不断提高城镇环境建设与保护水平，致力于构建资源节约型、环境友好型、生态效益型社会，全面提高可持续发展能力，努力推动城市实现又好又快发展。结合环境整治建设，大力开发特色生态农业、泉州乡村休闲度假资源。要充分挖掘和发挥城市的文化功能，保护和利用地域文化、人文历史、山水美景、田园风光、农家情趣和绿色食品等具有浓厚闽南特色的休闲旅游资源。

经 济 篇

Economic Analysis

B.4

泉州市2018年工业发展形势分析与对策建议

颜雅英*

摘 要： 2018年泉州工业稳步增长，呈现“工业经济效益持续改善、行业增长面基本稳定、工业结构稳步调整、工业产销衔接水平提升、龙头产业生产加快”的总体特征。为了保持工业发展稳中向好的态势，本报告分析泉州工业发展现状及特点，指出泉州工业发展中存在的主要问题，并提出加快泉州工业发展的若干建议。

关键词： 泉州　工业发展　智能制造

---

* 颜雅英，泉州师范学院副教授，研究方向为发展经济学、社会保障。

一　2018年泉州工业发展现状及特点

2018 年泉州入选服务型制造示范城市，泉州作为金融实体经济综改区、民营经济试点区、海上丝绸之路先行区、自主创新示范区，认真贯彻落实党的十九大精神，牢牢把握稳中求进工作总基调，全面深化改革开放，持续推进产业转型升级；不断优化营商环境，努力营造有利于创新创业创造的良好发展环境；全面融入闽西南协同发展区，推动区域协调发展，以高质量工作推动高质量赶超，努力开创新时代“五个泉州”建设新局面。精准施策、主动作为、备战攻坚，扎实推进工业高质量发展。2018 年规模以上工业经济效益情况见表 1。2014 ~ 2018 年全部工业增加值及其增长速度见图 1。

表 1　2018 年规模以上工业经济效益情况

规模以上工业经济效益综合指数	单位	全年累计	增减
综合指数	%	336.4	35.6
产品销售率	%	96.4	0.5
资本保值增值率	%	110.9	7.8
成本费用利润率	%	9.2	0.2
总资产贡献率	%	23.2	2.1
全员劳动生产率	万元/人	30.45	4.5
资产周转率	次	3.44	0.26
资产负债率	%	42.8	-1.7

资料来源：泉州市统计局 2018 年统计资料。

（一）工业经济效益持续改善

2018 年以来，泉州市工业和信息化系统认真落实中央经济工作会议精神和《政府工作报告》部署，坚持以供给侧结构性改革为主线，推动制造业从数量扩张向质量提高进行战略性转变，泉州市工业经济在实现稳中向好

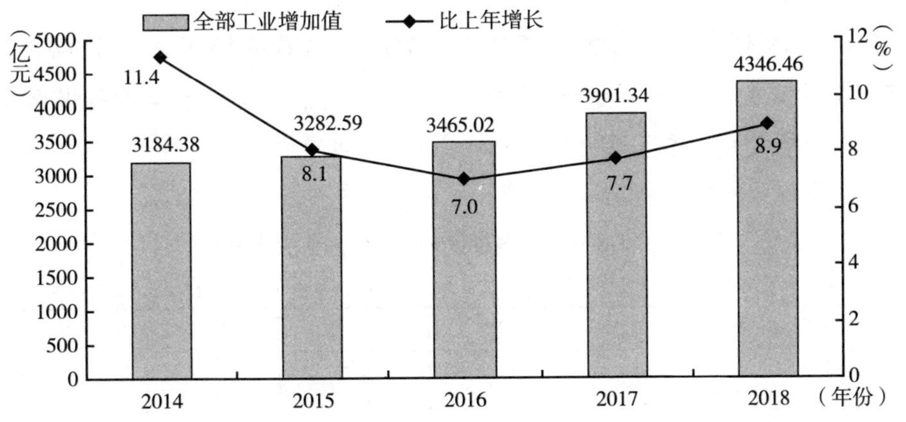

图1　2014～2018 年全部工业增加值及其增长速度

资料来源：泉州市统计局 2018 年统计资料。

的同时，工业企业经济效益持续改善。2018 年，工业对经济增长的贡献率达 53.2%。其中规模以上工业增加值为 3911.97 亿元，增长 9.1%。全年规模以上工业实现销售产值 15994.79 亿元，其中出口交货值为 2590.68 亿元，增长 18.7%。拥有超亿元企业 2692 家，比 2017 年增加 169 家，其中超 10 亿元企业为 281 家，比 2017 年增加 35 家。规模以上工业企业经济效益综合指数为 336.4，比上年上升 35.6 点，其中总资产贡献率为 23.2%，上升 2.1 个百分点；资本保值增值率为 110.9%，上升 7.8 个百分点；资产负债率为 42.8%，下降 1.7 个百分点；全员劳动生产率为 30.45 万元/人，提高 4.50 万元/人；流动资产周转率为 3.4 次，提高 0.3 次；工业产品销售率为 96.4%，提高 0.5 个百分点。全年规模以上工业企业实现利润总额 1284.98 亿元，比上年增长 19.2%，其中外商及港澳台商投资企业、股份制企业和股份合作制企业利润分别增长 13.5%、24.7% 和 6.6%。规模以上工业亏损企业亏损额为 9.17 亿元，减亏 1.65 亿元。工业经济效益状况显著改善，有力地推动了企业健康发展。企业整体盈利状况良好，全市 37 个工业大类行业全面实现盈利，盈利增长达 100%。规模以上工业企业实现主营业务收入 15329.86 亿元，增长 17.1%；实现利润总额

1284.98 亿元，同比增长 19.2%，增速同比提高 16 个百分点，12 月新增利润 122.19 亿元，同比增长 27.5%，增速同比提高 13.0 个百分点。主营业务利润率为 8.4%，同比提高 0.2 个百分点。2018 年全省各设区市工业增加值完成情况见表 2。

表 2　2018 年全省各设区市工业增加值完成情况

单位：亿元，%

区域	第二产业增加值	位次	增长率	规模以上工业增加值增长率
全省	17232.36	—	8.5	9.1
泉州	4885.01	1	8.7	9.1
福州	3204.90	2	8.4	9.0
漳州	1887.22	4	8.7	9.2
厦门	1980.16	3	8.1	8.8
莆田	1179.91	6	8.5	9.1
三明	1237.90	5	8.4	8.9
宁德	968.95	8	8.3	9.2
龙岩	1147.27	7	8.4	9.0
南平	775.80	9	8.3	8.8
平潭	71.85	10	3.8	3.9

资料来源：福建省统计局 2018 年统计资料。

（二）行业增长面基本稳定

2018 年全市规模以上工业 37 个大类行业中有 35 个行业增加值同比增长，增长面达到 94.6%，比 2017 年提高 13.5 个百分点。其中，非金属矿物制品业（增长 13.0%）、纺织业（增长 12.3%）、文教工美体育和娱乐用品制造业（增长 13.7%）、通用设备制造业（增长 14.3%）等 15 个行业实现两位数以上的增长。2018 年 1～10 月，全市规模以上工业中民营企业增加值同比增长 9.9%，增速比 1～9 月高 0.3 个百分点。其中，民营轻工业增加值同比增长 9.4%，增速比 1～9 月高 0.3 个百分点；民营重工业增加值同比增长 11.1%，增速比 1～9 月高 0.4 个百分点。值得一提的是，中小企业成为拉动泉州工业增长的主要动力，2017 年，全市规上中型工业企业实现增加值 1286. 16 亿元，增长 8. 3%，小型工业企业实现增加值 1353. 31 亿元，增长 14. 6%，对全市规上工业增加值增长的贡献率分别达 30. 9% 和 52. 9%。全市传统产业仍保持较快发展。其中，纺织鞋服增长 9. 7%，建材家居增长 11. 7%，食品饮料增长 8. 5%，纸业印刷增长 7. 2%（见表 3）。各行业增长总体来看稳中有进，增速基本稳定。

表 3　2018 年泉州市规模以上工业重点产业发展情况

单位：亿元，%

指标		增加值	增长率	销售产值	产销率
规模以上工业		3911. 97	9. 1	15994. 79	96. 4
按三大板块分	传统产业	2621. 17	10. 1	10728. 70	96. 8
	重化产业	1112. 83	7. 8	4419. 59	95. 1
	高新技术产业	637. 39	9. 2	2818. 05	96. 0
按“十三五”规划重点产业分	主导产业	3114. 13	9. 7	12429. 64	96. 4
	纺织鞋服	1304. 32	9. 7	5160. 64	96. 5
	纺织服装	759. 32	10. 6	3063. 73	96. 3
	鞋业	545. 00	8. 5	2096. 92	97. 0
	石油化工	659. 73	5. 3	2520. 66	94. 0
	机械装备	453. 10	11. 4	1898. 93	96. 7
	建材家居	866. 73	11. 7	3644. 42	97. 9
	特色产业	709. 23	9. 9	2945. 40	96. 4
	食品饮料	286. 55	8. 5	1168. 23	97. 5
	工艺制品	259. 11	13. 2	1021. 77	97. 8
	纸业印刷	163. 57	7. 2	775. 40	92. 7
	新一代信息技术	90. 10	16. 3	334. 54	94. 4
	生物医药	12. 81	11. 8	51. 96	93. 7

注：①传统产业包括纺织鞋服、建材家居、食品饮料和纸业印刷，重化产业包括石油化工、机械装备、高新技术产业；②表中的机械装备口径采用国家统计局装备制造业口径；③表中的高新技术产业仅指规上工业部分。

资料来源：泉州市统计局 2018 年 12 月统计资料。

（三）工业结构呈现积极变化

2018 年，泉州产业结构调整稳步推进，全市规模以上高新技术产业增加值占规模以上工业增加值的比重为16.3%，较2017 年提高1.3 个百分点；规模以上新一代信息技术产业增加值同比增长 16.3%，继续保持两位数增速，快于全市平均水平 7.2 个百分点；规模以上机械装备产业增加值同比增长11.4%，增速比2017 年高0.8 个百分点，快于全市平均水平 2.3 个百分点。大力实施创新驱动战略，促进企业优化升级。工业转型升级持续推进，高新技术产业、装备制造业发展加快。2018 年1～9 月，全市规模以上高新技术产业完成增加值460.70 亿元，增长9.6%，增速比上半年提高0.4 个百分点。2018 年全年全市规模以上高新技术产业完成增加值 637.39 亿元，增长9.2%。机械装备产业完成增加值 453.10 亿元，增长 11.4%，增速比2017 年提高0.8 个百分点，对规模以上工业增加值的贡献率约为 11.6%。重化产业占比提升。2018 年全市规上重化产业完成增加值 1112.83 亿元，增长7.8%，增速比2017 年提高，占规模以上工业增加值比重提高。传统优势产业保持较快增长。2018 年全市规上工业传统产业完成增加值 2621.17 亿元，增长10.1%，增速比2017 年提高，比规模以上工业平均增速高 1.5 个百分点。其中，石油化工业增长 5.3%，纸业印刷业增长 7.2%，食品饮料业增长 8.5%，均低于规模以上工业平均增幅。纺织鞋服业规模以上工业增加值增长9.7%，建材家居业增长11.7%，工艺制品业增长13.2%，生物医药业增长11.8%，均高于规模以上工业平均增幅。在智能制造的有力助推下，泉州制造业转型升级进入快车道，制造强市工作形势喜人。2018 年，泉州市全面启动“中国制造2025”城市试点示范创建工作，2017 年，规模以上工业增加值增速居全省第二名；累计工业用电量为 329.11 亿千瓦时，同比增长6.9%。面对全球范围内新一轮的技术革命，泉州企业更加注重培育建设智能制造示范工厂，截至2018 年，全市共建设了82 个智能工厂和数字化车间，为泉州推进智能制造奠定坚实的基础。2018 年泉州各县（市、区）工业投资增长情况见表4。

表4　2018年泉州各县（市、区）工业投资增长情况

单位：%

区域	工业投资增长	市重点在建项目增长
全市	33.3	14.0
开发区	-60.3	65.5
鲤城区(含开发区)	-66.8	-4.1
鲤城区(不含开发区)	-83.2	-24.6
丰泽区	90.0	7.0
洛江区	16.2	22.3
泉港区	-53.5	67.0
石狮市	31.4	36.8
晋江市	51.8	24.6
南安市	46.8	3.7
惠安县(含台商投资区)	34.5	9.2
惠安县(不含台商投资区)	17.5	24.9
台商投资区	134.3	-5.3
安溪县	13.9	22.7
永春县	13.4	-33.6
德化县	100.7	-14.2

资料来源：泉州市统计局2018年12月统计资料。

（四）工业产销衔接水平提升

2018年以来，泉州市全市上下按照中央和省的决策部署，坚持稳中求进工作总基调，贯彻新发展理念，落实高质量发展要求，以供给侧结构性改革为主线，全力推进转型攻坚、聚力跨越，推进经济持续健康发展。泉州工业保持平稳较快增长水平，2018年全市工业增加值增速从第一季度的7.8%提高至8.9%，高于年度考核目标。泉州市各县（市、区）工业增加值增长水平大多也与全市增长水平持平。随着泉州市经济稳步发展，人们的有效需求也持续增加，产品的销售增速快于生产增速，泉州市产品销售率也有所提高。泉州市规模以上工业企业产销率为

96.4%，为年内最高水平，比第一季度至第三季度提高0.2个百分点，比2017年提高0.5个百分点。泉州市纺织鞋服、石油化工、机械装备、建材家居等主导产业的产销率分别为96.5%、94.0%、96.7%和97.9%，新一代信息技术产销率为94.4%；除惠安县（不含台商投资区）外，泉州市其余县（市、区）规模以上工业企业产销率也都在90%以上，其中石狮市和永春县规模以上工业企业产销率都超过99%。工业产品产销衔接水平得到提升，企业库存基本稳定。2018年泉州各县（市、区）规模以上工业增加值和产销率见表5。2018年泉州市规模以上工业各产值段增长情况见表6。

表5　2018年泉州各县（市、区）规模以上工业增加值和产销率

单位：亿元，%

	工业增加值	增长	销售产值	产销率
全市	3911.97	9.1	15994.79	96.4
开发区	152.12	9.4	567.75	95.5
鲤城区(含开发区)	253.67	9.2	968.1	96.7
鲤城区(不含开发区)	101.56	8.9	400.35	98.4
丰泽区	83.60	3.2	370.3	90.5
洛江区	122.49	11.0	512.85	98.8
泉港区	460.77	7.9	1745.71	97.5
石狮市	265.85	9.7	1204.61	99.3
晋江市	1155.45	8.1	4830.08	96.0
南安市	438.21	10.0	2356.89	97.9
惠安县(含台商投资区)	615.45	10.7	2189.55	92.0
惠安县(不含台商投资区)	437.92	12.0	1462.61	88.6
台商投资区	177.54	8.0	726.93	99.8
安溪县	225.90	9.6	826.54	98.3
永春县	205.22	10.3	689.49	99.2
德化县	85.36	10.9	300.67	97.1

资料来源：泉州市统计局2018年12月统计资料。

表6　2018年泉州市规模以上工业各产值段增长情况

产值段	企业数(个)	累计工业总产值(亿元)	占比(%)	增长(%)
10亿元以上	281	7939.65	47.8	19.8
5亿~10亿元	447	3049.35	18.4	19.9
2亿~5亿元	1033	3299.07	19.9	21.1
1亿~2亿元	931	1349.62	8.1	17.3
5000万~1亿元	959	683.37	4.1	15.2
2000万~5000万元	762	262.20	1.6	-10.8
2000万元以下	230	11.98	0.1	-96.7
亿元以上	2692	15637.69	94.2	19.9

资料来源：泉州市统计局2018年12月统计资料。

（五）龙头产业生产加快

根据《泉州市人民政府办公室关于扶持产业龙头企业和高成长企业做大做强的若干意见》，泉州将培育一批创新驱动、主业突出、关联度大、带动性强的产业龙头企业。力争至2020年，工业产值在10亿~30亿元、30亿~50亿元、50亿~100亿元和100亿元以上的产业龙头企业分别为225家、50家、15家和10家。2018年泉州市政府鼓励产业龙头企业围绕增资扩产、改造升级、延伸链条、补齐短板等方面建设实施项目，积极做大总量，实现高质量发展。对产业龙头企业工业产值首次超过10亿元、30亿元、50亿元和100亿元的，由受益财政一次性分别给予30万元、50万元、100万元和200万元奖励。鼓励产业龙头企业充分发挥技术、市场、品牌、人才、资金等优势，增强市场综合竞争力，推动产业龙头企业做大做强。对年度工业产值超过10亿元且增速在15%以上的产业龙头企业，按当年比上年企业新增缴纳增值税和企业所得税市、县两级留成部分的50%给予奖励，由受益财政承担。2018年，泉州市525家规模以上工业龙头企业共完成产值6769.51亿元，同比增长15.7%，增速比2017年提高0.8个百分点。2018年，全市累计产值超亿元企业有2692家，比2017年增加169家，完成工业产值15637.69亿元，占全市工业总产值的94.2%，其中，实现工业产值10亿元以上的企业达281家，比2017年增加35家，累计实现工业总产值7939.65亿元，比2017年增加1488.8亿元，占全市工业总产值的47.8%，龙头企业带动作用较为显著。

二　2018年泉州工业发展中存在的主要问题

（一）传统制造业转型面临挑战

工业是实体经济的主体，是经济社会发展的强力引擎，工业经济更是泉州产业发展的主要支撑。近年来，泉州一直致力于传统制造业转型升级工作，2018年，泉州市始终坚持稳中求进工作总基调，落实创新发展理念，传承弘扬“晋江经验”，深化供给侧结构性改革，制订实施赶超三年行动计划，打好三大攻坚战，做好“六稳”工作，全力推进产业升级，泉州工业发展取得显著进步。目前，泉州已形成纺织服装、鞋业、石油化工、机械装备、建材家居、食品饮料、工艺制品等七大千亿元产业集群。然而，随着社会进步和科技发展，这些传统制造业生产所用的设备、工艺逐渐难以与产业发展水平接轨，再加上近年来泉州外来务工人员减少、招工难、用工贵等问题的出现，泉州传统制造业遭遇前所未有的挑战。

（二）民营企业创新发展过程中遇到困难

一方面，融资困难。中小微民营企业融资难、融资贵，由于我国金融体系不完善，金融机构的主要服务对象是大型企业，特别是国有大中型企业，而以中小企业为主的民营企业在贷款方面则相对困难，加之大多数民营企业管理模式落后，难以通过金融机构的财务审核，严重影响其融资手段的实现。另一方面，民营企业创新意识薄弱。近年来随着经济进入新常态，国内外经济形势多变，国家大力鼓励“大众创业、万众创新”和供给侧结构性改革，并且强调发展高智能高科技含量的新兴产业的重要性。具体到泉州民营经济，泉州民营经济一直以劳动力成本低、市场需求多的劳动密集型制造业为主，而对科技含量高、资金技术要求高的新信息产业及智能产业涉足较少，近年来，随着城市用工荒现象加剧，劳动力成本急剧上升、出口贸易受阻、中小企业民间融资成本高等因素制约民营经济继续单一式增长发展。而对新的生产工艺及生产技术的创新成本投入多、回收周期长加上民营企业资金紧张问题使泉州民营经济的自主创新意识不强，对传统民营制造产业的转型升级的积极性不高。

（三）要素成本上升导致企业盈利能力下降

当前，泉州制造业成本优势正在逐渐减弱。一是劳动力成本上升。长期以来，低劳动力成本是“泉州制造”价格优势的重要来源，但是近年来泉州制造业职工工资保持较高增速水平。二是环保成本快速上升。随着国家生态文明建设的推进，以前以破坏生态环境发展工业的做法已终止，并且要“补课”生态治理、绿色发展。近年来，随着新修订的《中华人民共和国环境保护法》和新出台的《中华人民共和国环境保护税法》以及近年来不断严格的环保督查，工业企业的环保成本快速上升。三是工业用地成本快速上升。长期以来，为招商引资，各地制定了不少低地价甚至零地价的工业用地政策，这降低了企业的投资成本，增强了企业竞争力，但也造成工业用地效率低下、土地稀缺性日趋突出等问题。传统工业低地价发展模式不可持续，近年来随着城镇化步伐的加快，对土地的需求快速增加，工业用地指标已成为制约许多地区工业发展的刚性约束，工业用地价格的快速上升不可避免，制造业已经进入微利时代。工业企业盈利能力下降，造成“脱实向虚”问题更加严重。一方面，社会资本不愿意投向制造业领域；另一方面，大量社会资源逐步从制造业流出，技术人才流失最为严重。

（四）自主创新能力不足

泉州50%以上企业尚未设置专门研发机构，关键技术仍然依赖进口，公共服务平台引进建设也难以跟上企业创新需求。泉州市产业技术基础、高校和科研平台、科技人才支撑等仍显不足，全社会 R&D 投入占比低于全国、全省平均水平。企业技术创新和自主研发能力较弱，掌握的关键核心技术少，多数民营企业产品开发仍处于“跟、追、仿”阶段，原创性、突破性创新不多。近年来，泉州市通过推进“大院大所”计划，集聚新型科研机构 10 家、国家级孵化器 2 家，但泉州与省内外知名大学或研究机构合作与开发还处于初级阶段，缺乏良好的合作机制。截至 2018 年，泉州市共建有市级及以上众创空间 52 家（国家级有 7 家，省级有 31 家），市级及以上科技孵化器有 35 家（国家级有 2 家，省级有 21 家）。相对于创新驱动发展来说，泉州的创新人才和产学研结合程度还相对较低，有待进一步提高。

（五）工业能耗有所下降但仍呈现较高趋势

泉州是福建省的经济大市，经济总量约占福建省的 1/4。泉州市工业经济快速发展，较大的经济体量带来了较高的能源消费量。2007～2010 年泉州各设区县规模以上工业万元增加值能耗大体呈下降趋势，2018 年泉州市规模以上工业综合能耗下降 0.8%，其中采矿业下降 10.5%，工业能耗减少最为明显，另外，六大高耗能行业能耗下降 1.1%。以上从绝对值角度的分析表明泉州工业能耗在逐步减少，但是工业能耗在相对指标上的减少呈现波动的趋势，可见泉州市尚未完全实现对能源消耗的有效控制，并且数据显示，2017 年，泉州全市能源消费量为 3596 万吨标准煤，万元 GDP 能耗为 0.523 吨标准煤；规模以上工业能源消费量为 2320 万吨标准煤，六大高耗能行业能耗量占规模以上工业能耗总量的比重为 86.0%，工业能源消费量尤其高耗能行业能源消费量占比高，能源已成为制约泉州市经济发展的一个重要因素。综上可知，从全市来看，工业能耗环比下降，但是，长期以来，在工业发展中养成的高耗能模式使工业能耗基数指标处于较高水平，这要求今后全市在工业发展中应继续推广节能降耗发展方式，力求实现工业可持续发展。

三　加快泉州工业发展的若干建议

“十三五”时期，经济进入新常态，经济发展方式加快转变，新的增长动力正在孕育形成，经济长期向好基本面没有改变，是泉州市加快由工业化中期阶段向高级阶段转型的关键时期，推进“泉州制造 2025”要求全市工信系统认真贯彻落实市委、市政府的决策部署，坚持高质量发展落实赶超，开拓创新，主动作为，着力从推动稳增长、狠抓项目带动等方面保障全市工业经济平稳健康发展。

（一）促进传统制造业智能化、自动化发展

数控一代被认为是信息化、数字化与工业化融合的最佳典范。近年来，泉州大力实施数控一代工程，全方位运用数字化手段，发展数字经济，推升“泉州制造 2025”成为传统产业转型升级新动力，智能电脑绣花机全面进入以石狮为中心的闽派纺织服装企业。在人口红利逐渐弱化的背景下，要用技术红利替代。因此，应积极落实《泉州制造 2025 发展纲要》，深入实施 17 个重点产业转型升级路线图，采用先进适用节能低碳环保技术改造提升传统产业。深化制造业与互联网融合发展，促进制造业高端化、智能化、绿色化、服务化。构建绿色制造体系，推进产品全生命周期绿色管理，不断优化工业产品结构。支持重点行业改造升级，鼓励企业瞄准国际同行业标杆，全面提高产品技术、工艺装备、能效环保等水平。强化节能环保标准约束，严格进行行业规范、准入管理和节能审查，环保、能耗、安全等不达标，生产淘汰类产品，使用淘汰类装备，拥有淘汰类产能的企业和产能，依法依规有序退出。有效化解过剩产能，严禁以任何名义、任何方式核准或备案产能严重过剩行业增加产能的项目。支持企业开拓市场，推动装备制造产业跨越发展，促进产业转型升级，入选数控一代示范项目的企业将享受到“真金白银”的奖励和补助。此外，鼓励企业采用融资租赁方式（非售后回租）使用数控一代示范项目产品，分别按融资租赁合同中设

备投资额（扣除增值税、融资租赁费用）的10%和20%给予供货企业和承租企业补助。泉州产业经济的发展方向，不能只停留在传统制造业上，泉州数控一代的发力，除给转型中的传统制造业提供抓手外，其本身也正在成为泉州工业经济领域和数字经济领域的一个新增长极。数控产业是一个朝阳产业，制造业发达的国家的数控化率为70%～80%，我国目前只有30%左右。基于此，泉州市还需持续加大研发投入力度，继续推动泉州新一轮发展。

（二）推动工业企业绿色发展

泉州市经济的快速发展离不开工业的发展，为进一步推动泉州工业企业绿色发展，泉州市要进一步加强重点用能单位节能管理工作，提高能源管理负责人和能源管理人员的业务水平。2018年12月27日，由福建省政府节能办、福建省工信厅主办的“节能服务八闽行”活动在泉州举行。据了解，2018年“节能服务八闽行”是在大力倡导生态文明、绿色发展的背景下，政府加强服务、企业加强合作的新举措、新平台。从2018年6月开始，福建省节能监察中心先后在福州、南平、漳州、三明、龙岩等开展了“节能服务进企业”活动，泉州是第七站。泉州市政府应落实省政府下达的能耗总量和强度“双控”目标，多措并举、真抓实干，稳步推进节能降耗工作；通过为用能企业提供精准化、特色化服务，将先进的技术、装备和管理模式融入用能企业中，在促进用能企业节能降耗、降本增效的同时，带动泉州市节能服务产业快速、健康发展；强化节能执法，推进依法用能，制定并实施年度节能监察方案，组织对全市重点用能企业开展节能监察工作，要切实发挥节能监察的监督保障作用，促进工业企业加强能源管理、提高能源利用效率，推进节能降耗、绿色发展等战略落地，助推工业转型升级和高质量发展；推动用能权交易，创新有偿使用方式，有序推进用能权交易试点工作；深入开展绿色制造、工业节水工作，推进德化陶瓷、泉港石化、南安海西“城市矿产”基地等国家级循环经济园区、“城市矿产基地”建设；同时，进行节能技术改造，落实合同能源管理项目，打造一批“绿色、低碳、循环发展”优质企业，实现泉州企业共赢发展、共同繁荣。各类优秀节能服务公司也要发挥人才、技术、资金、管理优势，帮助泉州工业企业深入进行节能技改，推动转型升级，发展绿色制造。

（三）推动泉州民营企业创新发展

增强泉州民营企业竞争力的内在基础在于产权创新、管理创新、组织创新、技术创新四个方面。泉州民营中小企业虽然在人力、物力、财力等方面都还逊于大型企业，但也有自身方面的优势：机动灵活，善于应变；组织机构简单，工作效率较高；勇于创新，富于进取；等等。所以泉州民营企业在增强自身核心竞争力时应该考虑自己的优势。要实现泉州民营中小企业长足发展，应重视以下几个方面。一是明确企业的使命和成长目标，泉州民营企业应积极转变经营观念，合理进行市场定位，根据自身优势，可以基于品牌、顾客关系、产品、超控市场份额以及成本、技术等制定符合企业长远发展的战略目标。二是科学完善组织结构和管理体系，企业创新的核心是管理创新，泉州市民营企业主要是中小型传统企业，因此必须以新思维和新观念，吸收国外企业的先进管理理念，结合企业实际，不断进行管理创新，规范企业制度，在企业内部建立健全各种制度，如企业领导制度、企业用工制度、企业财务制度、企业民主制度，使企业管理走上制度化、规范化和法制化之路。促进企业管理水平较大提高，以在日趋激烈的市场竞争中求得生存与发展。三是要构建合理有效的融资体系，有效发挥中小民营企业、政府、银行等各方面的力量。切实提高政府风险补偿资金运作效果，全力缓解中小微民营企业融资难、融资贵问题，推进“助保贷”“科创贷”等政银（保）创新产品做大规模。在“科创贷”方面，重点扶持泉州地区有发展潜力的高新技术企业，开展领军企业贷款保证保险业务工作，同时，扩大银行合作范围，增加自主可循环还款方式，并将无还本续贷嵌入合作项目续贷模式中，降低企业融资成本。从大力培育产业龙头企业和高成长企业、支持企业技术改造、加大民营企业兼并重组的奖励力度、引导中小企业向“专精特新”发展等方面发力，增强泉州民营企业的市场竞争力，从而促进泉州民营企业创新发展。

（四）推进供给侧结构性改革

就工业领域而言，推进供给侧结构性改革，重点在治理过剩产能、推进智能制造和绿色制造三个方面。在治理过剩产能方面，一是推进生产要素市场化，必须革除泉州市各县（市、区）对本地产能的不当保护，减弱各县（市、区）对地方资源，如土地、矿产、信贷支持等不可移动生产要素的控制力，纠正现有体制下各县（市、区）对资源的行政化配置，实现要素在公开市场的竞争性配置。二是健全市场化准入和退出机制。深化“放管服”改革，以“负面清单”为原则，放宽非公有经济市场准入标准，提升行业市场化程度。完善退出机制，建立以妥善安置下岗职工为重点的行业援助退出机制。三是弱化 GDP 权重，强化资源消耗、环境污染、科技创新、安全生产等指标的权重。健全资源环境的产权制度和用途管制，改革生态环境保护管理体制。在推进智能制造方面，要抓住新一代科技革命和产业变革的历史机遇，大力推进互联网、大数据、人工智能和制造业深度融合。紧抓“产业数字化”转型和“数字产业化”培育，抓好中国国际信息技术（福建）产业园、泉州软件园等重点载体建设工作，大力发展软件、集成电路设计、物联网、云计算、大数据等产业。推动人工智能与产业融合发展，争取在智能工业机器人、智能芯片等方面取得突破。加快发展工业互联网，抓好晋江“互联网+鞋业”、南安“互联网+泛家居”、德化“互联网+陶瓷”等省级链条化试点项目，打造 3 个以上行业领域工业互联网示范平台。培育壮大军民融合产业，支持企业承接“军转民”科技成果转化，参与军品研发生产，力争在传感器、卫星导航、新材料等领域实现突破。在推进绿色制造方面，泉州着力推进“绿色制造体系”建立，将工业经济存量与增量建立在资源、环境、生态能够有支撑、能容纳、受保护的基础上。2018 年，泉州建设重点在机械、电子、化工、食品、纺织、家电、大型成套装备等行业，围绕绿色设计平台建设、绿色关键工艺突破、绿色供应链系统构建三个方向，推进绿色制造系统集成工作。截至 2019 年 5 月，泉州有 13 家企业入选升级绿色工厂，对泉州绿色制造水平的提升起到引领作用。

（五）完善创新激励机制和创新生态建设系统

科技创新是泉州经济社会发展的核心动力，是泉州产业转型升级的重要引擎。为此，应将创新作为工业发展的核心动力，深入实施创新驱动战略，全面推动企业技术创新、产品创新、管理创新、金融创新和商业模式创新，实现经济发展方式由要素驱动、投资驱动向创新驱动转变。

然而，工业高质量发展依赖的是自主创新能力，而不只是模仿式的创新，因此，在新时期实现自主创新能力的提升，要大力增加科技研发投入，显著加大基础研究的投入力度，增强原始创新和集成创新能力。完善创新研发活动的激励机制，通过知识产权保护、加速折旧、减免税收等手段提高技术创新的私人收益率，形成企业、科技研发机构等各类经济主体提高创新强度、加强技术学习的普遍行为模式。同时，在增加创新投入的过程中，还要不断加强创新生态系统建设，为创新营造良好社会氛围。例如，大力推进以企业为主体，政产学研用相结合的开放式协同创新，提高创新生态系统开放性、协同性；大力发展科技中介组织和科技信息服务业，促进科技成果转化；营造公平竞争环境，增强中小企业创新创造活力；培育全社会鼓励创新、宽容失败的创新和竞争文化。

B.5
泉州市农业农村经济发展形势与趋势分析

叶 颉　陈鎏鹏　谢志忠*

摘　要： 2018年，泉州市农业农村经济运行呈现“农业生产稳中有升、现代特色农业发展水平提升、精准扶贫成效显著、美丽乡村建设持续推进”的态势。本报告在分析2018年泉州市农业农村经济运行基本态势的基础上，对泉州市农业农村经济发展所面临的农村互联网应用不足、农村基础设施薄弱、农民持续增收后劲不足、稳定脱贫难度大等问题进行深入剖析，合理预测泉州市农业农村经济发展形势，进而从产业布局、信息技术、特色农业等方面提出推进泉州市农业农村经济实现高质量、特色化发展的实现路径。

关键词： 泉州　现代农业　高质量

一　2018年泉州市农业农村经济运行的基本态势

（一）农业生产稳中有升

2018年，泉州市全年完成农林牧渔业总产值364.23亿元，相比2017

---

* 叶颉，泉州师范学院讲师，博士，研究方向为农村经济、产业经济；陈鎏鹏，福建省高校特色新型智库（民营经济发展研究院）实习研究员，研究方向为产业经济；谢志忠，泉州师范学院教授，博士生导师，研究方向为农村金融。

年增长2.3%。其中，农业产值为142.78亿元，同比增长5.0%；林业产值为5.91亿元，同比增长6.1%；牧业产值为70.92亿元，同比下降2.1%；渔业产值为135.46亿元，同比增长1.8%；农林牧渔服务业产值为9.16亿元，同比增长6.7%。粮食生产保持平稳，全市粮食作物种植面积为128.13万亩，比2017年减少1.27万亩，同比下降1.0%，粮食产量为48.50万吨，同比增长2.0%（见图1）。到2019年第一季度，全市完成农林牧渔业产值53.77亿元，同比增长2.5%。其中，农业产值为10.66亿元，同比增长3.5%；林业产值为0.88亿元，同比下降27.8%；牧业产值为17.33亿元，同比增长0.8%；渔业产值为22.83亿元，同比增长2.5%；农林牧渔服务业产值为2.07亿元，同比增长5.9%。

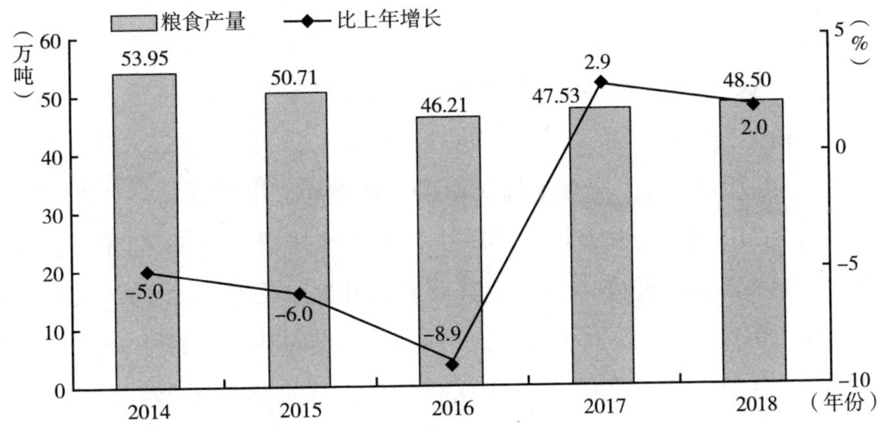

图1　2014～2018年泉州市粮食产量及其增长速度

资料来源：泉州市统计局。

（二）现代特色农业发展水平提升

2018年，泉州市农林牧渔业投资增长45.0%，高于全市投资平均水平。近年来，泉州市立足山海资源，依托区位优势，以农业供给侧结构性改革为主线，以发展生态农业、品牌农业、休闲农业、智慧农业和园区农业为载体，加快推进农村三次产业融合，走出了一条“以特色壮产

业、以融合促发展”的成功路子。2018 年，泉州市安排了 1 亿多元专项资金，着力构建农业与第二、三产业交叉融合发展的现代产业体系。截至 2018 年年底，泉州市 7 类 12 种农产品列入农业农村部规划，全市拥有各类休闲农业点 301 个，带动 37.5 万户农户增收，建立了 6 个试点镇和 45 个试点村。茶、蔬菜、水果、食用菌、畜禽、林竹、花卉苗木、乡村物流、乡村旅游、农村电商等十大特色农业产业全产业链产值达 1050 亿元，突破千亿元大关。

（三）精准扶贫成效显著

据统计，“十三五”以来，全市共脱贫 6.3 万人，省定建档立卡贫困村“摘帽”110 个。截至 2018 年，全市造福工程易地扶贫搬迁竣工 653 户 2813 人，占任务的 107%，完成投资 1.08 亿元，其中，国定标准贫困户易地扶贫搬迁竣工 1 户 3 人，省定标准贫困户易地扶贫搬迁竣工 44 户 150 人；落实 3 个造福工程集中安置区，可安置 225 户农户，一层封顶 225 户，完成搬迁 90 户。在 2018 年，“三百工程”取得了新进展，市县两级累计发动参与企业和商会 970 家，帮扶贫困村 502 个，落实帮扶资金 2.82 亿元，受帮扶群众为 23000 多人。此外，全市侨联系统也开展“百侨帮百村”活动，共发动侨青、侨商 190 人，侨企 33 家共同参与，结对帮扶贫困村 96 个，实施帮扶项目 194 项，落实帮扶资金 10430 万元，帮扶群众达 29785 人。在人才、资金、项目的叠加效应下，全市大部分贫困户找到了适合自己的产业发展路子，实现造血性脱贫。在推进脱贫攻坚工作的同时，泉州市不断加大扶贫开发力度，创新“十大模式”，巩固脱贫成果，确保全市建档立卡贫困人口及贫困村“零返贫”。

（四）美丽乡村建设持续推进

第一，村庄人居环境整治效果显著。泉州市深入开展农村环境卫生整治行动，重点治理农村垃圾和污水问题，并注重“治脏、治污、治违”，集中力量整治乱堆、乱倒、乱扔、乱排、乱拉、乱建现象，努力营造干净、整洁、有序的农村宜居环境。泉州市泉港区南埔镇凤翔村等131个村庄被列入美丽乡村建设“千村整治”村庄名单，洛江区马甲镇炉田村等12个村庄被列入美丽乡村示范村创建名单，泉港区南埔镇沙格村等23个村庄被列入美丽乡村备选名单。第二，公共设施建设水平提升。泉州市全面加强农村基础设施建设，“十三五”以来，全市共完成987个行政村生活污水治理；11.9万户三格化粪池新建改造；农村危房改造累计开工5758户，竣工5593户。第三，农村新型社区建设持续进步。泉州市通过利用田园风光、山水林资源和乡土文化资源，大力发展乡村旅游、乡村民宿、观光农园、教育农园、休闲农场等新业态。新增全国美丽休闲乡村3个，省级休闲农业示范点8个，省级最美休闲乡村5个，市级休闲农业示范点20家；国家级最美渔村2个，省级“水乡渔村”3个；森林人家31家，新评三星级森林人家14家。

二　泉州市农业农村经济发展面临的主要问题

（一）互联网在农业农村运用存在较大制约

互联网农业是生产方式、产业模式与经营手段的创新，通过便利化、实时化、物联化、智能化等手段，对农业的生产、经营、管理、服务等产业链环节产生了深远影响，为农业现代化发展提供了新动力。但是，泉州市推动互联网在农业农村发展中的运用也存在制约。一是农村人才缺乏，农业电商发展受限。相对于大中城市而言，农村缺乏较为丰富的物质和文化生活设施，缺乏促进专业人才发展的环境，因此难以吸引优秀的电子商务人才驻足，农业农村电子商务发展缓慢。二是农户对农业物联网认知不够。农业物联网将现代信息技术运用于农业生产，推动农业生产科学化和管理智能化，服务于农业现代化建设，有利于作物的科学栽培，大大提高了作物栽培的效率，便于农产品追根溯源，实现农业生产的绿色无公害化。但当前农户普遍对农业物联网的认知程度不够，制约了现代农业物联网的推广。

（二）农村基础设施仍然较为薄弱

近年来，泉州市尽管在农村基础设施建设方面已有很大改善，但也存在许多问题，比如农村规划建设水平较为滞后，教育、卫生、社会保障等农村社会事业发展与人民群众的期待仍有一定差距。主要原因有以下几个方面。一是生产性基础设施相对薄弱，不能满足农业生产需要，导致种植效率低下；山区县的一些小型农田水利设施大多处于失管失修状态，抵御干旱和抗击洪涝灾害的能力较差。二是生活性基础设施方面，农村饮水安全、中小河流治理等项目，因前期工作特别是项目征迁受阻等问题进展比较缓慢；村庄环境整治工作还存在不平衡性，综合治理长效机制不够完善；以整治农村环境为重点的美丽乡村建设整体推进力度不够，“5520”示范项目建设总体进度偏慢。三是生态环境基础设施方面，由于资源保护与建设开发矛盾比较突出，生态公益林布局不合理，补偿标准偏低，林地保护难度提高；一些地方茶园过度开发，出现毁林、高坡度开垦茶园的现象，导致森林植被受到严重破坏。四是农业发展基础设施方面，基层农业技术推广体系建设不到位，致使各项农业技术推广服务不到位，影响农业“五新”技术推广；在“高、先、尖”农业技术的应用与推广上还存在不少空白，科学技术对农业的支撑能力还没有得到充分体现；受土地流转困难、自有建设资金不足、项目补助门槛较高等因素影响，各地的设施农业建设进展不平衡，不利于农业生产向专业化、组织化、规模化方向发展。

（三）农民持续增收后劲不足

近几年来，城镇居民和农村居民的收入都有了较快的增长，随着统筹城乡发展的政策不断推进，2018 年，全市居民人均可支配收入同比增长 8.0%，达到4.6 万元，其中工资性收入仍为增收主力军。同年农村居民收入增速超过城市居民，全市农民收入保持相对高速增长。农村居民人均可支配收入达到2.02 万元，同比增长 9.0%。但我国经济正转向中高速增长，农产品市场受到国内外产品市场影响，竞争日趋激烈，全市资源环境受到严重压制，农产品的需求量减少和价格相对下降，企业库存压力增加，因此企业更倾向于控制人工成本以减少企业亏损，对于农民而言，工资性收入受市场波动影响较大，难以保证其稳定性。另外，由于成本上升，全市农民家庭经营性收入增速降低，农民增收后劲不足。

（四）稳定脱贫难度大

近几年，通过泉州市的不懈努力，全市的扶贫工作有了显著成效，但仍然存在一些短期之内难以解决的问题。一是全市贫困人口中老、弱、病、残占很大比例。对于这一部分贫困人口的帮扶，还需要加大对社会保障体系的投入力度，减少因病返贫的概率。二是群众自身“造血”能力不足，极易因病、因灾出现返贫现象。三是贫困群众的自身“造血”功能不足。这些贫困群众往往以养殖、经济作物种植为主，规模小，受市场和气候变化影响大，抗风险能力弱，而且贫困地区农村基础设施条件较差、物流不畅，缺资金和技术的状况在短时期内难以根本改变。

三　泉州市农业农村经济发展的形势预测

（一）现代农业产业体系将持续完善

第一，粮食综合生产能力提升。发掘粮食增产潜力，确保全市粮食播种面积稳定在 135 万亩左右，总产量在 48.5 万吨左右。泉州市将持续推进水稻生产功能区建设、高标准农田建设、小型农田水利设施建设（专项行动），强化农业科技的支撑作用。第二，农业产业结构优化，通过调整品种结构，努力提高优质、专用、适销对路品种比重，促进农产品品种结构优化升级，促进形成专业分工明确、产业配套的区域优势产业，提高特色农业产业的整体素质和效益。第三，农产品加工业转型升级，实现由总量扩张向数量效益并重转型升级，由资源消耗向创新驱动转型升级，推进农产品产后商品化处理，延伸产业链条，提升农产品加工转化率，促进产业集聚发展。第四，农产品市场体系日趋完善，未来泉州市将改造主导产业产地批发市场，积极发展农产品现代流通业，发展连锁经营、电子商务、物流配送等现代物流业；促进农业物联网成熟技术及设备在农产品生产、投入、监管各环节的示范推广；加快发展农村电子商务，培育一批淘宝村、淘宝户、淘宝人，促进农产品销售和农民就业增收。第五，农产品品牌建设加快。通过引导品牌创建和整合，培育一批具有较强市场竞争力的名牌农产品。第六，休闲农业高质量发展。注重开发、利用特有的山区、海洋、珍惜花卉和渔业等自然生态资源，整合、开发休闲农业旅游精品路线，培育休闲农业知名品牌。

（二）农业可持续发展将稳步推进

泉州市以资源承载力为基准，转变农业发展方式，节约利用资源，走出一条产出高效、产品安全、资源节约、环境友好的可持续发展道路。主要包括以下几个方面。第一，强化农业资源保护与节约利用。实施农业节水行动，强化水资源开发利用控制、用水效率控制、水功能区限制纳污三条红线的刚性约束；完善和落实节水灌溉的产业支持、技术服务、财政补贴等政策措施；保护耕地资源，降低耕地开发利用强度，建立耕地质量保护与提升长效机制；加大渔业资源保护力度。第二，推进农业清洁生产。实施化肥、农药减量增效行动，全面推广测土配方施肥技术，推进病虫害统防统治和绿色防控；推广节肥节药节水技术，建立一批有机肥替代、绿色优质的农产品生产基地；发展畜禽清洁养殖，推行农牧结合和生态养殖模式；推进农村废弃物资源化利用。第三，集中治理农业环境突出问题。加强农业面源污染治理，深入实施土壤污染防治行动计划，推广畜禽生态养殖和促进畜禽废渣无害化、资源化利用，推广病虫害绿色防控技术，实现高效药械替代等。第四，加强农产品质量安全监管。一要进一步完善农产品质量安全监管体系，二要加快农资监管平台、农产品质量安全可追溯管理信息平台建设，三要完善农产品质量安全主体备案、“检打联动”、应急处理、信息发布制度。

（三）现代农业经营体系将逐步构建

泉州市始终坚持家庭经营基础性地位，培育家庭农场、合作社、龙头企业等现代农业经营主体，发展壮大新型农村集体经济，加大对农业扶持力度，提高农业集约化、专业化、组织化、社会化水平，实现农业增效、农户增收、农村发展。第一，完善农村基本经营制度，落实农村土地承包关系稳定并长久不变政策，衔接落实好第二轮土地承包到期后再延长 30 年的政策。完善农村承包地“三权分置”制度，落实农村土地流转激励措施，维护进城落户农民的土地承包权、宅基地使用权、集体收益分配权。第二，培育新型农业经营主体。支持农民合作社等新型农业经营主体加快发展，培育一批三次产业融合，适度规模经营，多样化、社会化服务支撑，与“互联网+”紧密结合的新型经营主体。第三，促进小农户和现代农业发展有机衔接。探索建立小农户和现代农业发展有机衔接机制，鼓励新型农业经营主体与小农户建立契约型、股权型利益联结机制等，把小农户有机嵌入现代农业生产体系。第四，加大对农业的支持保护力度。

（四）农业信息化引领体系将日渐完善

农业信息化是农业现代化的重要标志，推进农业信息化是加快转变农业发展思维方式、生产发展方式、农产品营销方式和农业服务指导方式的迫切需要，也是大势所趋。泉州市将引导互联网企业与农业生产经营主体合作，建设泉州市农业物联网应用服务云平台，充分发挥“安溪铁观音有机产业智慧云平台”作用。深入推进科技信息进村入户试点，构建和完善农村科技信息服务平台，支持涉农信息化服务平台发展，完善涉农电子商务、农村生活服务等功能，创新发展模式和拓展应用服务，构建集信息交流、农村教育、农产品市场、劳务供需、金融服务、村务管理、农村文化建设等于一体的农村综合性信息化平台。充分利用物联网技术改造农业，提升各环节智能化程度，逐步实现农业生产“环境可测、生产可控、质量可溯”。逐步创建数字农业信息综合服务系统，建立“精准农业”生产系统，重视生产领域的数字农业系统。

（五）社会化服务体系不断健全

按照强化公益性职能、放活经营性服务的要求，泉州市加快构建以公共服务机构为依托、以合作经济组织为基础、以龙头企业为骨干、以其他社会力量为补充，公益性服务、经营性服务和自助合作性服务相结合的新型农业社会化服务体系。大力发展农民专业合作组织，提高农民组织化程度。支持供销合作社、农民合作社、专业服务公司、专业技术协会、农民经纪人、龙头企业等提供多种形式的生产经营服务，重点扶持一批农机代耕代种代收、植保统防统治、农产品营销等社会化专业化服务组织，采取政府购买服务、奖励补助等方式支持经营主体为广大农户提供产前产中产后专业化服务。加强农村“六大员”培训，整合“六大员”资源，提升农村“六大员”服务水平，发挥农村“六大员”在现代农业发展中的作用。

（六）农村产业实现深度融合

秉承树立尊重自然、顺应自然、保护自然的生态文明理念，推进农村三次产业融合发展。泉州市将以农业产业、资源环境、农村社会可持续为目标，以高效利用资源、治理环境问题、保护修复生态为重点，科学合理地选择生态农业循环模式，进行畜禽养殖废弃物资源化利用、农副资源综合开发、标准化清洁化生产等方面的建设，促进农牧结合、种养循环，在农业综合开发项目区起到示范引领作用。进一步实施蔬菜产业基础设施、休闲观光园区等建设项目，加快蔬菜初加工设施建设，提升蔬菜精深加工水平，打造蔬菜生产、加工、流通、采摘、休闲观光全产业链，提高农业多功能性，整体推进由现代蔬菜产业主导的农村三次产业的融合发展。

（七）泉台农业合作水平将显著提升

第一，促进现代农业对接升级。加大台湾良种引进与示范繁育力度，在全市建设一批分行业分类的良种引进、繁育和推广示范基地。加快专业化高优农业示范基地建设步伐，推进果树、蔬菜、食用菌、花卉（香草）、水产等作物引种、繁育与选育以及新技术的集成创新，加快培育突破性新品种，重点研发适宜设施农业生产的名优种苗，推动花卉新品种研究开发，并尽快建成以发挥功能效应。同时，引进台湾的农产品加工先进设备和技术，吸引台商来泉投资农副产品加工企业；以特色农产品的资源转化、加工增值、纵深开发为主，不断向精深加工、食品制造、现代化规范化企业发展。第二，加快涉台农业合作载体建设，包括台湾农业技术推广交流中心、惠安台湾农民创业园、福建闽台农产品市场等载体建设，提升对台交流层级、提高集成创新能力，深化对台农业科技、产业、企业、产品的合作交流。

四　推进泉州市农业农村经济发展的实现路径

泉州市应当落实中央关于乡村振兴战略的决策部署，推动乡村振兴成为构建现代化经济体系的新引擎。坚持农业农村优先发展，按照产业兴旺、生态宜居、乡风文明、治理有效、生活富裕的总要求，立足泉州实际，持续推进农业供给侧结构性改革，推动农业全面升级、农村全面进步、农民全面发展。争取至“十三五”末期，乡村振兴取得重要进展，制度框架和政策体系基本形成。

（一）重视大产业合理布局，促进现代农业发展

要形成与大泉州城市空间布局和国民经济主导产业发展相互匹配、互为依托、共同发展的产业功能布局。从泉州城市“环湾、向湾、同城”的空间布局和国民经济各大主导产业发展等大环境来谋划泉州市特色现代农业发展，更加重视农业的生态性和功能多样性，着力发展设施农业、休闲农业、生态农业、都市农业、精致农业和智慧农业等特色现代农业新业态和新模式。

（二）重视信息技术，助推现代农业发展

开展“互联网＋”特色现代农业行动，在农业的生产、经营、管理、营

销、监管和服务等环节，导入现代信息技术，以信息化引领现代农业转型升级。建立农业物联网应用服务平台，完善农产品质量安全可追溯体系，运用互联网信息技术发展微信、电商、配送等营销方式，加速推进农业信息化，形成与泉州市国民经济“跨越和转型”两大主题相适应的现代农业体系。

（三）做大做强做优特色产业

进行农产品初加工，提高农产品产后商品化处理能力和农产品进入市场品级；实施农村电商三年行动计划，培育农产品电商平台；发展农产品（水产品）冷链物流，扶持农业经营主体建设农产品仓储冷链物流。争取至“十三五”末期，全市农林牧渔业增加值达220亿元，年均增长2.5%。同时，引导发展与供需相适应的优质农产品。从市场需求和农民增收的契合点出发，按照“优势农产品规模化、特色农产品个性化”和“规模化做强、个性化做精”的要求，加大对农业品牌建设扶持力度。尤其要围绕农产品的质量安全，加强质量安全监管体系、检验检测体系、可追溯体系、标准体系和诚信体系等相关体系建设。

（四）实施生态宜居工程

建设生态宜居乡村是农村生态保护的现实需要，是城乡协调发展的内在要求，是城乡居民对美丽乡村的向往，因此应当加强农村环境问题综合治理，开展农村人居环境整治三年行动，深化美丽乡村建设，重点扶持、打造一批人居环境整治村、美丽乡村示范宜居村和美丽乡村生态景观带。也应当注重在文化方面进行建设，一方面需要注重保护农村生态，改善人居环境；另一方面也要注重保留乡村文化气息，构建农耕文化、乡愁等精神乐土。

（五）实施生活富裕工程

实施生活富裕工程加快了泉州农村城市化进程，改善了欠发达村村民生产、生活条件，促进了集体经济发展；实施固本强基工程，加强社区阵地建设，对维护社会稳定发挥了积极作用。因此要坚定不移地遵守一个中心原则，坚决打赢脱贫攻坚战，致力于增强造血功能，支持通过就业创业、入股分红等渠道实现稳定增收；更加关注贫困线边缘的低收入群体的生产生活，逐步提高低保标准，筑牢民生兜底保障安全网。

（六）打造乡村生态旅游产业链

自进入现代社会以来，随着人们生活水平的不断提升，越来越多的人开始追求精神文化，旅游产业作为现代人开阔视野、满足精神需求的重要方法而逐渐发展。近年来随着城市环境的不断恶化，许多城市游客开始追求亲近自然、远离喧嚣与污染的生态旅游，乡村生态旅游应运而生，并逐渐成为旅游产业的一大发展方向。因此十分有必要实施乡村旅游提升工程，建设“一镇一品、一村一景”，推进农业农村与旅游、健康养老行业等深度融合，着力形成一批乡村生态旅游品牌，全面推进历史文化名镇名村、传统村落和历史建筑保护与整治建设；坚持生态优先原则、资源统筹原则、科学发展原则。

（七）培育壮大新型农业经营主体

新型农业经营主体有着建设市场与小农之间的平台的作用，为农业产业链主体提供纽带，为农业农村发展提供更为完善的社会化服务，对农村地区经济发展进行合理的资源配置等。当前泉州市农村地区经济发展还相对滞后，主要体现在以下几个方面：一是农村地区基础设施和农业生产条件都相对滞后；二是新型农业经营主体管理者和从业人员素质有限；三是农村金融发展相对滞后，很难有充足的资金支持农村地区经济转型升级；四是政府对农村地区经济转型与升级扶持力度较小，对于新型农业经营主体培育重视力度不足。因此可以通过对新型农业主体的培育进一步推进农业供给侧结构性改革，通过构建现代农业生产经营体系来推动农村地区经济转型升级，通过完善社会化服务促进农民持续增收来保障对新型农业主体的培育。实施合作社“百社百村带千户工程”，支持鼓励农民就业创业，完善农民就业政策，引导农民就地就近就业，组织开展返乡人员创业创新培训。

（八）深化农业农村相关领域改革

一是持续深化农村改革。探索推进农村产权制度、土地确权登记制度、宅基地退出制度、林权制度等改革，形成“借地退出、指标置换、资产置换、货币补偿”等多种宅基地腾退鼓励措施，建立“集体经营性建设用地产权、入市交易、土地收益分配”三项制度，创新实行“七个换”补偿安置方式，充分激发宅基地的活力和权能，有力保障农民住房财产权益。推进农村工作机制创新，实现对省定建档立卡贫困村及全市扶贫开发重点镇村全覆盖。二是完善土地管理制度。加大存量用地盘活力度，推进土地集约利用，共计盘活存量用地 7.6 万亩，满足了城市建设用地需求。大力推进地下空间再利用，企业利用地下空间建设职工食堂、仓库、停车场等辅助设施的，一律不再收取土地出让金，有效降低用地成本。

B.6

2018~2019年泉州对外贸易发展形势与展望

黄晓玲*

摘　要： 近年来，随着国际贸易环境越发复杂，贸易保护主义愈演愈烈，泉州市对外贸易形势十分严峻。2018年，泉州外贸运行呈现“进出口态势振荡趋差，对机电产品和高新技术产品贸易加大力度，对主要市场增长强劲，民营企业实现高增长，各县区市利用外资情况增减参半，跨境电商迎来新业态、新机遇”的态势。本报告在论述泉州对外贸易运行基本态势及主要特点的基础上，分析泉州市对外贸易的影响因素，并对泉州市对外贸易运行的展望进行了阐述，最后提出促进泉州对外贸易稳定发展的对策建议。

关键词： 泉州　对外贸易　进出口

一　2018年泉州外贸运行基本态势及主要特点

2018年全年泉州市外贸增幅居全省第一位。2014~2018年泉州市进出口额及增速见图1。

---

* 黄晓玲，泉州师范学院教授，博士，研究方向为国际贸易。

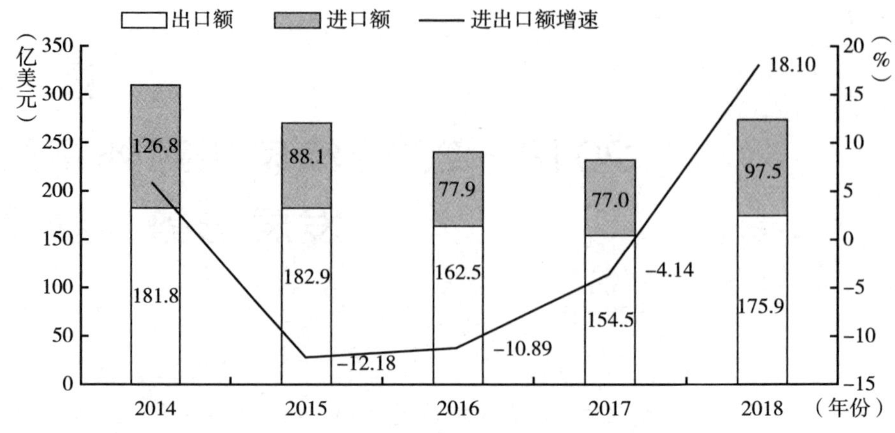

图 1　2014～2018 年泉州市进出口额及增速

资料来源：根据泉州统计信息网 2014～2018 年统计月报数据整理绘制。

（一）进出口态势振荡趋差，稳居全省第三

与 2017 年相比，2018 年泉州市的对外贸易总量加速增长，且升幅明显，从季度数据看，全年泉州外贸呈现振荡向差、缓中渐降的发展态势。自第一季度开始，进口额连续三个季度实现正增长，第四季度进口额出现大幅负增长。出口额（海关口径）从第二季度开始稳步增长，第四季度出口额明显回落。与福建省总体水平相比，泉州的外贸形势更加严峻一些。

进出口总体实现增长的主要原因如下。一是稳外贸政策效应持续释放。为了促进经济平稳发展和转型升级，近年来，中央和泉州市政府出台一系列具有针对性且作用明显的政策性文件，它们切实促进了外贸的发展，完善了商贸发展体系，提升了经贸合作水平，营造了良好发展环境，有效地激发了市场主体的活力。二是对外部贸易性摩擦的及时应对。第一时间成立了市应对中美贸易摩擦专项小组及建立联席会议制度，针对中美贸易摩擦对泉州市出口贸易的影响，做好预警研判。对重点企业进行扶持，减少加税带来的损失与影响。三是引导企业开拓市场。参加一系列“境外行”“海丝行”境外重点展会，提升和增强泉州品牌的知名

度和影响力。四是促进外贸转型升级。主要促进传统商品的转型升级，效果明显，传统产业呈现勃勃生机。

（二）对机电产品和高新技术产品贸易加大扶持力度

受“海丝”先行效应区影响，泉州市主要产品进出口额相比 2017 年都呈现上升趋势。由于外部性贸易摩擦的日益增加，泉州市加大对机电产品以及高新技术产品的贸易力度，努力创新，以打破技术性壁垒。

2018 年泉州市进出口主要分类情况见表 1。

表 1　2018 年泉州市进出口主要分类情况

单位：万元，%

指标	绝对数	比上年增长
进出口总额	18537000	18.2
出口额	11926000	14.0
一般贸易	10833181	16.8
加工贸易	—	—
机电产品	820278	2.8
高新技术产品	2530613	5.0
进口额	6611000	26.7
一般贸易	5529021	24.8
加工贸易	447316	20.1
机电产品	824702	311.6
高新技术产品	1699352	130.0

资料来源：根据《泉州市国民经济和社会发展统计公报》（2018 年）的数据整理制成。

（三）对主要市场增长强劲

主要出口市场为美国、欧盟、东盟，进口市场为沙特阿拉伯、欧盟、东盟、美国、日本、南非和中国台湾等。2018 年泉州市对美国出口额为 189.5 亿元，增长 22.9%；对欧盟出口额为 206.4 亿元，增长 6.3%；对东盟出口额为 275.8 亿元，增长 29.7%，对三者的合计出口额占同期泉州出口总额的 56.3%。进口方面，自沙特阿拉伯的进口额为 282.2 亿元，增长 21.1%；自南非的进口额为63.1亿元，增长40.7%；自欧盟的进口额为49.1亿元，增长46.9%；自美国的进口额为43.9亿元，增长15.1%；自中国台湾地区的进口额为35.8亿元，增长28.0%；自日本的进口额为33.9亿元，增长315.6%；自东盟的进口额为33.9亿元，增长19.4%，自上述国家和地区的合计进口额占同期泉州市进口额的82.0%。

福建是“21世纪海上丝绸之路”建设核心区，泉州是先行区，在“一带一路”建设中具有突出地位。近年来，海丝沿线国家和地区市场不断拓展，东盟已经成为泉州最大的出口市场。泉州对“海丝”沿线国家和地区贸易额达911亿元，占全市同期进出口总额的一半，相比2017年再创新高。

（四）民营企业实现高增长

2018年泉州市国有企业和外资企业两大主体的出口额均实现小幅增加，民营企业出口额大幅增加。总体来看，民营企业的占比仍然最大，民营企业出口额为834.07亿元，同比增长18%；国有企业出口额为46.97亿元，同比增长1.8%；外资企业出口额为329.52亿元，同比增长0.2%（见表2）。

表2　2018年泉州市进出口商品总值情况

单位：亿元，%

项目	2017年	2018年	增长
进出口总额	1567.6	1853.7	18.2
出口额	1046.6	1192.6	14.0
国有企业	46.12	46.97	1.8
民营企业	706.85	834.07	18
外资企业	328.75	329.52	0.2
进口额	521.1	661.1	26.7

资料来源：根据泉州市《2018年12月份统计月报》的数据整理制成。

从重点企业与非重点企业的出口情况看，两极分化明显。百家重点企业领涨全市出口，实现出口额910.84亿元，同比增长23.06%。2018年百家重点企业以外的企业合计出口额为282.5亿元，同比下降7.83%。

（五）各县（市、区）利用外资情况增减参半

2018 年泉州各县（市、区）实际利用外资 6.06 亿美元，同比增长 9.4%。其中，晋江市实际利用外资 2.02 亿美元，占全市 33.30%；石狮市实际利用外资 0.83 亿美元，占全市 13.74%；惠安县（含台商投资区）实际利用外资 1.20 亿美元，占全市 19.75%。台商投资区实际利用外资 0.91 亿美元，同比增长 465.9%，涨势明显加快，增速居泉州市首位，对泉州利用外资具有带动作用。同时也有地区利用外资出现下降的趋势，其中安溪县、惠安县（不含台商投资区）、德化县和丰泽区下降趋势迅猛，分别同比下降 62.5%、52%、40% 和 39%（见表 3）。数据表明，近半数县（市、区）支柱产业利用外资条件下降，应进一步鼓励侨商投资，通过增加对外产业项目，提升对接层次，导入更多先进技术、管理要素，广泛进行内外市场互动，重视对对接项目的全程跟踪服务，在城市基础、先进制造业、现代服务业、现代农业等方面提供更多机会。

表 3　2018 年泉州市各县（市、区）实际利用外资和出口情况

单位：亿美元，%

县(市、区)	金额	增长
全市	6.06	9.4
开发区	0.28	20.2
鲤城区(含开发区)	0.46	-1.3
鲤城区(不含开发区)	0.18	-22.7
丰泽区	0.31	-39
洛江区	0.21	29.6
泉港区	0.31	-28.7
石狮市	0.83	9.6
晋江市	2.02	3
南安市	0.48	71.2
惠安县(含台商投资区)	1.20	58.4
惠安县(不含台商投资区)	0.28	-52
台商投资区	0.91	465.9

续表

县(市、区)	金额	增长
安溪县	0.14	-62.5
永春县	0.08	0.4
德化县	142.86	-40

资料来源：根据泉州市《2018 年 12 月份统计月报》的数据整理制成。

（六）跨境电商迎来新业态、新机遇

2018 年，泉州首次入选“2018 中国跨境电商出口发展 20 强城市”，以雄厚的产业基础和强大的供应链优势，跻身国内跨境电商出口头部城市。以跨境通公共服务平台和东海跨境电商生态圈两大平台为支撑，泉州跨境电商产业生态逐步完善。

随着跨境电商市场的日渐成熟和进一步规范，在贸易摩擦的大背景下，泉州市针对相关影响通过出台政策、培育龙头、示范引领、项目带动、打造平台、营造氛围、构建生态等一系列措施，不断推进电子商务发展。成立泉州市跨境电商生态圈工作小组，建立联动推进机制，加大跨境电商政策支持力度，充分发挥晋江陆地港跨境通公共服务平台作用，随着东海跨境电商生态圈及石狮跨境电商网批中心开园，在进一步培育跨境电子商务服务业、完善跨境电商服务链条、探索跨境电商进出口业务多模式发展中迈上了新台阶。

2018 年，亚马逊“全球开店”厦门跨境电商园正式落成，助力泉州地区制造商、品牌商、贸易商转型升级，推动泉州跨境电商全产业链发展。泉州作为福建乃至全国重要鞋服、箱包产业带，制造水准一流，出口领域优势突出，并以此为契机与亚马逊携手打造泉州国际品牌，推动外贸转型升级。泉州拥有千亿元传统鞋服产业，不仅有安踏、乔丹、利郎、柒牌等知名品牌，同时也是全国最大、最集中的鞋服电子商务供应基地，产品出口遍布六大洲 160 多个国家和地区，有着得天独厚的产业集群优势。

目前泉州出口跨境电商卖家数量为 4000 多家，其中出口跨境电商 B2B 企业

数量约为3500家，出口跨境电商B2C企业数量约为1000家。2018年，泉州跨境通公共服务平台累计报关单量为570.95万件，同比增长1.3%；累计贸易额为1.94亿美元，同比增长15.05%。跨境电商产业生态的完善，进一步带动周边传统企业转向跨境电商，在传统出口贸易中，泉州迎来新业态、新机遇。

二　2018年泉州对外贸易的影响因素

（一）制约因素

1. 中美贸易摩擦趋势严峻

中美贸易摩擦日益增多，主要发生在两个方面：一方面是中国具有比较优势的出口领域；另一方面是中国没有优势的进口和技术知识领域。相关影响在短期内恐难消除。

2. 贸易保护主义抬头

当前，美国挑起的贸易摩擦使全球经济形势复杂严峻，经济全球化遇阻，贸易保护主义对中国出口形成制约，影响对外贸易发展的不确定性因素增多，特别是美国总统特朗普与欧盟委员会主席容克就缓解当前美欧贸易紧张关系而达成的协议，引起了强烈的市场反应。

3. “一带一路”沿线区域发展形势复杂多变

“一带一路”沿线辐射面非常广，经过东盟、南亚、西亚、欧洲等地。但是，不同国家之间的经济发展水平和市场发育程度不同，在地理、历史、宗教、民族、文化、制度体制上存在巨大的差异。尽管我国在“一带一路”倡议的实施中扮演主角，但单靠我国单方面的努力，有可能会面临摊子过大、后劲发力不足等风险。

（二）推动因素

1. 对外贸易发展环境不断优化

针对“21世纪海上丝绸之路战略支点和先行区”的目标定位，泉州成立了由市委书记挂帅的领导小组，制定了泉州建设“海丝”先行区“发展规划”和“行动方案”，重点提出实施泉州港口复兴、自贸区服务建设、金融产品创新、发挥侨力携手共赢、绿色制造升级、国际文化旅游合作、人才培养与引进等10个方面的行动计划，围绕行动计划筛选生成重点项目200个，着力发挥优势、以干促成，推动先行区建设取得突破性进展。

“一带一路”倡议为泉州对外贸易发展带来了众多政策红利。在税收方面，服务“一带一路”“走出去”企业拥有出口退税、增值（营业）税免税及零税率、所得税抵免及税收协定等方面的优惠政策；在金融方面，先后建立了国别基金和产业基金，未来国家进出口银行增加的资本金将向“一带一路”沿线国家倾斜，给予出口信用保险、援外贷款优惠和出口买方信贷等大力支持，规定企业也可以参与其中；在商标保护方面，泉州工商、商务等部门围绕“一带一路”倡议，充分发挥政府部门的信息资源优势和人才队伍优势，通过大力宣传商标国际注册知识，鼓励企业在国际贸易中使用自主商标，提高自主商标商品的出口比例，打造世界品牌。

2. 对外贸易市场空间不断拓展

众多泉州民企加速布局“一带一路”沿线国家和地区。近年来，泉州市鼓励外贸企业走出国门，重点推动鞋业、服装业等到南亚、西亚、中亚、东南亚等投资设立营销机构。泉州企业累计赴“海丝”国家投资或设立办事机构共计48个，安踏、九牧等民营企业还在境外并购或设立了营销机构，推动峰亿轻纺柬埔寨生产项目、“匹克集团”国际化系列项目、南安泛家居海外项目、亚洲农业投资股份有限企业柬埔寨贸易项目等一批国际产能合作项目落地。2017年，泉州市与“一带一路”沿线国家或地区的贸易总额达到129亿美元，对沿线国家或地区投资2.69亿美元。这两项数据都创下了历史纪录。据统计，仅南安就有530家石材企业踏上了开拓海丝沿线市场的新征程。

三 2019年泉州对外贸易运行展望

2019年，全球经济形势没有出现根本性转变，泉州的内部问题逐步显现出来。因此，在种种因素的共同影响下，泉州对外贸易在未来一段时间内，可能继续保持低速上升趋势，也有可能出现负增长的情况。总之，泉州对外贸易的短期发展趋势不容乐观。

从第一季度看，泉州市经济运行保持在合理区间，延续了总体平稳、稳中向好的发展态势，大部分经济指标增速高于全省平均水平。稳外贸组合拳作用初显，民企外贸主体地位更加突出，截至2019年3月底，泉州民营企业注册数量为10373家，占泉州海关企业总注册数量的67.8%。相比同期全市国有企业和外商投资企业进出口情况，民营企业具有主导优势。从进出口商品种类看，第一季度，泉州市进出口仍以民营企业经营的传统劳动密集型产品为主。纺织品、服装、家具、箱包、鞋类、塑料制品、玩具等七大类传统劳动密集型产品总额为178.95亿元，同比增长17.61%，占出口总额的63.04%。泉州市另一个传统优势产品——机电产品，也在第一季度取得出口大幅增长的好成绩，主要为机械设备、电器及电子产品、金属制品等。

2019年，泉州各地区的经济发展水平不同程度地呈现逐步提升的态势，尤其是晋江市的经济水平在全国处于前列，另外，泉州产业结构不断升级和改进，为泉州对外贸易发展奠定了良好的基础，需求的增加拉动经济快速增长，从长远来看，泉州对外贸易发展趋势是好的。

四　促进泉州对外贸易稳定发展的对策

2019年是新中国成立70周年，是全面建成小康社会关键之年。泉州促进对外贸易不断发展，不仅要加强自身经济建设，还要从增强自身贸易竞争力的角度出发，科学制定相关政策。坚持稳中求进工作总基调，坚持新发展理念，坚持高质量发展，坚持以供给侧结构性改革为主线，坚持深化市场化改革，准确把握外贸发展的新形势、新特征，进一步促进泉州对外贸易发展。

（一）加强国际合作，打造出口品牌

发展国家间的对外贸易和环境保护存在太多对立，泉州市对外贸易的环境措施逐渐增加，由此必然激发一系列贸易纠纷和摩擦。因此，泉州市必须将环境保护的观念融入外贸企业的经营管理之中，实行绿色营销策略，积极推行绿色管理，实现三个主要目标：一是最大化地利用物质资源；二是最小化地排放废弃物；三是不断适应市场新需求的产品绿色化。这三者之间既相互联系又相互制约。资源越是被有效充分利用，环境的负荷量就越小。走产品绿色化道路，就会减少废弃物的排放、促进物质资源的有效利用，进而保护环境。最终使泉州市外贸企业的发展目标和社会发展目标与社会的发展、环境的改善协调同步共进，踏上企业与社会都可持续发展的双赢之路，从而实现社会、经济、生态的和谐共生。在出口结构中，泉州市外贸企业必须以创新、智能化改造为主，引进先进的技术设备，运营企业现代化关系体系，降低环境成本，减少环境问题，出口“绿色低碳环保”企业产品，提升企业的效益。进一步实现国际化发展与创新，为企业出口“绿色低碳环保”的商品创造一片新天地。紧握“一带一路”倡议与海西发展机遇，打造“绿色低碳环保”的出口企业，加快泉州“绿色低碳环保”出口品牌的国际化进程，帮助本土民营企业积极开拓沿线国家市场，同时积极推动“一带一路”相关项目建设，促进与沿线国家和地区进行贸易、投资合作与交流。

（二）优化商品结构，推动产业升级

泉州市对外贸易存在出口产品缺乏竞争力的问题，主要表现在出口商品能力低、对外风险承受能力低等。因此，要加快进行泉州市产业结构调整，推动产业结构升级，增强出口商品竞争力是促进泉州市对外贸易快速发展的重要措施。第一，要积极推动泉州市外贸企业出口方式从规模速度型向质量效益型转变，以质取胜，升级产业结构，优化出口商品结构，促进加工贸易转型升级，提高外贸企业效率，鼓励劳动密集型企业进一步改进工艺、提高质量、增加产品附加值，增加泉州对外贸易企业的市场份额。第二，要进一步加快泉州市外贸企业自身的科研建设，大力发展战略性新兴产业，吸引外资前来投资，创新优化以传统劳动密集型商品为主的出口结构，着力扩大技术密集型机电产品出口规模，进行科技创新，发展自主品牌。第三，泉州市政府应该给予外贸企业一定的税收优惠政策，加大对对外投资的金融支持力度，弥补外贸企业对外投资的劣势，推动其加快对外投资步伐。

（三）加快企业文化建设，强化对外服务贸易

快速发展的对外服务贸易，现在已经成为推动世界经济发展的一个新趋势，也成为各国促进政治经济文化一体化的关键举措。泉州的对外服务贸易发展相对于其他发达地区来说，比较缓慢。因此，促进对外服务贸易水平提升，改善传统服务贸易，促进现代化服务贸易转型，对于泉州来说是势在必行的。泉州市带给世界的是“东亚文化之都”文化，引进来的应该有实际推动作用的文化，泉州市应该加强企业文化建设，如质量文化、服务文化、安全文化、廉洁文化等，这有助于增强企业核心竞争力，进而能有效提升企业的自身技术和管理水平，所以，泉州还要大力引进国际文化贸易，发展新兴服务贸易，不断加强对对外服务贸易的技术创新，从而促进泉州对外服务贸易健康稳定发展，推动双方贸易共同发展。应双手抓，努力打造泉州对外贸易的政治经济文化一体化新格局。

（四）加快创新步伐，增强产业竞争力

面对严峻的内外生存环境，泉州市外贸企业应加快自主创新步伐，进一步推动技术革新，降低生产运营成本，提高生产效率，增强企业整体竞争力。第一，要积极推动泉州市外贸企业发展方式由要素驱动向创新驱动转变，进一步推动外贸发展从量的扩张转向质的提升，提升和增加出口产品质量和附加值，培育外贸增长新动能，满足中高端国际市场需求。第二，鼓励企业构筑以质量、标准、技术、品牌、服务为核心的综合竞争优势，强力支持企业进行技术创新，加快推进泉州智能制造和“数控一代”示范工程发展，进行传统产业结构调整，实现新旧动能有效接续转换。第三，随着产业

分工的不断推进，一个产品的生产往往需要多个企业共同协作完成，这就要求整个产业链协同合作创新，建立有效的价值链创新机制，增强产品竞争力。第四，泉州市应加大对高新技术政策的扶持力度，也可通过对外贸易直接投资，增强泉州在这些领域的对外竞争力。

（五）健全管理制度，加强人才培养

人才资源是企业发展的核心要素，对于泉州市外贸企业也是一样。泉州市应根据自身的情况和人才的需求情况，通过各个培训机构和实施人才战略，培养和储备专业人才，以为融入国际竞争提供人才力量。第一，泉州市外贸企业要加快转变家族式的经营管理模式，转换经营机制，建立和完善现代企业制度，建立一套合理有效的人事管理制度，鼓励员工主动创新，为人才发挥专长创造一个良好的工作环境。第二，泉州市外贸企业管理者应加强对自身素质的培养，通过聘请职业经理人进行日常管理，引入专业的外贸管理软件，提高工作效率，减少开支，提高内部管理水平。第三，泉州市外贸企业要加强企业内部文化建设，增强企业凝聚力，创造良好的工作环境，吸引人才，注重内部培养与外部引进有效结合，全面提高外贸人才的综合素质，增强企业核心竞争力。

（六）加大政府扶持力度，破解融资难、融资贵问题

资金是企业发展的源泉，是企业转型升级得以实现的物质基础，对于泉州外贸企业也是一样。无法得到更多的可流动资金是泉州外贸企业面临的重大难题，这个难题直接制约泉州外贸企业的生存和发展。泉州外贸企业又是泉州市场经济中极其重要的一部分，如果政府没有对其提供一定的扶持，就会打击这类企业自主发展的积极性。第一，从企业自身来讲。一方面，企业要积极寻求政府的支持，充分利用政府现行提供的各种融资便利，例如商业银行为外贸企业提供专项贷款，担保机构提供的担保贷款和出口信用保险、保单、线下融资等。另一方面，企业要加强自身管理，特别是财务管理，从直接融资和间接融资两方面同时入

手，争取尽可能多的融资机会。第二，从政府层面讲。一方面，政府要加大扶持力度，提供四大资金保障，即信用银行贷款、担保借贷、中小型企业发展基金和成熟的各类风投公司。另一方面，政府要探索建立泉州市外贸企业应急互助基金会和外贸企业应急互助基金监督会，协调解决外贸企业融资难、融资贵的问题。

B.7

泉州市现代服务业发展现状与对策研究

裴彩霞*

摘　要：　2018年泉州现代服务业发展态势良好，在生产规模、投资规模、开放水平、就业人数和聚集程度方面都在稳步提升。本报告在分析泉州现代服务业发展现状的基础上，分析泉州市现代服务业的影响因素，对泉州市现代服务业发展中存在的人均生产总值和城镇居民人均可支配收入不多、部分资源较为缺乏、内部各行业发展不平衡等问题进行深度剖析，并提出政府完善宏观调控、加快科技创新发展、促进产业联动发展的对策。

关键词：　泉州　现代服务业　竞争力提升

一　泉州现代服务业发展现状

党的十八大报告提出，要推动服务业特别是现代服务业的蓬勃发展；党的十九大报告进一步指出，支持传统产业优化升级，加快发展现代服务业。现代服务业已成为衡量区域综合竞争力和现代化水平的重要标志之一。在“一带一路”建设推进的大背景下，作为福建省民营经济转型和对外开放重地，作为海上丝绸之路起点、“中国民营经济大市”，并成为继温州、珠三角之后的第三个

* 裴彩霞，泉州师范学院讲师，博士，研究方向为组织管理、经济管理。

国家级金融综合改革试验区，泉州已经进入经济发展的新阶段。2018 年，泉州市按照中央和福建省的决策部署，坚持稳中求进的工作总基调，贯彻新发展理念，落实高质量发展要求，坚持以供给侧结构性改革为主线，全力推进转型攻坚，推进经济朝着持续健康的方向发展。2018 年全市经济呈现总体平稳、稳中求好、稳中求质的态势，继续在合理区间运行。在发展良好的经济大背景下，现代服务业也朝着良好的态势发展。这对于增强泉州的竞争力，增加泉州城市的发展动力，推进建设创新泉州具有一定的实践意义。

（一）服务业生产规模不断扩大，贡献率稳步上升

表 1 数据显示，现代服务业对泉州市 GDP 的贡献率从 2014 年的 27. 4% 增长到 2018 年的 41. 5% ，这表明现代服务业发展势头良好，在泉州市的经济增长过程中发挥的作用越来越大，对经济增长有较好的促进作用。

在 2018 年服务业 14 个行业的总增加值中，三大传统服务业即批发和零售业，交通运输、仓储和邮政业，住宿和餐饮业的增加值分别为 752. 49 亿元、540. 41 亿元和 90. 61 亿元，说明服务业对 GDP 的贡献中，传统服务业目前仍是主力军，以现代科学技术为主的服务业还没有成为拉动现代服务业增长的主要行业。

表 1　2014 ~ 2018 年泉州市现代服务业增加值及增长率

单位：亿元，%

年份	地区生产总值	现代服务业增加值	现代服务业增长率	对 GDP 的贡献率
2014	5733. 36	2006. 43	8. 2	27. 4
2015	6137. 74	2217. 13	9. 3	34. 6
2016	6646. 63	2544. 37	9. 5	44
2017	7548. 01	2952. 19	10. 6	48. 4
2018	8467. 98	3381. 16	9. 5	41. 5

资料来源：《泉州市国民经济和社会发展统计公报》（2014 ~ 2018 年）。

（二）服务业投资规模稳定增长，投资结构不断优化

由表 2 数据可知，投资方主要集中在房地产业，交通运输、仓储和邮政业，

水利、环境和公共设施管理业，表明这三个行业的产业基础好，发展前景良好，发展空间极大，因此吸引社会固定资产投资能力强。在各行业中，文化、体育和娱乐业，卫生和社会工作，水利、环境和公共设施管理业与 2017 年相比分别增加 93.2%、66.4%和 49.6%，增长速度快，发展活力充沛，说明泉州对基础设施与娱乐业的建设进程较快，近几年对这些方面的重视程度提高，投入增加；而对交通运输、仓储和邮政业，批发和零售业以及居民服务、修理和其他服务业等行业的投资是负增长的，说明泉州非常重视对现代服务业的投资，对传统服务业的投资则有所减少。科学研究和技术服务业的投资增长率为 -37.8%，需要加快补齐科研方面的短板。教育行业在所有投资中仅占 3.45%，整体发展水平不高。信息传输、软件和信息技术服务业虽有增长但也仅占总投资额的 3.42%，技术创新水平还远远不够。总体来说，相比 2017 年固定资产投资，2018 年增长不明显，现代服务业各行业发展的差距较大，高精尖产业仍较为落后。

表 2　2017～2018 年泉州市现代服务业各行业投资、增长率和比重

单位：亿元，%

行业	2018 年	比上年增长率	2018 年各行业投资占现代服务业总投资的比重
批发和零售业	90.43	-45.5	3.63
交通运输、仓储和邮政业	315.29	-33.7	12.66
住宿和餐饮业	25.32	11.3	10.18
信息传输、软件和信息技术服务业	85.31	29.5	3.42
金融业	6.99	32.8	0.28
房地产业	888.02	6.6	35.65
租赁和商务服务业	33.52	-24.3	1.34
科学研究和技术服务业	18.36	-37.8	0.74
水利、环境和公共设施管理业	667.32	49.6	26.80
居民服务、修理和其他服务业	6.65	-59.6	0.27
教育行业	85.56	19.9	3.45
卫生和社会工作	55.36	66.4	2.22
文化、体育和娱乐业	103.27	93.2	4.15
公共管理、社会保障和社会组织	109.51	-25.6	4.40
现代服务业投资总额	2490.82	3.36	
社会总投资额	4709.38	14.2	
现代服务业投资额占总投资额的比重	52.89	-9.48	

资料来源：《泉州市国民经济和社会发展统计公报》（2018 年）。

（三）服务业开放水平稳步提升，吸收外资能力不断提高

2018 年外商直接投资中，服务业新批合同项目 192 个，占比为 68.57%；合同金额为 88531 万美元，占比为 48.75%，说明在服务业，高科技领域逐步成为外商投资的主要领域。与 2017 年相比，信息传输、软件和信息技术服务业合同数增加了 6 个，合同金额增加了 39981 万美元，同比增加 131.52%；科学研究和技术服务业合同数增加了 11 个，合同金额增加了 2096 万美元。外商投资正逐渐进入新业态，现代服务业发展的投资环境逐步完善，2018 年泉州市外商直接投资分行业情况见表 3。

表 3　2018 年泉州市外商直接投资分行业情况

单位：个，万美元

行业名称	新批合同项目	合同金额
总计	280	181596
农、林、牧、渔业	13	1914
制造业	72	90768
电力、燃气及水的生产和供应业	0	-240
建筑业	3	623
交通运输、仓储和邮政业	8	12303
信息传输、软件和信息技术服务业	12	40285
批发和零售业	98	13634
住宿和餐饮业	12	733
金融业	0	563
房地产业	11	9013
租赁和商务服务业	19	6109
科学研究和技术服务业	22	3594
水利、环境和公共设施管理业	0	0
居民服务、修理和其他服务业	3	2176
卫生和社会工作	1	47
文化、体育和娱乐业	6	74

资料来源：《泉州市国民经济和社会发展统计公报》（2018 年）。

（四）服务业就业人数逐年增加，服务水平不断提升

从表 4 数据可看出，2013～2017 年，现代服务业从业人数在逐年上升，

由2013年的32.66万人增长到了2017年的35.94万人。城镇单位总从业人数一直在减少，这使现代服务业从业人数占城镇单位总从业人数的比重连年提高，从19.95%增加到25.69%。就目前泉州经济状况而言，现代服务业的发展呈现良好态势，这为泉州市创造了更多的就业机会，缓解了就业压力，提高了社会的稳定性，加快了城市的现代化建设。

表4　2013～2017年泉州市现代服务业从业人数及占比

单位：万人，%

年份	现代服务业从业人数	城镇单位总从业人数	占比
2013	32.66	163.71	19.95
2014	32.66	157.14	20.78
2015	33.30	150.56	22.12
2016	34.51	149.60	23.07
2017	35.94	139.91	25.69

资料来源：《泉州统计年鉴》（2013～2017年）。

（五）服务业聚集程度不断提高

2018年，泉州市中国水暖城、石狮服装城两个园区获评第三批省现代服务业集聚示范区（A类），至此，泉州共获评省级集聚示范区11个，总数量居全省第一。同时，泉州市第二批市级现代服务业集聚示范区评选出4家，在目前的省市级现代服务业集聚示范区带领下，形成了以电子商务集聚区、文化创意产业园、现代专业交易市场、旅游休闲集聚区、现代物流集聚区、综合性服务集聚区为代表的服务业集聚、集约发展态势。2018年国家高新区评价结果显示，泉州国家高新区综合排名与2017年相比，上升了5个名次，升至第75名。近几年，泉州市为加快自主创新区建设，注重发展新兴产业，培育以高新技术产业为核心的创新群体，引进中科院海西研究院泉州装备制造研究所、泉州华中科技大学智能制造研究院等高端创新平台，为打造创新型经济发展高地做了充足的准备。这些举措为现代服务业投入新鲜血液，加快传统服务业优化升级，激发现代服务业发展活力，增强泉州市的竞争力，增强城市发展动力。商贸圈影响着都市圈，都市圈又影响着服务圈，商贸圈的发展促进了周边服务业的发展，中山路商圈、丰泽广场商圈、浦西万达商圈、城东商圈、东海湾新华都商圈的先后建立，促进周边住宿、餐饮、医疗、教育、租赁和娱乐业发展，激发了服务业的活力。

二 泉州市现代服务业发展的影响因素分析

（一）人均生产总值

地区人均生产总值可以代表该地区的经济发展水平，市场经济的整体水平越高越能促进各产业结构优化升级，从而拉动现代服务业发展。从表5数据可知，泉州市的人均生产总值连年增加。从2010年的45124元增加到2018年的97614元。在经济发展整体水平不断提升的环境下，泉州市现代服务业的发展必将得到很好的促进。

表5 2010～2018年泉州市人均生产总值

单位：元

影响因素	2010年	2011年	2012年	2013年	2014年	2015年	2016年	2017年	2018年
人均生产总值	45124	52245	57291	62679	68254	72422	77784	87615	97614

资料来源：《泉州市国民经济和社会发展统计公报》（2010～2018年）。

（二）城镇居民人均可支配收入

随着城镇居民人均可支配收入增加，对应的消费需求水平也会提高，尤其是对更高层次（精神方面）的享受消费有更大比例的增加。表6数据表明，2010～2018年泉州市城镇居民人均可支配收入逐年增加。与之对应的是人们对服务性产品的需求量增加，对文化、旅游、娱乐的消费开支增加，对现代服务业的拉动力也将增大。

表 6　2010～2018 年泉州市城镇居民人均可支配收入

单位：元

影响因素	2010 年	2011 年	2012 年	2013 年	2014 年	2015 年	2016 年	2017 年	2018 年
城镇居民人均可支配收入	25155	28703	32283	35430	34820	37275	39656	42696	46111

资料来源：《泉州市国民经济和社会发展统计公报》（2010～2018 年）。

（三）平均每万人在校大学生数

高精尖知识人才是支撑现代服务业发展的一个不可或缺的重要因素，平均每万人在校大学生数可以衡量一地居民的受教育水平，是促进现代服务业发展的一个重要因素。从表 7 数据可知，泉州市平均每万人在校大学生数虽整体呈增长趋势，但变动幅度不大，目前泉州市的人才比例还不够高，仍有较大进步空间。

表 7　2010～2018 年泉州市平均每万人在校大学生数情况

单位：人

影响因素	2010 年	2011 年	2012 年	2013 年	2014 年	2015 年	2016 年	2017 年	2018 年
平均每万人在校大学生数	140	143	142	142	144	145	146	146	150

资料来源：《泉州市国民经济和社会发展统计公报》（2010～2018 年）。

（四）现代服务业固定资产投资

固定资产投资是现代服务业良好发展必不可少的因素，资产投入越多，现代服务业的规模也会越大，对现代服务业的增加值具有明显的促进作用。从表 8 中数据可知，泉州市对现代服务业的固定资产投资额虽有波动，但总体呈增长趋势，且增长幅度很大。这也体现出当地政府对现代服务业的重视程度在不断提高，以为其茁壮发展提供更多的资金支持。

表 8　2011 ~ 2018 年泉州市现代服务业固定资产投资情况

单位：亿元

影响因素	2011 年	2012 年	2013 年	2014 年	2015 年	2016 年	2017 年	2018 年
现代服务业固定资产投资	554. 17	396. 51	1119. 23	1512. 19	1750. 33	1066. 07	1745. 79	2059. 87

资料来源：《泉州市国民经济和社会发展统计公报》（2011 ~ 2018 年）。

（五）现代服务业从业人数占服务业从业人数的比重

现代服务业从业人数与行业的规模成正比，从业人数越多，该行业的规模也就越大，发展水平也会相应提高。表 9 数据显示，2012 ~ 2017 年泉州市现代服务业从业人数占比整体是上升的，尤其是 2015 ~ 2017 年占比有较大增长，说明现代服务业的发展规模越来越大，发展水平也越来越高。

表 9　2012 ~ 2017 年泉州市现代服务业从业人数占服务业从业人数的比重情况

单位：%

影响因素	2012 年	2013 年	2014 年	2015 年	2016 年	2017 年
现代服务业从业人数占服务业从业人数的比重	75. 59	73. 66	75. 32	75. 23	77. 28	87. 51

资料来源：《泉州市国民经济和社会发展统计公报》（2012 ~ 2017 年）

三　泉州市现代服务业发展中存在的问题

2018 年，泉州市现代服务业总体保持较快增长，但总的来说，还有待完善。

（一）人均生产总值虽连年增加，但总量还不多

泉州市虽然地区生产总值居全省第一，但其人均生产总值不高，人们在旅游、文化娱乐、金融理财投资等现代服务业消费上与福州和厦门有一定差距。因此，泉州需加快改革步伐，激发地区经济的活力，让人均生产总值得到较大提升。

（二）城镇居民人均可支配收入虽有所增加，但总量不多

居民的可支配收入对服务性产品的需求有较大影响，泉州市与厦门市的差距体现出泉州市对文化、旅游、娱乐的消费开支还需增加，目前的消费开支对现代服务业的拉力仍显不足。

（三）人才、技术资源较为缺乏

大量高素质专业人才是发展现代服务业必不可少的一个重要条件，特别是高新技术、金融等知识密集型服务业。2018 年，泉州市全年研究用于试验发展的经费为 81.42 亿元，为福州市的 52.53%，比厦门市少 60.97 亿元。泉州市现代服务业人才水平不一、人才结构不完善、高端人才紧缺，金融、科学研究和软件和信息技术等行业缺乏高素质专业人才。人才问题将限制泉州市科研规模扩大，导致技术创新发展受限、核心技术缺乏，难以完成产业优化升级，这成为制约泉州市现代服务业发展的一大因素。

（四）服务业内部各行业发展差距大，结构层次不合理，发展质量不优

2018 年，泉州市服务业存在结构层次不合理，经济效益较低、动力不足等问题。其行业发展出现了劳动密集型产业较多，技术密集型产业较少，产业之间关联度低，创造的经济效益较少的问题。传统行业占据主要地位的情况仍没有显著改变，而新型行业的发展进程缓慢，与传统行业相比力量弱小。金融业、教育行业、科学研究和技术服务业等现代服务业，虽然在近几年有所发展，但因本身基础较薄弱，发展速度较缓慢。这些技术型行业的慢速发展，制约了泉州市经济发展的进程，影响了泉州市产业转型升级的进度。

（五）服务业占比较低，对 GDP 的贡献率略有下降，贡献率低于第二产业

2014～2017 年泉州市现代服务业对 GDP 增长的贡献率呈现逐年持续增

加、稳步上升的态势。2018 年，现代服务业对 GDP 增长的贡献率略有下降，降低了 6.9 个百分点。2018 年，泉州市三次产业占 GDP 的比重之比为 2.4∶57.7∶39.9，呈现“二三一”型的产业结构，即以工业为支撑，第二产业发展较好，第三产业落后于第二产业。

（六）服务业区域发展不平衡，地区集中化程度高

从泉州市各县区市增加值的绝对值来看，现代服务业增加值居全市前三名的为晋江市、丰泽区、南安市，而排名较后的有开发区、洛江区、台商投资区、德化县。即使是排名前三的区市，第一与第二、第三的差额也较大，泉州市县区市的现代服务业发展明显不平衡。同时，泉州市城市和乡村之间、沿海和内陆之间，服务业发展差距较大。城市和沿海地区发挥其特有的资源优势和经济优势，服务业发展速度快，经济总量大；而乡村现代服务业发展较为缓慢，不论是规模还是速度层面，与城市都有较大差距。泉州市财富集中度高，贫富分化情况较明显（见表 10）。

表 10　2018 年泉州市各县区市第三产业发展状况一览

单位：亿元

县区市	第三产业增加值
开发区	22.33
鲤城区（含开发区）	231.51
鲤城区（不含开发区）	209.18
丰泽区	461.45
洛江区	51.19
泉港区	131.46
石狮市	397.97
晋江市	875.01
南安市	427.52
惠安市（含开发区）	319.91
惠安市（不含开发区）	243.91
台商投资区	75.99

续表

县区市	第三产业增加值
安溪县	243.68
永春县	158.06
德化县	95.89

资料来源：根据泉州市《2018 年 12 月份统计月报》。

四 泉州市现代服务业发展对策

加快现代服务业的发展有利于增强泉州市的整体经济竞争力，泉州市要在大力发展经济、增强经济综合实力的基础上，完善收入分配体制，不断激发市场活力，增强居民的高层次消费意识，为现代服务业的可持续发展提供物质保障。同时，要建立“政府主导、科技驱动、产业联动”的现代服务业发展模式，发挥政府的支持保障作用，通过创新科技发展、高新技术运用促进产业联动，进而不断优化区域产业结构、提升产业能级，保障现代服务业高速发展及可持续发展。

（一）政府完善宏观调控，提供支持保障

首先，加强政策保障。泉州市政府可以根据泉州地区现代服务业的发展现状，综合分析、整合规划，制定出符合泉州市经济发展状况的政策。鼓励各类资本进入法律、法规允许的现代服务业，简化行政审批，加大对外资和社会资本积极参与现代服务业发展建设的政策支持力度。加强同其他地区的交流和合作，坚持“引进来，走出去”，使泉州市现代服务业朝着多元化、多渠道的方向发展，形成多元所有制主体共同参与现代服务业发展的格局。

其次，加强资金保障。政府也应加大资金扶持力度，可通过设立专项资金的方式，对现代服务业中发展较薄弱的行业或民营中小企业进行财政补贴，提供贴息贷款或对其贷款提供担保，调整信贷规模，简化审批流程等。对现代服务业集聚示范区等重点区域给予用地、资金、设备等重点扶持，营造良好的硬件环境。进一步拓宽现代服务业融资渠道，充分发挥泉州特有的

侨乡优势，鼓励台资进入泉州市现代服务业对外开放领域，加强闽台合作，激发现代服务业的发展活力，扩大现代服务业发展规模。重点投资信息服务、金融保险、科技服务、现代物流等符合经济发展趋势的新兴服务行业。

最后，加强服务保障。进一步加强现代服务业发展平台建设，进行服务业资源动态配置。建立现代服务业信息交流平台，推动大数据生产性信息服务业发展，在电子商务、电子政务、现代物流、金融保险等领域，建设“泉州现代服务业信息云”平台。建立现代服务业人才共享平台，建立国内外人才培养模式，与发达国家、国内著名大学、中国台湾和香港等地合作建立现代服务业人才培养实践基地。建立现代服务业研究平台，加强与省内高校、台湾高校、科研机构、制造企业等的合作，搭建企业、政府、高校之间合作的桥梁，为泉州市现代服务业的发展提供支撑。

（二）加快科技创新发展，提供动力来源

加快新型现代智库建设。开放政策，鼓励吸引科研机构、咨询机构、行业协会等进驻泉州市，加大对综合研究机构发展的支持和保障力度，大力支持一批有条件的综合研究机构发展为新型现代智库，围绕现代服务业的需求，为泉州市现代服务业的重大项目和产业发展提供科技咨询和决策服务，为地方和部门制定现代服务业发展政策提供科学依据。

加强创新基地建设。加大支持现代服务业重点实验室、工程技术研究中心发展的力度，优化对创新基地的考核、补助、升级等制度，开展服务业创新发展方向研究和共性工程技术问题研究，增强现代服务业的科技创新能力；强化现代服务业的理论研究和应用研究，促进现代服务业研究成果转化及应用示范，不断增强现代服务业的科技支撑能力。搭建沟通联谊平台，提供科技资源共享服务，创建创新基地的专业化、网络化、多元化发展模式。

增强企业创新能力。充分发挥政府的主导作用，通过政策支持、补贴专项资金、服务平台建设等促进高校、科研机构和企业联合发展，支持现代服务业自主创新和联合创新发展。鼓励企业间成立科技创新联盟，建立科技创新联席会议制度，实现“1 +1 >2”的创新协同效用。鼓励企业主动与高校

举办国际性和全国性现代服务业学术交流会议，不断获取创新源泉。加快培育科技服务中介机构、行业协会、金融机构、律师事务所、信息咨询机构等，为企业创新提供良好的服务。

（三）促进产业联动发展，提供持续动能

继续提升产业集聚效应。积极发展现代物流集聚区，深度融合“互联网+”，打造集约化、网络化、智慧化现代物流园区，加强物流企业间的交流合作，实现物流集聚区资源共享。积极发展软件与信息集聚区，促进工业软件产业联盟建设，促进产业链各环节协同发展；推动金融服务信息、贸易服务信息等系统和平台建设、发展；助推泉州市云计算、云服务建设发展。

促进产业融合发展。促进金融业与现代服务业融合发展，放宽货币政策，助推传统服务业改造升级，推动现代服务业优化升级；加快推进金融业服务和产品创新发展，着力改善对中小企业、信息技术企业等的金融服务；促进产业资本和金融资本融合发展，扩大投资、融资规模。推进先进制造业和现代服务业深度融合，聚焦服务型制造，支持有服务化转型动力、条件较好的企业进行试点示范，加大对成功案例的推广力度，推动先进信息基础设施建设，加大对人工智能、云计算等新一代信息技术企业的发展支持力度，鼓励企业促进服务型制造企业创新发展。

不断优化产业结构。对传统服务业进行改造，挖掘其潜力，借助现代科学技术，通过服务形态创新和管理创新等增强企业自身活力。在现代服务业的各产业中培育重点产业：一是加大力度发展带动性强、基础条件好的行业，如房地产业、金融服务业；二是着重发展新兴的科技含量高的行业，如科学研究和技术服务业、计算机服务业。促进各地区现代服务业协调发展，加强泉州市发达地区对欠发达地区在资源、人才、技术等方面的支持，达到与沿海山区现代服务业共同发展的目的，加强城市对农村现代服务业的发展支持，加强农村现代服务业基础设施和公共平台建设，利用互联网技术创新农村现代服务业发展模式，实现城乡统筹发展。

B.8

乡村振兴战略背景下泉州特色现代农业发展研究

黄本梅*

摘　要： 近年来，泉州市积极响应党中央的号召，面对经济下行压力和自然灾害频发的严峻挑战，坚定不移推进农业农村供给侧结构性改革，认真贯彻落实党的十九大报告提出的“实施乡村振兴战略”“坚持一村一品”“一镇一特色”，建设和谐美丽乡村，使农业农村经济发展呈现稳中向好的良好态势。研究特色现代农业发展问题，可以进一步建立和完善与农业农村工作相关的理论体系，促进农业农村现代化，助推乡村振兴大业。本报告从泉州特色现代农业的发展现状出发，立足泉州的具体实际情况，结合政府、企业、社会三方力量，探索在乡村振兴战略背景下如何正确把握特色现代农业发展方向、发展模式及产业的投融资体系，为本地区和其他地区政府相关部门正确认识和推动特色现代农业发展提供对策建议。

关键词： 泉州　特色现代农业　乡村振兴　产业融合

一　泉州特色现代农业发展现状与特点

近年来，泉州市认真贯彻落实党的十九大报告提出的“实施乡村振兴战

* 黄本梅，中共福建省委党校硕士研究生，研究方向为经济管理。

略”“坚持一村一品”“一镇一特色”要求，按照省委、省政府关于推进特色现代农业发展的一系列工作部署，立足山海资源，依托区位优势，以农业供给侧结构性改革为主线，以发展生态农业、品牌农业、休闲农业、智慧农业和园区农业为载体，加快推进农村三次产业融合，走出了一条“以特色壮产业、以融合促发展”的成功路子，特色现代农业发展取得阶段性成效。2018年，泉州第一产业投资同比增长43.5%，农林牧渔业投资增长45%，高于全市投资平均水平；全市三次产业所占比重之比为2.4∶57.7∶39.9，农村居民人均可支配收入为20227元，连续多年居全省第二；十大特色农业全产业链产值达1050亿元，突破千亿元大关。

（一）优势特色产业形成规模

泉州市大力实施优势特色产业提升行动，以茶叶、蔬菜、水果、畜禽、水产、林竹、花卉苗木等7个优势特色产业为重点，突出抓好品种结构优化、质量安全提升、品牌创建和标准化基地建设，形成规模化、标准化、区域化生产布局，有7类12种农产品进入农业农村部特色农产品区域布局规划，全市农产品商标达3.4万个，其中中国驰名商标为12个、省著名商标为82个，农业“三品一标”累计认证690个。

（二）园区平台创建力度加大

为推动产业集聚，全市先后创建安溪县国家现代农业示范区、惠安台湾农民创业园、7个省级农民创业园、11个市级以上现代农业产业园，已吸引650家农业龙头企业、农民合作社、家庭农场入驻，累计实施项目205个，完成投资32亿元。

（三）三次产业深度融合加快

泉州市实施农产品加工提升工程，延伸农业产业链、价值链、供应链，形成多个农产品加工集中区，4家企业进入全国农业产业化龙头企业500强。积极发展休闲农业和乡村旅游业，全市拥有各类休闲农业点301个，从业人员为1.44

万人，年接待游客超千万人次，营业收入超过19亿元，带动农户6.1万户，涌现国家级休闲农业示范点3个、省级33个，6个村入选中国最美休闲乡村，有省级乡村旅游休闲集镇6个、省级乡村旅游特色村20个。扶持农村电商发展，2018年泉州市淘宝村、淘宝镇分别占全省的60%、65.5%，均居全国第五、全省第一，从事农产品电子生物企业有2000家，年销售额达120亿元。

（四）新型农业经营主体培育加强

重点扶持农业产业化龙头企业，以加工销售型龙头企业为依托，普遍实行“龙头企业+合作社+基地+农户”经营模式，与37.5万户农户建立较为紧密的利益联结关系，带动农户增收55亿元。泉州市拥有228家市级以上龙头企业，销售收入为538亿元，其中超亿元龙头企业89家。实施百社百村带千户行动，加强农民合作社规范化建设，促进小农户与现代农业发展有机衔接，全市登记注册农民合作社5665家，其中国家级示范社有13家；家庭农场有1561家，合作社成员有9.2万个，带动农户36万户。

二　泉州特色现代农业存在的问题

总体来看，泉州市特色现代农业还处在起步发展阶段，存在规模不够大、实力不够强、品牌不够优、产业链不够长等问题，这成为制约泉州特色现代农业发展的短板。从局部看，其还存在下列具体问题。

（一）创业园、示范基地内设施用地矛盾突出

一些新引进的外地种植大户或企业反映其生产基地需要在流转土地旁搭建农产品分拣车间、管理用房等附属设施，但因涉及基本农田保护和耕地“占一补一”问题而无法办理设施农用地审批手续，这严重影响到基地的正常生产和特色现代农业发展。

（二）财政扶持资金亟待整合

品牌农业、生态农业、智慧农业、休闲农业建设资金投入多，融资有一

定困难。财政扶持资金缺乏统一的安排，难以集中财力，加大投入力度。特色农业产业基地发展专项资金没有建立，特别是“4121”无公害农产品、“1168”蓝色产业工程，在年度农业发展基地中没有设置财政预算专项支出。2018 年涉及市级特色现代农业建设的 9000 万元扶持资金中，有的来源于农口各单位的“农发基金”，有的来源于单位的行政事业经费。个别挂钩单位扶持资金尚未落实到位，挂钩单位和基地联系存在脱节的现象。

（三）创业示范基地建设滞后

农业公共服务机构机制、设施条件相对滞后。目前大多数基地抵御自然灾害能力低，农田基本建设急需加强，如土地整理和改良、田间排灌渠系和机耕路、重要水利设施的整修等。特别是农业基地的品种改良、模式化栽培、病虫害防治、产后加工等生产标准有待建立，以及基地农产品的产后贮藏、保鲜、深加工等技术水平有待提高，农业机械化程度还很低，尤其是田间管理机械，为农民提供产前、产中、产后全程服务平台构建缓慢，成为制约泉州市特色现代农业产业基地发展的瓶颈。

（四）经营管理和科技人才欠缺

特色现代农业是前景广阔的朝阳产业，但常常难以吸引优秀人才驻足。一方面，农业企业产业链短，深加工不足，农产品附加值过低，特需、个性化、特质产品严重不足，造成行业利润低，很难用优厚条件留住高素质人才；另一方面，农业企业通常处于农村，相对大中城市而言，缺乏较为丰富的物质和文化生活设施，缺乏专业人才发展的软环境，所以农业人才始终缺失，而这种缺失严重制约了农业企业和合作社的发展。

（五）农产品加工和经营机制有待完善

农副产品加工面不广，加工型特色农业产品仅有 32 个，占全市“252”农业总数的 11.5%。泉州市特色农产品粗加工多，精加工少；初级产品多，高档产品少。尤其是水产、畜牧、水果的加工，大多停留在粗加工层次，缺乏精深加工的龙头企业和具有本地特色的名牌产品。因此，市场竞争力低，特色产品难成气候。

经营机制有待完善，多数龙头企业与农户仅停留在签订合同阶段，更多企业仅满足于“老客户”式的单纯购销。特色农业产业与龙头企业存有潜在信用危机，农业产业化链条难以形成；特色现代农业缺乏集聚力，使龙头企业的带动作用十分有限。

（六）乡村振兴战略步伐有待加快

党的十九大强调“农业农村优先发展”，提出“实施乡村振兴战略”，引导“三农”发展，把农业农村的发展放在国家战略高度进行决策部署。虽然近年来泉州市农业农村发展形势较好，但针对探索“小城市”全国试点建设，应在稳定粮食生产前提下，进一步加快促进农业生态化、标准化、专业化、设施化生产，坚持“产出来”“管出来”两手抓，强化农产品质量安全监管；需立足“大市小农”基本市情，立足小农户生产长期存在的实际情况，大力培养新型职业农民，实现共享经营；与此同时，乡村振兴既要塑形，也要筑魂，最根本的就是要保护好绿水青山，推动社会主义核心价值观落细落小落实。

三　泉州特色现代农业面临的机遇与挑战

（一）面临的机遇

1. 政策因素

中央强调，实施乡村振兴战略要把解决好“三农”问题，始终作为全党工作的重中之重。发展现代农业是实施乡村振兴战略的首要任务，是以党的十九大精神统领农村工作的必然要求。工业化、城镇化和农业现代化同步推进，加快发展现代农业。同时强农惠农政策的含金量年年提高，也有利于现代农业快速发展。海峡西岸经济区政策、ECFA 的签署，必将给泉州与台

湾现代农业合作与交流带来更多机遇。

2. 区域因素

经过多年的探索，泉州市市场机制比较完善，民营经济与外向型经济互相促进，县域特色经济发达，品牌优势突出，工商资本雄厚，交通区位优越，泉台合作便捷，综合经济实力不断增强，为现代农业的发展奠定了扎实的物质基础。有近200家市级以上农业产业化龙头企业，拥有多个农业名牌产品，为推进泉州现代农业发展，积累了宝贵经验。同时，泉州"十二五"时期跨越式发展战略，必将为本市农业增效、农民增收、农村繁荣提供更多的拓展空间和难得的发展机遇。

3. 资源因素

泉州具有丰富的山海资源，气候条件优越，文化积淀深厚，海外侨亲众多。泉州市海域辽阔，海岸线蜿蜒曲折，丰富的渔业资源为泉州市渔业发展提供了得天独厚的条件。泉州山区植物资源相对丰富。泉州乡村有大量自然景观、不同的地域农业特色、不同的生活习俗和文化风情，以及古朴的民风、别样的民居、闲置的楼房，这为建设现代农业示范区和"滨海休闲之都"提供资源保证。

（二）面对的挑战

1. 城镇化进程加快导致耕地面积减少

由于泉州城镇化进程加快和工业快速发展，全市耕地面积逐年减少，种粮的比较效益仍然较低，这对保持粮食生产稳定造成较大压力。

2. 农资价格持续上涨

农业用工成本增加，确保农业生产效益难度提高。城镇居民可支配收入与农民人均纯收入差距逐年拉大，农民从家庭经营中获得的收入的增幅由2014年的10.8%下降为2018年的7.3%，农民增收难度提高。

3. 农业基础仍然薄弱

农业社会化服务体系不完善，农产品深加工技术水平不高，农业发展的体制性、结构性矛盾还没有得到根本解决，特色现代农业发展面临较大压力。生猪、家禽风暴式污染治理新要求，既给畜禽规模养殖增加了成本，也挤压了农户从事小规模养殖创业、脱贫的空间。2015～2017 年泉州与福州农林牧渔业总产值比较见表 1。

表 1　2015～2017 年泉州与福州农林牧渔业总产值比较

地区	2015 年	2016 年	2017 年
泉州	320. 59	357. 26	358
福州	764. 87	866. 25	915

资料来源：2015～2017 年泉州、福州《国民经济与社会发展统计公报》。

4. 动植物产品异地调运频繁

一些动植物产品及其制品异地频繁调运，造成动植物疫病传播，受周边国家和地区疫病的影响，一些多年未见的病虫害时有发生，动植物疫病、虫害防控难度提高。

四　乡村振兴战略背景下泉州特色现代农业发展的对策建议

实施乡村振兴战略，有利于推动农业高质量发展，增强农业创新力和竞争力，是建设现代化经济体系的重要基础；有利于构建人与自然和谐共生的乡村发展新格局，这是建设美丽幸福新泉州的关键举措。泉州特色现代农业将以“创新、协调、绿色、开放、共享”发展理念为引领，围绕推进农业供给侧结构性改革，进一步转变农业发展方式，继续以“五大农业”建设为载体，着力推动重大项目落实，着力推动产业向园区集聚、企业向园区集中、生产要素向园区流动，促进三次产业融合发展，带动农业提质增效，农民创业增收。

（一）构建特色现代农业多链式产业体系

深化特色现代农业产业化经营，加快推动特色现代农业“接二连三”，促进立体化、复合式全产业链发展，推进不同类型农业产业链延伸整合，增强产业链整体竞争力。

延伸整合产业链。发挥农业龙头企业在全产业链布局中的关键作用，培育产业链领军企业，促进农业生产、加工、物流、研发和服务相互融合，推动产前、产中、产后一体化发展。鼓励有条件的地方发展农业总部经济，引进国内外集团总部或区域总部，促进产业链条向高端延伸。

打造提升价值链。发挥农村三次产业融合发展的乘数效应，推动农业发展价值倍增。鼓励农业龙头企业和农产品加工领军企业向优势产区和关键物流节点集聚，建设原料基地和加工基地，加快形成一批农产品加工优势产业集群隆起带。支持开展农产品生产加工、综合利用技术研究，形成一批推动价值提升的关键技术和特色产品。推进农业与旅游、教育、文化、康养等产业深度融合，充分开发农业的多种功能和多重价值。积极培育发展地理标志商标和知名品牌，提升农产品品牌溢价水平。

优化融合供应链。支持优势产区批发市场建设，推动市场流通体系与储运加工布局有机衔接，鼓励供销、邮政、快递和大型商贸物流企业在农村地区经营布局，打通农产品流通“最初一公里”。采用定制化消费模式，形成产地与销地、生产者与消费者良性互动生态圈。提升农村供应链信息化、智能化水平，进行农产品绿色智能供应链等集成应用示范，促进流通环节节能降耗增效。

（二）推进特色现代农业协调发展

促进粮食作物种植结构调整。扩大优质水稻种植面积，种植高蛋白食用大豆，扩大甘薯、马铃薯加工专用品种覆盖面。突出发展设施蔬菜、高山蔬菜，扩大冬春蔬菜优势区生产规模。重点调整果类品种和熟期结构，加大标准化和绿色果品推广力度。大力发展名优茶和特色茶，提升茶叶品质，优化茶类结构，建设标准化生态茶园。

推动畜禽产业转型升级。发展规模化标准化生猪养殖，做强家禽产业，加快牛羊兔等草食畜牧业发展，提高奶业生产水平。推广健康生态水产养殖模式，重点发展名特优新品种，控制近海捕捞总量，鼓励发展远洋渔业，指导晋江“人工鱼礁”项目实施。优化林业发展结构，加强储备林和大径材基地、优势特色经济林基地等原料基地建设，促进形成树种多样、针阔混交、异龄复层的复合林。培育多元立体生态林业产业，加快发展竹业、油茶、苗木、花卉、名特优经济林等特色优势产业，继续做好林下资源的利用及立体种养。

建立特色现代农业生产力布局制度。从确保粮食安全和食品安全的大局出发，注重优势互补、差异发展，重点建设蔬菜、茶叶、水果、水产品等七个农产品主产区，大力发展高产、优质、高效、生态、安全农业。安溪、永春高优农产品主产区，大力发展集约化、机械化、高优特色生态农业，建设生态果茶园和有机食品、绿色食品基地，形成以南亚热带粮食、水果、茶叶、花卉、蔬菜及水产为重点的高优农产品主产区。

（三）做大做强优势特色现代农业

坚持市场导向和绿色发展，以区域资源禀赋和产业比较优势为基础，宜农则农、宜林则林、宜蔬则蔬、宜花则花、宜果则果、宜渔则渔，引导优势特色产业向适宜区域和产业园区集聚发展。

因地制宜、突出特色。围绕特色粮经作物、特色蔬菜、特色水果、特色茶叶、特色食用菌、特色花卉、特色畜禽、特色水产品、特色林产品等特色农产品，因地制宜、突出特色，打造泉州特色优势产业，形成以特色农产品生产、加工、流通、销售产业链为基础，集科技创新、休闲观光等于一体的特色现代农业产业集群。到 2022 年力争形成千亿元产值规模的乡村振兴产业集群。

大力培育新动能。到 2022 年，全市培育 130 家以上省级以上农业产业化龙头企业。支持建设 120 个优质农产品标准化示范基地，创建 2 个国家级特优区，认定 10 个省级特优区，茶叶、水果、畜禽、水产、林竹、花卉、园艺等七大产业全产业链总产值超过 700 亿元。实施产业兴村强县行动。支持建设一批乡土经济活跃、乡村产业特色明显的农业产业强镇，推动一批农业大县向农业强县迈进，打造“一村一品、一乡一景、一县一业”发展格局。

合力推动品牌农业、生态农业和智慧农业发展。在品牌农业方面，以推进品质为重点，贯彻实施农业标准，推行优质、安全、绿色标准；以创建品牌为抓手，创建一批区域性公用品牌和福建名牌农产品；以品牌营销为手段，突出市场导向，加强“清新福建、绿色农业”宣传，着力增强和提升福建特色农产品的市场竞争力和农业综合效益。在生态农业方面，推行绿色发展方式，加大农业面源污染整治力度，创建一批农业可持续发展试验示范区，示范引领生态农业发展，促进农业可持续发展。在智慧农业方面，运用现代信息技术和物联网技术改造提升传统农业，实现农业生产的智能化、机械化、工厂化，集中力量建设覆盖全省的农业大数据平台和集信息、技术、管理、营销于一体的农业生产经营调度中心，创建一批产业集聚、生产标准、服务配套的现代农业智慧园。

（四）推进产业集中区建设

推进现代农业产业园建设。继续推进国家现代农业示范区、台湾农民创业园、福建农民创业园（示范基地）和现代农业产业园“3211”工程建设。安溪县以西坪镇、虎邱镇、祥华乡等3个乡镇为农民创业园创建区域，以城东茶叶集中加工区、龙桥产业园区为支点建设产业集中区，突出乡镇与产业集中区三次产业融合。永春县将按照省级农民创业园创建要求，推进五里街镇园艺园区、湖洋镇园艺园区、介福乡蛋鸡园区产业集中区建设，做大做强园艺、茶叶、蛋禽产业。多措并举加快泉港区涂岭镇黄田村休闲农业和下炉村设施农业集中区，南安市码头镇诗南村、金中村食用菌集中区，惠安县辋川镇设施农业集中区，晋江市东石镇蔬菜种植集中区及德化县三班镇奎斗村蔬菜、水果集中区建设。促使园区窗口示范、辐射传导、服务引领作用得到发挥。

促进泉台农业交流合作。加快推进台湾农业技术交流推广中心、惠安台湾农民创业园、闽台农业合作推广示范县（永春县）等建设。依托台湾农业技术交流推广中心等平台，力争在柑橘黄龙病防控技术等方面有所突破，引进台湾以及国外农业新品种10个以上。积极引进推广台湾渔业养殖技术和养殖新品种，主动承接台湾转移产业，广泛开展产、加、销分工合作，发挥相对优势，促进泉州市养殖业转型升级。积极办好海峡两岸（泉州）农产品采购订货会、海峡两岸食品交易会等平台，稳步推动泉台农业经贸交流。

拓展合作交流领域。鼓励先行先试，依托“台湾农业技术交流推广中心”、“惠安台湾农民创业园”以及“闽台农产品市场”等国家级平台，积极引进台湾农作物新品种、新技术、新材料；积极拓展台湾农民在泉创业的新途径；增加泉台农产品采购订货及泉台互联网农业电商合作交流的新方式。重点建设对台引种创新基地，创新出台鼓励台湾农民在泉创业的新政策、新举措；创新开展泉台农产品展示采购与供需洽谈对接活动，积极拓展泉台互联网农业电商合作交流途径。建设泉台产业技术创新战略联盟，加强泉台人才合作交流，深化泉台特色农业产业对接，鼓励台湾农业专业技术人员、台湾青年农民来泉创业就业，协调推进各地各类台湾青年创新创业就业基地（园区、创业园）建设。进一步促进在泉台湾企业自主创新、吸引优秀台湾青年来泉创业就业、鼓励和支持在泉台湾优秀人才参与泉州市高层次人才评选。鼓励泉州市农业科研院所、院校以及基层科技人员赴台参观学习先进经验。加强泉台农业环境协同保护，建立农业生态环境及重大灾害监测预警数据共享平台，积极推动泉台农业行业协会、农民合作社、农业企业合作互动。

推进乡情延续交流。发挥泉台宗亲、同乡、姻亲等纽带桥梁作用，深化泉台乡镇对接，推动泉台特色乡镇交流，展开常态化往来，加强泉台同名同宗村联谊交流，融洽泉台同胞乡情乡谊。借鉴台湾地区“社区营造”“乡村活化”等经验，鼓励台湾建筑师、注册营造师、文化创意团队等来泉承接乡村设计项目，参与美丽乡村建设、传统村落保护、乡村产业培育，激活农村闲置或低效利用资源。

（五）加快重点项目生成与落地

创新引资新举措。继续采取“走出去，引进来”“以商引商”等多种形式进行招商，重点吸引更多拥有关键生产技术的农业企业、研究机构和高素

质农民。积极引进外地企业和工商资本入驻创建基地，拉动特色现代农业规模种植、集群发展。

抓好项目跟踪和服务。建立重大项目挂钩联系制度，实现全程跟踪，提供全程服务。积极帮助项目业主协调解决项目申报、基础设施、用地、用电等问题，推动项目落地和建设。对列入重大项目的，由各专项资金予以倾斜支持，推动金融对项目的支持。

加强项目督导检查。组织人员对各地项目生成、建设进度、项目验收和资金拨付等进行检查督促，推动项目落地和建成。

（六）着力培育特色现代农业建设主体

引导农民合作社和家庭农场规范健康发展。支持农民合作社延长产业链，提供农产品加工、销售和统防统治、烘干储藏等专业化服务，丰富经营内容。引导农民合作社上连龙头企业、下连家庭农场，密切各主体间的联系，促进全产业链发展。支持农民创新创业，兴办小微企业，因地制宜发展农产品加工业。

打造农村产业融合领军企业。发挥龙头企业在推动农业供给侧结构性改革中的示范引领作用和农村产业融合发展中的重要主体作用，鼓励龙头企业带动农户和农民合作社适度规模经营。

鼓励龙头企业建设现代物流体系。加强产业链建设和供应链管理，健全农产品营销网络。支持龙头企业加强对无公害、绿色、有机农产品和地理标志产品的保护，实施品牌战略，增强农产品竞争力，带动产业升级发展。

（七）健全乡村振兴人才选拔培养制度

健全农业人才培养制度。人才兴，天下兴。乡村振兴要实现真正让农业强起来、农村美起来、农民富起来，就必须培养一支爱农业、爱农村、爱农民的“三农”工作队伍。健全农业人才培养制度，构建有利于人才成长成才的管理体制，充分发挥各类新型经营主体在农村实用人才培养中的“蓄水池”作用。

加大农村教育培训工作力度。打破年龄、性别、学历等限制，加大农村教育培训工作力度，培养一批具有新发展理念、掌握现代生产技术的农业人才和新型职业农民。鼓励优秀大学生到农村基层工作，学习和应用相关乡村规划建设、农村经营管理、农村金融、电子商务等专业知识，到农村创新创业。

推动科技工作者直接服务农业农村。积极发挥人才优势，促进农业技能人才培养，建设知识型、技能型、创新型农业劳动者大军，全面提升农业劳动者职业技能水平，造就一支服务特色现代农业的科技工作队伍，为农村经济发展奠基人才基础。

（八）加大特色现代农业资金等扶持力度

设立特色现代农业建设专项资金。财政投入要向特色现代农业倾斜，应安排一定比例资金，设立特色现代农业建设专项资金，采取“专项资金统一管理，多个项目共同扶持”的办法，把基地建设同农业综合开发部门的“农业综合开发项目”、国土资源部门的“土地治理项目”、科技部门的“星火计划项目”等结合起来，以进行现代农业基础设施建设。

支持特色农业引进、培育、开发和推广。加大特色农业基地建设力度，使农业基地项目实现“多方扶持，集中投入”。同时，农业各部门和涉农单位的支农资金、农业综合开发资金等，也要向特色农业基地倾斜，重点扶持龙头企业和出口创汇多、效益好的农业项目。

创造良好的投资环境。要积极争取金融部门增加对特色现代农业的信贷资金投入，创造有利条件，进一步吸引外资和鼓励民间资本和民营企业投资特色现代农业。按照高质量发展要求，通过专项资金扶持，多部门共同投入，多层次共同建设，逐步改善生产条件，加快特色现代农业的建设步伐。

B.9

泉州制造产业融合的路径、动因与效应分析

卢志渊*

摘　要： 已有的关于产业融合的研究主要针对信息化进程中电信、广播电视、出版三大产业的融合。从广义的角度来看，泉州制造业中产业融合的路径主要有“品牌＋加工业”“信息化＋制造业”“互联网＋传统商业模式”，三大融合路径已产生明显效应，其中也有其特有的动因。未来，应在文化产业、云制造、人文精神三方面推进产业融合。

关键词： 产业融合　品牌＋　信息化＋　互联网＋

泉州与温州的发展起点及路径大致相似，都是以民营经济为发展动力，而且从制造业切入。根据两地统计局数据，2001 年，泉州与温州制造业的发展水平相差不大，如当年两地第二产业增加值分别为 593 亿元和 528 亿元，之后距离逐渐拉开，到 2011 年，两地第二产业增加值分别为 2668 亿元和 1751 亿元，即使最近几年，泉州制造业仍然平稳增长，这不禁让人思考，两地制造业发展起点相似，现在却差距较大。究其原因，产业融合的持续推进是泉州制造业展现其强大生命力的主要因素。产业融合的典型案例是信息化进程中电信、广播电视和出版三大产业的融合。有关产业融合的定义、形

* 卢志渊，泉州师范学院副教授，博士，研究方向为区域经济。

式、动因、效应等文献也都针对于此。这是狭义层面的产业融合，即各个相关产业的边界萎缩或消失。实际上，制造业、金融业、运输业（特别是物流）的融合也在加速进行之中，即使是传统制造业领域，产业融合也得到进一步发展。只是这里的产业融合是广义上的产业融合，即由于交叉而使产业内出现新业态或者增加新功能。泉州制造产业的融合就属于这种情况，在某些方面具有自己的地域特征。

一　泉州制造产业融合的主要路径

综观泉州制造产业融合的表现，可将其归为渗透融合或延伸融合。渗透融合，即高新技术及相关产业向其他产业渗透、融合，并形成新的产业；延伸融合，即通过产业间的互补和延伸，实现产业间的融合。这类融合，主要通过三种路径实现。

（一）“品牌 + 加工业”的融合

20 世纪 80 年代的泉州制造业实际是指加工业，只从事制造产业链的中间环节，业务流程极为单一。由于还是卖方市场，企业生产多少就能销售多少，零库存的经营环境使这些企业忽视了品牌的重要性。但是，“七匹狼”创始人之一周少雄发现，同样的一件在泉州加工的服装，贴有商标与不贴有商标的价格的差距巨大。这刺激了周少雄和他的同伴萌发创牌的欲望，七匹狼由此诞生，并于 1990 年注册成功。在此示范下，泉州的家族制造企业也开始注册商标，走上树立品牌的道路。自 2002 年富贵鸟、亚礼得、安踏、爱乐、特步成为泉州历史上第一批中国名牌，如今，在泉州传统制造业领域，都有一批国内一线品牌企业，如纺织鞋服里的利郎、九牧王、七匹狼、安踏、匹克、特步，食品饮料里的达利、盼盼、雅客，品牌集群、品牌经济的态势极为明显。那么，“品牌 + 加工业”如何实现产业融合？一般通过两个途径。

一是利用广告而迈出传播品牌的第一步。广告是品牌传播的主要手段。1999 年，安踏花重金在央视推出孔令辉作为其产品代言人，创造“明星代言 + 广告投放”的造牌模式，收入很快超过亿元。示范效应随即在同行中蔓延，特步请了娱乐明星，匹克到美国寻找 NBA 球星。食品饮料业的公司也不甘寂寞。2003 年雅客推出雅客 V9 维生素糖果，请周迅做代言人，同时推出具有极大冲击力和感染力的电视广告《跑步篇》。广告播出后，雅客 V9 在百家争鸣的糖果市场“拔得头筹”，这也把雅客食品带入了中国名牌的行列。此后，在广告之外又加入了赞助各种赛事、举办公益事业等多种形式的公共关系活动。这样，通过巨额的品牌推广支出，泉州各制造企业纷纷取得不菲的知名度。如安踏，一年的广告与宣传开支占比超过 10%，比员工薪资占比还高（见表 1）。

表 1　安踏 2014 ~ 2018 年的广告与宣传开支、员工薪资占比情况

单位：亿元，%

	2014 年	2015 年	2016 年	2017 年	2018 年
营业收入	89. 2	111. 3	133. 5	166. 9	241
广告与宣传开支占营业收入比重	12	11. 5	11. 4	10. 6	12. 1
员工薪资占营业收入比重	11	11. 2	11. 3	12	10. 9

资料来源：根据安踏 2018 年报整理。

二是致力于通路的建设以塑造品牌形象。通路也称“营销通路”或“配销通路”，是指产品从制造者（生产者）移转至使用者（消费者）的过程中所采取的流程、方式，建立的主体间关系等。从品牌的塑造来看，两者存在相辅相成的关系，两者之间匹配和谐，将出现双赢；反之，则会形成恶性循环，乃至造成品牌消亡。因此，致力于通路的建设成为泉州制造企业塑造品牌的另一重心，安踏较为典型。塑造品牌的早期，安踏的产品销售主要采用批发业务模式，即公司不直接向消费者销售安踏产品，而是精心挑选分销商并依靠分销商向授权零售店铺分销安踏产品，再由零售店向消费者销售；公司与分销商订立年度分销协议，当中规定重要条款，如分销商获授权销售安踏产品的区域、严禁分销商销售其他品牌的运动服饰产品、年度销售额、网络拓展目标等；公司总部有专人对各地分销商、零售商履行协议情况进行不定期的实地监督。当互联网兴起后，安踏又着手探索实现线上与线下的双赢，既可让销售网络不断拓展，又可在终端有效管理品牌接触点。

（二）“信息化＋制造业”的融合

企业信息化实质上是将企业的所有业务过程和管理过程计算机化和网络化，通过对各种信息的系统网络加工生成新的信息资源，以提供给各层次（战术层、战略层、决策层），人们洞悉、观察各类动态业务中的一切信息，以做出有利于生产要素优化组合的决策。

一般来说，企业实现信息化由初级到完善会经历三个阶段。首先是构建简单的、独立的管理信息系统（MIS），以及计算机辅助设计（CAD）和计算机辅助制造（CAM）。接着，企业开始采用局域网络连接企业各职能部门，发展功能更强大的企业 MIS 和办公自动化（OA）系统以及制造资源系统（MRP/MRPⅡ）。后来，随着全球经济一体化和互联网应用迅速普及，ERP 系统在传统的 MRPⅡ基础上引入了联机分析处理（OLAP）等新的信息技术，集成生产层、管理层、决策层等各个环节的信息技术和管理方法，促进企业管理方式从粗放型向集约型转变。

泉州制造业与信息化的融合一般也经历这三个阶段，但第一、第二阶段经历时间较短，特别是 20 世纪 90 年代后期，随着互联网在全球的迅速蔓延，泉州市政府对信息化予以重视并采取有力手段进行引导，企业信息化进程明显加快。2000 年，由于认识到信息化对传统产业的巨大作用，泉州市政府利用泉州企业信息网络平台，启动了全国地市级第一个、福建省首家由政府主办的“万家企业上网工程”。在政府的推动下，处于各行业龙头地位的民营企业信息化进程很快进入第三阶段，管理也由粗放型向精细型转变。

以恒安为例，恒安集团于 1985 年创办，日益增长的业务量和遍布全国的分销网络让管理层感到力不从心，于是恒安开始寻求信息化的帮助。1997 年，恒安集团一次性投资 300 多万元上了一个分销管理系统，但由于缺乏相应的项目实施经验，系统使用一年之后就被抛弃。1999 年底，恒安集团与实达软件公司签订了“量身定做”分销管理系统的合同，使用该系统的分公司能通过局域网每天给总公司上传一次数据，信息化效果体现明显。2001 年 9 月，恒安花费上千万美元聘请汤姆斯集团帮助推行“TCT 行动”（Total Cycle Time，即全周期时间管理模式），虽然18个月后中途终止，但已起到提高企业整体营运水平的作用。2006年年底，恒安集团开始了第四阶段的信息化建设，与用友软件公司签订了长达五年的信息化战略规划合作协议，实现在统一的用友NC平台上，把财务、销售和库存系统完整地集成起来，形成不同系统间数据无缝即时传送和共享。现在，每天清晨，CEO许连捷都会收到一条恒安前一天在全国的销售额、出货量、整体库存的短信。

（三）“互联网+传统商业模式”的融合

互联网进入中国始于1995年，之后，互联网技术和互联网应用，对社会领域产生了巨大的影响，在由厂家—代理商—零售商—用（客）户构成的传统商业模式领域，产生了基于互联网的商务活动即电子商务。自2000年泉州市政府启动“万家企业上网工程”开始，泉州制造企业就探索电子商务模式，建立自己的网站或自己的主页，在网上发布产品信息，同时开展B2B、B2C等交易活动。具有标志性的事件是阿里巴巴集团于2009年设立的“双十一”大型购物促销狂欢节，开展两届之后，泉州一些中小企业抓住机会，制造一些爆款产品，也诞生了一些网红“淘品牌”，如“格男仕”“数码人”“迈途户外”等，引发了传统品牌商对电商前所未有的热情，它们纷纷加入或加快“互联网+”商业模式重构，比如七匹狼。2013年10月，七匹狼男装在线上推出首款极致单品140S衬衫——“狼图腾”，通过微信预购、在线定制的模式打造极致单品，在首个月订单便超过1000余件，颠覆了传统服装行业的营销模式。

在“互联网+传统商业模式”的融合进程中，更多制造企业遇到的是探索O2O的效用最大化。所谓的O2O模式，是指通过无线互联网打通线上线下，将商场线下体验和线上方便快捷的优点完美结合。2013年，泉州制造企业还在畅想线上线下，2014年，不少企业已经探索出各自的O2O经营模式。比如，2014年“双十一”期间，安踏旗舰店推出了近百款商品，接受消费者线上提前预订；七匹狼在全国300家终端门店启动O2O模式，在这些门店共发放“双十一”优惠券90余万张，线上优惠券线下实体店可使用，线下优惠券可用于线上消费；恒安与微信官方通过资源共享的方式，共同探索微信营销O2O社区电商模式，消费者可以在社区店扫描官微二维码购买产品，然后商家把货配送到该社区店，顾客到社区店提货，或由社区店送货。

二　泉州制造产业融合的动因

（一）雄厚的产业集群

泉州制造业发展由轻纺起步，之后逐步做大，同时也扩散到其他产业，形成纺织鞋服、建筑建材（建材家居）、工艺制品、食品饮料、装备制造等五大传统产业集群。如表2所示，早在2005年，这五大传统产业产值都突破100亿元关口，2015年，纺织鞋服的规模更为突出，已达3767亿元，增加值突破1000亿元。即使在2016～2018年，这些产业仍表现出强劲增长态势。同时，泉州在这些传统产业的基础上力图通过发展新兴产业以促进产业结构升级换代，发展了五大新兴产业，有石油化工、电子信息、修船造船、汽车及配件、生物制药（见表3），2015年，石油化工产业的产值达到1798亿元，规模属于超大级别。

表2　泉州五大传统产业产值

单位：亿元

年份	纺织鞋服	建筑建材（建材家居）	工艺制品	食品饮料	装备制造
2005	775	229	110	112	116
2015	3767	1105	566	846	1185
2016	4114	2743	733	931	1437
2017	4638	3173	882	1069	1631
2018	5321	3757	1054	1204	1958

注：2016年后这些指标的统计口径有所变化，因此做了适当处理以和2005年、2015年的口径协调，其中建筑建材于2016年开始改为建材家居，故也做了处理。

资料来源：根据泉州市统计局网站上的《泉州统计手册》整理得到。

表 3　泉州五大新兴产业产值

单位：亿元

年份	石油化工	电子信息	修船造船	汽车及配件	生物制药
2005	252	28	—	9.8	2.4
2015	1798	181	3.9	88.5	29.9
2016	1715	220	—	—	41
2017	2048	275	—	—	45
2018	2599	344	—	—	54

资料来源：根据泉州市统计局网站上的《泉州统计手册》整理得到。

雄厚的产业集群至少在三个方面促进了产业融合。

1. 竞争的压力

产业融合的本质是创新。在相对狭窄的地理范围内聚集着几十家甚至上百家企业生产着同类或相似产品，自然而然会使集群内部弥漫着竞争的气氛和压力。由于集群内的企业之间在人员、技术等方面的竞争优势差异很小，企业通过持续的或多种形式的创新来获取竞争优势，产业融合也成为一种可选的路径。如前所述，20 世纪 90 年代初，当市场由卖方市场向买方市场转变时，泉州一些企业意识到创牌的重要性，于是有了“品牌 + 加工业”的融合尝试；2009 年，泉州一些中小企业抓住“双十 ”大型购物促销狂欢节的机会，打造出一些网红“淘品牌”，使传统品牌商纷纷加入或加快“互联网 +”商业模式重构。

2. 信息的传播力

由于地理位置靠近，在同一产业和相关产业的企业之间，以及同一企业内的不同班组之间都会经常通过各种正式和非正式的交流与合作，相互传递信息。这样，互动中产生出大量技术上的、商业上的、各企业内部经营上的正面的或负面的信息在集群内部流动、扩散。一些企业便能够在正面的信息指导下做出正确的决策，比如“信息化 + 制造业”的产业融合。晋江一家做童鞋的企业万泰盛鞋服有限公司总经理林维胜在 2007 年看到泉州体育用品行业纷纷开始信息化之路，意识到这也是童鞋行业的必经之路。于是，他聘请了一位知名上市企业的高管当顾问，组建了 20 多人的信息技术中心，经过坚持与磨合，效率慢慢提升。

3. 社会资本的推动力

社会资本的核心要素是网络、信任、规范和合作。在一个企业高度密集的产业集群组织内，一方面，有为企业提供人才的大学、科研机构、培训机构等；另一方面，产业集群本身对人才的强烈吸纳能力使大量人才慕名而来，也形成专业化人才供给。可以说，雄厚的产业集群孕育着丰富的社会资本。大量专家、工程师、技术人员在拥有这类社会资本的地域上集中，以较低的社会成本实现面对面的交流，加快了新技术成果、隐含经验类知识的扩散速度，从而刺激了创新活动，加快了产业融合相关的创新与创意的产生速度。泉州体育用品业围绕价值链从 OEM 到 ODM 升级到 OBM 的持续融合创新，与产业集群孕育的丰富社会资本便有着密切关系。

（二）植根于闽南文化的企业家精神

产业集群给产业融合提供了一个平台，融合中的具体路径及措施则需要企业的领导人决策，所以，从人的角度考察，泉州企业家精神是产业融合的内在动力。与熊彼特归纳的“企业家精神”不同，泉州民营企业家精神植根于闽南文化，有自己的特质：不安于现状、有学习型人格，能忍受困苦、能力排众意、怀感恩之心。

第一，不安于现状、有学习型人格对产业融合有直接作用。综观泉州企业家，他们都有一种不安于现状的激情。这种激情，只有在变幻莫测、充满竞争的市场经济中才能得以挥洒。而这是泉州民营企业家精神的首要特质，给产业融合注入持续生命力。同时，综观泉州企业家，接受过高等教育的并不多，多数人中学刚毕业或还未毕业即离校开始闯荡社会，甚至十三四岁就辍学谋生计，但是他们并没有因离开学校而放弃了对知识的学习，而是更加珍惜能提高自身素质与能力的机会，因而培养出良好的学习型人格。这种学习型人格，不仅弥补了泉州民营企业家早期知识的不足，还使他们免除了理性框架部分的束缚而有广阔的创新思维与视野。所以，当信息化潮流来临之际，他们没有排斥，而是创造条件，不断自我调适。如冠达星集团的杨建明，看到传统电商平台广告流量成本不断提高，假冒伪劣、虚假销售泛滥，还衍生出专业的刷单公司，恶性竞争越来越激烈，于是把差异化作为指导，打造冠达星云商，从一家传统的布衣柜企业升级为平台商。

第二，能忍受困苦、能力排众意、怀感恩之心激发企业家坚强的意志而保障了产业融合的推进。力排众议如九牧王的林聪颖。1995 年，在一次聚会上，林聪颖发现一种叫“重磅麻纱王”的新型面料，在说服多位亲人、多个部门后，决定拿下该面料在大陆的独家代理权，并以此为契机，对生产工艺开展 20 多项改造、革新，结果重磅麻纱王系列西裤一上市就引起了轰动，创下了单品种销售额过亿元的奇迹，九牧王品牌也因此开始树立。力排众议而不让人心涣散，显示了这些企业家良好的人际沟通能力，为产业融合提供了必要的组织保障。泉州第一代企业家的童年都较常人困苦，如福马集团的柯永开由于家庭贫困，兄弟又多，小学三年级就辍学，11 岁就开始帮父亲拉马车以为泉州糖烟酒公司送货，品尝到了人生的酸甜苦辣。忍受住了这些童年的困苦，他们的心智与毅力都比常人要强，从而能从容应对企业创新中的风险。匹克的许景南就是一个典型，1989 年，许景南与耐克原计划在泉州合资生产耐克牌鞋，但后来耐克反悔到莆田办厂，许之前投入的设备与资金在没有任何征兆下陷入困境，但最后靠着自己的毅力逐渐摆脱困境并创立匹克品牌。

（三）地方政府的推动

与已有文献把产业融合动力之一归结为政府的规制不同，综观三大融合路径的历程，泉州产业融合恰恰是在地方政府的扶持下展开的。

首先，不仅鼓励企业争创名牌，而且积极培育区域品牌，形成交相辉映的态势。2000 年，市政府印发《关于争创驰名、著名商标和名牌商标产品的通知》，规定对获得全国驰名商标的企业，市政府给予表彰并一次性发给奖金 100 万元，成立实施奖励驰名、著名商标和名牌产品领导小组和办事机构等。2001 年，由于发达的制鞋业网络，晋江被中国皮革和制鞋工业研究院等 4 家机构联合命名为“中国鞋都”。之后，晋江市政府在政策上及时进行了产业品牌的引导规划和扶持，出台、调整了《关于打造品牌之都的若干优惠政策》《关于进一步推进区域产业集群发展的决定》等一系列优惠政策，积极引导企业争创名牌，培育拥有自主技术、自有品牌的“两自”型企业。在大规模造牌运动下，晋江体育用品制造业实现了由产业集群向品牌集群的过渡。同时，泉州地方政府也富有远见地在20世纪90年代大力促进区域品牌培育。政府为区域品牌的建设提供资金支持，并担负起区域品牌的管理任务。安溪铁观音的崛起是一个典型例子。2004年，国家质检总局批准对安溪铁观音实施原产地保护。之后，安溪制定了《安溪铁观音驰名商标使用管理的实施办法》，实施安溪铁观音生产经营管理制度和地理标志产品产地确认制度；建立许可使用企业管理信息库，加强对准入企业的监督管理；成立专门的打假维权队伍以为驰名商标、地理标志产品服务等。在铁观音平台上，涌现了“八马”“华福”“凤山”“魏荫”“日春”“儒家”等品牌。

其次，积极引导企业进行信息化建设。1999年3月1日，为了推进企业和政府部门管理手段的信息化，泉州市首家政府上网工程、福建省乡镇企业系统首家政府网站——中国泉州企业信息网开通，从多个渠道推动企业实现信息化。2000年，泉州市把引导企业上网作为利用企业信息化改造传统产业的突破口和切入点来抓，利用泉州企业信息网络平台，启动了“万家企业上网工程”。该工程在企业中产生了积极的反响，营造了较好的网络氛围，增强了企业利用网络开拓信息资源、开展电子商务的意识。在政府的推动下，处于各行业龙头地位的民营企业的信息化进程很快进入第三阶段，管理也由粗放型向精细型转变。

最后，在促进“互联网+”方面，通过诸多举措完善、提升电商园区的功能和作用。“互联网+”要顺利推进，必须有发达的电商园区作为载体，为此，泉州各县区市纷纷制订电商园区的扶持计划。2012年，晋江市出台《晋江市电子商务产业发展规划》，明确将电子商务作为晋江经济转型升级的新引擎，着力推进鞋服行业平台、休闲食品行业平台、石化产品电子商务交易中心、跨境电子商务中心等行业平台重点建设，完善电子商务服务业链条，加强配套体系建设，构建“一核多园”的电商产业园布局。起步较晚的台商区也加紧步伐，出台《关于扶持电子商务发展的若干意见（试行)》，从人才队伍培育、完善服务配套、推动产业聚集、支持抱团开展网络营销等方面，对电商产业进行全面的扶持。这样，基本上各县区市都有自己的电商园区，如石狮有海西电子商务园，晋江有奇峰电子商务园、壹佰电商创意园，安溪有弘桥智谷电商园，台商区有惠南电商科技园，初步形成集物流仓储、商品策划、拍摄服务、人才培训于一体的电子商务综合服务基地，具有规模效益的电子商务物流仓储集散中心及视觉营销服务中心。

三　泉州制造产业融合的效应

（一）“品牌+加工业”的效应

首先，业务模式和价值链都得到了重构。广告的投入提高了知名度，通路的建设拓展了销售渠道。当泉州加工企业纷纷树立自己的品牌后（即由OEM厂商升级为OBM厂商)，依靠自己的产能满足不了市场的需求，于是重新设计和整合业务流程，转变业务模式（由图1的业务模式转变为图2的模式)，实现了价值链的重构，升级成为行业的品牌运营商。品牌商业务的核心已不在生产环节，而转向提高品牌知名度，不断拓展分销网络与进行市场推广，投入大量资金用于新产品研发与设计；而在生产环节则尽可能外包，由合约制造商完成，或者直接向一些OEM、ODM采购；在分销环节，品牌商采用特许加盟形式建立自己的销售网络；同时，各类资讯系统如ERP、SAP、DRP在各个环节被广泛应用，建立起了与耐克、阿迪达斯等大品牌厂商大致相同的业务模式和价值链。

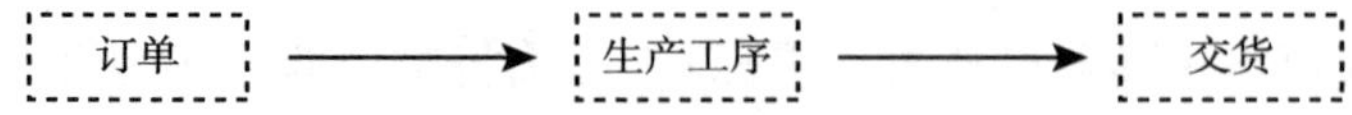

图1　OEM厂商业务运作的一般模式

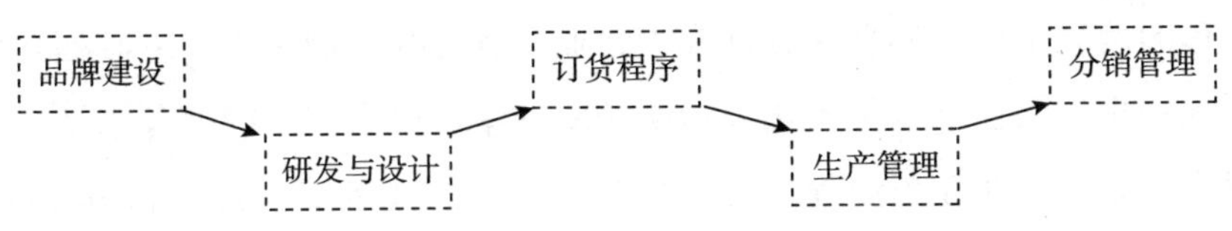

图 2　OBM 厂商业务运作的一般模式

其次，业务模式和价值链的这种转变出现两个明显效果。一是产业内部各企业之间出现了代工、贴牌等外包的新形式。以前，同一产业内部的企业往往只给国外品牌做代工或贴牌，现在，许多中小企业开始转移视线，主动与安踏、特步、361°、乔丹等知名品牌合作，解决自己的生存问题；安踏、特步、361°等品牌商也有意识把订单外包，在研发、品牌管理、营销渠道等方面投入更多的精力。二是通过资本运营实现品牌快速扩张，被越来越多的企业所重视。泉州体育用品品牌商正是通过上市融资募集到资金，完成其终端营销网络的改造与扩张，实现全国性的布局，实现企业品牌经营与资本运营“两翼齐飞”。

（二）“信息化 + 制造业”的效应

首先，企业信息化的推进，倒逼企业进行管理创新。一是企业信息化要求企业业务流程再造。流程再造强调以关心客户需求和满意度为目标，利用先进的制造技术、信息技术以及现代化的管理手段，打破传统的职能型组织结构，最大限度地实现技术上的功能集成和管理上的职能集成，建立全新的过程型组织结构。二是企业信息化内在地要求企业进行组织结构创新。企业组织结构必须由金字塔式的科层管理模式向柔性化、扁平化、网络化、团队化等趋势变革。

仍以恒安为例，经过持之以恒的信息化建设，恒安的管理创新功能显现了。这可通过对信息化前后的情况的比较看出。信息化之前，集团财务系统与业务系统分离，造成集团信息分散、失真和严重滞后，没有办法做到信用控制，很难实现对各销售机构的销售价格统一管理与控制，集团也一直难以采用产销分离的经营模式。信息化之后，显著效果出现了。第一，建立了集中管理的信息平台，实现了数据集中、业务核算与控制集中、基础档案信息权限统一规划与控制，集团化公司所需要的集中管理和协同商务水平得到很大提高。第二，在业务流程上，对分销体系中的业务流程进行梳理和优化，加强对业务协同和业务流程透明化管理，加强对关键业务流程和分销渠道的管控，实现了集团管理中的协同和数字化考核。第三，在信用管控、库存管控、价格管控能力方面都有极大提升。五年来（2014～2018年），即使面临国内外经济形势困难的局面，恒安的营业收入和利润依然取得稳步增长（见表4），这与恒安多年信息化改造是分不开的。

表4　恒安2014～2018年的营业收入和利润

单位：亿元

指标	2014年	2015年	2016年	2017年	2018年
营业收入	188.8	186.6	192.8	180.8	205.1
利润	31.5	33.0	37.6	38	38.1

资料来源：根据恒安2018年报整理。

其次，信息化的推进，加速了传统制造企业制造方式的升级，智能制造正在推广开来。纺织企业龙峰纺织通过数控软件把几千台喷水织机的运行通过计算机联系起来，对喷水织机进行动态监控，并在对信息实时监控后能精准地对各种数据进行分析，让管理者能及时有效地找到问题所在，从而有效减少对于生产异常的处理时间；匹克在信息化基础上进行自动化改造，以往用四条生产线才能实现的产能，现在用三条线就能完成，大概能节省20%的人工……这些升级，为泉州制造企业在面对激烈的市场竞争时提供了立足的资本。泉州形成了从上游机械研发制造企业到下游传统制造企业共同参与的产业链闭环，为顺利迈进工业4.0时代奠定了基础。

（三）“互联网+传统商业模式”的效应

首先，增加了产品渠道。传统产品营销渠道即所谓“线下”，引入互联网之后，通过挖掘线上资源，或者成为消化库存的有效推手，或者增加了产品品类，形成线下线上的“1+1>2”的互补效应。前者如左岸服饰。2012年，左岸服饰高薪聘请团队，先入驻银泰百货，又在淘宝、天猫开设旗舰店，同时打造后台数据库，保证后台信息的准确与配送的及时。之后，借助1000多家线下实体店打下的知名度和客户群体，当年就销售近6000万元。后者如食品企业金冠公司。黑糖话梅是金冠公司旗下的一款产品，2010年首先在网上推广，2011年底在网络上突然热销，公司及时把所有资源聚焦于推广黑糖话梅，销售额在三年里迅速从2000万元涨到4.5亿元，其贡献了集团的近半营业额，还拉动了线下的销售。依靠这一网络“爆款”，金冠食品创造出以“核心单品带品牌，以品牌带品类”的大单品品牌营销模式和单品突围的神话。

其次，倒逼企业供应链改革。“互联网+传统商业模式”的融合，线上线下的互补，适应了满足消费者个性化需求的趋势，但也反向要求制造企业进行供应链改革以支撑这种趋势。较早前，泉州很多大型知名制造企业的产品的设计、生产、物流、营销全在一个企业完成，这些制造企业的供应商，不是跟老板沾亲带故，就是已经合作了十几年的老客户，这种供应链生态对成本、库存和效率带来巨大负面作用。安踏、恒安、九牧王等龙头企业纷纷在大数据的支撑下改革供应链生态，在供应端平台上会聚大量优质企业，将入驻的企业分为贴牌、加工、面辅料等多个角色，企业可以在平台上对现有供应商建档留底，也可以对平台上的新供应商进行引入和试用。企业通过线上订单数据追踪，对供应商的订单执行情况进行考核及评估。这样，不仅作为采购方的企业对自己的供应商的动态一目了然，而且不同供应商之间的产品价值也更加透明化。

最后，推动泉州物流业数字化升级。制造企业特别是鞋服企业涉足电商初期，由于业务量较少，都设立了自己的物流中心。然而，随着业务量的急剧增加，企业对于庞大的电商物流体系感到力不从心。于是，一些意识较强的鞋服品牌企业，开始把其非核心的物流业务外包给专业的物流企业。这给一些物流仓储体系完善、信息化较好的物流企业，带来新的战略机遇。然而，以前一张订单，最少也有几百件货品，可是电商订单非常分散，每张单往往只有一两件，特别是“双十一”海量增长的网销额，给物流企业带来巨大挑战。这些倒逼了有志于发力电商物流的泉州物流企业，往数字化仓储物流方向转型升级。如石狮富星电子商务物流园，园区采用先进的管理系统，以PDA、全程数字化以及自主研发配套硬件流水线设施，通过精准控制电子商务的采购、仓储、发货、送达各个环节，为电子商务品牌商提供库存管理、供应链管理等满足电子商务需求的全数字化物流服务，吸引众多鞋服电子商务龙头企业入驻。

四　促进泉州制造产业融合的建议

综观近几年泉州产业融合的进程，没有明显的突破或飞跃。这主要有三个方面的因素。

一是关于品牌化方面，虽然有一批企业成为品牌制造商，但并没有取得绝对优势的品牌，在品牌影响力、品牌忠诚度、市场占有率、市场领导力等方面都有很大差距，市场竞争中还有许多艰难的坎必须去跨越。

二是关于信息化方面，规模较大的企业在财务管理系统、库存管理系统、采购信息系统等初步实现了集成化的运行，设立了专门的信息化技术部门，但集成方式还停留在接口型的初级集成方式上，没有建立信息技术服务体系和与信息化相关的一些应用，如电子商务、精益生产等领域还在探索或尝试，企业信息化水平仍处于初级阶段。

三是关于企业家精神方面，遇到停滞与传承问题。前者比如有些企业家把企业做到一定规模或名气后，安于现状，不求创新，如“金鹿”品牌，曾经在20世纪90年代名噪一时，但现在市场地位不高；或者有些企业家抵御不了资本市场的诱惑，为了快速暴富而盲目上市，甚至为了上市不惜造假，“诺奇”就是典型。由于成长环境、社会背景、教育经历不同，思维观念与意志能力存在差异，泉州民营企业家族中的第二代有些不想继承上一代的产业；或者接班了，但在接班人身上已看不到企业家精神的传承，从一些企业让下一代接管后并没有让企业壮大或把企业带出困境可以说明。

泉州产业融合进程中遇到的困境，与宏观环境有关，但更多的是产业融合已进入深水区，存在制约瓶颈，要突破这些瓶颈，使产业融合向纵深发展，有三个方面必须坚持。

第一，坚持以文创产业提升制造品牌价值。综观世界卓越品牌，凡是高端品牌，都包含创意设计和文化元素，特别是那些属于消费性行业的品牌。泉州制造业的品牌价值不高，其中一个重要原因即受制于品牌中的文化创意含量。为此，品牌企业要运用“文化+”思维，把文化创意融入制造业，在产品开发、技术创新中引入文化、创意、理念等要素，不断丰富产品的人文内涵，满足消费者多样化、个性化的消费需求，提升附加值，走品质、高端路线，不再进行低端制造。

第二，坚持以云制造引领“信息化+制造业+互联网”的深度融合。虽然云制造的概念还没有一个权威的界定，但把其作为一种新型的面向服务的网络化制造模式，是以移动互联网、云计算、大数据、物联网为代表的新一代信息通信技术与制造行业的深度综合和跨界综合则是确定无疑的。创新产品社区平台、产品定制云平台、云制造服务平台等即云制造的具体表现，而且其正扮演越来越重要的角色。今后，泉州数量众多的制造企业要获得更大的发展空间，必须深化信息化与互联网思维，把自身的制造资源虚拟化，或者加入某个云制造平台，或者构建一个虚拟化、分布式、按需分配的资源共享平台，提供制造资源在任意时空被获取或者在任意时空获取制造资源的工作环境。

第三，坚持以人文精神激发并传承企业家精神。人文精神是每个人正确、全面认识世界的本原和运动的根本，这种精神的获得，主要来自对道德、伦理、宗教、审美、艺术、哲学等的学习和感悟。一个人具备浓厚的人文精神，才能形成追求真善美的价值理想，形成独立的人格、仁爱的人性、高洁的人品。当今时代，市场经济的大潮，使许多人在对物的追求和向外部世界攫取的过程中，迷失了自我，丧失了内在的灵性，没有对真善美的追求以及无法理解生命的意义和人生价值。这种人文精神的沦丧，必定对其事业造成潜在的威胁。泉州企业家精神的停滞与传承问题，实质是企业家人文精神的停滞与传承问题，所以，产业融合持续推进，必须依靠人文精神的培育，应以人文精神激发企业家精神。

B.10

乡村振兴战略背景下泉州市村集体经济发展研究

施琼霞　刘义圣*

摘　要： 全面推进乡村振兴战略，发展壮大村集体经济是关键，村集体经济的强弱直接影响乡村振兴战略的实施。目前，泉州市村集体经济发展既有得天独厚的优势，也有一些先天的不足，比如发展水平不高、发展不平衡、发展观念不强和监管机制缺位等问题。本报告立足泉州市基本情况，阐述泉州市村集体经济的发展现状，对制约村集体经济发展的因素及原因进行深度分析，剖析省内外村集体经济发展的典型案例，最终提出应当注重盘活资产、利用资源、用好资金、拓展服务、村企共建、项目带动等具有针对性的措施，以推动泉州村集体经济可持续发展。

关键词： 泉州　乡村振兴　村集体经济　特色产业

泉州市地处福建省东南部，是福建省三大中心城市之一，经济总量连续20年居全省首位，是福建省乃至全国发展最快、最具活力的地区之一。2018年泉州市政府工作报告把“突出乡村振兴，加快推进泉州农业农村现代化”作为一项工作任务，出台了一系列政策，不断探索村集体经济发展路径和有效模式，着力破解薄弱村集体经济发展难题，取得了良好成效。然而，由于种种原因，

---

* 施琼霞，中共福建省委党校硕士研究生，研究方向为经济管理；刘义圣，泉州师范学院二级教授，博士生导师，研究方向为区域经济学。

泉州村集体经济仍然存在发展水平不高、发展不平衡、发展观念不强和监管机制缺位等诸多问题，这影响了乡村振兴战略的顺利实施。本报告以村集体经济发展对推动乡村振兴战略实施的作用为切入点，以泉州市村集体经济发展为研究目标，分析泉州市村集体经济发展现状、典型模式、主要实践及存在问题，最终提出乡村振兴战略背景下促进泉州村集体经济发展的对策建议，对更好地发展村集体经济、实现乡村全面振兴具有一定理论意义和实践意义。

一　泉州市村集体经济发展现状

（一）泉州市基本情况

泉州市北承福州，南接厦门，东望台湾，西面与漳州、龙岩、三明三地相连。

改革开放以前，由于泉州地处海防前线，国家投资少，经济长期处于以农业为主的自给、半自给状态，经济总量居全省地市倒数第二。

改革开放40年来，泉州人民不忘初心，发挥闽南人“爱拼敢赢”的精神，大胆实践，从简单“来料加工、来样加工、来件装配和补偿贸易”起步，到发展乡镇企业、三资企业、成片开发和区域经济的模式，闯出了一条“以市场化为制度基础、民营经济与外向型经济互相促进为最大特色、县域经济发达为突出亮点、品牌化为突出优势”的经济发展路子，成为福建乃至全国发展最快、最具活力的地区之一，创造泉州发展历史的新辉煌。

总体来看，得益于泉州的民营经济，目前，泉州市村集体经济发展既有得天独厚的优势，也有一些先天的不足，所以，对现阶段的基本情况必须从优势和劣势两方面进行总结分析。

（二）泉州市村集体经济发展现状

1. 泉州市农业经济基本情况

目前，全市农业生产稳步加快，但由于泉州近几年大项目建设，大量征地拆迁，有限耕地逐年萎缩，主导产业——农业不能发挥优势，农业经济的整体水平远远比不上其他几个产业。主要对比三次产业经济增加值以了解泉州市农业经济的基本情况。

从表1中数据可以看出，泉州市2017年农业的增加值远远少于工业和第三产业，增长率也低于全市水平，这说明目前全市农业的总体产值不高、增长率不快。近年来全市村集体经济虽取得一定成效，但总体水平还不高，必须进一步对目前的总体概况和存在的问题进行分析，以期能够改进和寻找新的工作模式，进一步提高农村生产力，改善农业经济。

表1　泉州市农业经济的基本情况

单位：亿元，%

产业	增加值	增长率
全市	8467.98	8.9
农业	201.80	2.3
工业	4885.01	8.7
第三产业	3381.16	9.5

资料来源：泉州市统计局。

2. 泉州村集体经济发展总体概况

经调研及向有关部门了解：2018年全市村集体经济收入为62703.59万元，平均每个村（社区）约为26.97万元；从收入规模情况看，收入为1万~5万元的为331个，占比为16.1%；5万~10万元的为723个，占比为35.2%；10万~100万元的为880个，占比为42.8%；100万元以上的为121个，占比为5.9%（见表2）。

表2　2018年泉州市村集体经济收入规模情况

单位：个，%

收入规模	数量	占比
1万~5万元	331	16.1
5万~10万元	723	35.2
10万~100万元	880	42.8
100万元以上	121	5.9

资料来源：泉州市统计局。

2018 年各县区市共设立专项扶持资金 1181.5 万元，2018 年共发展村集体增收项目 1578 个，其中产业收益类为 84 个，占比为 5.32%；资源收益类为 416 个，占比为 26.4%；服务收益类为 210 个，占比为 13.3%；物业收益类为 567 个，占比为 35.9%；资本投资收益类为 169 个，占比为 10.7%，光伏发电收益类为 95 个，占比为 6.02%；其他收益类为 37 个，占比为 2.34%（见表 3）。

表 3　2018 年泉州市各县区市专项扶持资金情况

单位：个，%

项目类别	个数	占比
产业收益类	84	5.32
资源收益类	416	26.4
服务收益类	210	13.3
物业收益类	567	35.9
资本投资收益类	169	10.7
光伏发电收益类	95	6.02
其他收益类	37	2.34

资料来源：泉州市统计局。

（三）泉州市现有村集体经济发展典型做法

1. 物业经营法——晋江市永和镇马坪村

马坪村位于晋江市永和镇，村域面积约为 1 平方公里，常住人口为 5589 人，外来人口为 1200 多人，党员有 109 名，马坪村地少人多、资源匮乏，村民大量外出就业创业，打拼出一支涉及服装、布料行业的企业人才队伍。2008 年，村党支部抓住晋南快速公路修建契机，与村民共商谋划“交通 + 布料”项目，建设布料综合市场，通过租赁壮大集体经济，并在此基础上规划建设第二、第三期项目，二手车市场，物流仓储综合市场等，走出一条盘活土地外包收租的道路，2017 年村集体经济收入为 86 万元。

2. 文化旅游促收法——石狮永宁镇郭坑村

郭坑村位于石狮市永宁镇东北部山旮旯，是一个回族村落，全村区域面积为 0.54 平方公里，人口为 236 户 923 人，党员有 24 名，郭坑村近海而不靠海，傍山而少有耕地，村庄亦无特色产业，资源发展要素单一，村集体经济薄弱，2014 年以来，永宁镇致力于打造滨海文化旅游特色名镇，实施“百万村财”培育计划，郭坑村抓住政策契机，立足乡村优美、旅游资源丰富的优势，挖掘闽南回族村特色文化内涵，建设生态文明园，成为全国少数民族特色村寨、福建省乡村旅游特色村。2017 年，郭坑村率先在永宁镇实现集体经济收入超百万元，村民人均可支配收入为 25000 元。

3. 特色产业引领法——南安市梅山镇鼎城村

鼎城村位于南安市东北部，全村土地面积为 4.77 平方公里，共有 18 个村民小组，常住人口及外来人口近万人，党员有 118 名。辖区内有山地 4000 多亩，松树、杉树等各类林木资源丰富。鼎城村原是交通闭塞、经济落后、村财薄弱的“古山头”，近年来，村党支部立足山地林业资源优势，采取资源回收、村企合作、招商引资等多种方法，通过将辖区内所有山地资源全部收归集体，进行统一综合开发，发展壮大村集体经济。截至 2017 年底，全村林木、店面、房产等资产总值在 6000 万元以上，村集体经济收入为 338 万元。

（四）泉州市村集体经济发展实践

1. 着力政策扶持

2015 年 11 月，泉州市下发的《关于深化精准扶贫工作的通知》（泉委办〔2015〕59 号）提出，“2016 年至 2020 年，对没有村财收入的村组织，每年安排 1000 万元，在村集体创收项目上予以补助”。同时，规定“各县（市、区）每年要配套安排一定资金，用于扶持‘空壳村”和‘薄弱村’发展村集体经济，力争全市村集体收入少于 3 万元的村到 2020 年全部被消灭”。2016 年 2 月，《泉州市委市政府关于强化精准扶贫打赢脱贫攻坚战的实施意见》（泉委发〔2016〕2 号）提出，“从政策指导、项目对接、财政扶持等方面支持村集体发展创收项目，确保到 2018 年省定建档立卡 181 个贫困村村级收入达到 10 万元以上”。2017 年 2 月 21 日，市委办、市政府办印发了《泉州市 2017 年脱贫攻坚工作要点》（泉委办〔2017〕17 号）规定，“市级财政安排 2000 万元专项资金用于扶持一批‘空壳村’和‘薄弱村’发展发展创收项目。重点扶持村集体发展光伏发电、特色产业，盘活村集体闲置的建设用地、办公用房、旧厂房、旧仓库、旧校舍等存量资源，整理开发荒山、荒沟、荒丘、荒滩，购置或投建店面、厂房等创收项目，重点解决‘空壳村’和‘薄弱村’的村集体收入增长问题，确保 2018 年 181 个省级贫困村全部摘帽”。在这些优惠政策的指导下，2018 年以来，全市各县（市、区）加强区域统筹，坚持政府主导、社会参与、市场化运作的原则，探索创新以“抱团发展”的方式壮大村集体经济，有效促进村集体经济提档升级，如南安市“村集体购买优质国企股权”模式，组织辖区年经营性收入低于 5 万元的“薄弱村”，通过盘活整合村集体闲置资金、资产、资源和社会捐赠资金、上级下拨资金等，每村筹集 100 万元，投资购买优质国有企业股权，每年保底分红 5 万元以上；安溪县设立 2400 万元财政扶持村级集体经济发展试点资金，统一由县经济开发区投资建设有限公司运营，每年以固定收益 4 万元返给 48 个试点村；泉港区出台推进土地流转、“五万工程”特色农业政策等，设立 500 万元产业发展基金和扶持村级集体经济发展专项资金，对 20 个扶贫村和村财少于 3 万元的村发展村级产业给予补助，建成一批特色农业基地、龙头企业和农民专业合作社，带动每村村财增收至少 5 万元。

2. 凝聚发展合力

把发展壮大村集体经济作为“一把手”工程，纳入全市工作大局，与推进农业供给侧结构性改革同部署、同落实、同考评。结合签订年度工作责任状，区镇村三级层层签订抓村集体经济发展的责任状，一级抓一级，层层传导压力。出台《泉州市发展壮大薄弱村集体经济三年行动方案》，引导金融行业、企业界、商会、华侨等支持和参与村集体经济发展，建立组织、财政、农业、自然资源、税务等多部门联动的联席会议制度，加大资金扶持力度，积极提供用地保障，认真落实税费减免政策，为发展村集体经济开辟绿色通道。

3. 探索多元化发展模式

引导各村（居）级党组织因地制宜，大胆探索，发展壮大集体经济。一是兴办实业。充分发挥自身资源优势和区位优势，采取自办或招商引资的方式，统筹建设仓储物流设施，成立公司，创办酒店农庄等物业实体，增加稳定村集体经济收入。二是股份合作。引导村级组织以资金、资产、资源入股等方式参与产业项目建设，参股农村新型金融组织，与农业龙头企业合作开发，以“分红”的方式增加村集体经济收入。三是资产租赁。村级组织通过盘活闲置或低效使用的山围塘、滩涂、水库、门面、老校舍、生产加工场地等各类集体存量资产，采取承包租赁等方式进行开发，收取租金，实现资源利用效率最大化，增加村集体经济收入。四是物业经营。在商贸集中区、居民集中区，兴建标准厂房、临街门面、专业市场等，通过对外租赁获取稳定的物业收入。

4. 调动群众参与积极性

充分发挥村级党组织、村委会的政治优势和组织优势，强化其主体作用，调动广大党员群众支持参与发展、壮大村集体经济的积极性和创造性。一是广泛征求群众发展意愿，实现群众需求与集体经济发展有效对接，最大限度调动群众参与和支持发展村集体经济的积极性。二是充分发挥村集体和村民的主体作用，引导群众利用好手中的土地、闲置宅基地以及其他生产资源和资料，帮助村民制订家庭增收计划，通过抓培训、树典型、立标杆，影响、带动、引领广大群众参与村集体经济发展。三是按照集体收入集体受益原则，通过建设农村道路、休闲公园，设立卫生保洁费、缴纳医保等方式，让广大村民实实在在享受村集体经济的发展成果，用实际行动赢得群众的理解和支持。

二　泉州市村集体经济发展存在的问题及制约因素分析

（一）存在的问题

近年来，泉州市在发展壮大村集体经济上做了很多卓有成效的尝试，但出于历史、地域、资源等诸多因素，目前全市村集体经济发展水平不高、发展不平衡、发展观念不强和监管机制缺位等，通过调研分析，具体问题如下。

1. 发展水平不高

目前村集体经济发展水平不高，发展还不充分。其中以德化县、永春县为甚，通过调研查阅资料，德化县共有 191 个村，村集体经济收入为 1 万 ~ 5 万元的有 99 个；永春县共 209 个村，村集体经济收入为 1 万 ~5 万元的有 75 个。

2. 发展不平衡

泉州市地域广阔，各县区市资源禀赋各有不同，差异较大。有资源优势和交通条件相对便利的村，有一定的集体积累且管理较好，村集体经济发展能取得不少收益。比如晋江市的一些集体经济发展好的村，村级公益事业由村财出钱去办，这样的村村容、村貌整洁，干群关系和谐。而对于大多数既无地域优势又无资源优势的村，集体资产几近为零，依靠转移支付维持村级日常工作，公益事业也主要通过“一事一议”以筹资筹劳的方式向农户收取，造成村级组织发展生产无财力，提供服务无能力，干部说话无威力，农村基层党组织服务发展的功能大大削弱，如永春、德化等地部分村，村集体经济十分薄弱，村里没有资源，没有资产，没有企业，没有收入来源。

3. 发展观念不强

当前，农业部门对村集体经济发展的重要性和必要性缺乏客观、全面的认识，导致村集体经济发展缺乏直接有效的政策倾斜和具体措施。在大力扶持农村发展时，没有对帮扶村提出村财增收的约束性要求，对申报帮扶项目中是否有村财增收项目，缺乏严格审核把关。近几年来，泉州市在美丽乡村、新农村示范村建设等方面投入了大量资金，通过“输血”打造了一批美丽乡村示范村。但是，其中不乏有些示范村徒有美丽乡村的外表，村集体经济收入几乎为零。

4. 监管机制缺位

（1）乡镇缺“管”。乡镇一级农业部门作为上级职能管理部门，不同程度地存在“重核算、轻管理”现象。一方面，会计人员疲于应对日常核算事务，对村集体经济资源没花更多的时间和精力进行细致管理；另一方面，受人情世故所累，会计人员存在“老好人”的思想，对村集体经济会计核算只停留在对原始凭证规范性与否、开支合理性与否等问题的审核把关上，没有主动深入去了解每一笔报账业务的具体实施过程和决策程序是否合法合规，导致一些问题长期得不到纠正。

（2）村级缺“督”。个别村居监督委员会形同虚设，部分委员不知道如何监督、监督什么、出现问题怎么处置。个别委员甚至采取“无原则一团和气”，对苗头性问题不报告、不提醒，见怪不怪。

（3）制度缺“变”。目前，关于村集体经济管理的相关制度和文件出台不少，随着改革的持续深化，各种新问题、新情况不断出现，与这些新变化相比，相关制度和文件却未能与时俱进、“提档升级”，及时消化吸收，充分发挥指导性作用，而是“以不变应万变”，让村干部无所适从。

（二）制约村集体经济发展的原因分析

1. 发展条件局限

由于地理条件或自然环境的原因，一些村没有耕地、山林、水面、海域等资源，道路等基础设施比较落后，缺乏农业特色产业，群众增收渠道少，制约了村集体经济的发展。再加上近几年大项目建设导致大量征地拆迁，有限的耕地逐年萎缩，主导产业——农业不能发挥优势，也不同程度地影响了村集体经济的收入。

2. 缺乏人才和技术支撑

现有村级集体经济中，由于缺乏技术、人才和资金，只有通过发包、租赁的方式收取承包费、租金，取得较稳定的收入，村集体项目没能给村级组织带来收益最大化。

3. 历史遗留问题的束缚

目前，一部分村因遗留债务，基层组织连日常运转都无经费保障，村干部干事创业的积极性不高。此外，家庭承包经营责任制实行后，集体资产流失较为严重。相当一部分集体资产被拍卖，失去了集体创收的物质基础。有的村集体资产的租赁制度不完善，管理不健全，也造成了资产流失。

4. 班子软弱

“领头羊”难觅，作为乡村振兴的“领头羊”，选好政治素质过硬、发展经济有思路、群众方面有基础的村居党支部书记尤为关键，但目前一些村党支部书记文化水平不高，再加上个别人年龄偏大，思想僵化，对新事物、新知识接受慢，领富带富的本领和招数不多，缺乏干大事创大业的开拓进取精神，整体功能发挥不明显，难以带领群众增收致富和促进村集体经济发展。同时，由于村干部待遇不高，工作辛苦，岗位对优秀的年轻人才没有吸引力，大部分农村青年通过参军、外出务工或经商等渠道离开了本村，村干部队伍呈现年龄结构不合理、青黄不接、素质参差不齐等问题，村党组织不熟悉党在农村的方针政策，整体村级工作思路不清，为群众办实事的能力不强，不懂得如何策划申报项目和争取上级支持。

三　省内外村集体经济发展借鉴

（一）省内外村集体经济发展典型案例分析

1. 村企联建壮财法——浦城县富岭镇双田村

双田村位于浦城县富岭镇东南部，地处龙浦高速公路出口，距离富岭镇3公里。下辖18个村民小组，有705户2671人，党员有59名。全村耕地面积为3262亩，林地面积为2.08万亩，辖区内农民合作社有3家，企业有5家。双田村注重鼓励在外乡贤、能人回乡，实施“能人回归”工程，为他们提供土地、政策红利，发掘村级发展潜能，进而带动村民致富增收，掀起村民创业热情，村里先后成立旅游开发公司、农家乐等，大力发展乡村旅游。双田村种植油菜花1000多亩，成为浦城县美丽乡村休闲、赏花、度假的首选之地，油菜花基地吸引周围县区市甚至浙江等地的外省游客，不仅提高了双田村的知名度，也带动村民销售农产品，村里先后成立果蔬、食用菌、苗木等种植专业合作社3家，其中位于寺前自然村的绿兴果蔬专业种植合作社，种植杨梅、水蜜桃、橙子等100多亩，2017年杨梅采摘收入达10

万元，食用菌种植合作社种植香菇、木耳100余筒，绿化苗木种植面积为50多亩，实现村集体和村民增收，2017年村集体经济收入为20万余元，村民人均收入为13480元。

2. 股份合作生财法——拓荣县富溪镇岭后村

岭后村位于拓荣县富溪镇西南部，距城关17公里。下辖6个自然村，村民为536人，党员为20名。岭后村土地面积为3876亩，其中耕地面积为704亩，村内山壑连绵，地势陡峭，土壤贫瘠，种田效益低，加上年轻劳动力大量外出务工，导致农田抛荒严重、村集体负债等，岭后村发展长期滞后，近年来村党支部瞄准问题症结，立足资源优势，号召乡贤返乡创业，成立“宁德市泽晖农业发展有限公司”，公司成立后，以“土地入股享分红，租赁收地租，置换不亏本”三种模式推行土地流转，2008年以来，岭后村流转闲置土地1330多亩，创建千亩高优生态茶园，2017年村民通过土地入股或出租，人均收入增加了428元，更多村民从粗放型农业生产中解放出来。2017年，村集体经济收入为10.5万元，人均可支配收入为18000元。

3. 电商致富法——闽清县白樟镇横坑村

横坑村位于闽清县白樟镇西北部，共144户501人，党员有37名，横坑村地理位置偏僻，经济发展不佳，但拥有得天独厚的生态优势。村里73.3%为高山林地，水源充足，土壤肥沃。村集体拥有的一片甜竹林有1000多亩，但由于地处偏僻，横坑村发展受限，长期以来无经营性收入，积贫积弱明显。为促进横坑村发展，村党支部对症下药，立足当地资源优势，打造“横坑甜笋”品牌，委托广告公司设计甜笋包装盒，联系电商渠道，为甜笋销售造势，通过电话、网络预订，实现即定即采，物流运输。同时开通“横坑”微信公众号，集中宣传推广“素中第一鲜”横坑甜笋。2016年横坑甜笋顺利面市销售，每年为村集体增收1万多元，借助电商平台，横坑村克服了地理位置偏远、交通不便导致的外销困难，为甜笋出村找到了一条新的出路，为集体经济发展闯出了新路、好路，2017年村集体经济收入为14.1万元，较2016年增长16%。

（二）案例借鉴

对省内外村集体经济发展案例进行研究，可以为泉州市辖区内村集体经济发展提供一定的参考。而根据辖区内行政村所在的地理位置、自然资源、社会发展等因素进行划分，泉州市目前的行政村大致可以划分为以下几种：城镇中心村、城郊山区村、山区空心村。

1. 城镇中心村

城镇中心村多位于城镇中心区域，拥有一定人口规模、便利的交通、完善的配套设施，故一些项目的实施和落地均选择在城镇中心村，导致这些村土地资源急剧萎缩，农业发展瓶颈无法突破，但这些村拥有一定集体资产补偿款，可采取发展第二、第三产业项目，通过第二、第三产业增加物业收入等方式促进村集体经济增收，不断拓宽村集体经济发展渠道。

2. 城郊山区村

城郊山区村相较于城镇中心村，虽没有完善的配套设施，但自然资源丰富，气候条件较好，村民对土地的依赖不明显，且思维较为开阔，因此这些村可充分发挥村级组织自身资源优势和地缘优势，加快土地流转，做好“以地生财，筑巢引凤”工作，充分利用各自的自然禀赋、民俗风情和文化特性，开发乡村旅游项目，念好“山海经”，种出“摇钱树”，打好田园牌、生态牌，创造宜居宜游的环境，大力发展休闲农业和乡村旅游，将休闲农业和乡村旅游培育成农村集体经济发展的重要增长点。

3. 山区空心村

空心村即“农村人口弃农入城，土地荒置，房屋闲置，农村社会公共资源配置缺失，集体经济脆弱，产业空心化，基础组织软弱涣散村”，根据农业部门的统计，全市空心村约占 17%，特别是安溪、永春和德化三个山区更为严重。对于这些“空壳村”，乡村振兴人才资源短缺、村级建设缺少接班人、农村生态缺乏系统有效的保护机制，急需政府牵头，整合力量，给予政策和资金支持，进行规范引导，盘活闲置或低效使用的各类集体存量资产，进行开发利用，确保实现资源利用率最大，村集体经济效益最优。

四 乡村振兴战略背景下促进泉州村集体经济发展的对策建议

（一）注重盘活资产，增强发展实力

各村（居）立足自然条件、资源禀赋等方面实际情况，因地制宜，找准产业和项目，探索村集体经济发展的多种实现途径。鼓励引导盘活集体生产性资产和闲置资产，提高使用效率和经济效益。对闲置或低效使用的“三旧”固定资产以及法律规定属于集体所有的林地、矿产、水电、仓库设备等存量资产资源，通过竞标，实行租赁、入股和承包等方式产生效益。比如，一些早期的经济活跃村，可以采取这些办法处置闲置资源，增加村集体收入。此外，可以通过产权交易平台，对闲置资产进行公开交易，把资产转化为资金收入。

（二）注重利用资源，增强发展活力

鼓励和引导开发利用自然、生态、区位等资源条件，从优化资源配置中增加收益，把资源优势转化为经济发展优势。一是做好土地开发利用文章。在流转土地、协调土地承包经营权中获取收益。依法办理村建设用地使用权证并依法进行生产和经营，或将其置换成固定资产以用于作为租赁收入等。积极开展土地复垦、开发及整理工作，对村庄整理、建设用地复垦获得的城乡建设用地增减挂钩盈余，在现有基础上适当提高村集体留成比例。引导有条件的村进行“空心村”整治和危旧房、石结构房屋连片改造，拆旧安置后溢余土地，由各地统一规划、统筹安排，优先规划建设村集体物业项目。二是做好自然和人文资源开发文章。有矿产、水库、塘坝、海域、山林、果园和自然风光的村，可以采取统一经营、承包租赁、股份合作等形式，发展休闲旅游、特色农业等项目。比如地缘相近的村可以按照优势互补、共建共享的原则，形成利益共同体，抱团发展休闲农业和乡村旅游，共建采摘园、

家庭农场、农民专业合作社、农家乐、特色民宿。三是做好发挥地缘区位优势文章。城郊村、沿交通要道的村和商贸工业区附近的村，通过建设出租厂房、店面、停车场、市场、物流仓库等，发展壮大村集体经济。

（三）注重用好资金，保障发展能力

一是鼓励参与土地市场运作。鼓励城区村、镇街中心村、园区村、拆迁村等利用征地补偿资金竞购土地，以用于建设临街门店、市场商铺、标准厂房、职工宿舍等，通过租赁经营增加村集体收入。二是鼓励采取异地置业方式。对于资源匮乏，又受所在地理位置影响，发展空间小的村，诸如德化、永春的一些“空心村”，可采取“借鸡生蛋”的方式，到中心城区购置物业，形成稳定的村集体经济收入。三是鼓励闲置资金参股金融机构。村集体资金比较充裕的村，可通过专业投资机构，参股风险可控强、经营稳定、管理规范、收益良好的金融企业，实现村集体资金滚动增加。

（四）注重拓展服务，推动产业融合

引导村集体强化经济服务功能，通过提供公共服务产品，以发展服务型产业创收增收。一是领办专业合作社、专业技术协会等各类农村合作经济组织，采取“村集体 + 专业合作社”“村集体 + 行业协会”等形式，为农业生产提供信息咨询、电商服务、技术指导、管理培训，以及农产品烘干加工、市场交易、冷链保鲜等专项服务和配套性服务。二是创办劳务公司，承接道路保洁养护、绿化美化和农田水利维修养护等工程，配合政府开展有关生产经营服务活动。三是工业化、城镇化程度较高的村，可以经营物业，创办人才培训教育机构，以及中介服务机构，为金融、保险、广电、通信等部门提供代理服务，为村民提供清洁外包或居家养老等服务。

（五）注重村企共建，抱团共同致富

深化“百企帮百村”活动，鼓励有实力、有意愿的企业与各村进行结对共建，通过合伙、合作、配套等形式帮助村发展集体经济。一是由村集体

提供土地、固定资产等，企业提供资金、技术、管理，以股份合作制的形式，共同开发现代农业项目或创办工业企业。二是对接企业，实现产业链延伸，设立企业代工点，进行配套产品加工，提供劳动力培训基地，以及承接企业其他生产业务。企业通过合同定购、下乡采购等形式，在村建立农副产品供应基地，由村集体组织生产并向企业提供农副产品。

（六）注重项目带动，凝聚发展合力

近年来，泉州市一些重点项目建设成效显著，既对一些村征地拆迁，也为这些村带来了发展机遇。许多拆迁村失去了土地等各种发展资源，对这些拆迁村应该给予必要的帮助。在不违反发展规划、符合法律规定的前提下，对具有可行性的村集体创收项目，应该尽量予以扶持，帮助策划对接项目，形成稳定的村集体经济收入。

B.11

泉州小微企业减税降费政策的初步成效及发展建议

张 豪*

摘 要： 减税降费作为深化供给侧结构性改革的重要举措，不仅减轻了企业负担，对激发小微企业活力和促进经济增长也具有重要作用。泉州民营经济发达，不断出台的减税降费政策为泉州小微企业发展创造了更好的营商环境。本报告对减税降费政策的主要内容进行阐述，对泉州小微企业减税降费政策取得的成效进行分析。此外，本报告还分析并研究减税降费政策实施后面临的挑战。本报告针对泉州财税部门面临的问题，提出通过采取积极措施补充财政减收、优化传导机制、加大缴税监管力度建议，对成功经验模式进行复制，从而提高泉州小微企业减负的获得感，积极推动泉州经济进一步发展。

关键词： 减税降费 小微企业 获得感

小微企业是经济发展的生力军、就业的主渠道及创新的重要源泉。小微企业的创立和发展对于增加就业机会、扶助弱势群体、保持社会稳定和促进经济发展具有积极作用。2018 年 4 月 25 日，国务院总理李克强主持召开国务院常务会议，决定再出台减税降费措施，以支持创业创新和小微企业的发

* 张豪，泉州师范学院讲师，博士，研究方向为组织战略、政策分析。

展。国家税务总局随即下文进一步扩大小微企业减税降费政策的覆盖范围，2018 年 1 月 1 日至 2020 年 12 月 31 日，符合条件的小微企业，无论采取核定征收方式还是查账征收方式，年应纳税所得额低于 100 万元的，均可享受减按 50% 计入应纳税所得额和按 20% 的税率计算缴纳企业所得税。财政部部长刘昆指出，要注重减税的普惠性，将制造业等企业现行 16% 的税率降到了 13%，将交通运输业、建筑业等行业现行 10% 的税率降到 9%，确保主要行业税负明显降低。在降费方面大幅降低企业社保缴费的负担，并下调城镇职工基本养老保险单位缴费比例，继续执行阶段性降低失业和工伤保险缴费率政策，对劳动密集型企业加大社保补贴力度和稳定岗位。各地也纷纷出台了一系列关于小微企业减税降费优惠政策，更好地帮助小微企业健康持续发展。但有研究发现，相关政策在落地的过程中仍然存在部分企业应享受而未享受到优惠政策、宣传力度不足、减免金额计算错误、企业对优惠政策的掌握不充分及填报口径缺乏统一性等问题。

泉州小微企业数量众多，超过 20 万户，民营经济尤其活跃，普惠性减税降费让小微企业轻装上阵，不仅优化了营商环境，而且降低了实体经济的成本。推动地方企业发展，减轻企业负担，更能激活企业活力，促进企业发展。泉州市税务局积极响应中央号召，并且推出一系列小微企业普惠性税收减免措施，明确小微企业减税降费政策的适用范围。泉州市人民政府深入实施并支持民营企业健康发展的行动方案，加大对企业尤其是中小企业的帮扶力度，更大规模地减税降费、灵活确定工业用地出让年限、清理拖欠民企账款、处理产权历史遗留问题等。泉州市财政局停征免征并调整 8 项政府性基金和行政事业性收费，实施工伤、失业、生育保险费阶段性降低，并兑现失业稳岗补贴 1211 万元，为推进供给侧结构性改革、减轻实体企业负担以及优化营商环境发挥积极作用，全面落实和鼓励高新技术及小微企业发展。首先，2018 年晋江减免检定检测费用 345 万元，惠及企业 755 家。其次，泉港区的小微企业普惠性减税政策由于具有“符合条件，申报即可享受”的特点，也使减税降费政策的落地更加便捷。最后，丰泽区全面落实增值税税率下调及小微企业所得税优惠减免政策。

泉州市政府持续推行小微企业税收优惠政策，主要目的是减轻小微企业负税压力，充分激活企业活力，以便于更好地促进经济资源的合理配置，促进经济平衡发展。优惠政策在泉州实施已有一段时间，那么小微企业减税降费取得了哪些初步成效？政策落地情况又如何？泉州小微企业减税降费政策还存在哪些问题？本报告将针对以上问题，为进一步深化改革提出相应的政策建议。

一　泉州小微企业减税降费取得的初步成效

国务院推出了一系列普惠性减税降费措施，这些税收新政在泉州落地后效果明显。泉州市相关主管部门通过全覆盖、多轮次的政策宣传辅导，确保小微企业对减税降费政策应知尽知。此次新政策的实施，不仅有较大的减税力度，还开辟便捷政策通道，为政策落地清理障碍，大大提振了小微企业信心，提高企业对政策的获得感，让企业可以轻装上阵，实现转型升级。

（一）全面覆盖，多轮次政策宣传辅导

泉州市税务局通过组织开展专题培训会、纳税人学堂，组建专家团队等方式在各行各业现场对纳税人进行辅导，对辖区内的纳税人实施全面的培训，大力促进减税政策精准落地，以确保纳税人应知尽知并且应享尽享。

在政策宣传方面，泉州市税务局及相关部门以税收宣传日为契机，积极开展形式多样的专题培训会、政策宣讲会、宣传服务平台等主题活动。已举办各类培训、宣讲99场次，覆盖24.04万户企业，精准推送电子信息53.85万条，确保小微企业能及时有效地了解并享受到这些优惠。2019年4月1日，泉州市人民检察院与泉州市税务局联合举办了主题为“检税降负　亲清护企”的活动。会上，泉州市税务局局长和党委书记沈家俊宣读了主题活动方案，围绕举办的活动主题，提出了检税护企措施，即

开展联合走访解困活动并搭建了关于法律政策的宣传服务平台及开展有关思想业务共建的活动等。为了让政策宣传深入人心，泉州创新性地建立了全国第一个减税降费融合宣传服务中心。

在政策辅导方面，泉州税务部门工作人员改变原有工作模式，采取主动出击的策略，以专门工作小组和党员先锋队为骨干力量，促进政策落地生根。政策宣传的力度不断加大，让小微企业对减税降费相关政策应知尽知，但要让政策精准落地，离不开相关部门工作人员对小微企业的辅导和培训。各县区市财政部门提档加码，成立减税降费小组，加班加点上门辅导小微企业、一般纳税人等重点群体，并对其进行相关知识的测试，确保减税降费“红包”加快落地。2019 年以来，泉州市税务局组建的工作小组共下户走访超过 70 户，受益人民群众有上万人。泉州经济技术开发区税务局成立了减税降费工作小组，先后组织开展了 4 场 800 人次的减税降费宣讲培训会，使每一位纳税人都能及时了解到最新的减税减费优惠政策。泉州市税务局还抽调各股室党员组建党员先锋队，能力强的业务党员“点对点”指导小微企业填写申报表，同时结合走访活动，做好咨询，解决纳税人疑难问题和进行政策辅导工作。

（二）直接减税降费，减轻企业负担

随着经济不断发展，泉州小微企业数量也持续增多，市场经济中最为活跃的主体便是小微企业。泉州市财政局从 2017 年开始就已全面落实减税降费政策，全市共减税降费约 19.3 亿元，预计 2019 年减轻企业全部税额 3.68 亿元。大大地激活了企业发展活力。

首先，泉州市税务局为了更大程度地减轻小微企业负担，将优惠税种类范围扩大，即包括营改增、研发费用加计扣除、小微企业税费减免等政策，把取消和停征政府性和事业性收费落到实处，清理了涉及企业政府性的收费 44 项。减税降费政策出台后，不仅泉州市内的小微企业享受到了减免优惠，各种优惠政策也惠及各县区市的企业。前两年，晋江市开始停征强制性检定计量收费，更大程度地推进了降费减负工作，实现惠民惠企。2018 年共减

免检定检测费用 345 万元，惠及小微企业 755 家。

其次，在小微企业所得税减免方面，积极落实国务院出台的相关规定。2019 年 1 月，国务院出台自 2019 年 1 月 1 日起至 2021 年 12 月 31 日止，对小微企业实施的税收优惠政策，放宽小微企业标准并加大税收优惠力度。泉州市税务局扩大小微企业减税适用的范围，并提高纳税起征点，减征辅助性税种的附加。高新技术企业负责人李亚端表示，企业所得税税率由原来的 25% 下降到 15%，而且可以享受费用加计扣除。小微企业所得税减半征的优惠范围从年应纳税额为 30 万元提高到年应纳税额为 50 万元，并将研发费用加计扣除比例由原来的 50% 提高到如今的 75%。

再次，在增值税方面免税标准也有所提高。增值税是我国最主要的税种之一，泉州市 2019 年预算草案报告将增值税免税标准提高，有利于更好地帮助小微企业轻装上阵。丰泽区财政局全面落实小微企业增值税税率下调政策，着力减轻企业税收负担。四大名醋之一的永春老醋的纳税人刘海生粗略计算了一下，小规模纳税人增值税月销售额起征点增加了 6 万元，增值税税率从原来的 16% 下降到现在的 13%，以企业如今的规模，一年下来至少可以少缴纳增值税 60 多万元。

最后，对于初创科技型企业税费优惠政策的条件也相对放宽，让科技创新越来越引领经济高质量发展。2019 年，财政部提出了关于扩展初创科技型企业的优惠政策的适用范围。对创投企业和投向初创科技型企业的天使投资个人可按其投资额的 70% 来抵扣应纳税所得额，并且将投资的初创科技型企业的标准或范围进一步扩大，标准扩展到其资产总额和年销售收入均不超过 5000 万元，从业人数不超过 300 人。以泉州纳金网信息技术有限公司为例，作为一家每年投入研发费用 200 万元初创科技型公司，财政部实施的减税政策让企业对未来经营充满信心，公司计划 2019 年在文创与旅游类项目的研发和智能设备等方面增加投入。2018 年泉州共有 264 户企业享受研发费用加计扣除 9.85 亿元，折合减免企业所得税 2.46 亿元，优惠户数和加计扣除金额同比分别增长 79.59%、32.57%。

（三）促进企业升级转型

企业负责人都充分把收到的减税减费的“红利”用到了实处。第一，伴随减税降费政策的实施，企业纷纷增加了在技术研发和扩产方面资金的投入。泉州很多小微企业由于资金不足，生产规模小，技术得不到创新，限制了企业的扩大生产。泉州永春县津源酱醋厂有限责任公司的第四代传承人郑伟煌表示，80 年来，他们一直坚持老醋传统酿造工艺，几年前，有国外客商想要大量采购永春老醋，但由于生产无法满足需求，只能遗憾拒绝。如今，得到了减税降费“真金白银”的支持，将降下来的成本费用投入技术改进和产品扩产中，2019 年的产量有望翻一番，产品质量也得到了提高，产品也会更多样化。家世比科技有限公司总经理赖水清表示，企业充分利用省下来的税费研发和改善产品。百润有限公司副总经理在接受采访时说，增值税税率的下调，使公司之前由于受到一些因素影响，只能从国内采购的原材料，如今又可以从国外进口了，保住了产品质量。

第二，减税降费政策让泉州企业可以有更大的降价空间，让消费者同步享受到政策红利。企业成本降低，会把减负的积极影响传导至消费环节，刺激消费需求，使一部分消费者享受到企业减免税费所带来的福利。大润发在泉州有 8 家门店，增值税税率下调后，商家主动全面降低商品价格，让利消费者。此举不仅吸引了更多顾客，而且更重要的是体现了政策在市场上具有良好的传导效应，减税降费的红利实实在在惠及消费者。

第三，减税降费政策的实施，让企业在扩产和研发新技术的同时，也改善了员工的薪资报酬。2019 年，泉州月平均工资增幅在 12% 左右，经济发展带动工资上涨，其中减税降费政策的落地实施同样功不可没。某台资企业的总经理助理陈淑慧女士表示，减税降费不仅给企业减轻了负担，还增加了员工工资，为其办理了社会保险和住房公积金。实际可支配的工资多了，使员工的获得感和幸福感都实实在在地提升了不少。此外，优惠政策的实施，为企业更好地吸纳就业人口、降低失业率创造了条件。

（四）为企业搭建减税降费便利通道

减税降费政策给泉州企业带来实打实的红利，可见的减负低税率重振企业信心，提高企业生产发展的积极性。不仅如此，泉州税务部门还努力提升管理和服务水平，为企业更好地享受政策红利提供了便利通道。首先，精简办理流程，提升业务办理效率。在办理手续方面，泉州税务部门推行无纸化办税，不再需要一张张申请表往上递，精简了办税流程，便民便企的举措大大提高了办税效率并减少了办税成本。其次，升级办税系统和软件，精简报送资料。泉州市税务局积极对接国家税务总局，对自身系统和软件进行改造升级，取消了若干新政之前需出示的证明材料，避免给纳税人增添不必要的负担。凡是能够通过申报表提取数据或系统能自动生成数据，纳税人不需再另行填报。最后，优化服务，让办税更加自动化、智能化。泉州税务部门为纳税人节省时间和成本，实行主动退税，不需要企业发起退税申请和递交退税材料，退回的税款直接打进纳税人账户。以短信、微信和邮件的形式，精准提醒小微企业可享受的税收优惠及相关信息。为了提高纳税人的政策获得感，税务部门还在“泉州税务”官方微信平台“微服务”模块开发了减税测算“神器”，纳税人只需简单输入相关数额，就能迅速得到自己减税的账单，这既方便纳税人核对账目，也让政策红利更加具体可感。

二　当前推行减税降费政策面临的挑战

面对如今经济下行压力，国家必须加大政府投入力度来进行供给侧结构性改革，调整经济结构。当前，国内外环境日益严峻复杂，泉州市自身经济发展也存在很多结构性的深层次问题，尤其是 2018 年第四季度以来，社会进出口、固定资产投资、消费品零售总额等指标的增速呈现回落态势，环比下行压力较大，从而导致泉州经济下行压力大。减税降费是 2019 年实施积极财政政策的头等大事，但泉州要在下一阶段深化改革中进一步降低小微企业生产经营成本，必须采取积极策略，以更好应对以下挑战。

（一）财政收支缺口限制了进一步实施积极财政政策的空间

减税降费作为积极财政政策的重要手段，为泉州经济的提质增效提供了制度保障。减税降费的政策红利在小微企业降低生产经营成本方面取得了诸多成效，但同时带来了财政减收的隐患。尤其是近年来整体经济下行趋势明显，财政可持续性对于经济健康可持续发展来说尤为重要。从图 1 中不难看出，2009 ~2018 年泉州经济变化整体较为平缓，但在 2009 ~2016 年经济略有下行趋势。在泉州市政府实施积极的财政政策的支撑下，泉州保持 8% 及以上的经济增长速度，2017 年后经济增幅缓缓上升。泉州一般公共财政总收入本身处于较明显的下行趋势。通过横向比较，尽管前几年一般公共财政总收入的增幅都超过了经济增幅，但如果把周期拉长，把 2009 年至今作为观察区间，则不难发现：（1）一般公共财政总收入在 2010 ~2015 年呈下降趋势，但 2012 年的后三年收入变化波动较为平缓；（2）泉州一般公共财政总收入增幅在 2009 年至 2015 年保持在两位数，并在 2010 年达到 26.6% 的峰值；（3）2016 年泉州一般公共财政总收入减少 4.3%，降到 10 年来最低值，此后三年收入增幅低于 GDP 增幅，但两者的差距越来越大。总体来说，泉州近年来经济下行趋势明显。

为了应对经济下行压力，泉州市政府积极进行供给侧结构性改革，加大对基础设施和民生工程建设的投入力度，调整经济结构，努力实现从高速发展向高质量发展转型。社会福利中心新址（一期）项目建设、台商投资区海江大道一期工程、台商投资区污水管网连通收集工程、台商投资区惠东南干渠截污管道、台商投资区锦厝村排洪渠及截污干管工程、法石片区棚户区改造项目等惠民生、补短板重点项目预计投入 648000 万元，在实现泉州经济高质量发展转型的同时也给泉州带来了不小财政压力。随着税率的调低和减负力度的不断加大，政府财政收入必定大大减少，而基础设施建设投入导致政府支出增加势必增大财政收支缺口，对财政稳健性形成挑战。泉州 2019 年第一季度财政收支统计数据显示，3 月的一般公共预算收入为 63.5 亿元，已经低于一般公共预算支出 77.48 亿元，并有不断扩大的趋势。泉州政府若要实行更大规模的减税减费，则势必会进一步增大财政支出的缺口。

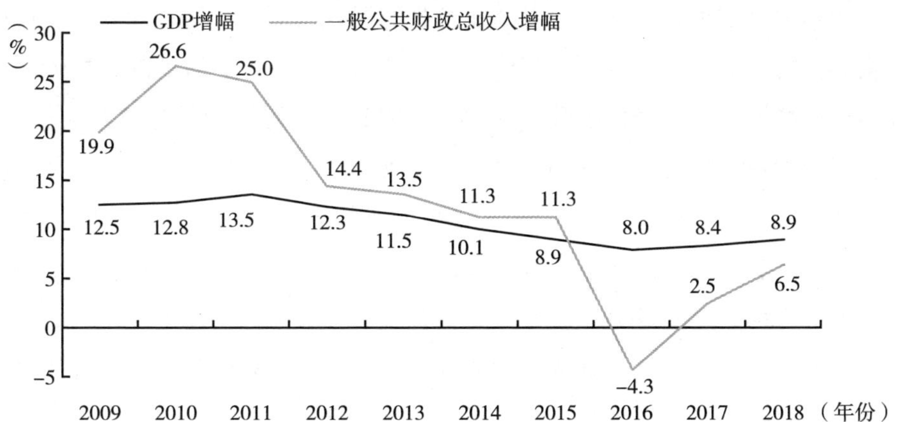

图 1　2009～2018 年泉州 GDP 增幅与一般公共财政总收入增幅

资料来源：根据历年《泉州统计年鉴》整理得到。

政府收入和支出的不平衡、地方债务的积累，为进一步深化供给侧结构性改革、推动减税降费政策落地生根埋下隐患，影响了政策的可持续性。首先，增加了结构性矛盾，降低了经济增长质量及社会投资效率和消费信心。投资和消费信心来自健康稳定的经济基本面，但财政收支不平衡会危害经济基本面，动摇企业和消费者的信心。其次，债务约束软化，恶化了社会的信用环境。政府信用是社会信用的基础，地方债务的拖欠会严重损害政府的公信力，财政该补未补、该支未支，扭曲的经济预期直接损害大部分企业的利益。最后，高居不下的债务积累了庞大的金融风险。地方债务向金融机构的转移造成地方性债务状况恶化，金融风险逐渐积累，危害社会和谐稳定。财政缺口增大带来的经济发展的不确定性，对泉州进一步落实小微企业减税降费政策、巩固改革成果形成了挑战。

（二）小微企业纳税合规性不足抵消了部分政策红利

近年来，减税降费优惠力度不断加大，泉州大部分企业享受到了降费的“红利”，但也存在小部分企业对减税政策的获得感不强的问题。一方面，

政策优惠力度加大，税务部门对企业税收的征管也更加严格，导致之前存在偷税漏税的企业需补交税额，其偷税漏税的机会变少，需缴纳的税额较之前变多，使税负变重，降低了政策红利的获得感。减税降费优惠政策实施前，部分企业面对高额税率，例如制造行业的增值税税率之前为16%、交通运输和建筑行业增值税税率为10%，这些行业的企业存在偷税漏税的侥幸心理和行为，它们感到需缴纳税额变多，没有享受到优惠带来的福利。

另一方面，泉州部分小微企业是不合规的，其财务制度不完善。部分经营者没有树立诚实劳动、合法经营的理念，或者由于条件限制、信息技术条件落后、财务人员素质不高或财务规章制度不健全等因素，小微企业未能建立完善的财务制度，纳税合规性低，对政策敏感度不高。这些不合规的小微企业将很难从减税降费政策中受益，甚至可能导致经营管理的隐患被暴露出来，致使其经营状况恶化。

在减税降费新政中，相对于不合规企业，合规企业则感到轻松很多。合规企业每年按照泉州市税务局的税率正常缴纳税款，减税降费优惠政策出台，受益最大的是合规企业，其享受到减税的优惠，负担减轻，资金流动更顺畅并且节约了更多资本来扩厂增产，合规企业也不用担心监管力度加大对它们缴税有任何不利影响。反观不合规企业，则对优惠政策没有获得感，甚至由于征管力度加大，一些管理不善、制度不全、诚信度不高的企业在新政策实施后，不再有机会偷税漏税，实际上它们要缴纳的税额比新政前更多，税收负担不减反增。

三　进行更大规模减税减费的发展建议

（一）积极采取措施补充减税减费带来的财政减收

当前泉州小微企业发展仍然面临一些问题，企业的政策获得感还有很大提升的空间。泉州市政府需采取相关措施来补充减税减费带来的财政减收，以平衡政府财政收支。平衡财政收支从结构上来说有三个途径：增加税收收入、增加非税收收入和增加债务。在这三种途径中，增加债务对于泉州经济比较不利，原因如下。首先，发债与供给侧结构性改革政策目标不一致，不能从根本上改变泉州经济结构，企业环境也没有改善，由于缺乏竞争力，企业创新发展的能力得不到提高。其次，发行债券困难重重，容易增加政府风险。尤其是当政府已经债台高筑，其对债券的担保能力、管理能力和控制能力还不足时，如果允许地方政府无节制地发行债券，则势必造成不利的后果。最后，过度发债，利息会越来越多，若不能从根本上增加财政收入来源，则只能继续发债或者增加税收，这会导致泉州营商环境恶化。为解决财政收入不足问题，泉州政府应积极采取措施。

第一，为平衡泉州财政收支，政府应盘活资产，增加非税收收入。非税收收入是政府财政收入的一项重要组成部分。泉州应加强政府对非税收收入的管理，在市场经济条件下能理顺政府的分配关系，并健全公共财政职能。随着泉州经济的不断发展，政府资产拥有量与日俱增，尤其是行政事业单位政府所拥有的资产不断增加，泉州可通过盘活和运营部分资产形成丰厚的利润，这成为泉州政府非税收收入的重要来源之一。首先，泉州政府部门应贯彻非税收收入征收工作。政府必须严格执行非税收收入收缴管理制度。为加强征管提供数据和科学依据，泉州政府应充分掌握非税收收入的发展趋势。其次，政府应调整非税收收入结构，提高国有资产资源有偿收入的比重。最后，政府应提高国有资产和资源的使用率，合理运用资产。泉州政府应对资产进行全面的管理，以减少资产的闲置、损耗和流失，避免资源浪费，提高资产经营效益。为进一步深化供给侧结构性改革，提高资源利用率，促进集约发展，拓宽新项目落地空间，泉州市政府应加快盘活国有闲置资产，增加非税收收入，推动泉州经济高效发展。

第二，泉州政府应压减一般性支出。泉州市政府部门除刚性和重点项目支出外，其他一律按不低于5%压减部门开支以及压减“三公”经费，并将节省的资金用于基本民生的支出和生态环保等重点领域的支出。政府应提高财政资金配置效率和财政资金使用效益。首先，若想提高资金配置效率，则政府必须坚持有保有压，将焦点置于重点领域和较薄弱的环节，进一步调整和优化支出结构。其次，为提高资金使用效益，泉州政府就要将预算绩效管理贯穿于编制执行的全过程，如此便能更好地推动政策落地见效。最后，政府继续盘活财政存量资金，以将难以支出的一直沉淀的资金收回，并将其统筹用于需资金投入的重点领域。

第三，为弥补减税降费带来的财政收入的不足，泉州市政府应积极安排预算，即加大预算稳定调节基金调入力度，提高国有资本经营预算调入一般公共预算比例，努力盘活存量资产。在 2019 年 4 月 1 日深化增值税改革及 2019 年 5 月 1 日推出城镇职工基本养老保险的单位上缴比例下调的优惠政策落地的同时，努力做好预算平衡。泉州财政部门将硬化预算执行约束，严格把握预算支出关口，除了应急救援等支出外，泉州政府在预算执行中不再追加。此外，泉州政府还应全面进行预算绩效管理，并强化“花钱必问效果，无效必问责任”，向效益要资金，推出全面实施预算绩效管理措施，启动预算绩效重点评价，并对出台的政策和项目开展事前绩效评估，确保钱用在刀刃上。

（二）优化政策传导机制，提升优质合规小微企业的政策获得感

2019 年新出台的减税降费政策是供给侧结构性改革的重要组成部分，泉州政府必须明确和其需求侧改革的区别。

首先，实施优惠政策的目的是降低企业生产成本而不是扩需，其着力点在供给侧，以增值税为流转性税费，降低小微企业在生产流通领域的增值税税率，从而降低企业生产成本，最终让红利流向需求侧。泉州政府要继续改善营商环境，对小微企业一视同仁，公正地监管，公平地准入，这是鸟的两翼，不可偏废。为保证减税减费的公平公正性，泉州政府部门应加强执法监管，规范不合规企业的生产经营制度，避免出现偷税漏税行为，进而提升合规企业减负的获得感。因此，优化政策传导机制至关重要。

其次，减税减费的优惠政策是对经济发展短板的定向调整，不是着眼于泉州经济总量，调整的是经济结构，泉州实施的政策的有效性依赖于传导机制，不能让红利流向房地产、股市。泉州政府可以对小微企业和科技

型初创企业进行普惠性的税收免除。政府根据实际存在的情况来降低社保缴费的名义费率以及稳定缴费方式，确保泉州企业社保缴费的实际负担有实质性的下降，并且保证减税降费的红利流向高质量、优质企业，而不是僵尸企业。

最后，减税降费的本质是制度改革，而不是政策调整。泉州政府实行改革追求的是长期利益，促进可持续发展。传统的靠发债增加财政赤字的方式来刺激总需求、拉动经济发展的模式不是长期的行为，在看到政策效果之后，又会回到原有的税收水平，债务规模只能适度扩大或缩小，不能过度依赖，因为过高的财政赤字会增大债务风险，危害政府信用，影响泉州的可持续发展。减税降费政策的实施会让泉州部分管理制度不完善的企业出现偷税漏税的侥幸心理和行为，导致减负意义没有显现。泉州政府应该加大对小微企业的监管力度，转变不合规企业的性质，引导其走上正轨，对于存在问题较严重的不合规企业必要时应予以淘汰，以确保泉州经济高质量发展。

（三）对绩效进行动态跟踪，形成可复制的成功经验模式

泉州政府要坚持以供给侧结构性改革为主要路线，着力在“巩固、增强、提升、畅通”八个字下功夫。更多地采取改革的办法和运用市场化、法制化手段，首先巩固“三去一降一补”的成效；其次激发微观主体活力，然后提升产业链水平；最后畅通经济循环，促进泉州经济更好发展。

首先，泉州政府应加大对小微企业运营数据的监控和搜集力度，以便对企业的发展现状进行分析和对优惠政策进行调整与完善。政府部门应积极全面对比泉州小微企业在实行减税降费政策前与实行政策后的发展状况，在总结企业管理经验和政策效应的基础上，形成标准化及可复制的经营模式，并在更多的小微企业运用这些成功的经验模式，使它们跟上发展的步伐，推动泉州经济持续发展。

其次，由于数据监控和搜集数据的工作量较大，泉州政府部门对此工作

的能力有限，因此应积极与泉州高校、调研机构合作，以为政府减轻工作压力，加大对小微企业发展现状的调研力度和对享受减税降费政策后的企业取得的成效进行全方位的评估。政府、高校和调研机构对调研评估的结果进行分析并针对减税降费政策存在的不足提出对策，预测泉州企业未来的发展方向，积极引导泉州经济往高处走。

最后，为提高泉州小微企业对减负政策的获得感，政府部门可在泉州税务公众号等移动平台上宣传减税降费为企业带来的好处，把减税降费政策为泉州小微企业形成的可复制的经营模式，让每一个相关的群体都予以了解并体会到其益处，让纳税人都享受到减税降费的红利。

四 总结

小微企业是社会和国民经济发展的重要基础，是缓解就业压力和保持社会稳定的基础力量，而减税降费政策是激发企业活力、促进企业发展的重要手段。进一步扩大小微企业减税降费规模，在给企业带来获得感的同时，也存在税收收入减少、财政收支失衡等问题。因此，本报告就泉州市财税部门落地的减税降费政策给小微企业带来的效益及政策实施后存在的问题进行分析，并针对相关问题提出建议。泉州财税部门积极将减税降费政策全面落实到位，优化企业营商环境，并以减税降费政策为主线持续深化“放管服”改革，切实履行好财税部门的职能，为小微企业提供便利。为避免任何一个纳税群体错失享受优惠政策的权利，财政部门积极开展活动，将减税降费宣传到户，优化办税服务。泉州政府应积极面对改革过程中遇到的问题，改变政策方向，为民众谋取更多福利。

B.12

泉州小微企业普惠金融服务发展存在的问题及对策

张　豪*

摘　要： 小微企业在经济发展中扮演举足轻重的角色，应解决小微企业融资难、融资贵的问题，提供优质普惠金融服务，营造良好的融资营商环境，有利于泉州经济实现持续增长。本报告介绍泉州小微企业普惠金融取得的成效，指出当前存在的问题，提出科技创新与服务创新相统一、监管制度包容性与信贷风险可控性相统一、减税降费与普惠金融相统一等政策建议，从而降低了小微企业的融资成本，让金融机构更好地服务于小微企业，推动小微企业快速发展。

关键词： 小微企业　普惠金融　金融监管　金融创新　减税降费

小微企业是国民经济和社会发展的重要基础，是市场经济的微观基础，是深化改革的主要推动力，是缓解当前社会就业压力的重要途径。然而，由于劳动力成本的不断上升、原材料价格不断上涨等，小微企业面临较大的资金压力；加之小微企业征信体系尚未完善，小微企业仍然面临融资难、融资贵的问题。

改革开放40年，是泉州民营经济大发展、大跨越的40年。民营经济是

* 张豪，泉州师范学院讲师，博士，研究方向为组织战略、政策分析。

泉州最大的特色、最大的优势、最大的品牌和最大的活力源泉。除了外部环境的优化外，民营企业的发展和自身核心竞争力的增强分不开。泉州民营企业能在市场竞争中勇立潮头，首先归功于敢为人先的胆略、爱拼敢赢的气魄和抱团发展的精神。其次是顺应了时代，在改革开放的进程中和关键节点上，泉州的民营经济都能很好地抓住机遇，创造出“泉州模式”“晋江经验”等值得称道的实践。最后，泉州的传统行业也不断加大投入力度，推进转型升级，这成为民营经济持续发展的重要原因。

习近平总书记在民营企业座谈会上强调，要毫不动摇地支持引导非公有制经济发展，支持民营企业发展并走向更加广阔的舞台。长期以来，泉州高度重视小微企业金融服务工作，把解决民营和小微企业的融资问题作为金融工作的重中之重。2018 年，泉州大力推动民营经济高质量发展，制定支持民营企业健康发展行动方案及配套措施，出台加大信贷投放、无间续贷管理力度等举措；发布鼓励民营企业投资项目清单，支持民营企业未分配利润再投资。泉州在全国率先推出小微企业续贷无须还本还款方式、创新“N + 1 + N”供应链融资模式、建成中小微企业信用信息共享平台。在风险控制方面，加大风险补偿资金投入力度，完善风险分担模式，加大与兴业银行泉州分行和中国农业银行泉州市分行的合作力度，分别设立 3000 万元高新技术企业发展基金等增信资金；推进金融服务创新，创新“银税互动”产品，引导银行业机构充分利用小微企业纳税信用评价结果创新信贷产品，达到以“税”换“贷”。

2018 年以来，泉州持续加大扶持小微企业的力度，并取得了诸多成效。通过一系列改革措施的推行与小微企业相关的再贷款、再贴现额度增加，累计发放的资金大幅度增加，增信服务体系不断完善，融资方式、渠道愈加多元。但是，由于存在信息不对称、财务管理不规范、缺乏应对风险的能力等因素，小微企业在资本市场中仍处于弱势地位，融资难、融资贵的问题依然存在。随着促进金融业服务实体经济等相关政策不断出台，泉州小微企业是否真正解决融资难、融资贵的问题？当前还存在哪些影响泉州小微企业金融服务质效的因素？本报告就泉州市小微企业普惠金融服务发展过程中存在的问题进行原因分析，并提供相关政策建议，以帮助泉州更好地促进小微企业发展。

一　泉州小微企业普惠金融发展取得的初步成效

（一）积极运用定向降准、再贴现和再贷款等货币政策工具实现信贷的精准投放

小微企业在市场中占的比重较大，能够影响经济增长，但小微企业融资难的问题仍然困扰着小微企业。民营企业在泉州市经济格局中占据重要地位，其中小微企业数量众多，泉州金融主管部门深刻领会政策精神，积极采取创新举措，努力缓解小微企业融资难题。央行积极运用货币政策工具来改变这一现状。首先，央行多次定向降准来支持小微企业发展，引导金融机构继续加大对小微企业的支持力度，降低其融资成本。与以往央行降准政策不同，本轮降准具有明显的普惠性导向，聚焦小微企业和农户生产经营性贷款（如表1所示）。2018年以来，中国人民银行泉州市中心支行积极响应政策，连续四次定向降低存款准备金率，累计释放资金17.54亿元，着力缓解小微企业融资难问题。其次，央行三次增加再贷款再贴现额度，用以支持中小金融机构扩大对小微企业、民营企业的贷款规模。自2018年以来，泉州各个银行累计办理再贴现6.9亿元，发放政策性再贷款14.49亿元。截至2019年1月末，政策性再贷款、再贴现余额同比分别增长33.33%和1110.87%，解决了诸多小微企业融资贷款问题，大力扶持小微企业快速发展。

表1　2018年央行四次降准

单位：%

日期	机构类型	比例	政策目的
1月25日	凡前一年普惠金融贷款余额或增量占比达到1.5%的商业银行	0.5	支持金融机构发展普惠金融业务
	前一年上述贷款余额或占比达到10%的商业银行	1.5	
4月25日	大型商业银行、股份制商业银行、城市商业银行、非县域农村商业银行、外资银行	1	引导金融机构增加对小微企业贷款投放，适当降低小微企业的融资成本

续表

日期	机构类型	比例	
7月5日	国有大型商业银行和十二家股份制商业银行	0.5	进一步推进市场化法制化"债转股",加大对小微企业的支持力度
	邮政储蓄银行、城市商业银行、非县域农村商业银行、外资银行	0.5	
10月15日	国有大型商业银行、股份制商业银行、城市商业银行、非县域农村商业银行、外资银行	1	进一步支持实体经济发展,优化银行和金融市场的流动性结构

(二)积极运用税收、贴息等财政政策工具降低融资成本

小微企业融资难问题得到了缓解，面对小微企业反映的融资贵问题，一方面，政府从供给侧结构性改革入手，采取对小微企业贷款利息收入免收增值税的措施，利用税收工具从源头上降低小微企业的融资成本。2018 年 9 月 1 日至 2020 年 12 月 31 日，对金融机构向小型企业、微型企业和个体工商户发放的小额贷款取得的利息收入免征增值税。另一方面，为进一步做好创业贷款担保财政贴息工作，泉州市财政局采取了加大政策支持力度、统一创业担保贷款最高额度和贴息要求、建立担保机制等措施。泉州市响应政策，对积极创业人员予以担保贷款贴息，具体批次与金额如表 2 所示。通过提高担保贷款额度、放宽担保和贴息要求等手段，对就业能力较强以及创业项目较好、还款积极的小微企业，继续提供创业担保贷款贴息，给予小微企业更多优惠条件，为小微企业的发展提供了更大的空间。

表 2　2019 年泉州市担保贷款贴息落实情况

单位：人，万元

区域	批次	人数	贷款金额
丰泽区	第一批	22	255
	第二批	20	235
	第三批	10	115
	第四批	18	213
	第五批	14	205
	第六批	21	243
小计		105	1266

续表

区域	批次	人数	贷款金额
鲤城区	第一批	4	43
	第二批	3	55
	第三批	4	70
	第四批	8	95
	第五批	9	105
小计		28	368
洛江区	第一批	1	10
	第二批	2	25
	第三批	3	40
小计		6	75
合计		139	1709

（三）以大型国有银行为“领头雁”，打造普惠金融生态圈

小微企业融资难、融资贵的根本原因在于当前我们缺少专门针对小微企业的金融系统，譬如专门的机构、专业的部门等，所以解决这一问题的源头，就要为小微企业打造专有的普惠金融生态圈。为进一步加大对普惠性小微企业贷款的投放力度，维持普惠金融的可持续发展，泉州市五大银行成立普惠金融事业部和“五专”经营机制，在综合服务、统计核算、风险管理、资源配置以及绩效考核等方面针对小微企业的特性提供专业服务；兴业银行、民生银行等 6 家股份制银行也设立了普惠金融事业部；地方性法人银行积极创新信贷产品，例如泉州银行率先在全国创新推出续贷产品——无间贷，即在贷款到期时无须归还贷款本金，重新签订合同即可完成续贷，解决了小微企业贷款期限与实际经营周期不匹配的问题。

除了传统银行信贷业务外，泉州金融机构还积极拓宽思路，为小微企业提供债券融资、融资租赁等方式拓宽融资渠道，降低融资成本和风险。在债券融资领域，泉州金融机构帮助小微企业提高债券融资服务规模的能力，为小微企业直接融资铺设更宽阔的道路。据统计，至 2019 年 1 月末，泉州市发债融资余额为 307.07 亿元，其中民营企业发债融资余额为 61.47 亿元，

占20%。在融资租赁方面，针对小微企业缺信用、缺信息、缺抵押、贷款成本高、风险大等融资痛点，泉州市政府以财政补助的方式帮助小微企业，给予通过融资租赁形式购买生产性设备和先进技术的小微企业不超过投资额10%的比例的补助。在积极做好支持工作的同时，泉州市还对非存款放贷机构和民间借贷等不规范的金融机构制定专项整治方案，进行全面风险排查，共排查金融机构88家，下发整改通知书25份，清退2家，严厉打击非法高利贷、套路贷等不良行为，为小微企业打造绿色健康的信贷环境。

（四）加强信息信用平台建设，以数据驱动消除融资困境

长期以来，对于小微企业融资难的问题，银行重稳健的经营战略是其中一个主要原因。银行尤其是大型国有银行缺乏为小微企业提供贷款的积极性，一方面是控制不良贷款率，保障国家金融健康稳定发展；另一方面，更重要的还是银行和企业之间的信息不对称，银行缺乏企业经营和资金需求的真实信息，小微企业找不到合适的信贷产品。为了解决这一痛点，泉州市建立中小微企业信用信息交换共享平台和小微金融服务平台，并设立应急保障周转资金，在打破银行与小微企业之间信息壁垒的同时，积极为企业提供资金帮助。泉州小微金融服务平台通过与国家发改委国家公共信用信息中心的合作，极大地丰富了企业信用信息的数据源，全力为小微企业解决融资贵、融资难问题，助推政府、企业和金融机构战略共赢，泉州也因此成为全省的“信用试点城市”“信用支柱板块”。截至2019年2月底，泉州市小微金融服务平台已为6280家小微企业提供融资服务，累计融资金额达310256万元。同时，泉州政府积极与大数据公司开展合作，利用互联网科技公司的技术优势，运用大数据、风控模型、一站分析，为中小企业提供全面的信用报告、关系图谱及财务诊断。这样的合作取得了积极成效，并得到国家发改委的认可和支持，通过与国家公共信用信息中心正式签署“关于加强信用信息合作共享备忘录”，提高了泉州评价小微企业信用的权威性、准确性和实效性。为了更好地为小微企业服务，泉州市升级了小微企业信用信息交换共享平台，整合工商、税务、质监、水电气等17个条块的企业的信用信息，

导入 22.91 多万家小微企业、824 多万条基础信息数据，实现政企银间信用信息交换共享。此外，泉州市还建立“重点小微企业融资项目库”，筛选 4875 家有市场、有潜力、信用记录良好但抵押担保能力不足的小微企业入库，推动银行授信超过 300 亿元。

（五）深化“放管服”改革，为小微企业打造良好的融资环境

小微企业在市场上处于弱势地位，但对吸纳就业，激活市场活力，深化改革市场机制发挥重要的作用。因此，政府应为小微企业提供良好的融资环境，让小微企业得到更好的发展。首先，泉州市政府积极推进银企合作，为小微企业和银行之间搭建合作沟通平台，打通金融服务小微企业的“最后一公里”。积极举办有关银企对接的洽谈会，搭建政企银对话沟通平台，解决融资难、融资贵问题。其中来自全市的 31 家金融机构与 10 家行业协会、100 多家中小微企业进行了对接洽谈。其次，积极构建小微企业金融服务平台，为小微企业融资提供更多选择。小微金融服务平台整合了建设银行、民生银行、泉州银行等多家银行的金融产品，新设立的“人才贷”采用“线上对接 + 线下交易”的模式，可直接根据自身的情况找到合适的信贷产品，提供了更多的便捷服务。泉州的金融服务平台已注册企业 29280 家，提供融资产品 112 项，累计融资 25.95 亿元。最后，泉州高度重视对金融失信问题的整治，将那些恶意逃债的失信人列入“黑名单”，予以曝光，严厉打击此种违法犯罪行为，维持良好的金融信贷环境，共有 12 家恶意逃废债的企业被各大媒体曝光。

（六）强化小微企业贷款增信分险服务，促进小微企业健康发展

小微企业融资难，在很大程度上和小微企业抗风险能力低有关，银行出于审慎经营的考虑，不愿意对小微企业进行信贷支持也在情理之中。随着中央支持金融业服务小微企业的相关政策不断出台，泉州政府和保险机构也适时采取行动，帮助小微企业增加信用，分担银行风险。泉州市政府、银行和保证保险机构积极开展合作，联合推出“助保贷”、“科创贷”和涉及领军

企业贷款保证保险业务的创新产品，实现政府、银行和保证保险机构共同分担经营风险，有效控制了金融风险。这些产品大大降低了小微企业的融资成本，提高了融资效率，打通了小微企业的融资瓶颈。至2019年，实现“助保贷”贷款规模增至5亿元，获贷的企业达到100家；高新技术发展基金贷款规模增至30亿元，获贷企业至少达到100家；领军企业贷款保证保险业务在完成10家企业融资试点的基础上逐步扩展。

（七）顺利完成“两增两控”目标

党的十九大、中央经济工作会议、全国金融工作会议都明确要求为小微企业提供金融服务、缓解企业融资难和融资贵问题。泉州民营经济发达，小微企业集中度高，泉州市政府高度重视增强为小微企业提供金融服务的能力。根据中央要求，泉州银行业坚持真做小微、做真小微，积极探索有效支持小微企业发展的金融服务新模式，小微企业普惠金融发展已经取得了初步和阶段性的成效，实现了“两增两控”。

1. 泉州银行业小微企业贷款“两增”情况

泉州银行业分为法人机构和分支机构，针对不同的机构采用不同的考核方式。其中，辖区法人机构普惠型小微企业贷款余额为520.02亿元，同比增加57.62亿元，增长12.47%，高于各项贷款增速2.48个百分点；普惠型小微企业贷款户数为17.08万户，同比增加4.38万户，实现“两增”任务目标。至2018年末，辖区商业银行分支机构考核口径小微企业贷款余额为584.71亿元，比年初增加71.71亿元，完成全年小微企业信贷计划的356.59%。分机构看，国有商业银行超额完成计划，为32.05亿元；股份制商业银行超额完成计划，为14.20亿元。

2. 泉州银行业小微企业贷款“两控”情况

在贷款利率方面，2018年末，辖区银行业机构为普惠型小微企业新发放的贷款利率为7.69%；分机构类别看，国有大型银行利率为5.53%，股份制银行利率为8.48%，城商行利率为8.10%，农合机构利率为8.56%，村镇银行利率为7.88%；其中，平安银行泉州分行贷款利率相对较高，达到14.75%。在资产质量方面，至2018年末，辖区全口径小微企业不良贷款率为2.67%，同比下降0.32个百分点，高于各项贷款不良率0.67个百分点。

二 泉州小微企业普惠金融发展存在的问题

（一）小微企业金融数据共享难题亟待破解

在传统的金融机构模式下，小微企业面临严峻的融资问题，但随着互联网金融的蓬勃发展，在缓解小微企业融资难这一问题上，其有着特别的优势，也成为普惠金融生态圈发展中重要的组成部分。最初的互联网金融是由电商平台和商业银行合作实现的，但随着大数据的出现与发展，二者逐渐分化成了电商大数据金融和由商业银行自建的电商平台两种金融形式。但商业银行并不熟悉电子商务平台的运营模式，且近两年互联网金融呈井喷式发展之势，对传统银行存款业务和理财产品形成巨大冲击，对我国货币政策的实施和金融系统的稳定性产生了极大的影响。互联网金融依托互联网发展，不仅存在传统金融风险，还必须面对来自互联网的风险。要实现政府、传统金融机构与互联网金融公司之间的数据共享，还有以下几个难题亟待解决。

首先，目前我国的法律制度多依据传统的金融模式建立，有关金融互联网的法律没有，各类金融违法犯罪行为难以被约束，大大增加了金融风险。政府监管可以在较大程度上减少违法犯罪行为，使各类金融机构得到制约。泉州市整合小微企业金融数据面临的第一个问题就是相关法律法规缺位。泉州市从2016年以来就积极有序地对互联网金融市场进行整治，并持续到2019年6月。整治过程中清理整顿了互联网金融行业中的乱象，但顶风违规开展业务的公司依然存在，这威胁着金融市场的稳定。泉州金融监管主体应继续排查风险，取缔违规机构，积极化解市场风险。

其次，互联网金融在带来高效和便捷的同时，海量的数据也给互联网金

融带来了新的安全隐患问题。特别是在当今这个信息技术高速发展的时代，信息泄露的风险越来越高，人们也越来越注重保护个人信息安全，因此，保证用户的信息安全，是保证互联网金融持续发展的前提。如果这些数据全权交予政府来监管，就不会存在用户的个人信息分散在诸多银行和企业中的问题，提高了数据与信息的安全性。在保护用户数据和信息安全方面，地方监管部门面临尴尬的处境。按照《中国人民银行金融消费权益保护工作管理办法（试行）》的规定，目前金融消费者权益保护必须遵循属地原则，即当消费者与金融机构发生纠纷时，必须由金融机构所在地的人民银行来处理；在互联网金融模式中，互联网金融机构往往只发挥中介作用，互联网金融机构和放贷的银行往往分属不同区域的人民银行，造成维权的困难。互联网技术天然地要求打破地域之间的界限，当前的监管制度还存在不少需要改进的地方，只有不断改进，才能更好地保护用户的信息和数据安全。

最后，随着互联网金融的出现，传统金融与之存在竞争关系，对于数据使用权的争夺势必日趋白热化。为避免传统金融机构与互联网金融公司发生恶性竞争，促进传统金融和互联网金融之间合作共生，实现经济的最大利益化，必然少不了政府的引导和制约。综上所述，如果采取自下而上，即互联网金融作为“领头羊”的监管模式，任由其自由竞争，则很有可能出现金融风险以及安全隐患等问题，不仅影响金融市场健康发展，还对小微企业的融资问题产生影响。

（二）授信尽职免责与风险控制之间的平衡难以掌握

国家金融主管部门多次鼓励银行对小微企业授信明确、尽职免责，让基层员工“敢贷、愿贷、能贷”。但要想让金融真正对实体经济产生助力，让政策落地是关键。商业银行尤其是大型国有商业银行长久以来都秉持着审慎的原则，以保障自身经营的稳健性。这样的经营战略势必对银行内部的激励机制和员工的行事风格产生深远的影响。严格控制不良贷款率成为悬在每一个银行员工头上的达摩克利斯之剑。严苛的审查制度和高门槛让许多小微企业面对银行授信时往往只能望洋兴叹。要改变这一现状，就必须在授信尽职免责制度和经营风险控制之间找到一个新的平衡点。

首先，标准难以界定。商业银行经营的前提是要保障金融机构稳定发展，以银保监会为主的各大金融监管机构围绕不良贷款率采取相关措施，相比于信用良好的大型企业来说，小微企业的信用水平较低，违约风险较高，因此信贷人员存在“慎贷”的心理。在这样的环境下，中国银保监会积极推进授信尽职免责政策落实，以保证小微企业信贷投放平稳增长和改进当前的金融服务，从而持续发挥普惠金融在促进经济增长中的重要作用。这一政策的最初目的是消除银行业务人员对小微企业放贷的后顾之忧，提高信贷人员的业务积极性，在实施的过程中却面临难以划清免责界限的困扰。在一个业务办理的所有环节，外部市场也影响企业的发展，所以很难一点差错都没有；且在各个银行的管理制度中，或严格或宽容，无法以一个统一的标准来衡量免责条件。银行的汇报材料显示，同为地方法人银行且同一区域的城商行与农商行之间的被问责人的免责率大不相同。

其次，政策间相互冲突。尽职免责的政策在一定程度上降低了信贷人员害怕对自身产生不良后果的警惕性，增强了信贷人员的安全感以及工作的积极性，因此信贷投放率有所上升，解决了更多的小微企业的融资问题。但是对于商业银行来说，尽职免责实施的成本过高。由于银企之间信息不对称，银行无法全面了解小微企业的信用程度，金融机构对小微企业风险评估的准确率不高，一旦企业的资金链断裂，则不良贷款行为就会出现、不良贷款率就会上升，银行将面临较大的损失，这与政府一开始想要控制金融风险的夙愿背道而驰。

最后，缺乏后续政策支持。在实施尽职免责政策之后，出现了不良贷款率升高的情况，那么银行面临的一大难题是如何处置不良资产，其主要方法是拨备核销和通过司法执行。前者是用银行已计提出来的坏账准备金来弥补因不良贷款造成的损失，减少不良贷款率上升和利润率下降之间的不平衡。其问题在于随着准备金和利润减少，银行没有过多的利润再去降低不良贷款率，且其所改变的只是银行利润的账面价值，并没有起到从根本上降低不良贷款率的作用；后者是说通过司法机关对形成不良贷款行为的小微企业抵押的或所拥有的资产等进行竞价拍卖，收回现金流量。其问题一在于在拍卖抵债资产时，不仅要折扣售出，还要上缴所得税和拍卖费，对于商业银行来说，其要承受较高的价值损失和交易成本；问题二是在面对一些已经确认无法偿还或恶意逃债的企业时，需要通过法律手段来强制执行，在这一阶段所耗费的时间是比较长的，所以变现的时间较长，这影响商业银行的资金周转。

三　政策建议

（一）科技创新与服务创新相统一

1. 借助金融科技创新浪潮，帮助传统金融机构实现转型升级

互联网金融产品和服务已经成为现代金融市场的重要组成部分，极大地影响了传统金融的发展，因此传统金融机构想要持续稳定地发展，就应积极拥抱金融科技，创新商业模式，取长补短，实现转型升级。在互联网金融领域，大数据发挥重要作用：在银行、租赁、担保等金融机构，可以在存款、贷款、汇款等交易过程中应用大数据技术进行分析；在理财、证券等行业，可以通过大数据对需要开户的客户进行身份验证，降低金融交易风险；对于交易金融信贷前的信用风险防范，需要用大数据征信，即利用数据和模型进行风险评估来预测还款人的还款能力以及还款意愿，可以降低不良贷款率。近几年，传统金融机构逐渐向互联网金融靠拢，譬如，中信银行与百度联手设立了百信银行；农业银行创新数据网贷，依托交易数据为中小型企业提供新型线上融资方式服务，通过数据模型智能核定贷款额度，无须抵押、线上办理、随借随还，助力核心企业做大做强供应链生态体系。

2. 让金融更好地服务于企业流程再造

泉州的中小型银行应当以业务流程的再造为抓手，以降低成本、提升效率、控制风险为主要目的，通过推动集约化改革，提高服务效率，满足客户

的金融需求。对较大型商业银行来说，那些专门为小微企业服务的中小型银行更应该进行业务流程再造，这样才能更好地促进小微企业发展。主要应该从以下几方面着手。第一，再造网点业务流程。按照客户分流、业务分层的改造思路，将复杂、简单的理财业务等分离开来，划分各个功能区域，改变结构组织方式，将客户办理业务的时间缩短，即可节约客户的等待时间，提高业务的处理效率。第二，建立生产经营持续优化机制。针对客户、网点、总行、分行、外包中心等，建立完整的KPI指标体系，以及时反馈客户需求、业务流程、业务处理、人员配备等信息，优化生产过程。第三，优化风险防范机制，提高风险防范成效。业务流程再造的关键是要实现技术和人的有机结合，过去主要依靠人控的方式来控制风险，而现在要逐渐将其发展成为在系统中预置数据模型，减少二次录入、系统自动审核，排除不符事项，最后由专职人员审核判断，节省劳动力成本，提高效率。第四，支持业务产品的创新，提高客户服务的能力。针对不同客户的不同需求、不同生产流程的灵活组合，快速定制与之相适应的创新产品，满足客户和市场的需求。

在当下竞争激烈的环境中，银行的业务再造成为众多国有银行进行价值链管理的有效手段，实现再造流程对于金融机构来说是一个战略性的措施，这能够有效解决在整个经营过程中存在的效率不高、风险管理能力不强的问题，全面提升银行的业务运营水平和风险控制能力。

（二）监管制度包容性与信贷风险可控性相统一

1. 完善对金融机构的督导和监管，强化小微信贷风险防控

一方面，鉴于当前社会上金融市场、金融机构的复杂情况，简单的监测是无法完全代替监管的，尤其是对于如今的互联网金融，金融产品越来越丰富，交易关系越来越复杂，对泉州市来说，必须加大监管力度以有效防控小微企业信贷风险，降低不良贷款率，减少损失。监测的功能较为单一，只能针对一些特定的金融范围，只具有监督功能，没有管理职能。而监管的功能更为丰富，不仅能用监测所能用的手段，而且具备管理、限制和处置所有金

融市场行为的综合功能。另一方面，监管制度的包容性对于提升基层金融工作者的工作积极性来说至关重要。对于已经尽职的基层员工不宜采取严厉的处罚方式，否则会危害到员工的职业承诺和安全感。对于主观上无故意性，过程中未违反相关监管规定的不良资产，除了不应当追究员工的责任外，金融机构更应该展现组织担当，帮助员工一起反思，努力从技术和管理上思考如何规避风险，而不是简单地进行处罚。因此，应平衡好强监管与包容监管的关系，对于一些信息对称的要实行强监管，而对于那些信息不对称或者我们所不了解的新兴事物，要实行包容监管。通过完善监管制度，不仅可以让金融市场持续稳定发展，还可以有效减少信贷风险。

2. 强化数据监控预警，将风险扼杀在摇篮里

泉州应当依托现有的信息信用共享平台和小微金融服务平台，在做好监管的基础上强化对数据的监控预警。首先要加强对数据的获取以及对数据的质量管理，数据的采集和获取是互联网金融最基础的工作，要提升基础数据的多元性获取能力，培养从海量的数据中挑选出最有价值的数据的能力，采取线上线下相结合的模式，做好数据的监控管理；在数字化转型的过程中，数据质量成为一个重要的制约因素，高质量的数据是衡量业务能力的主要依据，因此我们要在技术、监管、流程等多个方面做到从整体上提高数据质量，从根本上控制风险。

3. 优化金融司法环境

在处置因不良贷款抵押或其拥有的资产时，司法程序所需要消耗的时间比较长，给金融机构的资金周转增加了困难。因此，泉州司法机关在采取相应的措施维护金融秩序、保护金融债权的同时，还应该努力为金融司法提供便利。例如，对部分符合条件的金融机构产生的较急、较难的案件开通绿色通道，优先受理、优先审理、快速结案，也可适当采取缓交诉讼费的方式帮助金融机构排解困难；为金融纠纷案件设立专门的审理、执行机构，由专人审理，由骨干把关，完善配套设施，积极为金融机构核销呆坏账，保障资金链不断裂；加大对金融案件的审理、执行力度，依法用尽一切措施，最大限度地保护金融债权，严厉打击恶意逃废债的金融债务行为，帮助金融机构实

现最大化利益。在优化金融司法环境的同时，优化金融生态环境，稳定金融市场秩序，促进金融机构稳定发展。

（三）减税降费与普惠金融相统一

1. 目标具有一致性

近几年，泉州市大力支持民营企业和中小型企业发展，助推经济发展方式转型，推动创业创新和扩大就业规模。无论是通过减税降费还是普惠金融，都应为小微企业打造更好的发展平台，营造更好的营商环境。在减税降费方面，可以实行普惠性减税和结构性减税相结合的方法，主要针对小微企业和科技初创型企业进行普惠性税收减免，促进实体经济发展；在普惠金融方面，通过不断创新金融产品和服务，建立健全的普惠金融体系，营造良好的金融环境，减少金融体系的运行风险，促进金融机构可持续发展。

2. 过程相辅相成

为进一步加大对小微企业的支持力度，泉州市积极响应国家对金融机构向小微企业、民营企业发放贷款取得的利息免征增值税的政策。这个政策传递出积极信号，就是减税降费以助力金融机构更好地服务小微企业。除了直接给小微企业发放“红包”外，以金融为媒介给小微企业创造良好的营商环境的政策思路可以在更大范围内推广和试行。一方面可以加大银行改革的力度，提高免收利息收入的贷款金额，提高金融机构向小微企业提供贷款的积极性，激发市场活力；另一方面，在其他融资渠道中减少小微企业融资所需要缴交的税费。金融机构应当对小微企业贷款免征增值税这一政策制定相应的监督管理制度，以防止小微企业在实施贷款利息免税这一政策时存在弄虚作假的现象，保证减税降费的政策能够在正确的轨道上发挥作用。

3. 扩大小微企业金融服务税收优惠范围

小微企业的发展离不开社会各个方面的支持，尤其是金融机构的支持，因此应对向小微企业提供的金融服务采取相应的税收优惠政策，但是仍然存在一些不足，可以通过以下几个方面来改进对小微企业的税收优惠政策，促进小微企业全面发展。第一方面，加大优惠力度，增加优惠形式。尽管小微企业在企业所得税方面获得的优惠较多，但是在融资优惠政策上应该加大力度，通过增减税收优惠形式、提高免税标准的金额，让更多的小微企业享受更广泛的优惠政策。第二方面，统一对小微企业的衡量标准。小微企业和小型微利企业的衡量标准比较模糊，应采取具有针对性的措施让更多小微企业享受所得税优惠政策。第三方面，小微企业的税收政策应该具有连贯性。情况往往是一个政策的实施还没有结束，另外一个新的政策继而出台，这严重导致政策不连贯，提高了税收部门的工作难度，难以进行政策的落实和贯彻。没有政策的稳定连贯，一些小微企业就不敢全面依照政策开展工作，这抑制了小微企业的积极性，不利于小微企业快速发展。

四　总结

扶持小微企业是改善民生的基础，是增加就业岗位的渠道，是开拓创新的源泉。当今泉州市小微企业面临融资贵、融资难等问题，本报告针对有关小微企业的政策以及取得的成效、目前依旧存在的问题、相关的政策建议进行具体分析。泉州市积极响应国家政策，运用定向降准、再贴现再贷款等货币政策工具降低了小微企业的融资成本，解决了小微企业难以获得贷款的问题，并为小微企业设立了专门的信息信用服务平台，为小微企业提供贷款增信分险服务，为小微企业营造良好的融资环境，打造健康的金融生态圈。与此同时，依旧存在没有解决的问题，如尽职免责措施与不良贷款率上升之间存在的矛盾、处置不良资产时产生的种种问题。在互联网时代，泉州可以通过利用大数据帮助传统金融机构转型升级，强化监督管理，优化风险防范机制，对于那些不良资产处置的程序给予绿色通道，为金融机构铺设一条快速便捷的道路。当然，所有问题都不是一次性就能够解决的，泉州市政府和相关主管部门要在这条路上逐渐探索、挖掘，以为小微企业营造一个良好的发展环境，带动经济快速增长。

社会文化篇

Society and Culture Analysis

B.13

被需值引领下产业学院服务区域经济发展的育人机制

——基于“一带一路”倡议背景

王树生　黄重成*

摘　要： 在被需值教育理念引导下，泉州轻工职业学院秉承“明道”“励学”“笃行”的校训，坚持“服务区域产业转型升级创新发展”和“服务师生成长成才创新创业”的办学定位。依托五大股东企业的主营业务，组建产学结合、深度融合的金龙商学院、恒安智能工学院、安踏时尚设计学院、艾派文创学院、浔兴建筑学院等特色鲜明的二级学院。本报告阐述泉州

* 王树生，泉州轻工职业学院执行董事，教授，博士生导师，研究方向为教育学；黄重成，泉州轻工职业学院副校长，副教授，研究方向为教学管理。

轻工职业学院办学情况、项目实施背景、建设目标，分析其在被需值教育理念下的创新做法、实施成效、应用及推广情况，并总结经验，为福建省乃至全国同类学院提供可参考的样板。

关键词： 被需值　一带一路　产学研

为了强化学生的实践能力和职场适应能力，泉州轻工职业学院引企入校，组建“校中厂”；同时，在股东企业内部设立“车间教室”和“厂中校”，从而形成了“践行被需值教育理念，融入人才培养全过程，培育三动四会人才”的长效机制。学校通过文化育人进课程工程、手工匠培养工程、被需值文化建设工程、社会服务工程等“四大工程”，将“被需值”教育作为德育工作的切入点、教学工作的渗透点、学生工作的落脚点、教辅行政工作的示范点，增强了全院师生为别人着想、精准服务他人的意识和能力。根据高校社会服务职能要求，发挥股东企业行业龙头优势，深化产业学院育人机制，主动配合“走出去”的企业，开展当地员工技术技能培训和学历职业教育，实现标准输出和辐射，服务区域经济发展及“一带一路”经济发展，为行业企业提升人才素养提供智力支持，在福建省乃至全国起示范和引领作用。

一　办学情况

泉州轻工职业学院创建于2009年，是在晋江市委、市政府主导和大力支持下，由金龙集团、恒安集团、安踏集团、浔兴集团、艾派集团等五大集团共同出资创办的。学校是福建省示范性现代职业院校、全国现代学徒制试点学校、全国改革开放40周年内涵发展创新案例学校。

二　项目实施背景

为深入贯彻落实《教育部关于开展现代学徒制试点工作的意见》（教职成〔2014〕9号）、《教育部关于印发〈高等职业教育创新发展行动计划（2015—2018年）〉的通知》（教职成〔2015〕9号）、《国务院办公厅关于深化产教融合的若干意见》（国办发〔2017〕95号）、《福建省人民政府关于加快发展现代职业教育的若干意见》（闽政〔2015〕46号）及《福建省教育厅等五部门关于实施“二元制”技术技能人才培养模式改革试点的通知》（闽教职成〔2016〕10号）等文件精神，有效破解校企合作发展机制不健全，体系不完善，产教合而不深、人才多而不精、服务弱而不强，行业参与职业教育路径缺失、企业协同育人办学角色缺位导致地方行业企业用人需求与职业教育育人供给脱节，难以吸引行业企业参与人才培养，难以培养满足区域经济发展方式转变、产业结构升级需要且契合行业企业需求的人才供给等问题，同时，主动服务国家“一带一路”倡议，开展与“一带一路”沿线国家的职业教育合作，学校在被需值教育理念的引领下，积极强化高校社会服务职能，以服务区域经济及“一带一路”经济发展为宗旨，充分发挥五大股东集团化办学体制机制及行业企业龙头优势，深化产业学院育人机制，着力实施“二元制”、现代学徒制人才培养模式，形成校企行政多方协同育人机制，强化校企“二元”人才培养，发挥高等职业院校专业优势，深入企业、面向员工开展技术技能培训和学历职业教育，有力推进产教深度融合，为社会培养“适销对路”人才。

三　建设目标

学校以被需值教育理念为核心，以服务社会经济发展为宗旨，按照“立足泉州、契合晋江、服务产业”的思路，发挥金龙集团、恒安集团、安踏集团、浔兴集团、艾派集团等五大股东的办学优势，建设深度融合的产业特色学院，进行“二元制”“现代学徒制”等校企“二元”人才培养模式改革试点，深化引企入校，完善“校内生产性实训基地”及“企业教学基地”，建设“校中厂”“厂中校”，落实“五个对接”，构建校企双主体协同育人机制，同时，配合“走出去”企业，开展当地员工技术技能培训和学历职业教育，并发挥股东企业行业龙头优势，实现标准输出和辐射，为行业企业提升人才支撑，精准服务区域及“一带一路”经济发展，在福建省乃至全国起示范和引领作用（见图 1）。

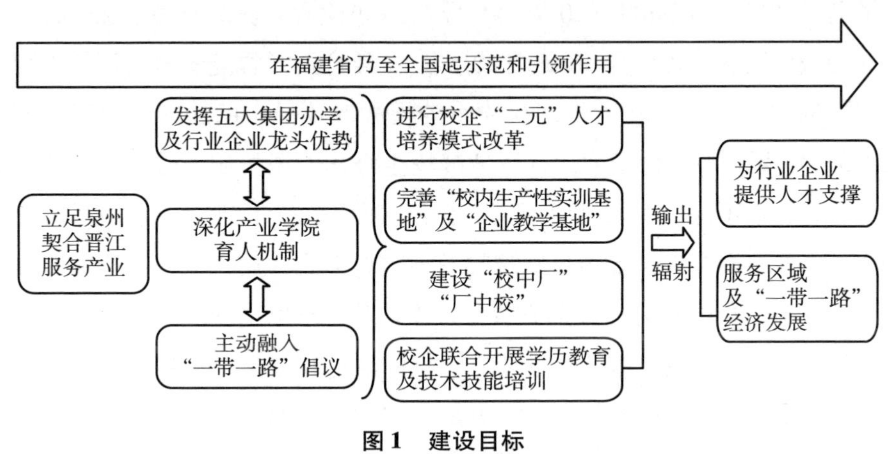

图 1　建设目标

四　创新做法

（一）搭平台，建设产业特色学院

根据产业、行业企业发展需求，以深化校企联合培养为主线，依托泉州市鞋业职教集团、泉州市食品职教集团、福建省物流行业职业教育指导委员会等平台，发挥学校理事长、秘书长单位的优势，统筹区域教育资源，充分利用行业企业的物力、技术以及学校的文化、师资等优势资源，搭建以全面提升劳动者技术技能水平、职业素养，增强学校办学活力，提高人才培养质量为主要目标的校企协同育人平台（见图 2），建设产业特色学院（见图 3），推进校企“二元”人才培养长效机制。

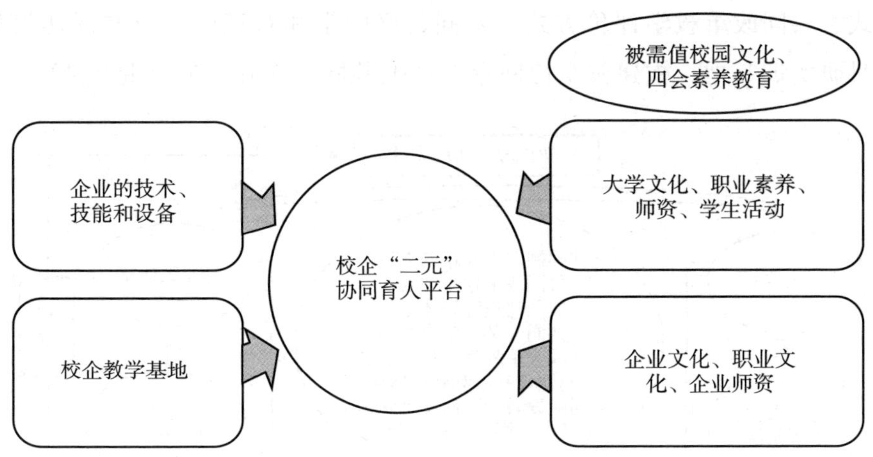

图2 校企协同育人平台

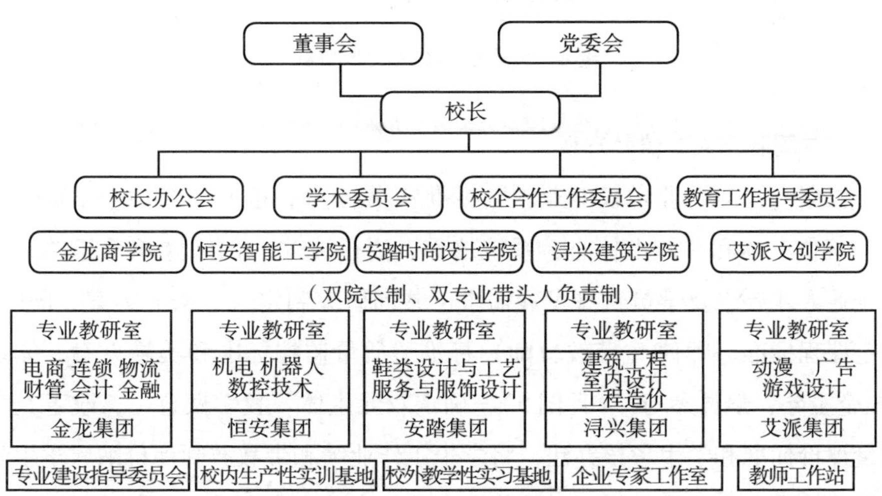

图3 五个产业学院组织架构

（二）建机制，推进校企“二元”人才培养模式改革

依托产业学院，融合学校和企业两个教学实施系统，通过共同制定人才培养方案、共同改革招生方式、共同建设课程体系、共同改革教学

模式、共同改革教学评价方式、共同建好教学和管理队伍及共同建设教学科研实训基地，构建校企协同育人“七共同”工作机制（见图4）。

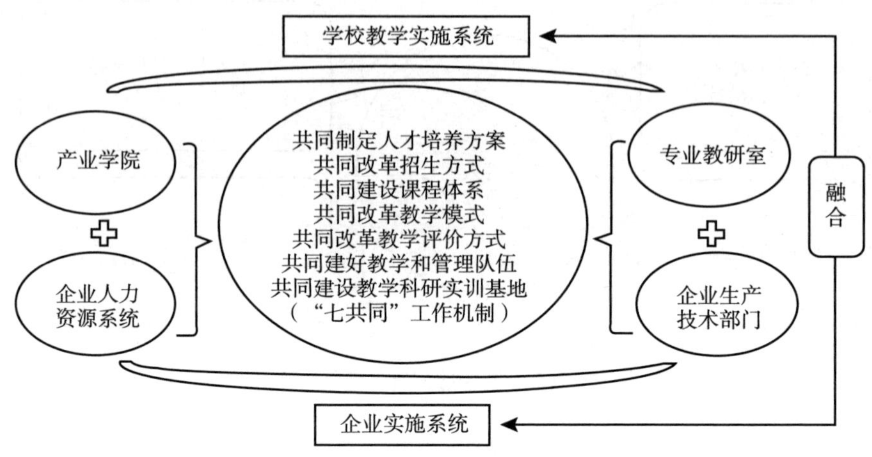

图4　校企协同育人工作机制

1. 共同制定人才培养方案

根据《高等职业学校专业教学标准（试行）》，按照“学生—学徒—员工”三位一体和“能力核心、系统培养、岗位成才”的人才培养思路，结合企业人才要求及学员自身发展需求，共同研究制定人才培养方案，同时，制定课程标准、师傅（带教教师）标准、质量监控标准和实施方案，体现“校企主导、学员参与”（见图5），确定双元主体、教学做合一，改革教学质量评价标准和学生考核办法，将学生工作业绩和带教教师评价纳入学生学业评价标准，实现学徒知识、技能、文化与素养全面提升。

2. 共同改革招生方式

一是依托福建省“二元制”人才培养模式改革项目，实现“招工即招生”。针对与企业签订正式合同的在职员工，采用“基础知识考试＋员工岗位技能测试”的单独招生考试办法，将其录取为有正式学籍的在校生，组成“二元制”人才培养班（见图6）。基础知识考试由学校为主负责，员工岗位技能测试则由校企共同主持。

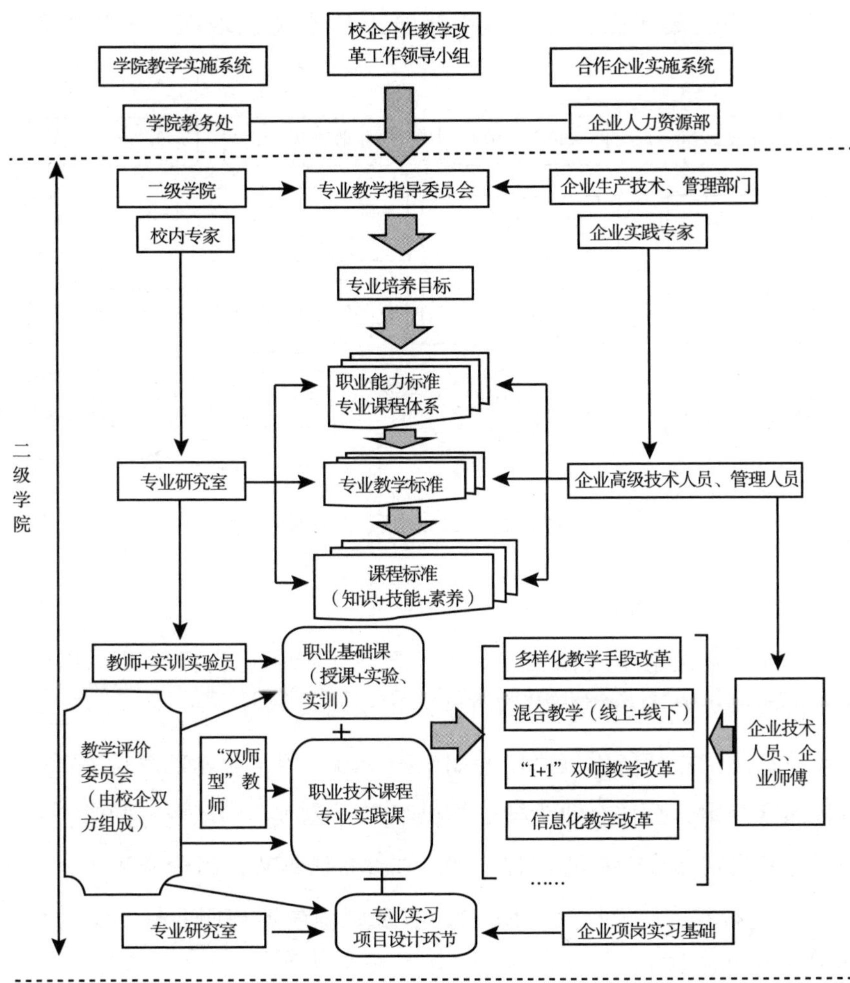

图5　校企"二元"人才培养方案

二是依托现代学徒制人才培养模式改革项目，实现"招生即招工"。校企共同研讨制定选拔方案，采取面试、现场能力考核等方式，合作企业与学校共同开展学徒的选拔工作，组成"现代学徒制"人才培养班。学校、企业、学徒签订三方协议，明确三方的职责与权益（见图6）。

三是发挥学校具备招收国际留学生的资质，通过"走出去与引进来"，与恒安集团、马来西亚晋江联合会总会联合开展马来西亚留学生学

历教育，与百宏集团联合开展越南籍员工技术技能培训，筹建鲁班工坊班。

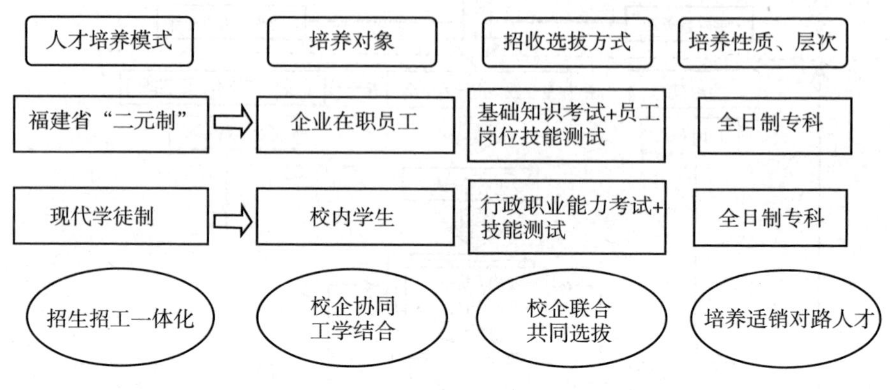

图6　福建省“二元制”、现代学徒制

3. 共同建设课程体系

校企联合构建基于岗位工作任务、融入国家职业资格标准“以能力为本位、以职业实践为主线、以项目课程为主体的模块化”课证融合的专业课程体系；用工作任务引领对专业知识的学习，用企业典型产品进行引领项目课程内容制定，合作企业为学生提供真实的实习实训环境。同时，校企双导师联合建设优质专业核心课程、精品在线资源课程、教学资源库，开发校企“二元”培养特色教材（见图7），实现课程内容与职业标准、教学过程与生产过程相融合。

4. 共同改革教学模式

通过推行“1＋1”校企双师教学，实施多样化教学手段，改革教学模式。在教学方式上突出“以学习者为中心的实践性”，在教学组织形式上进行“小组学习、项目学习、合作学习”，采用“O2O线上线下混合”、“三明治（教、学、做三位一体）”以及“三动（动脑、动口、动手）”等多种教学方法，推进教师团队、名师工作室或大师工作室教学创新，突破学生职业培养瓶颈，调动学生学习兴趣，激发学生学习的主动性、创造性，提高学生学习效果（见图8）。

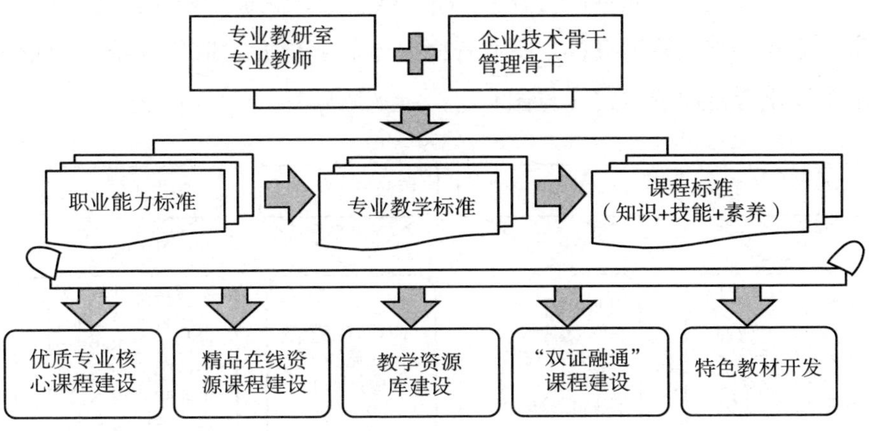

图7　校企“二元”培养课程

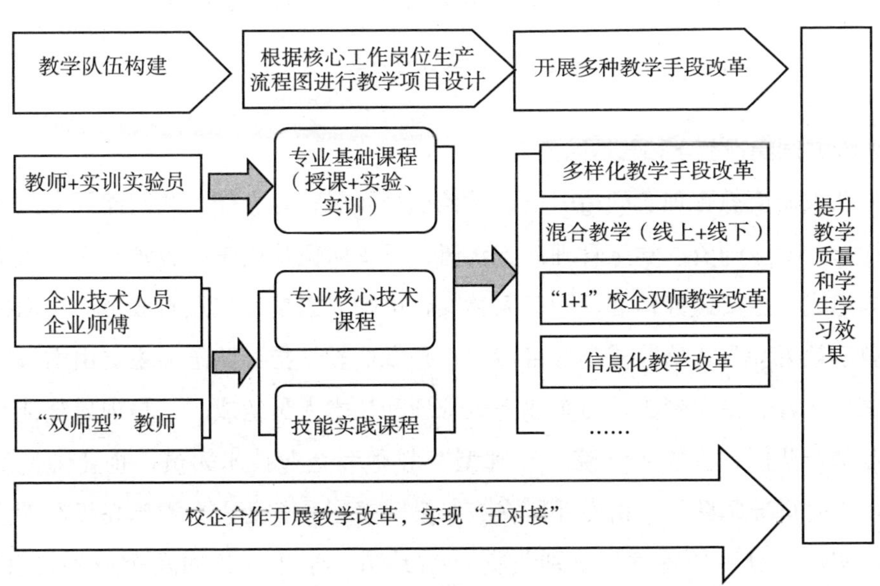

图8　教学模式改革

5. 共同改革教学评价方式

校企联合共同建立质量监控体系，实行“过程考核（日清、周过、月交流、季表彰、期总结、年鉴定）、师生捆绑（既考核学生，又考核教师）、多元主体（校、行、企共同考评）”的考核制度，注重过程与能力，以作品展示、竞赛获奖、答辩报告、职业资格取得等评价方式取代传统考核形式，突出个性化考核评价方式（见图9）。

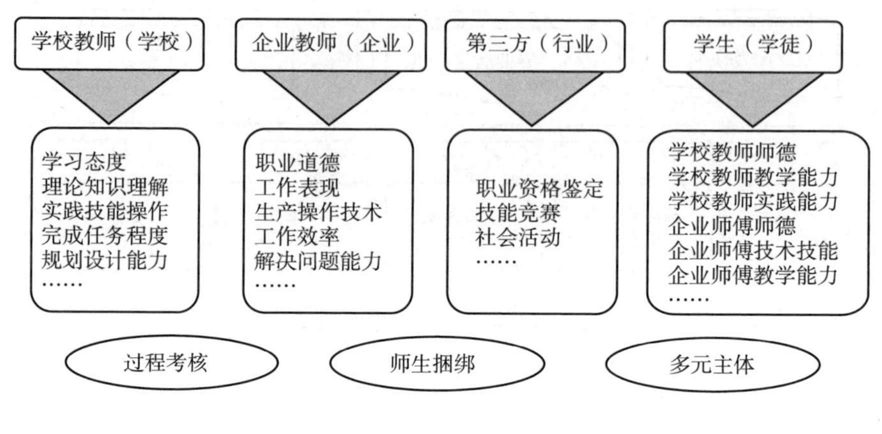

图9　教学评价方式

6. 共同建设教学和管理队伍

在被需值教育理念的指引下，学校积极开展校企合作，共同建设专业教学指导、专业师资、学生管理三支队伍，三支队伍均由学院教师与企业人员共同组成，主要服务精准教学、大学文化熏陶，以期达成点石成金、全面提升教学效果和人才培养质量的目标。一是专业教学指导队伍，主要由学校的专家、学者、专业带头人与企业高级管理和技术人员组成。二是现代学徒制专业师资队伍，主要由学院“双师型”教师和企业技术人员、企业师傅组成。三是班导师队伍，由专业所在二级学院书记和企业人力资源高级经理组成，实行双班主任管理，分别负责“二元制”学生在校内及企业的管理，并组织学生参与校内被需值文化课堂，引导学员树立正确的价值观和世界观，同时组织学生参与社团文娱活动、技能竞赛活动，实现企业文化进校园，校园文化进头脑，形成具有鲜明特色的文化。

7. 共同建设教学科研实训基地

在被需值教育理念的指引下，强化社会服务引导，学校通过与股东及行业企业合作建设“人才中心”“师资培育暨科研孵化基地”“企业教学基地”“专业校内生产性实训基地”等教学、科研、实训基地（中心），实现校企共建共享，为落实校企“二元”人才培养、开展职工培训和对外服务提供软硬件支持，并逐步向实习实训教学、技能考核、师资及企业职工培训、技能竞赛、研发服务“五位一体”的现代职业教育实训中心发展。

（三）树品牌，提升专业服务产业发展能力

一是以提升专业服务产业发展能力为出发点，以股东企业为龙头，创新专业群建设机制，重点建设智能制造、现代服务业、文化创意设计等3个省级对接区域重点产业特色专业群。二是结合企业岗位素质和技能、知识要求，建设职工拓展培训中心、行业人才培训基地及公共实训基地，推动政校企深度融合，并面向社会提供素质培训、技术培训和智力支持。三是校企合作建设“校中厂”“厂中校”，实现设备、师资共享，确保教学过程与生产过程、实训条件与生产设备、实训内容与生产实际零距离；同时，在产业学院组建企业专家工作室和“校企人才中心”，在企业组建教师工作站和“校企师资培育暨科研孵化基地”；依托“人才中心”，根据企业人才需求，实现招生招工一体化，代企业招收、培训新员工，为企业培训、培养员工；依托“师资培育暨科研孵化基地”，根据企业需求进行学院教学、职工培训和科研项目孵化，不断深化产业学院育人机制，提升专业服务产业发展能力，树立轻工品牌。

（四）强支撑，建设产教融合保障体系

以深化产业学院育人机制为目标，以校企“二元”培养模式改革为立足点，以机制、组织、制度、经费四项保障措施建设为抓手，建设产教融合保障体系。四项保障，环环相扣，为校企“二元”培养模式改革提供有力支撑（见图10）。

1. 机制保障

发挥股东集团办学优势，建设深度融合产业学院，与合作企业签订《校企“二元”协同育人协议》，明确双方在育人过程中的合作方式与分工、

人才培养成本分担、权益与责任；签订《校、企、生三方（四方）协议》，明确学徒的身份及学校、企业、学徒的职责和权益等；签订《“鲁班工坊”订单班协议》，明确面向“一带一路”沿线国家开展学历教育及技术技能培训项目中校企双方的权利与义务，融合学校与企业两个教学实施系统，建立“七共同”工作机制，为校企“二元”培养模式改革提供机制保障。

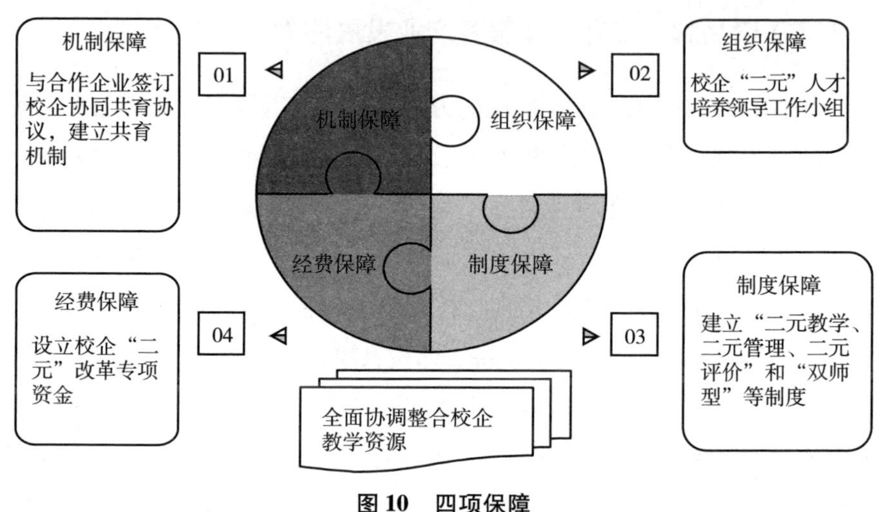

图10　四项保障

2. 组织保障

成立校企“二元”人才培养领导工作小组，由校长任组长，企业执行董事、副总裁任副组长，学校教学及职能部门负责人、企业相关部门负责人等任组员，全面协调校企教学资源，为校企“二元”人才培养模式改革提供组织保障。

3. 制度保障

制定实施《泉州轻工职业学院“二元制”、“现代学徒制”师资队伍管理办法》《泉州轻工职业学院“二元制”、“现代学徒制”学生管理办法》《泉州轻工职业学院“二元制”、“现代学徒制”学生教学管理办法》《校企“二元”人才培养质量评价办法》等文件，为校企“二元”培养模式改革提供制度保障。

4. 经费保障

设立校企“二元”改革专项资金，引进企业共建资金，实施《泉州轻工职业学院“二元制”、“现代学徒制”专业建设专项资金管理办法》，为校企“二元”培养模式改革提供经费保障。

五　实施成效

（一）育人成效显著

通过与股东及行业企业举办特训班、订单班，实施现代学徒制、“二元制”人才培养模式等，促进人才培养供给侧和产业需求侧结构要素全方位融合，不断为社会培养、输送“适销对路”的优秀毕业生，毕业生年就业率达100%，72.3%的毕业生已晋升为企业的技术骨干和中高层管理人员，用人单位满意度超过97.3%。同时，校企合作开展“一带一路”学历教育及技术技能培训项目，学校有正式学籍的马来西亚留学生为35名，国际化办学走在福建高职院校前列。

（二）提升教师教学科研水平

积极推进教师以校企“二元”培养项目为主题，依托“师资培育暨科研孵化基地”，进行教学活动和科学研究，并将研究成果运用到教学实践中。承担横纵向课题56项，其中市厅级以上课题（项目）为15项（见表1、表2），发表论文79篇，形成教学相长的长效机制。

表1　科研项目立项一览

序号	姓名	主要参与者	立项单位	题目	来源企业
1	潘香花	李艳珍、潘杉、孙明媚、叶雅雅、王艳君	福建省教育厅	《“一带一路”背景下福建自贸区跨境电子商务平台运营优化研究》	安踏集团

续表

序号	姓名	主要参与者	立项单位	题目	来源企业
2	简叶叶	庄培荣、李庆旺、张怡、郭泽镔	福建省教育厅	《燕碎的营养价值及综合利用研究》	盼盼集团
3	林伟强	蔡荣盛、李继伟、何世伟、王艳君	福建省教育厅	《35CrMo钢锻造和热处理的晶粒度分析及阻止遗传研究》	浔兴集团
4	宋江婷	唐荣明、苏涓涓、郑学斌、蔡荣盛、林伟强	福建省教育厅	《调直断料机的电气线路优化设计》	恒安集团
5	陈超	王秀贵、赖晓毅、郭雅芳、张建国	福建省教育厅	《应急自动充气装置在游泳服中的研发与应用》	安踏集团
6	叶琳弘	连云霞、简叶叶、庄培荣、薄莹	福建省教育厅	《鱿鱼软骨硫酸软骨素的提取制备及应用研究》	盼盼集团
7	王秀贵	郑林海、洪鸿茹、王凤	福建省教育厅	《智能恒温保健鞋的开发与研究》	安踏集团
8	王源庆	罗素珍、吴岚萍、潘利强、张冲杰	福建省教育厅	《物联网技术在福建智慧旅游系统的应用研究》	晋江假日航空旅行社

表2　校企“二元”培养模式研究成果

序号	主持人	立项单位（期刊）	题目	项目批准号	备注
1	王树生	《教育评论》	《“二元”视角下现代学徒制人才培养模式研究与实践》	《教育评论》2017年第7期	核心期刊
2	黄重成	福建省教育科学规划领导小组办公室	《福建省“二元制”人才培养模式的研究与实践》	FJKYJD17－72	省级
3	张振伟	福建省教育厅	《探索现代学徒制、促进海西新发展》	JA124935	省级
4	罗素珍	福建省教育科学规划领导小组办公室	《校企合作人才培养“学徒制”新模式的探索与实践研究》	FJJKHX16－108	省级
5	蔡荣盛	泉州教育局、泉州社科联	《校企共建二元制协同育人模式的研究与实践》	2018D27	市级
6	连建峰	泉州教育局	《“被需值”教育理念在“二元制”人才培养模式的导向型研究》	QGX2017－205	市级
7	庄跃峰	泉州轻工职业学院	《高职电子商务专业“二元制”人才培养模式实证研究——以泉州轻工职业学院“安踏班”为例》	QGX2016－06	市级

（三）增强学校社会影响力

在股东企业的大力支持下，以被需值教育理念为核心，以强化学校的社会服务职能为宗旨，通过“搭平台、建机制、树品牌、强保障”，构建校企协同育人新模式，建成一批校企合作教学、实训、实践生产性共同体等，不断深化产业学院育人机制。成功经验和办学成效引起了媒体的广泛关注，新华网、《中国教育报》、《福建日报》、《泉州晚报》、中华职业教育社、福建《教育工作简报》等国家级、省级和市级主要新闻媒体先后进行专题报道，仅2018年，市级以上媒体20多篇次报道了学校依托产业学院取得的创新发展成果，形成了广泛社会影响力、轻工品牌感召力与校企“二元”人才培养改革成效良好的美誉度，在福建省内乃至全国引起一定反响。

（四）精准服务企业转型升级

办学以来，依托产业学院，促进人才培养供给侧和产业需求侧结构要素全方位融合，不断为社会培养、输送“适销对路”的优秀毕业生，同时，构建多方参与的技术创新与培训平台（见表3），建设科技服务团队，并整合泉州市鞋业职教集团、泉州市食品职教集团资源优势，为企业提供技术培训等，精准服务企业转型升级。累计为企业开展员工培训近3万人次，承担新产品开发和应用、技术改造和革新项目24项，有效提升了学校的被需值，充分展示了学校的社会服务职能。

表3　技术创新与培训平台

序号	平台名称	合作单位	立项部门
1	工业机器人应用培养中心	恒安集团	教育部
2	休闲食品加工技术协同创新中心	福建农林大学、盼盼集团、福建食品工业协会等	福建省教育厅
3	泉州轻工学院科研创新基地	安踏集团	福建省教育厅

续表

序号	平台名称	合作单位	立项部门
4	福建省集成电路人才培养基地	福建晋华集团	福建经信委
5	福建省 AR/VR 职业教育实训基地	福建网龙	福建省教育厅
6	现代服务业专业群实训基地	泉州市邮政管理局	福建省教育厅
7	智能制造专业群实训基地	厦门思尔特机器人、恒安集团	福建省教育厅
8	数控一代与智能制造实训点	中科院泉州装备制作研究所、福建晋工职业有限公司	泉州科技局
9	泉州市快递人才培养中心（020 物流、电商培训平台）	泉州市邮政管理局	泉州经信委
10	创新驱动助力工程点示范单位	福建省纺织工程协会	泉州市科协
11	泉州市鞋业职教集团	安踏集团等 24 家单位	泉州教育局、泉州经信委
12	泉州市食品职教集团	盼盼集团等 26 家单位	泉州教育局、泉州经信委

六　应用及推广情况

（一）校内应用及推广情况

2016 年，服饰与服装设计、机电一体化技术专业分别与恒安集团、安踏集团合作，实施校企“二元”协同育人，招生 110 人；2017 年，食品营养与检测等三个专业分别与福建盼盼集团等 4 家企业联合育人，招生 113 人，校企“二元”协同育人已产生良好的社会影响，许多行业企业乐意与学校共同培养人才。2018 年，物流管理等 5 个专业分别与顺丰集团等 5 家行业企业商会合作实施“二元制”人才培养模式，招生 175 人；同时，机电一体化技术、服装与服饰设计、食品营养与检测、建筑工程技术、鞋类设计等 5 个现代学徒制开始试点，由校企联合选拔 128 名学员组成 5 个现代学徒制班。学校经过与相关行业企业商讨，规划了 2019 年和 2020 年的“二元”培养招生专业（见图 11）。

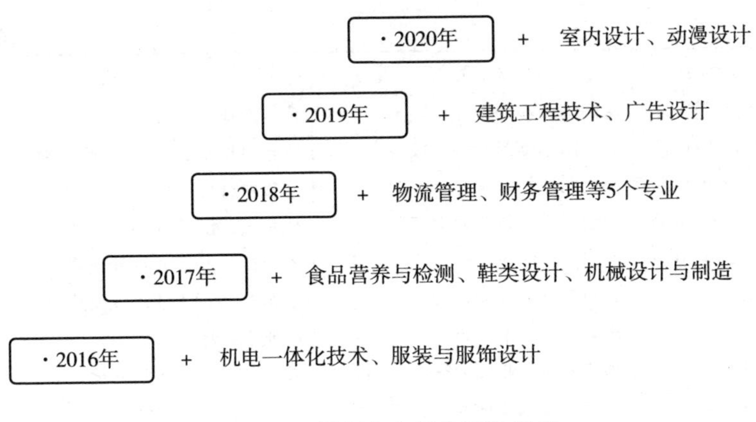

图 11 二元制专业招生五年规划

（二）兄弟院校应用及推广情况

学校科学办学引起社会各界的广泛关注，旗帜鲜明的被需值教育理念和社会服务职能卓有成效的深化，特别是产业学院和校企“二元”人才培养的成果成为各兄弟院校借鉴和交流的典型。先后有宁夏职业技术学院等 15 所省内外高职院校莅校交流（见表 4）。先后在厦门市职业院校现代学徒制建设项目推介会、福建省教育国际交流协会第五届会员代表大会第四次会议、福建省物流行业教育指导委员会成立大会等会议上进行经验介绍（见表 5），特别是学校“建设产业特色学院深化校企‘二元’培养”“建设企业学院实现校企双主体育人”两个案例分别入选 2018 年全国校长联席会优秀案例和全国改革开放 40 周年内涵发展创新案例。全国人大常委会副委员长、民进中央主席严隽琪莅校考察调研时，高度赞扬了学校发挥企业办学优势、助推制造业转型升级的办学成果。

表 4 2018 年兄弟院校莅校交流情况

序号	时间	来访院校	主题
1	2018 年 3 月	泉州工艺美术职业学院	产业学院建设
2	2018 年 3 月	泉州华光职业学院	“一带一路”招生实践
3	2018 年 4 月	黎明职业大学	校企合作开展“一带一路”学历教育

续表

序号	时间	来访院校	主题
4	2018年5月	厦门华天涉外职业学院	依托产业学院,提升专业发展
5	2018年6月	泉州医学高等专科学校	校企合作开展“一带一路”学历教育
6	2018年6月	福州职业技术学院	产教融合$(1+1)^x$育人模式
7	2018年10月	三明医学科技职业学院	校企“二元”人才培养模式
8	2018年10月	厦门南洋职业学院	校企“二元”人才培养模式
9	2018年10月	泉州海洋职业学院	校企“二元”人才培养模式
10	2018年10月	宁夏职业技术学院	产业学院建设
11	2018年10月	福建漳州职业技术学院	校企“二元”人才培养模式
12	2018年11月	宁夏工商职业技术学院	校企合作产教融合
13	2018年11月	厦门东海职业技术学院	校企合作产教融合
14	2018年12月	闽江师范高等专科学校	校企“二元”人才培养教育教学管理
15	2018年12月	泉州经贸职业技术学院	校企“二元”人才培养模式体制机制建设

表5 会议推广情况

序号	时间	会议名称	主办方	报告题名
1	2018年3月	两岸高职教育论坛第七次峰会	福建省教育厅	建设产业学院实现校企双主体育人
2	2018年6月	福建省教育国际交流协会第五届会员代表大会第四次会议	福建省教育国际交流协会	招收培养马来西亚学历教育留学生实践分享
3	2018年6月	福建省物流行业教育指导委员会成立大会	福建省教育厅	产教融合$(1+1)^x$育人模式
4	2018年10月	厦门市职业院校现代学徒制建设项目推介会	福建省教育厅	现代学徒制教育模式实践与思考
5	2018年11月	教育部《民办教育发展专报》	教育部	建设企业学院实现校企双主体育人
6	2018年12月	全国校长联席会2018年会	全国校长联席会	建设产业特色学院深化校企“二元”培养

七 经验启示

第一，加快立法。根据《国务院办公厅关于深化产教融合的若干意见》以及《国家职业教育改革实施方案》等文件，各地方政府要尽快出台配套政策和法规，拓宽企业参与职业教育的路径，提高企业的积极性和主动性。

第二，制定标准。可由教育行政主管部门牵头，依托行业企业、职业院校等，依据现代学徒制、二元制的特征和学生认知成长规律，以岗位成才为路径，制定专业教学标准、课程标准、评价标准等，真正形成融合学生人文素养、专业知识、职业技能、职业态度和职业素养的人才培养标准体系。

第三，具有国际视野。校企联合，加强与“一带一路”沿线国家的职业教育合作。主动满足“走出去”企业的需求，校企合作开展学历教育和技术技能培训，培养具有国际视野、通晓国际规则的技术技能人才和中国企业海外生产经营需要的本土人才。

B.14
2020年泉州海丝申遗对策与建议

王万盈*

摘　要：　2018年泉州海丝申遗的失利主要原因并非所谓“外部”势力的操弄，更非现存泉州“海丝”遗迹的文化价值不突出，而是泉州市相关部门对泉州宋元时期的海丝遗迹缺乏系统、深入研究，研究视野的狭窄使泉州在申报世界文化遗产时缺乏对海丝文化的全球性观照；同时，泉州海丝遗迹的分散性导致“古泉州（刺桐）史迹”申遗优势尽失。针对2020年泉州海丝遗迹的再次申遗，本报告分析2018年申遗失利的原因及2020年申遗存在的有利与不利因素，提出应强化海丝文化研究、提升海丝文化的知名度、大力培育专业人才，与福州市“联合申报”世界文化遗产的对策。

关键词：　泉州　海丝申遗　海丝文化

自习近平主席提出“一带一路”倡议以来，国际社会积极响应，国内相关机构和地区也迅速行动，就推动共建丝绸之路经济带和建设21世纪海上丝绸之路核心区出台了诸多举措，“海丝文化”自然就成为各级政府和学界关注的焦点。泉州是海上丝绸之路的东方起点城市之一，拥有丰富的“海丝”文化历史遗产，被联合国教科文组织誉为“不同信仰、不同民族相遇，各种文化交流和共处”的城市。1991年，泉州被联合国教科

---

* 王万盈，泉州师范学院教授，博士，研究方向为海丝文化。

文组织确定为全球首个世界多元文化展示中心，2013 年又与日本横滨、韩国光州一道当选首届“东亚文化之都”。这一切得益于历史上泉州文化的多元和海丝文化的独特，泉州市政府在发掘、宣传泉州“海丝”文化方面也做了大量的工作，而检验泉州对海丝文化重视程度的试金石之一就是“古泉州（刺桐）史迹”申报世界文化遗产能否成功。因此，泉州市如何进一步传承、升华中国“海丝”文化，推动泉州城市形象升级，增强泉州经济社会与文化发展竞争力，是泉州市政府相关部门面临的重要课题。

一 2018年“古泉州（刺桐）史迹”申遗失利原因分析

2018 年 1 月 26 日，中国联合国教科文组织全国委员会秘书处致函联合国教科文组织世界遗产中心，正式推荐海上丝绸之路具有代表性的“古泉州（刺桐）史迹”作为 2018 年世界文化遗产申报项目，这既是对泉州作为“海丝”重要城市的肯定，更有利于泉州城市形象进一步提升。

毋庸置疑，泉州市对“海丝文化”的重视程度不亚于任何一个与“海上丝绸之路”有关的城市或地区，为推动“海丝”申遗成功，泉州市政府自上而下做了不懈努力，取得了令人瞩目的成就。但遗憾的是，2018 年 6 月 24 日至 7 月 4 日在巴林首都麦纳麦召开的第 42 届世界遗产委员会（世界遗产大会）审议新的世界遗产项目过程中，中国申报的中国贵州省梵净山入选世界自然遗产名录，中国的文化遗产项目“古泉州（刺桐）史迹”被大会委员国从 ICOMOS 建议的不列入（N）大幅修改为发还待议（R，即需要补充资料、概念再申请，但需要占用该年中国申遗名额），“古泉州（刺桐）史迹”无缘列入 2018 年世界文化遗产名录，这也成为我国首例申遗失败的城市和案例。

众所周知，世界遗产委员会对遗产申报项目有四档结论，分别是“准予列入”、“发还待议”、“重新申报”和“不予列入”。据悉，2018 年 6 月

29 日审议中国申报的“古泉州（刺桐）史迹”文化遗产项目时，委员会最终一致决定将“古泉州（刺桐）史迹”项目“发还待议”，这个审议结果令很多人出乎意料，虽然多个委员国在讨论中肯定了该项目具有列入“世界文化遗产名录”所需的“突出普遍价值”，但也认为其存在需要进一步完善之处，这意味着项目需修改、补充材料，继续申报世界文化遗产。

从“古泉州（刺桐）史迹”申遗热情高涨到申遗失利，作为当事者的泉州，不论是地方政府还是民众，都需要认真反思申遗失利的原因和“古泉州（刺桐）史迹”保护存在的问题，而不是怨天尤人，寻找种种借口为申遗失利开脱。

我们认为，“古泉州（刺桐）史迹”申报世界文化遗产失利的主要原因有如下几方面。

第一，对泉州宋元时期的海丝遗迹缺乏系统、深入研究。宋元时期的泉州在古代中国对外经济文化交流史上具有不可替代的地位，多元文化交流频仍，甚至泉州港被誉为“东方第一大港”，这些都是无可争辩的史实。但问题的关键是不论是国内其他地方的学者还是泉州本地学者，对于泉州港和古泉州文化多元性、文化交流中的“多元”表现都只是泛泛研究，仅研究泉州宗教文化的“多元”与表现，严重忽视了泉州文化对海丝沿线国家的影响，使中外文化的双向流动与影响没有得到充分体现。

尤其值得注意的是，对于作为泉州海丝文化重要代表的泉州港，更是缺乏深入研究。众所周知，20 世纪 80 年代国内学界编撰的“中国水运史丛书”陆续出版了《宁波港史》《温州港史》《福州港史》《上海港史》《秦皇岛港史》《广州海运史》《南京港史》等 100 余部水运史书，共计 3000 余万字。但令人遗憾的是，作为古代中国水运史上重要港口之一的泉州港，竟然直到今天还没有出一本完整的“泉州港史”，目前仅见的只有一本非常薄的《泉州古港史》，字数不足 10 万字，而《宁波港史》等动辄四五十万字，这说明泉州本地学者对泉州港的研究还处于初始阶段，这种状态势必影响对泉州海丝文化的深入研究。

第二，研究视野的狭窄使我们在申报世界文化遗产时缺乏对泉州海丝文化的全球性观照。在2018年“古泉州（刺桐）史迹”申遗文本中我们强调“泉州是10～14世纪‘大航海线路’（Great Maritime Routes）时代文化交流的产物”。这样的表述本身就存在问题。众所周知，大航海时代又被称为地理大发现，是15世纪末16世纪初，由欧洲人开辟横渡大西洋到达美洲、绕道非洲南端到达印度的新航线以及第一次成功的环球航行。大航海时代是人类文明进程中最重要的历史事件之一。而我们所强调的宋元时期是10～14世纪，这一时期虽然是泉州海外贸易和多元文化鼎盛时期，但世界性的“大航海”时代尚未开始，而10～14世纪泉州海外贸易兴盛的重要原因是陆上丝路受阻，中国政治、经济重心南移，当时的阿拉伯人开始从海上来到泉州从事丝路贸易。阿拉伯人大量来中国东南沿海如泉州进行海上丝路贸易，其作用与意义到底对全球经济、文化产生何种影响，将其称为“大航海”线路贸易是否妥当，都是存在很大争议的问题。而要使这样的“结论”得以成立，对跨国海上贸易线路的研究和对比势在必行。泉州是中国东南沿海港口城市集群的一部分，是印度洋港口城市网络的一部分，应该在更大的背景下来看泉州的历史意义。但这一部分恰恰是泉州2018年申报世界文化遗产文本描述中所缺乏的重要证据，其教训不谓之不深！

第三，泉州海丝遗迹的分散性导致“古泉州（刺桐）史迹”申遗优势尽失。2018年6月“古泉州（刺桐）史迹”申遗总共有16个遗产分布点，即万寿塔、六胜塔、石湖码头、江口码头、洛阳桥、九日山祈风石刻、真武庙、天后宫、府文庙、老君岩造像、德济门遗址、磁灶窑址、开元寺、伊斯兰教圣墓、清净寺和草庵摩尼光佛造像。这16处遗迹中的每一处都具有极高的历史文化价值。但这些遗迹不仅分散，而且历史联系并不十分紧密，如真武庙、泉州府文庙、老君岩造像、德济门遗址、开元寺、清净寺和草庵摩尼光佛造等，从严格意义上讲和泉州“海丝”文化联系并不十分紧密，这极易给反对者留下否定泉州申遗的口实，极易使泉州失去申遗的地域优势。

第四，对泉州乃至中国历史文化的误解导致常识性错误出现。这里有三

条值得我们深思。一是对郑和下西洋的认识。明成祖朱棣和明宣宗朱瞻基在1405年至1433年命郑和七下西洋，对于这一世界航海史上的重大事件，国内外学者研究甚多，认为郑和下西洋的出发地在刘家港，永乐十五年（1417年），郑和第五次下西洋时，曾到泉州灵山圣墓行香，祈求圣灵庇佑，且立碑为记。碑文云："钦差总兵太监郑和，前往西洋忽鲁谟斯等国公干。永乐十五年五月十六日于此行香，望灵圣庇佑。镇抚蒲和日记立。"也就是说，在七下西洋过程中，郑和的确有在泉州停留一事，但这次停留，并不能说明泉州就是郑和下西洋的始发地之一。这样的历史常识性错误应该予以纠正。二是对洛阳桥建筑费用的错误认知。泉州的洛阳桥又称"万安桥"，"始名万安渡"，北宋庆历初年，泉州人陈宠就准备在万安渡建桥，因工程浩大，结果无功而返。皇佑年间，有僧人"募赀累年，亦不就"，洛阳桥还是没有建成。直到蔡襄理政泉州，洛阳桥正式开始修建。在蔡襄主持下，洛阳桥从皇祐二年开始建设，历时近十年时间，耗费铜钱一千四百万枚，直到宋仁宗嘉祐四年方才建成。洛阳桥位于洛阳江口，桥长834米，宽7米，气势雄伟。古代诗人刘彦冲《洛阳桥》一诗中就有"跨海飞梁叠石成，晓风千里渡瑶琼。雄如建业虎城峙，势若常山蛇阵横"之语[①]。洛阳桥是泉州海丝文化重要遗迹之一，可是对泉州洛阳桥的研究，本土学者长期处于认知错误状态，如对于洛阳桥的建设时间，泉州本地学者撰写的许多书和文章认为洛阳桥修建时间是"从皇祐五年（1053年）至嘉祐四年（1059年），前后历七年之久，耗银一千四百万两，建成了这座跨江接海的大石桥。至今已有九百多年历史"。实际上，洛阳桥的修建年代有两种说法，一种是"皇祐二年"，另一种是"皇祐五年"。孰是孰非？没有一个泉州本土学者考证过。再譬如许多学者言之凿凿的蔡襄修建洛阳桥花费"白银一千四百万两"更是无稽之谈，这是对原有记录"费金钱一千四百万"的误解。所谓的"费金钱一千四百万"不是花费白银一千四百万两，而是铜钱一千四百万枚。宋代根本不存在白银作为货币的情况，白银货币化始于明代。如此低级错

① 刘子翚撰《屏山集》，文渊阁四库全书本。

误，实在不应该出现！三是今天洛阳桥属于哪个朝代所修问题。从洛阳桥现存相关碑文可以清楚看出，宋代蔡襄所修洛阳桥于明万历三十五年秋因地震毁坏，“大石梁折入于海，桥北故址塌南四尺奇”①。后经明代泉州太守姜志礼费银一千三百两重新修葺而成。也就是说，我们今天看到的洛阳桥实际上是明代重修的洛阳桥，虽然是在宋代洛阳桥基础上修葺而成，但也不能贸然将其视为宋代泉州海丝遗址。

二 2020年泉州申遗有利条件与不利因素

上文分析了2018年泉州申遗失利的几个原因，这些原因值得相关部门进一步思考。面对2020年第44届联合国教科文组织世界遗产委员会会议（世界遗产大会）将在福州市举办的历史性机遇，泉州再次冲击世界文化遗产具有如下优势。

第一，政策优势。国家文物局2019年工作要点中有两条值得泉州学界和政界注意的信息：一是强调“推进国家文物领域智库建设，加强文物领域调查研究，编印《文物调研》，搭建文物政策研究咨询平台”；二是“推进‘良渚古城遗址’‘古泉州刺桐史迹’申遗工作，编制中国世界文化遗产事业发展规划，加强《中国世界文化遗产预备名单》项目培育和管理”。这两方面工作要点，为泉州2020年再次申报“古泉州（刺桐）史迹”世界文化遗产提供了国家层面的支持。

尤其重要的是，自2013年10月习近平总书记提出共建“21世纪海上丝绸之路”倡议后，福建省和泉州市就推动共建丝绸之路经济带和建设21世纪海上丝绸之路核心区出台了诸多举措，“海丝文化”也成为各级政府和学界关注的焦点，泉州市政府在发掘、宣传泉州“海丝”文化方面也做了大量的工作。这种从中央到地方高度重视海丝文化的共识是2020年泉州再次申报世界文化遗产的最大政策优势和利好，有利于泉州成功申报世界文化遗产。

① 明泉州太守姜志礼重修洛阳桥碑文。

第二，自身环境优势。由于自唐宋以来泉州与“海上丝绸之路”之间形成密切联系，海丝文化也就成为古泉州（刺桐）的重要象征，给后世留下了丰富的历史文化遗产。截至 2017 年，泉州共有全国重点文物保护单位 31 处，省级文物保护单位 96 处，127 处使泉州居福建省之首，其在全国地市中也名列前茅。泉州非物质文化遗产极其丰富，各种宗教与信仰在泉州和谐共存，同时泉州地方信仰也随着海上丝绸之路传向海外，在泉州的物质与非物质文化遗产中，相当一部分是泉州“海丝”历史重要遗产，其中较具代表性的 16 处遗产分布点被作为“古泉州（刺桐）史迹”项目的内容，获得中国联合国教科文组织全国委员会秘书处和国家文物局的重视。另外晋江和蕉城联合申报的中国水密隔舱福船制造技艺也被列入联合国教科文组织“急需保护的非物质文化遗产名录”。这些都显示了泉州作为中国最具代表性“海丝”城市的历史文化地位，在申报世界文化遗产中，泉州自身环境优势明显。

第三，时间机遇优势。2019 年第 43 届联合国教科文组织世界遗产委员会会议（世界遗产大会）主席加拉耶夫在 7 月 9 日代表世界遗产委员会宣布，下一届世界遗产大会将于 2020 年由中国福建省福州市承办。在随后的会议上，联合国教科文组织世界遗产委员会各委员国一致推选中国教育部副部长、中国联合国教科文组织全国委员会主任田学军担任第 44 届世界遗产大会主席。

第 44 届世界遗产大会将在福州举办，这对泉州而言是一个难得的展示泉州海丝文化的舞台，不论在时间上还是地点上，对泉州而言都是“利好”。因此，在第 44 届世界遗产大会召开之前，泉州应该及时抓住这一“利好”，通过提升自身申报水平，做好国家文物局和中国联合国教科文组织全国委员会相关工作，争取这两个部门的推荐。一旦被推荐上会，“古泉州（刺桐）史迹”成功申报世界文化遗产的概率就是 100%。

但是，2020 年泉州申报“古泉州（刺桐）史迹”为世界文化遗产也存在一些不利因素，主要表现如下。

第一，省内兄弟城市尤其是省会城市福州的竞争。福州是我国著名历史文化名城、福建省省会，又是海上丝绸之路的重要节点城市，历史悠久，其“三坊七巷”也在进行申遗。三坊七巷是我国最大的宋元明清古坊巷遗址，虽然福州目前还没有入选世遗的项目，但早在2012年，“海上丝绸之路·福州史迹”和三坊七巷就已被列入世遗预备名单。福州一个城市有两个项目被列入世界文化遗产预备名单，已经十分难得，而2020年，其又获得世界遗产大会承办权，这使福州的这些项目冲击世遗更近一步。而福州如果准备申遗，则势必会对“古泉州（刺桐）史迹”申遗造成极大冲击，泉州申遗再次失利甚至项目无法纳入“申遗”议程也不是没有可能。

第二，时间节点不利因素。2018年“古泉州（刺桐）史迹”申遗失利后，根据世界遗产文化委员会建议修改申报文本，整合相关申遗内容成为泉州市申遗工作的紧迫性任务。就时间节点而言，应该是时间短、任务重、整合难度高。如何在短短两年时间内使“古泉州（刺桐）史迹”申遗文本脱胎换骨，删除与“海丝”文化关联度不大的遗迹，突出泉州多元文化与海丝文化特色，是泉州市政府在2020年申遗时必须考量的重要问题。但要在不到一年时间内完成这样的工作，对志在必得的泉州市而言是一个不利因素。

第三，政策不利因素。由于第44届世界遗产大会在福州举办，因此从政策因素上考量，福建省政府势必会优先推举福州市相关遗迹申报世界文化遗产，这也会影响到国家文物局乃至中国联合国教科文组织全国委员会相关推荐决策，从而对泉州再次申遗造成极大冲击。这是泉州市相关部门必须高度重视的不利因素，其应当及时决策，制订应对计划。

三　对2020年泉州申遗的几点对策建议

2020年是“古泉州（刺桐）史迹”申遗工作能否成功的关键一年，在充满机遇的同时也存在重大风险。为此，我们对2020年泉州申遗工作提出几点对策建议。

第一，尽快组织专家撰写出版“海丝文化与泉州城市形象提升蓝皮

书”。国家文物局2019年工作要点中强调推进“‘古泉州刺桐史迹’申遗工作”，这说明泉州2020年申报“古泉州（刺桐）史迹”成为世界文化遗产已经再次上升到国家层面。如何助力泉州2020年“申遗”成功？首先需要从学理上进行进一步探究，针对泉州（古刺桐）史迹的现状进行对策性研究，因此编撰针对性研究成果“海丝文化与泉州城市形象提升蓝皮书”显得尤为紧迫。其次进行泉州城市形象提升研究。泉州（古刺桐）先民很早就开始进行海洋活动，与海上丝绸之路沿线国家和地区展开经济、文化交流，拥有悠久的“海丝”文化历史和丰富的“海丝”文化遗迹，在中国乃至全球城市中独具一格。事实上，“海丝”物质与非物质文化遗存是新时期泉州城市形象建构、提升的重要文化资源，体现着泉州“海丝”历史文化的丰富内涵与独特价值，是泉州城市独特性的重要载体，也是塑造泉州城市形象的核心资源。如何提升泉州城市形象，助力泉州（古刺桐）海丝遗迹申遗？这也是“海丝文化与泉州城市形象提升蓝皮书”的重要内容。最后要进一步开展泉州海丝文化发掘研究。着力对泉州“海丝”港口、航海、海洋贸易等领域的历史遗产进行研究。古泉州港由一系列码头组成，即所谓“三湾十二港”，其中较具代表性的有六胜塔、万寿塔、石湖码头、江口码头等，这展示了古泉州港完整的海洋交通设施体系，其是当时泉州海洋活动发达、航海设施先进的历史见证，使用水密隔舱等先进技术的福船制造、指南针与《针路簿》等航海技术手段的运用，证明宋元时期泉州航海的技术水平在世界领先，代表古代中国向海洋发展所取得的最高成就。磁灶窑址是宋元时期泉州生产外销瓷的重要场所，依江而建的古泉州德济门则是当时重要的商品交易市场和外商云集的地段，磁灶窑址和德济门遗址共同成为宋元时期泉州外向型经济发展水平的见证。市舶司是宋元时期的泉州海关。洛阳桥、安平桥等则体现了泉州在历史繁荣时期市政建设的成绩。

总之，作为海上丝绸之路起点城市之一的泉州，拥有众多海丝遗迹，是传统文化传承、发展的重大体现。“海丝文化与泉州城市形象提升蓝皮书”就是在充分研究泉州海丝文化基础上，为泉州2020年申报世界文化遗产建言献策，这不仅有利于为古泉州（刺桐）史迹在2020年申报世界文化遗产提供学理支撑，也契合习近平总书记强调要“加强对中华优秀传统文化的挖掘和阐发”的重要思想。

第二，展开“海丝文化史料文集”研究工作，出版系列研究成果，为泉州进一步丰富海丝文化提供智力支撑。泉州海丝文化内涵极其丰富，属于海丝文化“富矿区”，理应出现有关海丝文化研究的丰硕成果，并以此为支撑进一步传承、发展泉州海丝文化。如在1000多年的海外贸易中，泉州海丝文化有极其辉煌的表现。在两宋时期，泉州就与50多个国家和地区有贸易往来，海外贸易达东、西二洋，东至日本，南通南亚诸国，西达波斯、阿拉伯和东非等地；到元代，与泉州有贸易关系的国家和地区增至100多个。意大利旅行家马可·波罗甚至称“刺桐是世界上最大的港口之一，大批商人云集在这里，货物堆积如山，的确难以想象”。摩洛哥旅行家伊本·巴图泰评价泉州港是“世界大港之一，甚至是最大港口”，港口停泊大船上百艘，小船不计其数。宋元时期与泉州有贸易关系的国家之多、地域范围之广以及中世纪著名旅行家的评价，无不彰显泉州在海上丝绸之路繁盛时期——“跨文化交流时代”的“文化互动中心”的地位。悠久的海外交通历史造就了泉州独特的海丝文化及精神内涵。这些都是今天研究者应该予以重视的内容。但令人扼腕的是，相关部门对海丝文化研究漠视，“外来和尚好念经”的媚外心态，导致本土学者的研究长期得不到有效支持，相当一部分海丝文化研究处于低水平重复状态。毋庸讳言，低水平重复和缺乏创新是泉州本土学者研究海丝文化的致命缺陷。

第三，召开“海丝文化与泉州印象”国际学术研讨会，扩大泉州海丝文化影响范围，提升泉州海丝文化知名度与美誉度。

2018年12月，福建省高校新型智库“海丝文化传承发展研究院”已经成功举办了首届“海丝文化与泉州印象”国际学术研讨会，来自清华大学、中国人民大学、中国社会科学院的百余名专家学者就泉州海丝文化历史、现状以及价值进行深入研讨，取得了丰硕成果，进一步提升了海丝名城泉州的知名度与美誉度，也为泉州海丝文化存在的问题把脉开方，这对助力泉州海丝申遗成效明显。因此，泉州市政府相关部门应积极寻求合作，举办第二届

“海丝文化与泉州印象”国际学术研讨会，形成宣传泉州海丝学术文化的效应。

第四，大力培育海丝文化遗产保护专业人才。泉州海丝文化遗产之丰富，在全国较为罕见。如此丰富的海丝文化遗产，理应出现一批进行海丝文化遗产保护研究的著名专家学者。但令人遗憾的是，目前泉州市海丝文化遗产保护专业性人才较为缺乏，许多从事海丝文化遗产保护研究工作的人员要么“半路出家”，要么临时拼凑而来。加之泉州所属高校相关专业教学科研基础较为薄弱，难以培育出具有一定专业水准的海丝文化遗产保护人才。专业人才的匮乏、相关管理者专业素养的缺失，使泉州海丝文化的传承、保护缺乏科学性和前瞻性。如果泉州海丝文化遗产保护专业人才匮乏现状不能得到有效改善，则势必会影响海丝文化遗产的传承和保护。

第五，改变申遗策略，与福州市展开合作，共同牵头进行“海上丝绸之路·中国福建史迹”申遗工作。由于福州是第 44 届世界遗产大会承办地，福州在申遗方面具有压倒性优势，因此，泉州与福州通过协调，携手合作，共同进行“海上丝绸之路·中国福建史迹”申遗工作，既可以避免两个城市在申遗中的冲突与矛盾，又可以使双方“共赢”。申遗策略的改变、福州与泉州合作申遗，对双方都有好处，也不会影响“古泉州（刺桐）史迹”成为世界文化遗产，这也是我们的对策性建议中最为重要的一点。

总之，2020 年泉州“海丝”申遗机遇和挑战并存，从某种程度上讲，挑战有可能多于机遇，由于泉州“海丝”申遗的“因变量”增加，相关部门应提前应对，避免盲目自信心态，确保海丝申遗不出现意外。

B.15

泉州“海丝”文化遗产及其保护与开发

徐　丹*

摘　要： 泉州坐落在中国东南沿海、太平洋西岸，位于海洋交通的枢纽位置。这里的先民很早就开始海洋活动，与海上丝绸之路沿线国家和地区展开经济、文化交流，泉州拥有悠久的“海丝”文化史和丰富的“海丝”文化遗迹，在中国乃至全球城市中都独具一格，被联合国教科文组织（UNESCO）誉为“不同信仰、不同民族相遇，各种文化交流和共处”的城市，成为UNESCO确定的世界第一个“多元文化展示中心”。本报告在回顾泉州“海丝”历史的发展脉络和文化遗产及其价值内涵的基础上，总结泉州海丝文化的保护与开发实践，从泉州“海丝”文化的对外展示与推广、文化旅游产业开发、“海丝”文化品牌与泉州经济社会发展有机融合的角度，提出泉州“海丝”文化价值开发的具体措施，这对定位泉州城市特色、推动城市可持续发展具有重要意义。

关键词： 泉州　海丝文化　遗产保护　文化品牌

* 徐丹，泉州师范学院讲师，博士，研究方向为世界史。

一　泉州“海丝”交通的历史

（一）迄于宋元的泉州海外交通史

尽管“丝绸之路”最早是用于指代东西方之间以中亚、西亚为连接纽带的贸易网络，但实际上自两晋、南朝以降，东南沿海的“海上丝绸之路”的重要性毫不逊色于“陆上丝绸之路”，甚至在宋元时代更取代陆上丝路，成为中西交流的主要通道。泉州湾具有天然良港的条件和连接南、北洋的独特区位优势，而且福建地势“八山一水一分田”，可耕地稀少，沿海人民自古“以舟为车，以楫为马”（《越绝书》），以海为田，以大洋为生命。独特的资源优势，使泉州湾发展为东西海上交流的重要枢纽。

考古资料显示，新石器时代的闽台先民就开始向海外迁徙。公元6世纪的南朝，泉州就已经有了与海外交流的文字记载。当时印度僧人拘那罗陀（中文名真谛）从海陆来到泉州，在九日山创建寺庙，翻译佛经。这是有史可查的第一个到泉州的外国人，说明泉州当时已经是外国人进入中国的港口之一。到唐代，泉州进一步发展为对外贸易、交通的主要港口，中外商人、旅行家聚集，唐代诗人薛能《送福建李大夫》诗云：“秋来海有幽都雁，船到城添外国人。”包何《送泉州李使君之任》诗说：“云山百越路，市井十洲人。”这都是对泉州商贸、文化繁荣的生动描写。

宋元时代，泉州港达到了鼎盛时代，被元代来华的威尼斯商人马可·波罗赞誉为世界最大的港口，“大批商人云集在这里，货物堆积如山，的确难以想象”。摩洛哥旅行家伊本·巴图泰也说，泉州港堪称世界最大港口，水面停泊着大船上百艘，小船更“多得不计其数”。通商路线东到朝鲜、日本，南至南洋，西到中亚、北非乃至欧洲，成为宋元中国对外交流的海上门户。

对外商贸的繁荣造就了宋元泉州的独特城市面貌。

一是中外商客云集，造就泉州社会生活的国际性。南宋泉州通商国家和地区有50余个，元代更多至100余个。当时诗人赞誉泉州“涨海声中万国商”，“厘头赤脚半蕃商，大舶高樯多海宝”，“人多熟酒烧藤叶，市有生蛮卖象牙”。许多外商在泉州定居，“殊方别域富商巨贾之所窟宅，号为天下最”。外商来华之外，中国商人也大批出海，宋代谢履《泉南歌》云：“泉州人稠山谷瘠，虽欲就耕无处辟；州南有海浩无穷，每岁造舟通异域。”元代著名旅行家汪大渊就是从泉州出港旅行南洋、西洋各地的。

二是中外商货集散、财富流通，使泉州成为当时世界经济版图的重镇。“夫泉南为郡，控带番广，海舶之所集，珍货之所聚”，“泉有蕃舶之饶，杂货山积”，“舶货充羡，称为富州”，“逐日收支宝货钱物浩瀚”。当时外洋进口的货物数十种，尤以香料、药材为大宗；出口货物则以茶叶、瓷器、丝绸等手工业制品为主。宋元政府都在泉州设立市舶司，获取丰厚的税收。南宋时，泉州一港的市舶税收就占国家全部财政收入的1/50。

三是泉州的海运活动还是宋元中国远洋航行事业的代表。海外贸易的发展推动了泉州造船、航海等领域的技术进步。宋元泉州官营、私营造船业极其发达，以至于《太平寰宇记》将“海舶”列为泉州特产。水密隔舱造船技术和指南针等为代表的航海技术的应用，大大提高了远洋航行的安全性。在伊本·巴图泰等旅行家的眼中，“刺桐船”正是凭借其坚固性、适航力和高安全性，主导了13~14世纪东印度洋经南海至东北亚的海上航运，“前往中国只能乘坐中国船”，而这种船“只有中国的刺桐城”才能制造。可以说，泉州海外交通的黄金时代与中国古代远洋航行事业的黄金时代是紧密相连的。

（二）明清时代的泉州海洋活动史

元明之际的战乱和明清两代的海禁政策，严重打击了泉州港的海外贸易活动，明初的郑和下西洋成为这座曾经的世界大港没落之前的余晖。尽管面临种种阻碍，泉州人走向海洋的脚步并没有真正停歇，只是采取了与此前不同的形式。如果说泉州的海洋文化，宋元时代以“中外会聚”为特点，那么明清时代就以“向海开拓”为特征，其表现主要有如下两个方面。

一是海外商业活动的顽强生存。明清封建王朝在相当长的时期中实行海禁政策，不许人民下海进行贸易，泉州在明初仅被允许和琉球之间开展朝贡贸易，“以贩海为生”的泉州居民不得不以走私或“海盗”等行为展开贸易活动，发展起规模不等的众多海商集团。明代中叶被称为“倭寇”的人中，有相当大一部分是中国沿海私商。不仅如此，而且泉州私商对15世纪之后大航海时代到来的感知远远超过王朝国家，其典型表现就是泉州外港安海在明末清初的繁荣。在这里，通过泉州商人与西方人的交易，将中国经济融入逐渐到来的全球化经济体系中。明清泉州商人的海外商业活动在曲折中前进，其覆盖东北亚至东南亚乃至南亚的贸易网络延续下来。

二是大规模的海外移民。泉州人出洋的历史可以追溯到唐代僧人昙静的东渡日本，但大规模的移居海外则是明清两代的现象，鸦片战争之后海禁放开，更是出现了持续100年的泉州人海外移民潮。泉人出海的缘由多样，包括贩洋经商、农地耕垦、逃避灾祸、政治避难、契约劳工以及被西方殖民者掠卖等。移民目的地包括东北亚、东南亚、南亚、西亚甚至远到美洲、非洲，但移民最集中的地方仍然为东南亚。据统计，1939年东南亚各地的泉籍华侨总数已将近140万人，主要分布在荷属东印度、马来亚、新加坡和暹罗等地。包括泉州在内的闽南地区生存资源的不足和社会经济变迁，是泉州人海外移民的根本原因；而共同的历史文化认同，又是促成包括泉州在内的闽南文化人群能够跨越国家与地域，而保持紧密联系的深层原因。

二 泉州的“海丝”文化遗产及其价值内涵

（一）泉州“海丝”历史文化遗产

泉州与“海上丝绸之路”之间长期密切的联系，留下了丰富的历史文化遗产。截至2017年，泉州共有全国重点文物保护单位31处，省级文物保护单位96处，居福建省之首，在全国地市中也名列前茅。泉州非物质文化遗产极其丰富，各种宗教与信仰在泉州和谐共存，同时泉州地方信仰也随着海上丝绸之路传向海外，

泉州的物质与非物质文化遗产中，相当大的部分是泉州“海丝”历史的重要遗产。其中具有代表性的16处遗产点被作为“古泉州（刺桐）史迹”的项目内容，获得中国联合国教科文组织全国委员会秘书处推荐，申报联合国教科文组织世界文化遗产（见表1）。另外晋江和蕉城联合申报的中国水密隔舱福船制造技艺还被列入联合国教科文组织“急需保护的非物质文化遗产名录”。这些都显示了泉州作为中国最具代表性“海丝”港口的历史文化地位。

表1　泉州“海丝”历史文化代表性遗存

分类	内容
古街巷/民居	中山路、陈埭丁氏祠堂、蔡氏古民居、亭店杨氏民居、南安林氏民居、南安中宪第、施琅宅（及祠墓）、李光地宅和祠
古寺庙/学宫	开元寺*、真武庙*、清净寺*、府文庙*、天后宫*、清水岩、晋江龙山寺、惠安青山宫、通淮关帝庙、安溪县文庙、延福寺、昭惠庙、沙格灵慈宫、崇福寺、文兴宫
古塔	六胜塔*、万寿塔*、关锁塔、东西塔、五塔岩石塔、诗山塔、陀罗尼经幢
古桥梁	洛阳桥*、安平桥、东关桥
古遗址	泉州市舶司遗址、来远驿遗址、南外宗正司遗址、德济门遗址*、泉州古城遗址、南少林寺遗址、招贤院遗址
古墓葬	伊斯兰教圣墓*、郑成功墓、郭仲远墓、丁氏回族墓群、王潮墓
古窑址	屈斗宫德化窑址、磁灶窑址*、南坑窑址、安溪瓷窑址
石刻与造像	九日山祈风石刻*、草庵摩尼光佛造像*、老君岩造像*、清源山摩崖石刻、莲花峰石刻、西资寺石佛造像、瑞像岩、碧霄岩三佛像
古渡头/船舶	石湖码头*、江口码头*、法石渡、富美渡、泉州港古沉船
古宗教/民俗	佛教、道教、伊斯兰教、海神崇拜、民间信仰、“嗦啰嗹”习俗、浔埔女生活习俗、锡兰王子后裔
古曲艺	南音、梨园戏、泉州北管、高甲戏、提线木偶戏、布袋木偶戏、打城戏
古技艺	水密隔舱福船制造技艺、闽南民居营造技艺、指南针与《针路簿》的航海应用、德化瓷烧制、乌龙茶制作

注：*“古泉州（刺桐）史迹”世界文化遗产项目申报遗产点。

资料来源：参考罗雪珍《泉州“海丝”的历史文化魅力与现代开发研究》，《福建省社会主义学院学报》2016年2期，表1并增补资料后制成。

（二）泉州“海丝”遗产的价值内涵

“海丝”物质与非物质文化遗存是新时期泉州城市形象建构、提升的重要文化资源，体现了泉州“海丝”历史文化的丰富内涵与独特价值。结合泉州与“海上丝绸之路”的历史关联，可以把泉州的“海丝”遗产分为下述几类，其分别代表不同面向的历史文化内涵与价值。

1. 体现泉州作为“海丝”港口，在航海、贸易等领域成就的历史遗产

古泉州港由一系列码头组成，即所谓“三湾十二港”，其中较具代表性的有六胜塔、万寿塔、石湖码头、江口码头等，展示了古泉州港完整的海洋交通设施体系，是当时泉州海洋活动发达、航海设施先进的历史见证。使用水密隔舱等先进技术的福船、指南针等航海技术手段的运用，证明宋元泉州航海的技术水平世界领先，代表古代中国向海发展所取得的最高成就。磁灶窑址是宋元时期泉州生产外销瓷的重要场所，依江而建的古泉州德济门是当时重要的商品交易市场和外商云集的地段，磁灶窑址和德济门遗址共同成为宋元泉州外向型经济发展水平的见证。市舶司是宋元时代的泉州海关。洛阳桥、安平桥等体现了泉州在历史繁荣时期市政建设的成绩。

2. 体现泉州作为“海丝”交通枢纽、吸引世界文化会聚的历史遗产

伴随泉州与海外的商贸交流，大量来自异域的文化元素在泉州落地生根，并融入泉州的社会人文中，其中的典型代表包括据传安息着穆罕默德门徒的伊斯兰教圣墓、中国现存最古老的伊斯兰教寺院清净寺、世界仅存的摩尼石刻造像草庵摩尼光佛造像等。此外，在泉州海交史博物馆收藏的大量宋元时期蕃客的墓碑、晋江陈埭村的丁氏族群、锡兰“世家”后裔等都见证了异域之人在泉州生活、与泉州社会接触融合的历史过程。而在泉州开元寺等地方至今仍保留着印度教的建筑遗迹。

3. 体现泉州人文与社会生活中海洋色彩的历史遗产

九日山祈风石刻和天后信仰就是典型代表。古代帆船出海凭借季风驱动，故每年夏冬两季地方官员都会在九日山麓的延福寺、昭惠庙举行向海神

通远王祈求航海顺风的典礼，并摩崖刻石记盛，反映了顺应自然、独具特色的泉州海洋文化。妈祖信仰则是发源于闽南的独特海神信仰，并随着海洋贸易、漕运等传播到中国东南沿海各地，乃至远播海外。泉州天后宫是海内外同类建筑中年代最早、规格最高的古迹，体现了泉州妈祖信仰的盛行和泉州作为妈祖信仰传播中心的地位。

4. 体现泉州人向海开拓又不忘乡土、“海陆相连”的文化性格的历史遗产

移居海外的泉州人，一方面将本土的文化、宗教因素，如民间信仰、建筑样式、社会组织、戏曲艺术等带往海外，在移居地高度保留泉州本土的社会形态；另一方面又始终与祖居地保持长期、密切的联系，形成了泉州独具特色的侨乡文化。泉州“海丝”遗产中的蔡氏古民居、亭店杨氏民居、南安林氏民居、南安中宪第等都是由泉州的旅外华侨返乡兴建的。不仅兴建私宅，旅外华侨还积极参与泉州乡土公共建设，积极捐资兴建祠庙、市政、教育等机构，特别是鸦片战争之后海禁大开，侨民返乡建设一时出现高潮，使泉州侨乡呈现国际化、地方化同步发展的新局面。

5. 体现泉州作为“外向型”经济社会所具有的文化包容性的历史遗产

泉州一方面具有鲜明的闽南文化特色，另一方面不排斥外来文化的进入与传播。不同族群、不同信仰的人可以在泉州和谐并处。泉州民间信仰丰富，宫庙众多，而世界上几乎所有主要宗教，包括佛教、道教、伊斯兰教、基督教乃至印度教、摩尼教等，都可以在泉州存在与发展。元代派驻泉州的天主教教士的信中，就提到了同时存在于泉州的穆斯林和犹太教徒。泉州现存大量各种宗教、信仰的石刻造像和宫观祠庙，就是鲜活的证据。

三　泉州“海丝”文化的研究保护

泉州人对历史文化遗产保持着珍视与敬畏的传统，使泉州的文物史迹能够历经时代变迁而较好地保存下来。进入城市社会经济发展的新时代，泉州市各界对“海丝”文化在城市形象塑造方面的价值，经历了从自发保护到自觉传承、塑造与发扬的过程。

从20世纪20年代开始，在本地担任中学教师的泉州厚街人吴文良先生，开始对与古代侨居泉州的蕃客及其后裔相关的石刻展开搜集、研究，并在此后20余年中抢救、保存了大量珍贵石刻。1954年，吴先生将珍藏的石刻文物捐献给国家，促成泉州海外交通史博物馆创建。此后吴先生又编著《泉州宗教石刻》一书，收录宋元时期外国人遗留在泉州的各类宗教建筑遗物和墓葬碑刻图片多达200幅，为泉州“海丝”历史文化的保护、研究与传承奠定了基础，第一次向世人揭示了泉州的深厚文化魅力。

1974年，泉州湾后渚海滩出土了一艘宋代中型远洋海船，随船出土香料、药材、胡椒等。此后，泉州还陆续有其他沉船的发现。1982年，泉州湾内法石晋江之畔又发现一艘南宋近海航船。两艘宋代沉船的发现一时轰动世界，大批来自考古、历史、古船、航海等领域的学者展开研究，用实物证明了宋元泉州的先进造船工艺和泉州港的航运中心地位，引发国内外社会各界对泉州的持续关注。

改革开放以后，泉州社会各界特别是泉州市政府为泉州“海丝”文化的研究、保护、传承和开发做了大量工作，成绩斐然。福建省、泉州市不仅投入大量资源，而且很早就意识到遗产保护工作需要法律法规和科学规划的支持、引导。早在2003年，福建省政府就专门为泉州“海丝”遗产保护制定管理办法。2016年，福建省政府再次制定《福建省“古泉州（刺桐）史迹遗址”文化遗产保护管理办法》。泉州市早在1982年就编制《泉州历史文化名城保护规则》，2017年《泉州海上丝绸之路史迹保护条例》正式施行，在2016年还成立了“泉州市文化遗产保护促进会”。国际古迹遗址理事会专家赞誉泉州，“把文化遗址的保护放在城市规划中整体考虑，遗址的独特性在城市建设中得到有效的保护”。配合“古泉州（刺桐）史迹”申遗，泉州市进一步制定史迹保护管理规划，以建立长期有效的保护和管理体系。这些措施使泉州海丝史迹的保护、管理和利用迈入了法制化、规范化、系统化的新阶段。

1979年，依托泉州海外交通史博物馆，成立全国性学术社团“中国海外交通史研究会”，并创办全国性学刊《海交史研究》，至2017年已连续出版72期，发表论文10000余篇，推动近40年来包括泉州研究在内的中国“海丝”历史研究取得丰硕成果。近40年来，泉州举办了40余场“海丝”相关学术会议，尤其是1987~1997年通过参与联合国教科文组织展开“丝绸之路”综合研究项目，连续三次成功举办UNESCO“海上丝绸之路”国际学术讨论会，获得海内外高度评价，也为泉州“海丝”历史文化树立了国际声誉。2017年，UNESCO青年创意与遗产研习班在泉州举办，为泉州遗产保护与文化产业拓展搭建国际平台。

泉州市还积极推动各方力量参与“海丝”文化遗产保护，包括推动遗产保护“产学研”合作，如2016年泉州市博物馆与北京建筑大学、文博文化遗产保护运营企业等共同签署“闽南海丝文化遗产——产学研合作战略协议”，借助高校科研技术和企业运营能力，在人才培养与培训、科技开发和社会服务、海内外交流等方面开展合作。鼓励普通民众参与遗产保护，发起“古城护遗、青年先行”主题活动，吸引青年学生了解遗产、保护遗产，通过大众参与推动加强泉州海丝文化遗产保护开发。

四　泉州“海丝”文化的价值开发

（一）泉州“海丝”文化的对外展示与推广

文化特色成为城市形象的积极要素，就需要在挖掘、提炼之后，运用各种渠道、手段、媒介等进行多方位展示、推广、传播，在城市内外各层次受众中形成知名度与口碑。泉州“海丝”文化的展示与推广已经有很好的积累。

1. 场馆展示

博物馆既是遗产保护的重要载体，也是文化展示与推广的窗口。泉州现有各级各类博物馆40余座，保存、展示了大量珍贵文化财产。泉州海外交通史博物馆创立于1959年，是中国唯一以海上丝绸之路交流为主题的博物馆，常设陈展包括宗教石刻、古代船模、泉州海交史迹、泉州民俗文化等。

泉州市博物馆建成于2005年，以泉州历史、文化与艺术为主要展览主题，是泉州古港文明及“海上丝绸之路”的历史再现，也是UNESCO设立的“世界多元文化展示中心”所在地。闽台缘博物馆落成于2006年，是展示闽台历史交流和闽南海洋文化的重要空间。其余的华侨历史博物馆、南建筑博物馆、南戏博物馆等专题展馆、古船陈列馆也都具有独特的文化竞争优势。除常设陈展外，泉州各机构还经常主办“海丝”主题的临时展览，如2018年“意起美丽”中意国际丝绸之路艺术交流展，就是沟通东西方丝路起终点的特色艺术展。在室内场馆之外，泉州市还建设了“泉州海上丝绸之路艺术公园”等室外开放式“海丝”文化展示空间。

2. 新媒体宣传

城市形象是兼具时空特性、多种感官并存的立体呈现，在移动网络等新媒体发达的信息时代，视频宣传片成为最受各城市青睐的形象传播手段。2013年，泉州凭借“海丝”文化底蕴当选第一届“东亚文化之都”，第二年顺势推出城市宣传片《东亚文化之都——泉州》、特别节目《光耀东亚》等。因应国家“一带一路”倡议正式提出后的新形势，于2015年重新发布城市形象广告《海上丝绸之路起点城市——泉州》。2017年泉州市推出全新城市形象宣传片，以“多元泉州”为子标题，展示了泉州“海丝”文化的魅力。在皇品微视频等民间机构推出的《古城文脉》等泉州印象视频中，“海丝”文化也是不可或缺的重要元素。此外，泉州创办了“海上丝绸之路”“东亚文化之都”“古泉州（刺桐）史迹”“泉州非遗网络展示馆”等专题网站，并引入新的VR技术开发建设泉州非遗网上虚拟体验馆。

3. 文化艺术交流

泉州市围绕泉州特色文化艺术，积极举办各类群众性、国际性文化艺术节典活动，如国际南音大会唱、世界闽南文化节、国际木偶节、国际传统音乐协会年会等，并于2014年、2015年、2017年连续举办三届大型国际艺术节典“海上丝绸之路国际艺术节”。通过这些艺术节典，为泉州“海丝”文化与艺术搭建了表演展示的舞台，也为泉州与国内外艺术团体的交流提供了平台。泉州市不仅“请进来”，还积极推动地方文艺社团“走出去”，特别是赴国（境）外表演，如泉州木偶剧团参加日本第26届“饭田国际木偶节”，打城戏参加第十一届中日韩“BESETO戏剧节”，梨园戏名剧《陈三》赴法国参加中法文化年活动。泉州提线木偶戏先后到数十个国家和地区演出，深受观众欢迎和喜爱。这些交流演出把泉州“海丝”文化的形象更加鲜活地呈现在世人面前，取得了讲好海丝故事、展示泉州丰采、实现民心相通的良好效果。

4. 借助世界文化遗产申报，实现“海丝”文化保护与推广齐头并进

联合国教科文组织世界文化遗产名录，既是收入遗产项目的历史文化价值的承认，也是对所在国（地）遗产保护工作的高度认可，申报UNESCO世界文化遗产的过程则是对遗产保护工作的全面检讨与改善。无论是申报过程的媒体报道，还是申报成功后列入名录，都对遗产项目的宣传、推广具有极大的促进作用。泉州一直致力于推动海上丝绸之路泉州史迹申报世界文化遗产，其于2006年、2012年两次被列入中国申遗名录，2017年“古泉州（刺桐）史迹”被中国联合国教科文组织全国委员会秘书处推荐为申遗项目，经2018年第42届世界遗产委员会审议，项目虽然最终“发还待议”，但其“突出普遍价值”已获得多个委员国肯定。今后泉州还将联合其他“海丝”特色城市，共同推动“海丝”申遗工作。

（二）“海丝”文化旅游产业开发

泉州从20世纪90年代就开始发力“海丝”旅游资源开发。1996年举办泉州天后宫建宫800周年纪念活动，1998年举办中国国内旅游交易会，推出泉州海上丝路史迹游。进入21世纪，泉州更积极主动利用节典、会议、论坛等，带动泉州“海丝”文化旅游。目前泉州提出“清新福建·海丝泉州”文旅主题，积极打造“海丝”旅游品牌，通过整合“海丝”历史文化遗产，着力开发“海丝之源遗产遗迹游”、“海丝宗教人文”和“海丝商贸会展”三大文旅产品（见图1），并培育环泉州湾“海丝”文化旅游圈，包括以海外交通史博物馆为代表的“海丝”史迹旅游线、环东海湾“海丝”民俗文化旅游区、百崎湖“海丝”文化旅游区和晋江滨江商务休闲旅游区

等龙头片区，最终实现以“古城—古港—新区—全域联动”文化旅游项目为核心的“海丝泉州”建设。

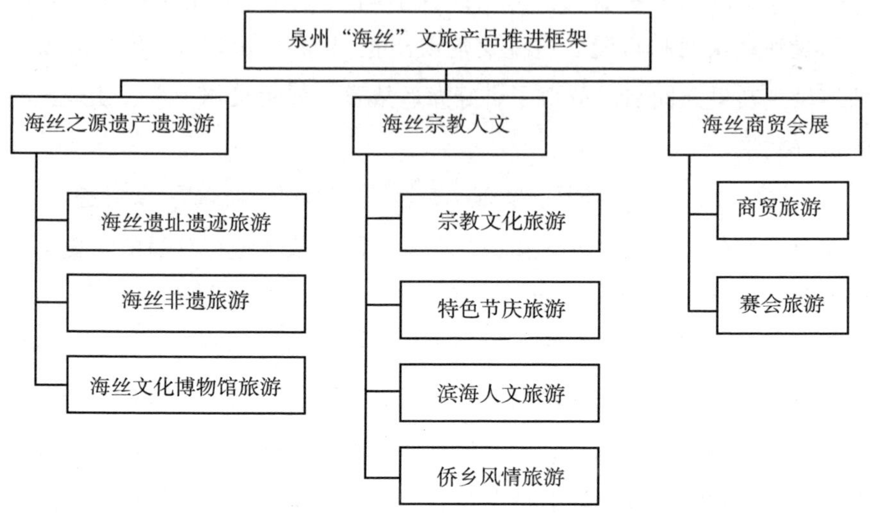

图1　泉州“海丝”文旅产品推进框架

资料来源：根据《泉州市“十三五”旅游业发展专项规划》（2016 年）绘制。

加强“海丝”文旅的宣传推广。典型推广活动如泉州市旅游局和西安市旅游局共同组织开展“海丝起点对话陆丝起点”活动，泉州联手厦门、漳州、澎湖到全国进行旅游推介活动，成功举办“海上丝绸之路国际艺术节”等节事营销活动等，取得明显效果，在第五届中国旅游产业发展年会上，泉州获评“2015‘一带一路’旅游推广城市 TOP10”。2018 年，泉州更以“清新福建·海丝泉州”旅游品牌开展一系列宣介推广工作，包括参加首届海峡两岸台北夏季旅展、参加福建旅游投融资合作与重大项目推介会、举办首届闽南美好生活嘉年华等，赢得了旅游、投融资和媒体等各界的广泛关注。

（三）“海丝”文化品牌与泉州经济社会发展有机融合

进入 21 世纪，泉州经济社会发展进入转型升级的关键阶段。纺织服装等传统产业增长乏力，高新技术产业和新型服务业发展水平亟待提升，传统粗放式经济增长遭遇瓶颈，急需向创新驱动、智慧密集、生态友好、生活幸福的新型经济社会发展路径转换。2017 年《国家“十三五”时期文化发展改革规划纲要》把“文化 +”行动列入重大文化产业工程，提出“推动文化创意与相关产业有机融合，增加文化含量和产业附加值，把文化资源优势转化为产业和市场优势”。

新形势下，泉州丰富的“海丝”文化资源成为潜在竞争优势。2015 年发布的《推动共建丝绸之路经济带和 21 世纪海上丝绸之路的愿景与行动》确定泉州为重点布局的 15 个沿海城市之一，福建省确定泉州为建设 21 世纪海丝先行区。泉州市积极响应，先后发布泉州建设 21 世纪海上丝绸之路先行区“发展规划”和“行动方案”，“海丝”文化成为新时代泉州经济社会发展的重要抓手和支撑。具体措施包括推进集海洋经济、科技、文化、旅游、生态为一体的现代海洋城市建设，实施泉州城市形象外宣推介五大工程，推动泉州古港转型为 21 世纪国际海丝文化旅游名城，创建中华海洋文明传承创新示范区，打造 21 世纪海上丝绸之路文化高端创新平台，借助“海丝”文化纽带和港澳台人文资源优势打造经贸合作新平台和特色文旅品牌，充分发挥泉籍华人华侨力量，推动经贸文化合作。

因应 21 世纪海上丝绸之路倡议和福建“海丝”先行区的展开，在泉高校华侨大学成立了“‘一带一路’旅游安全发展研究中心”“海上丝绸之路研究院”，泉州师范学院成立了“海丝文化传承发展研究院”，为泉州“海丝”先行区的建设提供了智力支持。

总之，泉州有着丰富的海上丝绸之路历史文化遗产，从 20 世纪八九十年代开始，泉州市各界在“海丝”遗产的发掘、保护、宣传、开发等方面做了大量工作，也取得了显著成绩。目前，随着“一带一路”倡议的展开和泉州建设“21 世纪海上丝绸之路先行区”行动的深入，如何将泉州厚重的“海丝”历史文化遗产研究、保护和开发与 21 世纪泉州经济文化的全面、可持续发展结合起来，是今后必须进一步思考和探索的问题。

B.16
“海丝”文化与泉州城市形象

徐　丹*

摘　要： “海上丝绸之路”文化是泉州城市形象的重要组成元素，特别是在通用网络平台、主流官方媒体网络平台和文旅专题平台等的网络空间中，“海丝”元素与泉州城市具有明确的关联性。但在发掘、利用“海丝”文化增强城市软实力方面，泉州还有较大提升空间，在“海丝”城市文化品牌建设方面面临广州的强力竞争，与其他“海丝”城市相比也有短板。推动泉州“海丝”城市品牌提升的可能途径包括准确定位城市形象、创新城市形象塑造活动、强化“海丝”城市品牌传播和塑造“海丝”城市景观等。

关键词： 泉州　海上丝绸之路　城市形象　城市文化品牌

以城市特色为基础“塑造”城市形象，是增强城市无形竞争力（或“软实力”），推动城市高质量、可持续发展的重要力量，这已经是当前全球城市管理者的共识。包括历史、民俗、底蕴等精神元素在内的地方文化特色，是城市独特性的重要载体，也是塑造城市形象的核心资源。泉州市政府在发掘、宣传泉州“海丝”文化方面做了大量工作，借助“一带一路”倡议的实施，泉州正着力打造21世纪海上丝绸之路先行区，如何进一步传承、升华泉州的“海丝”文化，推动泉州城市形象升级，是当前泉州城市管理者面临的重要课题。

---

* 徐丹，泉州师范学院讲师，博士，研究方向为世界史。

一　泉州城市形象中的“海丝”元素

城市形象的主观塑造与客观呈现是存在距离的两个层面，在大众传媒兴起，特别是网络等新媒体高度发达的信息时代，城市形象除了有真实的景观呈现这一层面外，更多的时候其实是媒体所塑造的文化影像。

随着网络，特别是移动网络的发展，成长于信息时代的年轻人成为社会中坚力量，网络媒体已经成为视觉文化传播的主要载体，特别是搜索引擎和专题文旅平台，成为网络用户获取城市信息的首要渠道。本报告就以网络平台为中心，量化考察“海丝”元素在泉州城市形象中的呈现。

（一）通用网络平台中的泉州“海丝”

所谓通用网络平台，指的是百度、谷歌、Bing 搜索等没有特定主题偏向的、“通用”型网络资讯平台，它们往往是网络用户获取特定资料首先使用的门户。考虑到国内网络现状，我们主要利用百度网页和百度新闻的搜索记录展开分析。

第一，以 2016 年“海丝”城市申遗联盟创始成员泉州、广州、宁波、南京四座城市名称为主题词，抓取前 500 条检索结果，并做相关词频比较分析（见表 1）。

在“泉州”检索结果中同时出现的高频地名，主要是福建、闽台相关地名。这体现出泉州仍然主要是闽台地域性城市，没有能够有效呈现“海丝”文化蕴含的区域性和国际性。相比之下“广州”检索所得地名的区域性和国际性最为明显，南京次之，宁波的地域性同样相当明显。

表 1　“海丝”申遗联盟城市百度检索关联地名前十频词

泉州	广州	宁波	南京
东南　福建　台湾　福州　厦门　漳州　龙岩　丰泽　温州　西沙	中国　广东　华南　太平洋　上海　北京　深圳　重庆　海珠　南海	江东　杭州　兴宁　北仑　台州　嘉兴　海曙　镇海　舟山　上海	江苏　长三角　江宁　浦口　中国　栖霞　秦淮　瑞士　上海　江南

资料来源：利用 ROST 软件检索、统计所得。

文化旅游方面，涉及文旅形象的高频词中，泉州的“海丝”元素最明显，说明海丝历史文化遗产的确是促成人们来访泉州的首要原因。相比之下，宁波的文旅词语特色并不明显，作为商业中心的广州以美食、购物等为主导，而南京的历史特色远胜于它的“海丝”形象（见表2）。

表2　“海丝”申遗联盟城市百度检索关联文旅高频词

泉州	广州	宁波	南京
清源山　古称　刺桐　历史悠久　宋朝　侨乡　旅游　古城　梨园戏	羊城　旅游　美食　购物　医疗　特色　文化　旅行　古迹	东钱湖　外滩　三江口　西湖　土特产　景区　灶君　游客	旅行　游玩　天数　消费水平　不容错过　烂漫　樱花雨　中山陵　国父

资料来源：利用ROST软件检索、统计所得。

第二，以“海丝”“海上丝绸之路”为主题词检索，分别检索百度网页和百度新闻，各抓取前100条检索结果的摘要内容，并对其中出现的国内地名做词频统计（见表3）。

表3　“海丝”“海上丝绸之路”检索关联地名高频词

单位：次

“海丝”主题词				“海上丝绸之路”主题词			
百度网页		百度新闻		百度网页		百度新闻	
地名	频次	地名	频次	地名	频次	地名	频次
泉州	61	泉州	48	广东	31	贵州	40
福建	39	广东	36	泉州	11	广东	9
厦门	18	福建	35	广州	9	舟山	6
广东	12	珠海	24	南海	7	泉州	6
福州	7	厦门	20	宁波	6	岳阳	5
重庆	6	广州	15	厦门	5	上海	5
潮州	5	南京	14	合浦	5	珠海	4
闽南	4	合浦	11	福州	4	宁波	4
晋江	4	福州	9	广西	4	广州	3
珠海	4	港澳台	6	上海	3	福建	3

资料来源：利用ROST软件检索、统计所得。

结果显示，百度网页的“海丝”主题词检索结果中，泉州是出现频次最高的国内地名，且有较高的领先优势。以目前状况来看，网络上的“海丝”印象与泉州有着较强的相关性，足以和其他地区或城市区分开来。但是也有两个问题值得注意。

（1）相较“海丝”主题词，在使用“海上丝绸之路”主题词检索的结果中，泉州不占主导，甚至相比首位地名还有较大差距。这表明泉州市在文化形象品牌创建过程中，更倾向于使用作为缩写的“海丝”，而比较少地使用“海上丝绸之路”的全称。“海丝”一词固然有简洁、易于表述的优势，但考虑到它并非汉语的固有词语，大众在进入网络检索时大概会优先使用“海上丝绸之路”的全称，过多地使用缩写可能会对泉州城市文化品牌的推广产生不利影响，应该注意两者的平衡运用。

（2）相比百度网页的检索结果，在反映近期文化形象品牌宣介效应的百度新闻检索结果中，泉州或者领先优势并不明显，或者已经落后于其他地方。这反映出，随着近年来“21 世纪海上丝绸之路”倡议深入人心，泉州主推的“海丝”文化形象品牌正面临其他地方，特别是广东的强势竞争。如何面对新的竞争形势，保持和增强泉州“海丝”文化品牌的优势，是亟待思考的课题。

（二）主流官方媒体网络平台上的泉州“海丝”

目前国内主流官方媒体网络平台基本上是以主流的纸面媒体为依托，例如人民网由《人民日报》社主办，光明网由《光明日报》社主办，因此这些平台上的信息已经覆盖纸面媒体，并且有所延伸。这里就选取人民网、光明网、上海报业主办的“澎湃新闻”、福建日报社主办的“东南网”、广东南方报业主办的“南方网”等五个主流媒体平台，利用其内部搜索引擎，分别抓取相应主题词，检索前 100 条结果摘要，开展词频分析研究。

第一，主流媒体中的“泉州”形象。本报告根据主题词检索结果，利用 ROST 软件，分析了检索内容中与“泉州”相关的高频词，在剔除了专有名词和无形象价值判断意义的一般词语之后，得到了如图 1 所示的共现词矩阵。

图1列出了五大主流官方媒体网络平台的报道文本中，与“泉州”共同出现的高频词，其中“海上”与“丝绸之路”都包括在内，此外文化、历史、传统等都是高频词，说明在主流官方媒体网络平台报道中，泉州确实具有比较深厚的历史文化底蕴，并且与海上丝绸之路有比较明确的关联性。但在诸多文化元素中，“海丝”形象并不特别突出，与泉州共现距离最近的词语是“传统”，接着是“闽南”，而与“开放”共现距离比较远，说明相比“海丝”形象所要强调的开放性、国际性，泉州可能更多还是以闽南传统文化代言人的形象出现。

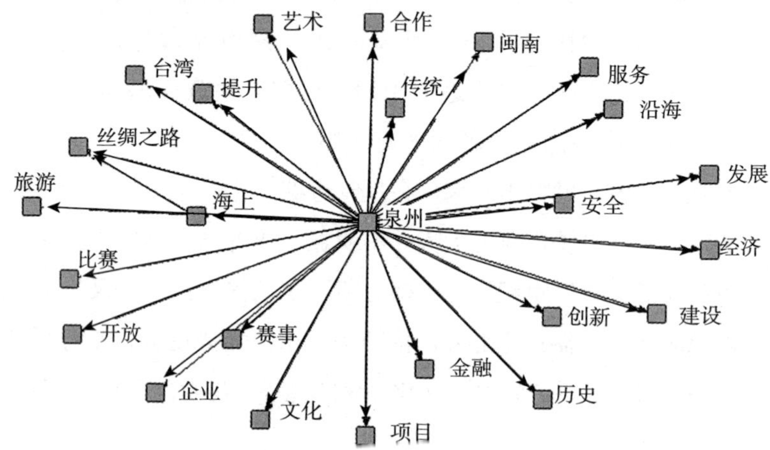

图1 主流官方媒体网络平台中的泉州形象

资料来源：利用 ROST 软件检索、分析所得。

第二，主流媒体中的“海丝/海上丝绸之路”城市。用“海丝/海上丝绸之路”主题词，检索五大主流官方媒体网络平台，并利用软件分析报道内容中的高频地名，前十大高频地名如表4所示。

表4 主流官方网络平台中“海丝”关联地名高频词

单位：次

东南网		南方网		澎湃新闻		人民网		光明网	
地名	频次	地名	频次	地名	频次	地名	频次	地名	频次
泉州	83	广东	78	泉州	20	泉州	20	泉州	46
闽南	23	珠海	27	宁波	10	天津	17	广东	20

续表

东南网		南方网		澎湃新闻		人民网		光明网	
地名	频次	地名	频次	地名	频次	地名	频次	地名	频次
南安	22	阳江	19	广西	8	宁波	15	宁波	12
闽侯	11	惠州	16	广东	6	阳江	11	阳江	12
德化	9	潮州	13	台湾	4	龙泉	9	海南	9
港澳	9	深圳	10	河南	4	温州	8	港澳	8
广东	9	河源	8	合浦	4	连云港	8	澳门	7
平潭	9	汕头	7	舟山	3	广东	7	蓬莱	7
江阴	8	江门	6	浙江	3	香港	6	广西	6
宁夏	8	揭阳	6	香港	3	湄洲	6	粤西	6

资料来源：利用ROST软件检索、统计所得。

检索结果显示，泉州和广东是致力于打造“海丝”文化形象品牌的两个主要城市/地区，这与前文通过百度网页的分析所得到的结论是一致的。进一步比较五大主流官方网络平台的地名频次分布，以下两点值得注意。

（1）在澎湃新闻、人民网和光明网这三家全国性的媒体平台上，尽管“泉州”出现的频次都占首位，但在澎湃新闻、人民网上的领先优势并不明显，特别是在全国政治地位最高的人民网平台上，泉州之后有天津、浙江宁波、广东阳江、江苏连云港等，显示出随着“一带一路”倡议深入人心，东部各省份的沿海外向型城市纷纷对“海丝”文化形象品牌加大了挖掘、塑造、宣介的力度。在全国层面，泉州尚未形成显著领先的认知度和品牌力。

（2）“海丝”文化形象品牌的打造出现了在省级层面开展“全域”竞争的局面。这以作为广东省媒体门户的南方网最为明显，在该平台上与“海丝/海上丝绸之路”报道共现的前十大地名全部是广东及其下辖城市，显示出在全省范围内形塑“海丝”品牌的趋势。相比之下，在作为福建省媒体门户网站的东南网上，与“海丝/海上丝绸之路”报道共现的福建地名主要是泉州及其下辖县区市，在进入高频前十的地名中，有四个是省外地名，这与南方网的报道格局形成了鲜明对比。与之相关的，在全国性媒体平台中出现了省级地名与其下辖地市如宁波、舟山、龙泉等共同出现的情况，这也显示出省级层面发力的迹象，而本来很早就发力“海丝”文化建设的福建省的出现频率并不高。

（三）文旅专题平台中的泉州“海丝”

随着中国经济增长、社会发展和人民生活水平不断提高，受过良好教育的年轻一代成长起来，传统媒体平台（包括百度这样较早发展起来的通用网络平台）已经无法满足他们对信息品质的要求。就城市形象来说，年轻一代普遍不愿意被动接受传统平台提供的宣传内容，而希望自己能够进入城市、体会城市，并参与到城市形象的构建中。马蜂窝、携程网能够提供用户自主表达城市体验的文旅专题平台，它们正日渐成为年轻人了解和讲述城市的主流空间。

第一，有关泉州的观察与感受。从对 2014～2016 年携程网上有关“泉州”的 84 个高品质游记中的词频分析中可以看到年轻访客进入泉州之后的感受（见表 5）。

表 5　访客在泉旅行主类目

单位：次

主类目	频次	相关词语	频次	主类目	频次	相关词语	频次
文化景观	691	建筑	269	宗教旅游	370	妈祖	93
		历史	157			伊斯兰教	72
		文化	154			佛教	71
		艺术	60			宗教	70
		丝绸之路	51			道教	64
品尝美食	447	牛肉	101	自然景观	310	清源山	128
		小吃	86			景区	98
		美食	67			景点	84
		味道	67	海域活动	222	海边	81
		面线	65			海上	80
		肉粽	61			沙滩	61

资料来源：赵宁、池进《基于网络游记攻略的泉州市旅游感知形象》，《黎明职业大学学报》2017 年 1 期，第 34～35 页，表 1。

表 5 显示，文化景观是吸引访客前来泉州的主要动力，与之相关的宗教旅游也是重要力量，这与泉州历史文化遗产丰富的资源特色和“东亚文化之都”“世界宗教博物馆”的荣誉和形象是吻合的。相比之下，泉州的清源山、海滩等自然景观的吸引力要逊色不少。但是，在以文化、宗教元素为目的的

访客活动中，明确提到“丝绸之路”标签的游记并不多，说明在利用“海丝”文化品牌整合泉州历史文化遗产这一方面，泉州还有较大的改进空间。

图 2 是泉州市旅游环境感知高频词，其中排在第一位的“清净”典型地反映了泉州给访客留下的总体印象，这个词与“清新”“清凉”等不同，并不仅仅是对自然环境的感受，还是对人文环境的感受。参考同样进入排名的“精美”“古老”“古朴”等词语，我们就可以知道泉州丰富、悠久、低调的历史文化遗产是促成访客形成“清净”印象的重要因素。

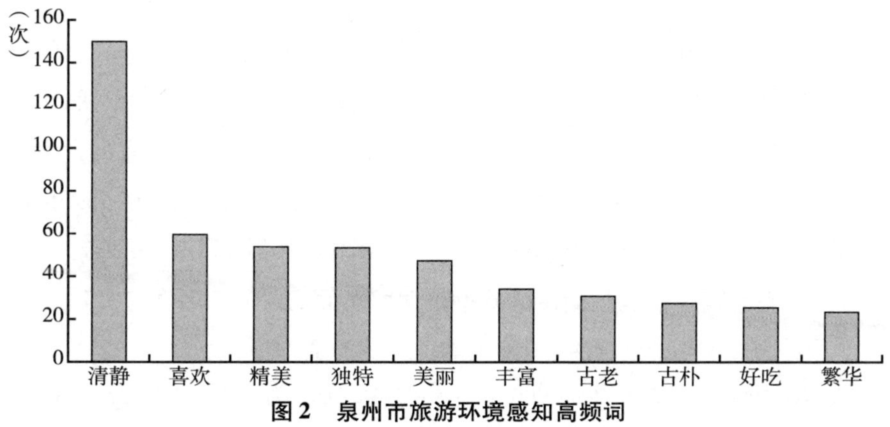

图 2　泉州市旅游环境感知高频词

资料来源：赵宁、池进《基于网络游记攻略的泉州市旅游感知形象》，《黎明职业大学学报》2017 年第 1 期，第 35 页，图 2。

第二，对泉州“海丝”遗产的关注。通过分析 2013 ~ 2017 年马蜂窝、携程网、同程网上有关泉州的 55 个游记、300 条旅游评论，可以得到泉州旅行景点/项目高频词语（见表 6）。

表 6　泉州旅行景点/项目高频词语

单位：次

排名	特征词	词频	排名	特征词	词频
1	开元寺	448	5	洛阳桥	160
2	天后宫	235	6	清源山	147
3	清净寺	177	7	承天寺	138
4	钟楼	161	8	妈祖	134

续表

排名	特征词	词频	排名	特征词	词频
9	牛肉	128	14	刺桐	80
10	伊斯兰教	110	15	崇武	77
11	关帝庙	100	16	道教	77
12	弘一法师	92	17	海蛎	77
13	博物馆	88	18	中山路	75

注：本报告删除了原表中的抽象评价词语。

资料来源：王红豆、陈金华、刘丹丹《泉州“海丝”文化遗产旅游开发研究》，《广西经济管理干部学院学报》2018 年 1 期，第 59 页，表 2。

表 6 显示，“开元寺”“天后宫”“清净寺”等典型的“海丝”历史文化遗产的确是游客游览泉州的首要目的地，代表了泉州城市文化品牌的核心特质，体现了“海丝”遗产对泉州文旅产业和城市形象塑造的重大价值。通过对游记、评论的旅游情感倾向分析，来访泉州的旅行者中有 55.56% 表达出了积极情绪，34.22% 为中性情绪，表达消极情绪的只占 10.23%。总体上，来访者对泉州“海丝”遗产的评价是偏向正面的，但知名度与实际感知的差异、服务交通等基础设施的不足，也带来一定负面评价。

值得注意的是，表 6 所列的高频旅行景点/项目中，仅仅涵盖了泉州“海丝”遗产的一小部分。即使以列入“古泉州（刺桐）史迹”的 16 处核心遗产点来说，也只有开元寺、天后宫、清净寺、洛阳桥等 4 处进入了高频项目，老君岩造像应当被包含在清源山景点内，其余 11 处“海丝”核心遗产点的旅游关注度都不高。而“海丝”非物质文化遗产中一项都没有进入高频词语中。这显示出泉州“海丝”遗产旅游的不均衡性与作为整体的“海丝”形象品牌之间的不协调，这还显示出泉州市在 2016 年《泉州市“十三五”旅游业发展专项规划》中提出的推动“海丝之源遗产旅游”的项目仍有较大的提升空间。

二　“海丝”城市文化品牌的竞争

随着“海上丝绸之路”概念的普及和“21 世纪海上丝绸之路”倡议的提出，“海丝”作为鲜明的文化品牌，受到国内众多城市的关注。2014 年泉州等八座城市签署了联合推动“海上丝绸之路”文化遗产列入《世界遗产名录》的《泉州共识》。2016 年泉州等四座城市在泉州签署《海上丝绸之路保护与申遗中国城市联盟章程》，组成“海丝”城市申遗联盟，到 2018 年成员城市已经达到 25 个（包括澳门），其中包括广州、南京、上海、澳门等原本具有强大国内外知名度和影响力的城市。从塑造城市独特形象、增强城市未来竞争力的角度来说，目前出现了既有申遗与推广合作又有品牌实力竞争的局面。

（一）“海丝”城市文化软实力比较

目前，国内提出“海丝”文化标签的城市已经有 20 多个，而且可能持续增加。泉州相比于其他“海丝”城市的优劣势，是值得研究的课题。以具体的经济、社会和文化方面的指标，对泉州、漳州、福州、宁波、北海、扬州、南京、广州等八个国内具有代表性的“海丝”城市进行软实力的比较研究，能得到具有启发性的结果。

历史文化遗产资源条件是决定文化吸引力的基本因素，比较国家重点文物保护单位数量和列入国家非物质文化遗产名录的项目数量两个指标发现，南京、泉州、宁波、广州具有比较明显的领先优势（见图 3），说明这四座城市的“海丝”资源禀赋较为优越，而它们也正是 2016 年中国“海丝”城市申遗联盟的创始成员。

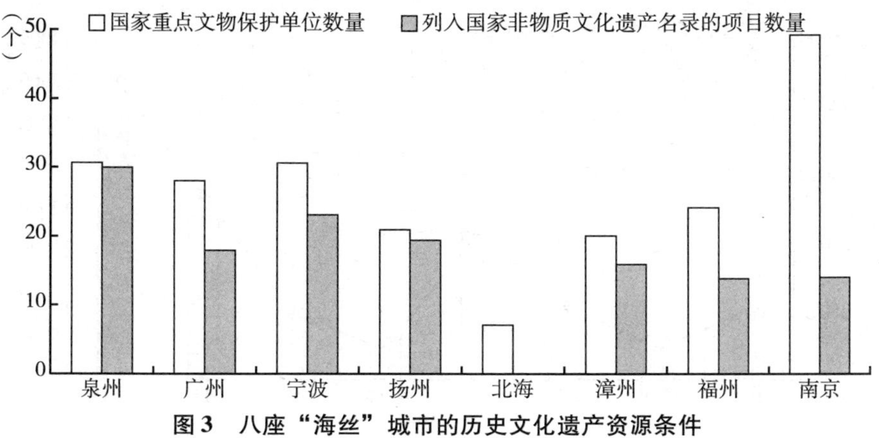

图 3　八座“海丝”城市的历史文化遗产资源条件

资料来源：施亚岚等《中国海丝旅游城市文化软实力建设研究：比较的视角》，《华侨大学学报》（哲学社会科学版）2018 年第 2 期，第 77 页。

但是，历史文化遗产的资源禀赋只能决定城市文化吸引力的“潜在”空间，把资源转化为“实际”吸引力仍需要做大量工作。这里以八座“海丝”城市的游客数量和旅游收入来初步评判各城市的文化资源的转换效率。从2017年相关情况来看，资源禀赋相当的广州、南京、宁波的旅游成绩明显优于泉州，遗产资源稍逊的扬州的旅游表现也与泉州相当。不过，泉州在入境旅游方面表现较佳，2017年入境游客的数量虽然不如广州、宁波，但明显多于南京（见图4、图5）。这可能是由于泉州的“侨乡”优势，其对港澳台、东南亚等地的入境游客有特殊的吸引力。总体来看，泉州在将历史文化资源转换为实际文化吸引力方面仍有很大的提升空间。

除了旅游业之外，文化创意产业的发展情况也是评价城市历史文化资源的社会与经济效益，或者说文化生产力的重要指标。根据文化产业增加值占GDP的比重和人均文化产业增加值两个指标，对泉州等八座“海丝”城市加以比较，可以看出人均文化产业增加值明显呈现三个梯队：南京、广州、福州遥遥领先，扬州、宁波、泉州次之，北海、漳州最低。文化产业增加值占GDP比重则以南京、福州、北海较高，其余五城差别不大（见图6）。总体来说，泉州文化产业的发展与领先城市相比还有较大距离。

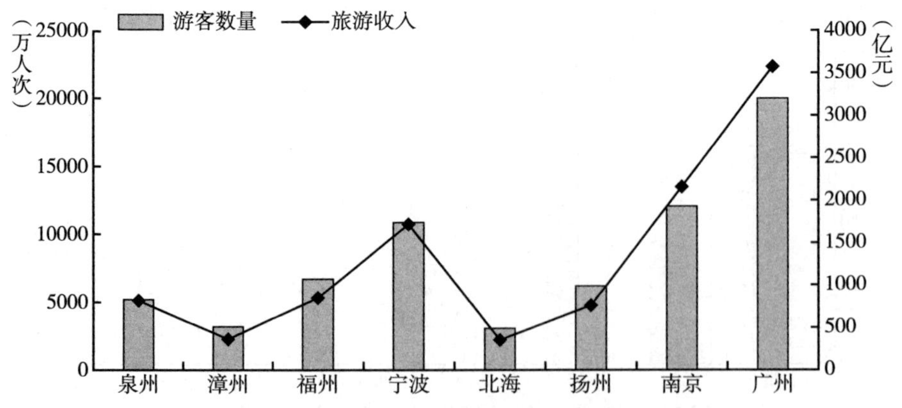

图4　2017年八座“海丝”城市游客数量和旅游收入情况

资料来源：根据各城市统计局旅游收入公报汇总得到。

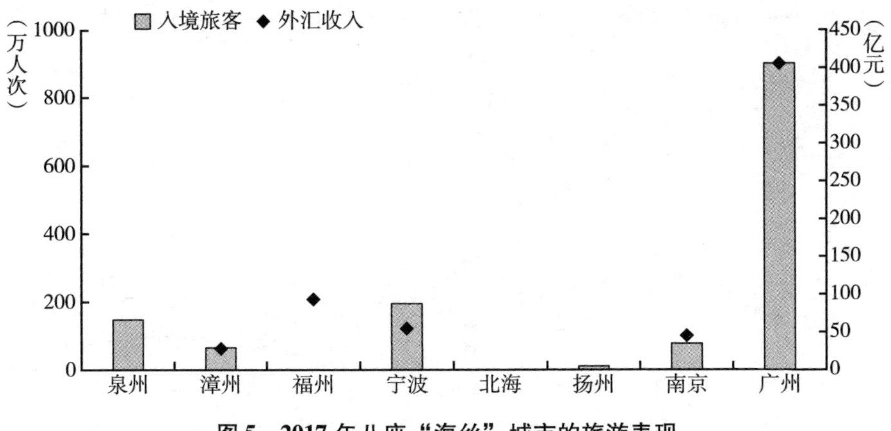

图5　2017年八座“海丝”城市的旅游表现

资料来源：根据各城市统计局旅游收入公报汇总得到。

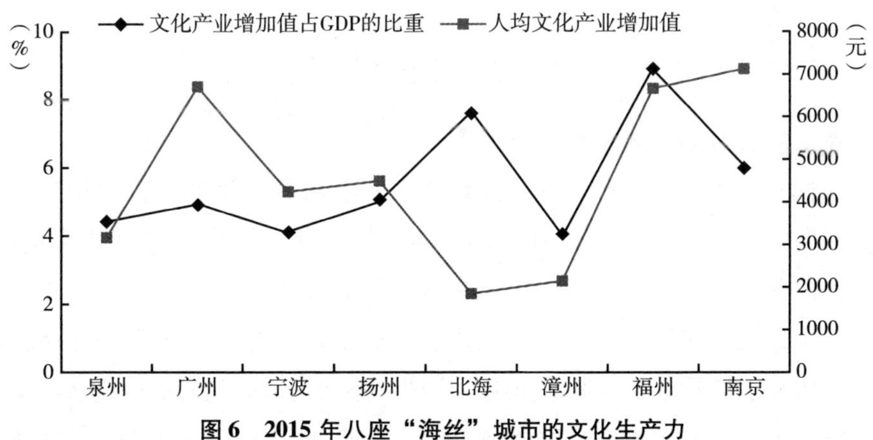

图6　2015年八座“海丝”城市的文化生产力

资料来源：施亚岚等《中国海丝旅游城市文化软实力建设研究：比较的视角》，《华侨大学学报》（哲学社会科学版）2018年第2期，第78页。

学者根据文化吸引力、竞争力和生产力三方面的共计16个指标，对八座“海丝”城市的文化软实力做了综合评价，结果显示，这八座城市可以分为三个级别：南京、广州为Ⅰ级，泉州、宁波、福州为Ⅱ级，漳州、扬州、北海为Ⅲ级。作为Ⅱ级城市的泉州资源禀赋好，文化吸引力仅次于广州，但文化竞争力、生产力较低。换言之，其在将文化资源转化为社会、经济效益方面存在短板（见图7）。

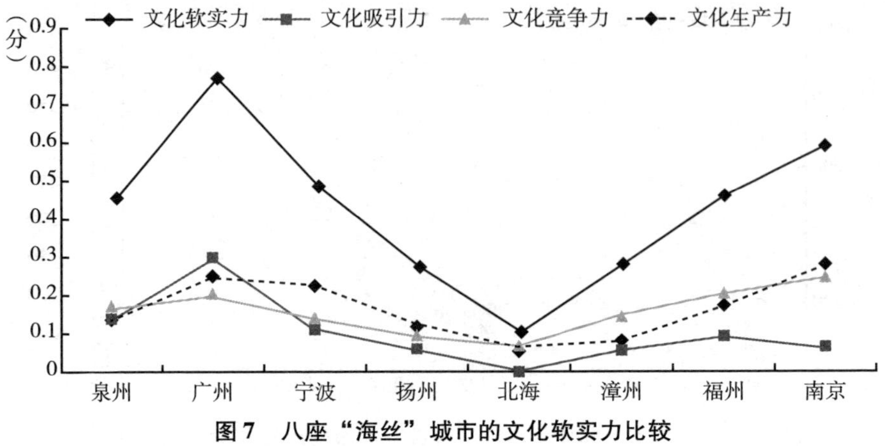

图7　八座“海丝”城市的文化软实力比较

资料来源：施亚岚等《中国海丝旅游城市文化软实力建设研究：比较的视角》，《华侨大学学报》（哲学社会科学版）2018年第2期，第78页。

（二）广州“海丝”文化品牌建设的经验

在众多着力塑造“海丝”文化品牌的城市中，广州的经验对泉州可能有着独特的借鉴意义。广州和泉州都是历史悠久的“海丝”港口城市，历史上面向的“海丝”国家、地区高度重合，文化遗产资源禀赋高度相似，并且在发掘、塑造“海丝”文化品牌方面都起步较早。1990～1991年联合国教科文组织发起的“海上丝绸之路”考察活动，对“海丝”文化品牌的脱颖而出起了极其重要的推动作用，广州、泉州是当时仅有的两座参与考察的中国城市。目前尽管在网络媒体平台上，泉州仍然是与“海丝”主题词契合度最高的城市，但正面临广州的强势竞争，而广州本身还具有城市综合实力强、国内外知名度高、文化创意产业发达等优势。总结广州在“海丝”文化品牌塑造方面的特色做法与经验，对泉州准确定位自身“海丝”文化比较优势、找准未来发力方向具有重要参考意义。

第一，高度重视“海丝”品牌的媒体宣传。广东省历来重视媒体外宣工作，多年来持续积极组织国内主流媒体、网络媒体、海外华文媒体和外文媒体等，深入广东进行采风报道，近年来“海丝”主题也成为报道的重点，如2017年“海外华文媒体看广东——海丝·广府文化行”，来自五大洲28

个国家和地区的43家华文媒体50名社长、总编等高管，深入广州、肇庆、云浮三地进行深入报道。2013年起广东省每年都组织“海丝”沿岸媒体来粤采访活动，在2017年第五次“海上丝绸之路沿岸国家主流媒体广东行”中，有来自阿富汗、巴基斯坦、马尔代夫、孟加拉国、尼泊尔等11个海丝沿线国家的主流媒体共计13名记者，在广州等地就“海丝”文化和广州经济发展情况进行了深入的参观访问。

第二，积极争取广州作为21世纪“海丝”建设平台与枢纽的有利定位。平台和枢纽意味着经济、社会和文化关系网的中心环节，扮演平台、枢纽角色的城市在相应关系网中也就具有天然的代表性和不言自明的品牌效应。广州发展研究院发布的2015年经济预测蓝皮书就明确提出，21世纪海上丝绸之路建设是一个系统工程，应当争取中央和省把广州定为中国与“海丝”沿线国家开展合作的主要平台。此后广州各界不断利用各种场合，表明广东（主要就是广州）要发挥“海丝”枢纽作用。[①] 2018年4月，广州再次被拥有25个成员城市的中国“海丝”城市申遗联盟确定为牵头城市，这被地方媒体解读为广州在“海丝”申遗路上从“掉队生”到“领头羊”的“不凡逆袭”，[②] 而背后原因就在于广州市“搭建了海丝遗产保护和申遗交流平台的资源优势”。[③]

第三，重视“海丝”子品牌与代表性坐标的聚焦效应。广州市在塑造、推广“海丝”城市文化形象的过程中，有意识地打造兼具城市特色、包容度与辨识度的“海丝”子品牌。2018年广州市正式推出“丝路花语——海上丝绸之路文化之旅”系列活动，发布主题宣传片和活动会徽，并依托“丝路花语”活动举办海丝文化推介沙龙和主题展览。“丝路花语”融合“海丝”主题词和广州“花城”特色，展示广州城市历史文化魅力并与海丝沿线国家开展文明交流，这也成为广州三大城市文化

---

① 《梅新育：广东要发挥海丝枢纽作用》，《南方日报》2017年11月30日A11版。

② 《海丝申遗：广州不平凡的逆袭之路》，《新快报》2017年6月13日A07版。

③ 《为啥广州能牵头23个城市联盟推进海丝联合申遗？答案在这》，南方网，http://gz.southcn.com/content/2018-06/12/content_182208530.htm，访问时间2018年10月6日。

品牌推介活动之一（另外两项是“广州文化周”和“你好，广州”系列活动）。

第四，创新城市形象展示渠道，拓展“海丝”品牌推广空间。除了媒体、节庆等常规展示空间外，广州还创新采取多种非常规展示渠道。典型案例如2015年在广东省文化厅等单位的推动下，展示千年海丝风情的“海上丝绸之路——冯少协油画展”在广州艺术博物馆开启，并在之后开始了泰国、马来西亚、印尼、美国、俄罗斯等地的巡回展。2018年，画展进入广州机场航站楼，其创新利用这一世界级航空枢纽的空间展示海丝历史文化的魅力。再如2017年广州市海丝申遗办、广州市文化广电新闻出版局联手推出了广州有轨电车“海上丝绸之路”主题专列，共计运行3个月。电车车身内外覆盖“海丝”主题涂装，电车运行路线上既有广州塔、琶洲会展中心等现代地标建筑，也有琶洲塔、黄埔古港等古代海丝史迹，成为融交通与观光、现代与历史于一体的城市景观。

三 泉州“海丝”文化形象的提升

面对国内众多城市之间“海丝”文化品牌合作与竞争并存的新局面，泉州在利用“海丝”历史文化遗产塑造城市形象品牌方面显然还存在许多可以提升的空间。这里从形象定位、运营活动、品牌传播和景观设计等几个方面初步探讨可能的提升方向。

（一）城市形象的准确定位

明确的定位是塑造鲜明城市形象、提高城市认知度的前提条件，而提炼城市文化特质、挖掘独特价值内涵，则是找到准确定位的基础要求。面向未来的城市定位，应当立足城市特色，充分发挥竞争优势，并能够体现城市未来经济、社会发展的前瞻性、包容性。利用“海丝”文化提升泉州城市形象，应找到泉州“海丝”文化的准确定位。

泉州市政府网站的首页有“海上丝绸之路起点、首个东亚文化之都”标语，它们是泉州市历史文化形象的主宣传语。“东亚文化之都”一语虽然经过了慎重的评选，有具体内涵，但对一般公众而言，其指向不明确，无法和“泉州”这一城市建立清晰关联，人们更容易联想到北京、西安等“古都城”或东京、上海等历史与现代交融的“大都会”。“海上丝绸之路起点”显然与泉州之间的意象关联度更高，但随着“一带一路”倡议的深入，越来越多的城市加入“海丝”文化建设圈中，这一方面使“海丝”历史文化日益深入人心，但另一方面也使各“海丝”城市的独特性日渐模糊，泉州在“海丝”文化形象塑造方面的先发优势也受到侵蚀。并且在 2014 年，海上丝绸之路“起点”概念的合理性还遭到部分文化界人士的质疑。[①] 如何进一步合理定位泉州“海丝”文化独特性，找到更具独特性与辨识度的城市文化品牌，是泉州城市形象提升面临的急迫课题。

摸清“海丝”文化家底，对泉州市应对新形势下的“海丝”文化品牌竞争、准确定位城市形象具有重要意义。2017 年《泉州市海上丝绸之路史迹保护条例》实施之后，泉州市文物行政部门主持开展了全市海丝史迹普查活动，并陆续编制两批“史迹保护名录”。在此基础上，可以依托高校智库和泉州各博物馆等专门机构，对“海丝”文化遗产进行全面梳理，摸清资源家底、保存状况、运行或经营状况等，研究文化资源发掘情况或确定考古研究方向，加强对相关文化产业的创新研究等，从而为泉州“海丝”文化品牌的塑造提供坚实的理论支持。

（二）城市形象塑造的活动创新

推动多主体参与“海丝”形象塑造。根据一项比较早的研究，泉州城市品牌建设中政府活动几乎占据了一半比重，而包括城市居民、服务机构、企业、民间社团在内的其他主体所占的比重要低得多。目前虽然没有专门针

---

① 《广州怎样才能做好“海丝”?》，《南方都市报》2014 年 11 月 28 日第 AII06 版。

对“海丝”城市形象的最新统计分析，但基本的格局很可能没有太大改变。① 这说明在泉州，对包括“海丝”品牌在内的城市形象的塑造主要还是政府在推动，而其余社会主体，特别是民间社团，对这一问题的关注度并不高（见图8）。进一步加强城市居民和企业对“海丝”文化品牌的认同和运用，对城市形象塑造会大有益处。

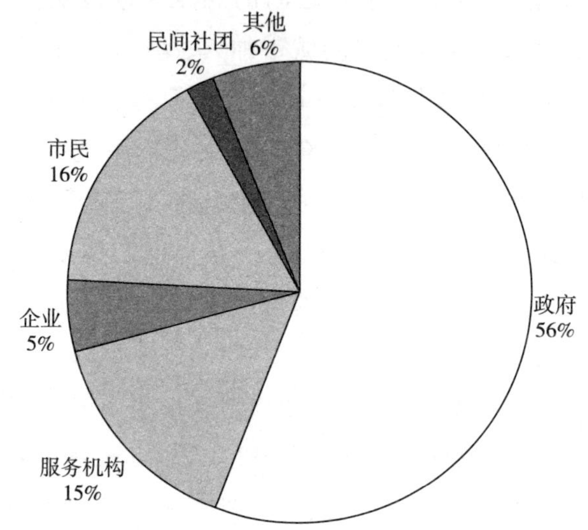

图8 泉州城市形象塑造中各主体的作用比重

资料来源：陈雅梅《浅谈泉州历史文化名城品牌形象的打造》，厦门大学硕士学位论文，2006，第30页，图4。

推动“海丝”非物质文化遗产的“活化”，应同时将现代艺术融入“海丝”形象建设中。泉州非物质文化遗产丰富，南音、南戏、佛曲等艺术形式独具魅力，但这些传统艺术普遍面临受众面不广、对年轻一代吸引力弱化、域内外知名度不高的问题。近年来泉州市各界在抢救、保护民间艺术方面做了大量工作，包括建设演剧场馆等基础设施、组织社团开展定期公益演

① 我们能够看到专门针对泉州市政府创建城市品牌行为的深入研究，如杨煜《城市品牌体系构建中的地方政府行为研究——以泉州市为例》，广西师范大学硕士学位论文，2014，但很少看到有关其他主体的深入研究。

出、进校园展演以及登上国际舞台展示等。但将传统非物质文化遗产真正融入未来城市生活，特别是随着人口迁徙、交流的日益深化，使泉州的代表性非遗艺术为更多人所了解、接受、认可，成为和泉州密不可分的文化标签，泉州仍然需要进一步努力。另外，泉州“海丝”文化的艺术载体不应局限于传统曲艺，也应该积极融入现代文化艺术，借助现代绘画、流行音乐、文化讲座等多种形式加以推广，广州市大力推动的“海上丝绸之路——冯少协油画展”就是很好的借鉴案例。

强化对泉州“海丝”节典、展会、论坛的子品牌塑造。为推广“海丝”文化形象品牌，泉州市组织举办了一系列节典活动，如国际木偶节、国际南音大会唱、海丝嘉年华以及针对茶叶、美食的商贸旅游活动等。从2015年起，泉州市依托“海上丝绸之路国际艺术节”平台，对文化艺术方面的活动进行整合，并在艺术节同时举办论坛、展览等，至2017年已连续举办三届，它成为泉州与“海丝”国家文化交流的平台。但泉州海艺节和广州“丝路花语”节典、宁波“海丝国际音乐节”等相似度较高，与威尼斯水城、牛津大学城、京都古寺庙那样聚焦效应明显的城市形象子品牌尚有较大距离。着力打造富有个性、知名度高、文化聚焦效应强的“海丝”子品牌，有利于泉州在“海丝”文化建设的潮流中脱颖而出。

加强“海丝”品牌与产业发展的关系。文化产业与城市形象具有相辅相成的正向反馈关系，但泉州的文化产业发展在各“海丝”城市中还处于中下水平。随着我国经济进入转型升级新时代，文化创意产业将成为经济发展的支柱产业之一，文化与科技、旅游、资本的高度融合成为城市与产业竞争力的重要来源。文化产业可以包括文化制品生产、文体演艺服务以及为其他行业提供文化附加值的产业（如设计、装饰、文旅等）。泉州“海丝”文化产业可以包括“海丝”文化旅游产品的开发、“海丝”演艺活动的市场化运作、主题文化创意产业园区建设、“海丝”产业发展平台的搭建等。在产业规划上，遵循政策引导、集群发展的策略，选择比较优势最明显的产业门类推进，重点突破，形成品牌效应和规模效益。

（三）强化泉州“海丝”文化品牌的传播

提升城市文化品牌传播的系统性，立体地整合运用传播渠道和形式。除了广电媒体、节庆活动外，创新利用体育赛事、论坛、媒体热点时间、招商会等场合，星级酒店、公交车、建筑外墙、高速公路、车站、机场、相关网站等多种空间，以及名人访谈、旅游节目等各种可能的形式。有针对性地向不同受众投放相关内容，如面向本地民众，可以投放文艺活动信息、文化纪录片、城市名人文化讲座、文化书刊等；面向旅游者，可以投放主题文旅书、刊物、画册、旅行指南、旅游宣传广告、纪念品等；面向投资者，则可以投放城市形象片、投资政策与环境介绍、城市生活品质说明等内容。

建立城市营销内容的层次。泉州的特色文化要素种类繁多，全部独立推广会显得纷繁、无绪，但仅以单个品牌如“海丝”来统合，则有失宽泛，缺乏重心。因此，未来的泉州城市形象营销应考虑建立清晰的品牌体系，其中包括少数顶层品牌和若干子品牌。“海丝”文化可以发展为城市的一个顶层品牌，在此之下精心选择若干具有代表性的文化标签，如目前的“世界宗教博物馆”“海丝文化艺术节”“宋元世界第一大港”等，将其打造为“海丝”顶层品牌下的若干了品牌，由此来统合具体的文化遗产、遗迹项目。

推动“海丝”无形资源的显性化。泉州“海丝”文化的丰富内涵必须依托无形的历史与传说，后者无法直接形诸感观，也无法直接产生文化效应。通过诸如目前福州、北海等地正在建设的“海丝主题乐园”之类的景区、景点、景物和参与项目的建设，将历史文化资源转换为产品品牌。目前泉州市建设的“海丝主题公园”重在观览，无法完全满足未来具有参与性深度体验的文化需求。

探索泉州特色的“海丝”城市品牌营销方向，推动区域联合营销。通过对“海丝”资源的产品化提升，增强泉州“海丝”文旅产品的吸引力。泉州“海丝”资源丰富，但位置分散、开发程度普遍不高，急需以“全域旅游”“一体化开发”的观念进行产品规划与推广。泉州在闽台地区具有较强的品牌力，并具有“海丝”历史文化的领先优势；而在闽台地区以外，泉州无论是城市综合实力还是“海丝”文化影响力，都面临更多强劲对手的竞争。目前广东、浙江等地都出现省级层面联合打造“海丝”品牌的趋势，因此泉州市应进一步主动作为，立足福建、闽南和泉州各县区市，开展不同层次的区域联合营销。

注重“海丝”文化推广的技术细节。依托高校智库和博物馆等专门机构，建设完善的“海丝”文化推广文案资源库。深入而准确地阐释泉州“海丝”遗产的内涵，在博物馆、展览馆、海丝遗迹点以及特色文艺演出等场所/场合，提供周到、准确的解说服务。完善外宣语言翻译工作，针对重点宣介对象提供多语种翻译文本，依托高校智库确保翻译文本的准确性。设计美观、辨识度高的城市标志，形成感观聚焦点等。

（四）创新打造“海丝”城市景观

在继续推进泉州古城和“海丝”遗迹保护的同时，加速提升“海洋”元素在泉州城市景观中的展示度。空间是塑造城市形象、提升城市认同感的最基本、最持久、最稳固的推动力量。无论是居民还是访客，都会通过与空间的交流建立其与城市之间的精神联系。上海的黄浦江两岸、香港的维多利亚港湾、厦门鼓浪屿—万石山—环岛路景观带等都是各城市展示精神、塑造受众心灵体验的核心空间。但是在泉州，似乎还缺乏这样集中体现“海丝”文化精神的核心空间。

随着泉州古港在明清时代的衰落，泉州城市生活的海洋色彩也急剧衰落，一直到20世纪末，泉州都是“近海”而非“滨海”。进入21世纪，泉州市提出了“环湾面海”的新发展方向，2011年，泉州市行政中心迁至东海，环湾基础配套设施不断完善，融合了行政、居住、商业、金融、娱乐、休闲的东海、城东区域开始显示出生命力。但总体来看，泉州湾滨海地带与真正的城市景观带之间还有不小的距离。以泉州环湾发展中的核心区域丰泽区东海片区为例，目前以现代样式的商住楼宇为主，缺乏具有泉州城市独特意蕴和“海丝”风貌的展示空间。未来在环泉州湾滨海地区的建设中，应注意泉州古城建筑风貌的传承，在保留现代功能的楼宇和街区中融入传统闽南民居，如手巾寮厝、近代骑楼等建筑风格元素的同时，创新设计“海丝”文化标志物和文化展示空间，使环湾区域成为展示泉州文化传承情况与未来发展和谐并进的门户地带。

最后，着力改善城市人居环境，塑造城市整体的物质与人文风貌。良好的城市总体环境对城市品牌塑造具有极大的正向催化效果，反之亦然。近年来网络上屡次出现的旅游城市天价菜单、交通骗局、脏乱环境等就是典型反例，即使厦门鼓浪屿这样的旅游热门景区也难以无视网络上对海滩脏、臭问题的批评压力。近年来，泉州市发力建设山水园林城市，改造城市基础设施，修建了西湖、中山公园等一批综合性公园，新建江滨大道、沿海通道等一批城市主干道，并依托道路打造景观带，重塑“清泉随地涌，随处有花蹊”的历史风貌。在城市管理方面，对户外广告、建筑垃圾、车载占道，以及公园、校园、市场等周边秩序方面开展专项治理，城市人居环境的改善取得了显著进展。但相比广州、宁波等其他“海丝”城市和周边厦门等城市，泉州整体的城市治理水平仍然存在较大的提升空间。

四　结语

20 世纪后期城市形象理论的形成与推广、城市形象塑造与竞争的兴起，为地域文化及传统民俗的复苏提供了机遇，各地无一例外地将传统视为建构城市文化认同与文化品牌的核心资源。泉州的“海丝”文化就是因此而被发掘出来的，从学术研究领域一跃进入城市公共空间，成为泉州城市的一张名片。但不可否认，泉州在利用“海丝”标签打造城市品牌过程中，还面临一些有待解决的深层次问题。

学术领域的“海上丝绸之路”概念是清晰的，就是指东西方的海上经济沟通网络和基于该网络的人、物、思想的流动。而公共生活一旦成为城市文化标签，“海丝”这一概念就变得模糊起来。目前无论是城市管理者、媒体还是学者，对泉州“海丝”文化的概念都缺乏令人信服的界定，特别是对“海丝”文化与闽南文化的关系缺乏清晰的阐释。闽南文化特有的曲艺常常被作为泉州“海丝”文化艺术而在各种场合展示。但是，闽南文化属于传统意义上的乡土文化范畴，它的内涵深深根植于闽南地区民众的日常行为，特别是具有悠久历史因而高度稳定的民俗习惯，这与一般“海上丝绸之路”概念强调开放性、多元性、国际性的内涵是存在深层次矛盾的。

基本上，目前泉州城市“海丝”文化的核心特质并不清晰，不能被人们很容易地感知与识别。泉州的老市民可能对语言、饮食、服装、建筑、风俗等日常的实用性内容更加认同，而从别的地方迁居泉州的新市民不会对“海丝”概念有太多的感受。因此被塑造为泉州文化标签的“海丝”，可以在本地丰富的历史文化遗产中找到影像，却不容易在现实的泉州城市生活中扎下深厚的根基。自然地，媒体呈现的泉州“海丝”也是零散的，它可能罗列了景点、民俗、曲艺等多姿多彩的具象，却似乎难以形成完整统一的意象。

近 40 年来，泉州经历了从传统农耕与商业结合的农商社会向标准化工业社会的转变，目前又正在融入新的都市生活元素。现代性的扩张是全球现象，泉州当然也不例外。从文化上来说，这就是从农商社会发展起来的闽南文化遭遇工业与都市所产生的现代文化，这一过程是两者碰撞、调适、融合、并存的过程。在这一过程中，泉州“海丝”文化的内涵究竟是什么？它在泉州未来的发展中究竟能够扮演怎样的角色？这些可能是未来利用“海丝”文化提升泉州城市形象不得不思考的问题。

B.17
泉州市体育产业政策供给现状与优化策略研究

任慧涛　许月云*

摘　要：　2018 年，泉州市体育产业保持良好发展态势，其中，体育用品行业尤为突出。本报告立足泉州市体育产业发展状况，对泉州市体育产业政策的总体发展情况及政策目标进行深度分析，剖析泉州市体育产业政策在实际执行中存在的产业体制机制创新力度不足、政府体育产业基金引导不明确、产业税收减免政策落实不到位、金融扶持政策享受门槛较高等困难与问题，并从体育生态圈、资金规模、税收优惠、融资环境方面提出优化策略与建议。

关键词：　泉州　体育产业　政策供给

高质量不仅是实现体育产业健康可持续发展的核心要义，也是泉州市在经济新常态背景下的必然选择。在复杂多变的国内外经济形势下，2018 年泉州体育产业积极寻求进行战略性调整和转型升级，经过短暂的调整进入稳定增长期，保持良好发展态势，这不仅源自企业的内生动力，还得益于泉州市乃至福建省产业政策的支持。从当前政策体系来看，泉州市围绕《泉州市人民政府关于加快发展体育产业促进体育消费十一条措施的通知》这一核心政策，采取体制、

* 任慧涛，泉州师范学院副教授，博士，研究方向为体育管理学、体育治理与伦理；许月云，泉州师范学院教授，研究方向为体育社会学。

政策、技术和管理等综合推进措施，从体制改革、财税奖补、服务优化以及环境改善四个方面设计，将发展体育产业、促进体育消费纳入国民经济和社会发展规划，纳入政府重要议事日程，建立发展改革、体育等多部门合作的体育产业发展工作协调机制，形成完整体育产业激励政策链群，为泉州市体育产业稳健发展提供“调节器”和“稳压阀”，为促进泉州市体育产业转型升级奠定了坚实的基础。当然，泉州市的体育产业政策在实际执行中，仍存在产业体制机制创新力度不足、政府体育产业基金引导不明确、产业税收减免政策落实不到位、金融扶持政策享受门槛较高等困难与问题，需要在未来一段时间内通过多措并举打造体育产业生态圈、有效扩大产业扶持资金规模、协同共治推进税收优惠减免、多元策略优化投融资环境等，来提升泉州市体育产业政策供给的有效性和科学性，为泉州体育产业健康可持续发展提供新的动力。

一 2018年泉州市体育产业发展状况

2018 年泉州体育产业保持良好发展态势，其中不可忽视的力量是传统强势产业——体育用品业。截至 2018 年底，体育用品制造业依然是泉州市体育产业的主要构成部分，占比超过 90%，其中，体育用品生产企业超过 4000 家，规上企业实现产值约 3050 亿元，占全市规上工业总产值的 18.4%。欧美发达国家掀起再工业化、制造业回归浪潮，国际制造业竞争不断加剧，特别是不断升级的中美贸易摩擦，对泉州体育产业造成极大冲击。在新的国内外经济形势下，泉州体育产业逆势而上，积极进行战略性调整和转型升级，经过短暂的调整进入稳定增长期，这不仅源自企业的内生动力，还得益于泉州市乃至福建省产业政策的支持。

二 泉州市体育产业政策现状分析

（一）总体情况

泉州市是我国体育用品制造集群所在地，体育产业发展态势受到中央政

府的高度关注，2014 年，国务院发布的《关于加快发展体育产业促进体育消费的若干意见》在“主要任务”中特别指出，要“因地制宜发展体育产业，打造一批符合市场规律、具有市场竞争力的体育产业基地，建立区域间协同发展机制，形成东、中、西部体育产业良性互动发展格局。壮大……海峡西岸……体育产业集群”。作为海峡西岸经济区的“桥头堡”城市，泉州市形成了以体育用品制造与销售为支柱产业，体育培训、竞赛表演、运动休闲、健身锻炼等服务型产业并行发展的总体结构，并且积极推动体育产业转型升级，向高科技附加、高服务附加以及高创意附加的新兴产业迈进。

为保证国家体育产业发展战略在泉州市落地，泉州市委市政府积极推动相关体育产业激励政策的设计和实施。2011 年，泉州市人民政府办公室发布《泉州市人民政府关于加快发展体育产业的实施意见》，标志着体育产业政策首次在泉州市以独立文件的形式进行发布。2017 年，泉州市人民政府办公室发布《泉州市人民政府关于加快发展体育产业促进体育消费十一条措施的通知》，标志着政府再次强调产业政策在泉州市体育产业高质量发展中的强大激励作用。

上述两个政策文本构成泉州市体育产业核心政策，除此之外，泉州市体育产业还包括三个方面的配套政策。首先，泉州体育产业相关专项政策和具体执行细则，主要包括体育事业或全民健身领域相关规划、政策及配套细则，例如《泉州市加快发展健身休闲产业实施方案》、《泉州市足球改革发展实施方案》、《泉州市全民健身实施计划（2016—2020 年）》以及体育产业专项资金资助扶持相关办法等。其次，泉州总体发展规划中的体育部分，主要包括泉州市城市发展规划、县区市经济社会发展规划以及产业振兴计划等，例如《泉州市创建“中国制造 2025”城市试点示范实施方案》《泉州市建设国家创新型城市实施方案》《晋江市人民政府关于印发 2016 年晋江市体育城市建设行动方案的通知》等。最后，泉州核心产业政策中涉及体育产业的部分，主要包括制造产业政策、工业政策、服务业政策等，例如《泉州市人民政府办公室关于印发泉州市“十三五”文化产业发展专项规划的通知》《泉州市人民政府办公室关于印发泉州市加快机械装备产业发展行动计划（2014－2018）的通知》等。泉州市体育产业政策概览见表1。

表1　泉州市体育产业政策概览

政策类型	发布时间	政策名称	政策文号
核心政策	2011年11月20日	《泉州市人民政府关于加快发展体育产业的实施意见》	泉政文〔2011〕301号
	2017年5月2日	《泉州市人民政府关于加快发展体育产业促进体育消费十一条措施的通知》	泉政文〔2017〕66号
具体政策	2016年12月28日	《泉州市人民政府关于印发泉州市全民健身实施计划(2016—2020年)的通知》	泉政文〔2016〕172号
	2018年9月12日	《泉州市人民政府办公室关于印发泉州市加快发展健身休闲产业实施方案的通知》	泉政办〔2018〕74号
	2019年4月9日	《泉州市人民政府办公室关于印发泉州市足球改革发展实施方案的通知》	泉政办〔2019〕28号
关联政策	2015年8月26日	《泉州市人民政府关于发展智能制造专项行动计划的实施意见》	泉政文〔2015〕96号
	2016年12月6日	《泉州市人民政府办公室关于印发泉州市“十三五”文化产业发展专项规划的通知》	泉政办〔2016〕179号
	2017年3月27日	《泉州市人民政府关于印发泉州市创建“中国制造2025”城市试点示范实施方案的通知》	泉政文〔2017〕39号
	2018年9月3日	《泉州市人民政府办公室关于扶持产业龙头企业和高成长企业做大做强的若干意见》	泉政办〔2018〕66号

资料来源：泉州市人民政府网站。

（二）发文情况

泉州市政府出台的体育产业政策，主要以市人民政府办公厅为发文单位，发文对象包含各县（市、区）人民政府，市发改委、工信委、体育部门、财政部门、文化部门等职能部门，在部分责任单位中也有工会、政协以及其他社会团体。从发文单位的规格来看，泉州市体育产业政策

已经跳出原有“市体育局—县（市、区）体育部门”的单一体育行政系统，将体育产业作为泉州市宏观经济社会发展的关键产业领域来进行通盘协整。从发文对象和责任单位的全覆盖来看，“十一条”措施这一泉州体育产业的执行核心行政单位，如市发改委、市经信委、市金融工作局、市知识产权局、市国税局、市地税局、市商务局、市国土资源局、市城乡规划局、市住建局、市体育局、财政部门、文化部门等相关部门多方联动，同时，要求各县（市、区）人民政府、泉州开发区、泉州台商投资区管委会等基层政府部门研究推进体育产业发展的各项政策措施，认真落实体育产业发展相关任务要求，形成群策群力的体育产业政策激励机制，有助于体育产业激励政策打破部门狭隘，在互动和联动中提高政策的执行效度。

（三）政策目标

产业政策是政府为了实现一定的经济和社会目标，而对产业的形成和发展进行干预的各种政策的总和，一般具有层次性和多重性。作为地方政府，泉州市体育产业实施政策的出台背景首先是上级政府的相关政策的本地化落地执行。例如，《泉州市人民政府关于加快发展体育产业促进体育消费十一条措施的通知》是为了贯彻落实《国务院关于加快发展体育产业促进体育消费的若干意见》（国发〔2014〕46 号）、《福建省人民政府关于加快体育产业发展促进体育消费十条措施的通知》（闽政〔2015〕40 号）精神。《泉州市人民政府关于加快发展体育产业的实施意见》是为了贯彻落实《国务院办公厅关于加快发展体育产业的指导意见》（国办发〔2010〕22 号）和《福建省人民政府关于加快发展体育产业的实施意见》（闽政〔2011〕19 号）精神。《泉州市加快发展健身休闲产业实施方案》是为了贯彻落实《国务院办公厅关于加快发展健身休闲产业的指导意见》（国办发〔2016〕77 号）、《福建省人民政府办公厅关于加快发展健身休闲产业的实施意见》（闽政办〔2017〕119 号）精神。

从目标层次来看，“加快发展体育产业”是泉州市市级体育产业激励政策的总体目标，也是从整个地方政府角度来看待体育在城市发展中的地位和作用，认识体育消费和体育产业在宏观经济社会中的价值和社会经济效益。例如，在泉州市三大体育产业政策的实施目标中，“体育强市”“国家体育产业联系点城市”“海峡两岸体育产业合作开发示范基地”“全国一流的滨海运动休闲基地”“国家级体育产业示范基地”“国际知名的现代体育用品制造业基地”等整体发展定位的表述，都体现出通过产业政策来建构城市总体形象和宏观战略的思考，为泉州进行产业集聚区和海峡西岸经济区转型升级提供支持（见表2）。

表2　泉州市体育产业政策的实施目标

政策名称	实施目标
《泉州市人民政府关于加快发展体育产业促进体育消费十一条措施的通知》	总体目标 ❖ 推进我市国家体育产业联系点城市建设 ❖ 促进体育产业可持续发展 ❖ 有效扩大体育消费
《泉州市人民政府关于加快发展体育产业的实施意见》	总体目标：加快发展全市体育产业，建设体育强市 具体目标 ❖ 经过5~10年左右的努力，把泉州建设成为海峡两岸体育产业合作开发示范基地、全国一流的滨海运动休闲基地、国家级体育产业示范基地以及国际知名的现代体育用品制造业基地 ❖ 到2015年，体育产业增加值占全市GDP的9%以上，体育产业就业人数占全市从业人数的9%以上，初步形成包括体育用品制造销售、体育竞赛表演、体育健身休闲、体育教育培训、体育旅游、体育彩票销售、体育广告等的体育产业体系 ❖ 到2020年，体育产业增加值占全市GDP的10%以上，体育本体产业增加值占全市体育产业增加值10%以上；体育产业就业人数占全市从业人数的9%以上；全市经常性参加体育锻炼人口、人均体育场地面积、人均体育消费支出三项指标居全省前列；在建设好晋江国家体育产业基地的基础上，再创建1~2个国家级体育产业基地、3~5个省级体育产业基地（示范园区），培育一批具有国际竞争力的体育骨干企业，培育一批有泉州特色和国际影响力的体育产品品牌，形成门类齐全、结构合理的体育产业体系

续表

政策名称	实施目标
《泉州市加快发展健身休闲产业实施方案》	总体目标 ❖ 到2025年,基本形成市场机制健全、营商环境优化、空间布局完善、产业结构合理、产品供给丰富、服务品质提升、融合发展紧密、消费需求旺盛的健身休闲产业发展格局,产业总规模在400亿元以上 具体目标 ❖ 培育3~5项具有国际影响力的单项品牌赛事,打造3~6项海丝沿线国家品牌赛事、10项以上自主品牌赛事 ❖ 建成2个国家级体育(运动)训练基地、2~4个省级体育(运动)训练基地,打造1~2个国家级体育旅游示范基地(精品线路)、5~9个省级体育旅游示范基地(精品线路),培育5~7个体育特色基地(小镇);其中2~5项获得省级体育产业特色基地(小镇) ❖ 培育5~9家具有影响力的健身休闲品牌企业(俱乐部),其中4家健身休闲品牌企业(俱乐部)获得省级体育产业示范单位或项目 ❖ 建成健身步道(登山道、健走道、骑行道等)3000公里以上,建成山地户外营地(基地)5个以上、自驾车房车露营地(公园)20个以上、水上运动公共船艇码头(停靠点)3个以上、航空飞行营地3个以上 ❖ 县(市、区)大中型全民健身中心、休闲体育公园、体育服务综合体全覆盖,乡镇(街道)中小型全民健身中心、中小型休闲体育公园、健身广场全覆盖,社区小型全民健身中心、多功能球场全覆盖

资料来源：泉州市人民政府网站。

三　泉州市体育产业政策内容及存在的问题

基于《福建省人民政府关于加快体育产业发展　促进体育消费十条措施的通知》中提及的“到2025年，全省体育产业总规模达到1万亿元，努力保持全国领先水平”之目标，泉州市需要抓住新一轮科技进步与产业变革的难得机遇，主动适应经济发展新常态，进行艰难的产业结构调整、能源消费结构调整和经济发展阶段跨越，采取体制、政策、技术和管理等综合推进措施，从体制改革、财税奖补、服务优化以及环境改善四个方面设计，然而，这些体育产业政策在实际执行中存在不同的困难和问题，具体如下。

（一）产业体制机制创新力度不足

泉州市体育产业政策的核心，是充分利用市场在体育产业资源配置中的主导地位，健全以泉州市政府为引导、以市场为主体的体育产业新格局，营造竞争有序、平等参与的大环境。围绕此设计，泉州市计划成立体育产业发展领导小组，下设办公室，设在市体育局，以统筹全市体育产业发展的规划制定等工作，推进泉州市体育产业各项工作落实，实现经营规模系统化、体育品牌专业化、服务质量优质化，最大限度发挥体育系统资源的经济和社会效益。但泉州市囿于编制数量和总体部署的考量，并未将泉州体育产业发展领导小组暨办公室纳入政府机构改革具体内容之内，同时泉州市体育局产业办或经济科迟迟未得到设立批复，导致泉州市体育产业治理体制机制创新进展缓慢，导向性和力度明显不足。

（二）政府体育产业基金引导不明确

政府体育产业基金目前主要把财政专项资金作为来源，主要分为两类：一类是“以奖代补”而新设的体育产业创业创新基金，主要是为了引导社会资本投入体育经营活动而设计；另一类是通过政府公共服务私人购买方式，提供的体育事业发展资金。目前，泉州市主要使用福建省财政厅和体育局下拨的“体育产业发展专项资金”对泉州市体育产业进行转型升级引导，推进体育上中下游产业转型升级，尤其是在体育产业企业的运营起步期间，通过政府援助和提供一部分起步资金，来帮扶体育产业集群化发展。但从2017 年、2018 年以及 2019 年泉州市体育产业发展专项资金的资助和使用情况来看，由于受到《福建省 2018 年体育产业发展专项资金评审指导意见》的约束，泉州市体育产业发展专项资金投入力度小，对获评 2017 年度福建省省级体育产业示范基地、特色基地、示范单位和示范项目的补助力度过大，导致资金用于竞赛表演、体育培训、健身休闲、运动康复等相关业态的企业项目众多，资助分散，出现“撒胡椒面”现象，难以产生很好的引导效应。

（三）产业税收减免政策落实不到位

税收减免是体育企业最为关注的部分，从当前政策内容来看，泉州市政府虽实行了一系列扶持体育企业发展的税收减免政策，但一方面，部分税收优惠规定需要从国家财政部门、省级财政部门获得上级法律政策支持，方可生效，导致泉州市体育产业税收减免政策只能停留在非财政系统层面呼吁和争取，而泉州市的财政系统无法参照上级政策，主动对从事体育经营活动的市场行为提供优惠，减轻税收负担。例如体育场馆自用的房产和土地，可享受有关房产税和城镇土地使用税优惠。体育场馆等健身场所的水、电、气、热价格按不高于一般工业标准执行。另一方面，这些税收优惠过于细分，例如对体育企业发生的符合条件的广告费和业务宣传费，按规定在企业所得税征收之前扣除；符合条件的体育企业创意、设计费用和研究开发费用，按规定享受税前加计扣除政策；鼓励企业捐赠体育服装、器材装备，支持农村地区和其他贫困地区体育事业发展，对符合税收法律法规规定条件向体育事业的捐赠，在计算应纳税所得额时予以扣除等，难以落实。

（四）金融扶持政策要求门槛较高

体育产业是朝阳产业、具有战略投资价值的新兴产业。万达、阿里巴巴、苏宁、腾讯等都愿意将资本投入体育产业领域，“热钱”的大量进入和快速流动，能够为体育产业跨越式发展带来强劲动力。但从泉州当前的状况来看，虽然泉州市政府通过各种方式为体育服务机构提供贷款担保服务，鼓励金融机构创新支持健身休闲、竞赛表演、场馆服务、中介培训等体育服务业的金融产品，并将其纳入“万家小微企业成长贷”“小微企业助保贷”“微信贷”等服务范围，支持非营利性体育服务机构资产抵押贷款和优质企业信用贷款。同时，泉州市还按照“闽十条”的精神，支持符合条件的体育企业通过上市、发行企业债券、股权置换等方式融资，鼓励体育新兴企业在“新三板”上市。支持体育企业在全国中小企业股份转让系统和海峡股权交易中心挂牌融资。允许投资人以商标、品牌、技术、科研成果等无形资产评估作价入股组建体育企业。依托现有的公共资源交易平台开展体育赛事转播权交易。实际上，体育行业的大部分中小型企业由于自身条件薄弱，仍存在“融资难”现象。同时，很多银行贷款利率和贷款门槛要求相对较高，使体育行业的中小型企业在融资方面遭受阻碍，难以得到银行的长期贷款支持，这严重影响了体育行业的中小型企业的发展积极性。

四　泉州市体育产业政策优化策略与建议

（一）多措并举打造体育产业生态圈

经济新常态背景下，一个区域的体育产业集群发展和生态构建，需要从整体环境入手，不仅考虑空间上的集聚与共生，还强调体育产业与宏观政治、经济、社会发展样态相联结，打造更健康自主的体育产业环境，营造本土体育产业“生态圈”。泉州市基于体育产业体制机制创新，可以多举措打造全球领先的体育产业集聚区。首先是发起成立市属体育产业集团，盘活泉州市区大型体育场馆。泉州市有海峡体育中心、侨乡体育馆等场馆资源，可以“国有资产划转协议”为依托拟建新的大型体育场馆，成立体育产业集团，划转资产范围内的经营管理权和人事管辖权。其次是成立“泉州体育品牌促进联合会”，邀请所有泉州体育用品企业加入，形成政府和体育企业的常态对接机制，以方便企业解决举办高端体育赛事的安保、消防、补贴以及基建等方面的难题；形成企业与我国体育部门的常态对接机制，以方便将国家级甚至国际级体育赛事落地泉州，或者以泉州体育品牌为依托在全国落地；形成一个常态、稳定的交流平台，帮助泉州各个体育品牌形成常态的互动机制，建立积极、有效的人才流动、知识学习与资源分享平台。最后是成立“体育产业资源交易平台”，促进体育产业链高端产品和服务落地泉州，支持体育装备、体育信息、赛事举办权、赛事转播权、运动员转会权、其他无形资产等具备交易条件的体育要素资源公开流转，探索“体育品牌策划＋产业资源整合＋体育项目交易＋体育金融创新”四位一体的体育产业服务新模式，形成创新体育场馆赛后运营管理机制、体育赛事资源运营模式以及体育产业资源与权益的开发与投融资机制。

（二）有效扩大产业扶持资金规模

作为福建省统一安排的、用于泉州市体育产业发展的资金，需要从扶持力度、扶持方式和支持结构等方面继续深入研究，优化政府体育产业扶持资金的使用方向，加强管理和监督检查。不仅以省级有关财政统筹安排的一般公共预算、省体育彩票公益金等作为体育产业资金的来源，还应当遵循“省级财政与市级财政共同出资、相互配合”的原则筹集体育产业扶持资金，逐年加大省级体育产业专项资金的支持力度，充分发挥体育产业专项资金功能，以促进发挥政府扶持资金的导向作用和带动效应。鼓励县（市、区）基层政府按照当地体育消费和体育企业规模、生存状况安排一定比例的体育彩票公益金、财政资金，引导社会资本成立体育产业发展基金等体育公共服务平台，引导政府或事业单位内场馆资源、竞赛资源、人力资源等折现，给予体育企业优惠，扶持基层体育产业发展。在此基础上，还应当注意建立体育产业扶持资金使用监督机制，依照“严格监督、有效使用、随时抽查”等原则保证资金投放与审批的合规性。

（三）协同共治推进税收优惠减免

运用国家税收政策给予体育经营企业减轻或免除税收负担的措施，在免税、减税、加计扣除、税额抵免等措施的实际执行过程中，程序审查面临重重障碍，具体落地难度很大。从性质上讲，针对泉州市体育产业减税降费，一是为体育企业减轻压力，二是为体育企业增加活力。体育产业减税降费的政策，需要泉州市及各级县（市、区）税务部门、政府各职能部门的共同努力，通过构建政府主导、各部门协同配合的治理体系，形成针对体育企业减税降费的强大合力，只有这样，才能直接降低企业运营成本，间接增强企业的创新驱动力和竞争力，让很多中小微体育企业能够拥有转型发展的内生动力，给以社会资本为主题的体育培训、竞赛表演、健身休闲等领域的企业以坚实的外部保障。泉州市按“闽十条”进行配套和细化，给予中小微体育企业尤其是体育服务类、大众赛事类和全民健身类企业以税收优惠支持，这需要泉州及各县（市、区）财税部门及相关工作人员进一步树立全局观念，对泉州市制定的支持体育产业高质量、跨越式发展的各项税收优惠政策进行及时认真的解读、贯彻和执行。同时，泉州市各级税务机关要做好广泛深入的体育产业政策宣传辅导工作，为符合条件的体育企业提供主动周到的纳税服务，保证体育产业的高质量发展能够得到充分的税收优惠支持。

（四）多元策略优化投融资环境

鼓励国外或台湾地区民间资本在泉州地区投资兴建体育设施。引导和鼓励保险公司围绕泉州本地的健身休闲、竞赛表演、场馆服务、户外运动等需求推出多样化保险产品。鼓励设立泉州体育产业投资基金、体育场馆建设投资基金，拉动社会资本投资体育产业。鼓励社会资本创设大型体育赛事投资基金，鼓励风险投资基金、私募股权基金进入大型体育赛事。支持泉州市有条件的地方、企业和个人设立体育慈善基金会和体育慈善基金。鼓励和引导金融机构创新与大型体育赛事相关的金融产品和服务。对符合泉州市政府引导方向的大型体育赛事贷款项目给予贷款贴息支持。

B.18 基于文化旅游视角的历史文化资源产业开发

——以福建省泉州市为例

黄志锋*

摘　要： 历史文化资源是人类文化创造的历史积累和结晶，为人们提供极其丰富的精神财富，这是当前学术界和实业界普遍关注的一个重大课题。本报告将回顾历史文化资源开发的理论脉络，探讨泉州市加强历史文化资源开发的客观必然性，从文化旅游视角分析当前泉州市历史文化资源开发的状况和存在的问题，并在此基础上从文化旅游视角提出一些促进泉州市历史文化资源开发的建议和对策。

关键词： 泉州　文化旅游　历史文化资源　产业开发

党的十八大提出要进一步“增强文化整体实力和竞争力”。2016 年 11 月，《国务院关于印发“十三五”国家战略性新兴产业发展规划的通知》把与文化产业结合紧密的数字创意产业首次纳入国家战略性新兴产业发展规划。党的十九大进一步明确了新时代我国文化建设的基本方略，反映我国业已完成将文化的发展和繁荣作为文化建设的重要内容。作为文化产业发展的基本元素，文化资源的产业化发展程度对于地区经济的转型、区域经济的拉

* 黄志锋，泉州师范学院副教授，博士，研究方向为文化产业管理。

动和增强城市的文化影响力至关重要。

闽南文化是中华文化的重要分支，自汉武帝平闽并徙越之民于江淮之后，北方汉人开始南下入闽。他们带来的先进文化在与当地文化长时间交融磨合中，逐渐形成了闽南文化。闽南文化历史积淀丰厚，它的包容性、拓展性、草根性体现了中原文化、海洋文化、闽越文化和谐融合的多元特征，体现海峡两岸的鲜活文化个性。早在2009年4月，国务院就出台了关于支持福建省加快建设海峡西岸经贸合作区的若干意见，未来的福建必将是两岸经贸合作、文化交流的重要基地。当前，闽南文化的深邃的历史源流、精神内涵、旺盛活力、宗教民俗、语言艺术等需要深入探索。

一　泉州市加强历史文化资源开发的客观必然性

“十二五”期间，国家和区域发展必须实行硬实力与软实力双轮驱动，成为共识，城市文化软实力也成为我国城市具备竞争优势、可持续发展的内在动力。“十三五”时期，我国进入全面建成小康社会的决胜阶段，这是经济社会转方式、调结构、促发展的关键时期。经过“十二五”时期的努力奋斗，泉州市的硬实力得到进一步增强，供给侧结构性改革开始发力，传统产业转型步伐加快，现代服务业力争提质扩量，城市的发展进入新的历史阶段。

（一）开发历史文化资源是泉州市产业升级的必然要求

一个城市可以依托自己独特的历史文化，形成自己独特的城市形象和城市文化，进而建立基于城市经济发展的文化平台。历史文化资源具有文化属性，又兼具社会属性与经济功能。历史文化资源开发不仅能带动文化、旅游消费，而且对当地的关联产业也将产生辐射作用，优化本地产业结构，实现产业转型升级。特别是在当前我国经济发展进程中，宏观经济下行压力大，泉州本地的传统产业生存和盈利空间被大幅挤压，大批传统企业纷纷停业、破产，企业面临严重的生存压力。文化产业的蓬勃发展为传统产业转型提供新的契机。借助泉州丰富的历史文化资源，发展文创产业，让潜在的泉州历史文化资源优势尽快转化为现实的经济优势和产业优势，以增强泉州经济的影响力和竞争力。

（二）开发历史文化资源是泉州市环境和生态保护的必然要求

2017 年泉州市环保局进行了一项有关泉州生态环境的调研，调研结果显示，超过一半的被调查者对泉州的生态环境不满意，其不满意的主要根源来自工业、生活污染。这说明改革开放以来泉州工业立市战略虽然带来了经济上的腾飞，但是以牺牲环境为代价，这种发展模式不具有可持续性。21 世纪，全球工业化国家进入新的生态化发展阶段，我国也开始了生态化发展的新阶段。基于习近平总书记提出的“绿水青山就是金山银山”理念，我们必须把生态保护、绿色发展摆在政府决策的首位。转变经济发展方式，实现产业升级和转型势在必行。文化产业作为当前极具活力的朝阳产业，具有低消耗、低污染、持久性和可持续性特点，具有强大的生命力。泉州作为闽南文化的发源地，历史悠久，文化底蕴深厚，可供挖掘的各种历史文化资源极其丰富，对历史文化资源的合理开发大有可为。

（三）开发历史文化资源是由文化产业性质决定的

文化是民族的灵魂与血脉，文化资源是文化产业发展的重要基础。一个民族的文化，集中反映了这个民族的思维方式和精神追求，蕴藏着这个民族的智慧、创造力和生命力。对于当前福建泉州地区蓬勃发展的文化产业来说，积淀深厚、丰富多彩的闽南文化是其取之不尽、用之不竭的宝贵资源，是当前泉州文化产业发展的深厚土壤和根基。研究历史文化资源的保护与文化产业的发展，并将其成果运用到社会主义和谐文化建设中，对提高人们精神文化素质具有重大意义。在当前文化产业快速发展的背景下，泉州多姿多彩的历史文化资源得以转化为文化产品，得以从个别到一般，从精英文化转变为大众文化，从奢侈品转变为普通的消费品。这使大众能够更多地消费文化产品，实现自身的享受目标和发展目标，这对于满足人们的文化需求、提高人们的文化素质具有十分重要的意义。

二　泉州市历史文化资源开发现状

泉州历史悠久，文化积淀雄厚，古称刺桐，是“海西”唯一一座至今保存最为完好的古港城市和闽南文化生态区。在1000多年的历史中，泉州给后人留下了丰富的文化资源。名胜古迹星罗棋布，文物瑰宝举世瞩目，目前泉州拥有4项世界级人类非物质文化遗产，34项国家级、88项省级和218项市级非物质文化遗产。丰富的历史文化资源为泉州市当前产业转型升级和新兴产业发展提供了富含养分的“土壤”。但由于各种主客观因素，泉州历史文化资源的开发存在一些亟待改善的领域。

（一）产业管理体制创新不足，产业开发基础较薄弱

目前，泉州市尚无完善的统筹协调机制，与文化资源管理相关的部门仍然各自为政，缺乏统一规划协调，难以形成合力，重复建设现象依然存在，小马拉大车的局面尚未破解。文旅管理部门有关文化资源开发、监督、管理的治理体系有待进一步完善。与文化旅游相关的经营与管理机制相对落后，新兴业务领域较少，品牌化、规模化的经营格局尚未形成，有影响力和带动力的龙头企业缺乏，具有地方特色的民俗文化活动和参与性、体验性娱乐项目欠缺，产业资源开发所需的基础设施、配套服务与消费者品质化需求之间存在较大的差距。结果导致泉州市当前的文化资源开发与全国、全省先进城市、泉州市第三产业发展的要求相比还有较大差距。

（二）文化挖掘深度不够，产业开发广度有待提高

泉州作为“21世纪海上丝绸之路”起点，海丝文化享誉中外，但与海丝文化相关的资源开发略显不足，海丝形象有待塑造，品牌影响力有待增强。以文化旅游为例，目前在泉州历史资源的开发中，虽然文化旅游资源丰富，但大多

属于静态的、小众的产品，要将这些文化旅游资源产品化，打造成参与性、体验性强，能够吸引游客的旅游产品的难度较高，挑战较大。宗教文化、华侨文化、海洋文化、闽南文化、民众文化等多元泉州人文、泉州符号以及其他深厚的文化尚未有效转化为特色旅游产品，产品创新开发不足，大型夜间旅游演艺项目缺失，文化旅游产品丰度、体验性亟待提高，旅游营销精准度也有待提高。产业资源丰富，已开发的旅游产品众多，但体量小而且分散，聚集效应不强，缺乏具有竞争优势的龙头产品，这些因素均是制约泉州市发展优质文化旅游产业的绊脚石，泉州市相关部门需要在今后的工作中不断努力，逐步将其加以完善。

（三）历史文化资源开发利用不充分

在泉州市，历史文化资源并不只有茶文化、陶瓷文化、红色文化，名人文化、自然景观、建筑艺术、民俗风情、民间曲艺、宗教遗址遗迹等都值得利用和开发。以名人文化为例，泉州地区曾经出现过众多历史名人，如欧阳詹、郑成功、施琅、李光地等，本土名人、社会贤达不胜枚举。自然景观方面，如德化九仙山、永春牛姆林等，景色秀丽，与国内名山大川相较也毫不逊色。宗教遗址遗迹方面，泉州有世界上仅存的摩尼教寺庙，我国现存最早、保护最好的“三世佛”石雕造像——元代喇嘛教三世佛造像，我国现存最古老、最完好的伊斯兰圣迹——伊斯兰教对墓。民俗风情有我国三大渔女之二——惠安女和浔埔女，服饰风情独领风骚。民间曲艺方面，泉州拥有古代汉语的活化石——南音艺术，高甲戏、提线木偶等在海内外闻名。陶瓷文化方面，德化作为我国陶瓷之都，诸如上田墓林窑址、碗坪仑窑址、屈斗宫古窑址、月记窑、南岭窑窑址享誉中外。如此众多历史文化资源却未得到充分开发和利用，颇为可惜。

（四）文化旅游管理、经营人才短缺

产业发展需要人才支撑。虽然泉州市目前文化、旅游行业从业人员有10多万人，在泉州本地高校中，华侨大学、泉州师范学院、黎明职业大学等都设有与文化、旅游相关的专业，但是仍然存在人才留不住，从业人员服务技能水平还有较大上升空间，文化、旅游产业人才缺乏，懂管理、善策划、会经营的综合人才不足等问题。在笔者进行的相关企业调研中，关于企业发展受制因素分析，“人力资源短缺”的比例最高（见图1）。调查发现，文化产业的“管理人才、经纪人才、科技人才等专业性人才队伍薄弱，尤其是文化产业领军人物、复合型人才十分匮乏”。在文化企业人才稀缺分布情况分析中，“关键岗位的人才有缺失，需要吸纳优秀的人才加入”的占比为50.00%（见图2）。

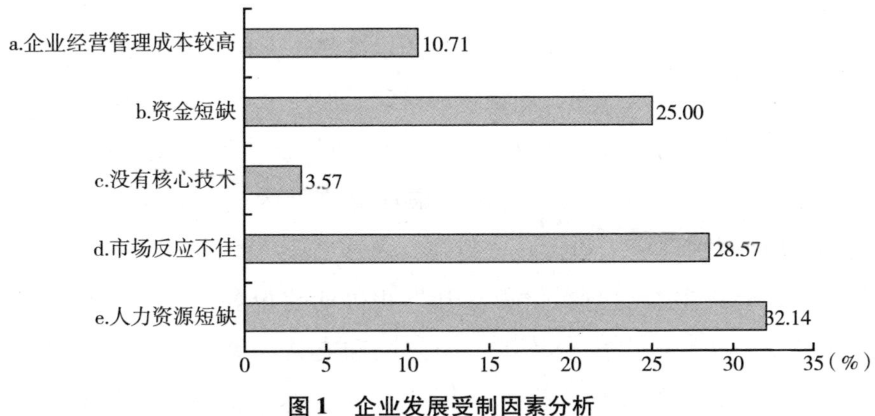

图1　企业发展受制因素分析

资料来源：市场调查的汇总。

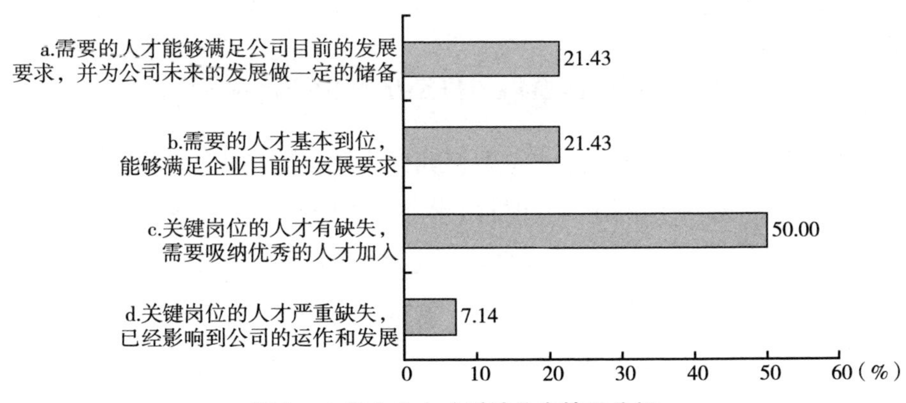

图2　文化企业人才稀缺分布情况分析

资料来源：市场调查的汇总。

三 泉州市闽南历史文化资源的产业开发路径

悠久的历史赋予泉州丰富的文化资源，文化资源可以为泉州培育优秀文化品牌提供素材和底蕴，为泉州文化产业的发展创造文化环境和外界条件。加快泉州市闽南历史文化资源的开发正当其时。

（一）创新管理体制，夯实文化资源产业开发基础

历史文化资源的产业开发是关联度大、综合性强的系统工程，优秀的历史文化资源的开发和产业化需要破除封闭思维模式，加强改革创新。探索建立资源开发的综合协调机制，加强顶层设计，加强市政府相关部门之间的协同和县区市联动，打破县域划分和条块分割的限制，推动历史文化资源全域统筹，有条件的县（市、区）可以考虑成立文开委（文化资源开发委员会），创新资源管理模式和投融资机制，并发挥其引领作用。广泛吸引民营企业和社会资本参与与文化资源开发相关的建设和发展，实现部分项目共建共享。在制度上出台政策给予鼓励和支持，突出文化资源开发专项资金的撬动和引导作用，借助各部门资源，优先支持与文化资源开发相关的重点项目的功能完善和品牌推广，不断夯实文化资源产业开发所需的基础。

（二）整合文化和旅游资源，打造泉州特色产品和品牌

推动文化旅游高渗透发展，立足泉州的人文、生态环境等资源优势，提升“文化＋旅游”的引导能力和供给水平，按照“亮点在古城、厚度在山海、空间在生态连绵带”的全域旅游布局，扎实推进“文化＋旅游”发展，打造一批多样化融合发展的示范产品。挖掘泉州的历史文化资源，指导县域培育特色文化节庆品牌和演艺节目，增加游客民众体验，依托雕艺、石材、茶业、香道、陶瓷等特色资源项目，促进传统工业产品向旅游商品转化，推动工业旅游发展。围绕泉州“一县一品、一地一特”的地域特点，凸显茶

文化、香文化、陶瓷文化、惠女文化、雕艺文化等特色。大力打造古城多元文化游、“海丝”民俗文化游、惠女民俗游、工业文化游、茶文化游、瓷文化品鉴等产品及精品线路。

进一步做强“海丝”品牌，唱响“海丝泉州”。具体可从以下几个方面入手。一是政企合作，举办丰富多彩的节庆活动。可以考虑把泉州元宵节、闽台对渡文化节和安海两岸端午民众文化节转化为旅游文化节庆，培育“泉州元宵狂欢节”，做大“海上丝绸之路文化艺术节”“环泉州湾国际自行车赛”等具有影响力的大型活动，推出体育旅游精品线路，聚集人气，扩大影响范围。二是鼓励支持文化旅游企业参与整合泉州优势资源，开发能突出泉州地域特色、文化特色的旅游精品线路，满足游客的个性需求。三是多途径、多媒介、大范围、全域开展品牌宣传活动，提高营销的精准度。加强与国内外媒体的联系与合作，充分利用电视、报纸、杂志、网络、自媒体等手段进行宣传推介，全方位多渠道增强“清新福建·海丝泉州”的影响力。邀请国内主要媒体拍摄、播出泉州文化旅游专题节目，同时加强新媒体营销，建设网络上的目的地营销系统，创新营销手段，运用网络开展微博达人“穿越宋元·寻宝泉州”“中华旅游名博泉州行”等活动，提升和增强泉州的城市品牌效应和影响力。

（三）着力推进融合发展，重点培育文化品牌

要充分挖掘泉州优秀历史文化资源，推进文化与科技、旅游、金融、工业、农业、商贸等产业融合发展。一是加快文化与科技融合，重点推动文化产业众创空间建设，发挥科技引领作用，形成集聚效应。二是推动文化与旅游深度融合，强化“文化园区按 A 级景区来打造，把文化企业按观光工厂来打造”的理念，进一步丰富文化产业园区和文化企业的内涵。推动馆藏文创产业开发，加强旅游伴手产品研发，提升泉州文创开发水平。三是推动创新金融产品发展，加大支持文化企业力度，积极推动设立文化产业投资基金。指导文化企业拓展融资渠道，积极谋划其在主板或新三板上市。重点关注被纳入市级重点上市后备企业的 6 家文化企业，这 6 家文化企业被列入

2017 年泉州市场外挂牌后备企业。突出区域特色品牌建设，继续发挥德化世界瓷都、惠安世界石雕之都、安溪中国藤铁工艺之都优势，加快建设惠安雕艺园、德化陶瓷创意园、安溪家居工艺园，推动产业做优做强，进一步打响品牌。同时，突出文化特色园区建设。加强 17 个市级文化产业园建设，推动对 17 家市级备案文化产业园区科学规划，加强管理，提高服务水平，形成一园一特色，重点加强惠安雕艺园、领 show 天地、洪山文创园 3 家省重点文化产业园区建设，凸显各具特色的园区集聚规模效应。

（四）把握文化传播新趋势，搭建文化交流新平台

充分发挥“东亚文化之都”和“海上丝绸之路国际艺术节”品牌优势，大力推动泉州文化“走出去”，泉州先后组织策划 5 个文化交流项目。2016 年央视春节联欢晚会、元宵晚会东部分会场设在泉州，充分展示“海丝”泉州深厚的文化底蕴和城市魅力。成功举办海丝国际学术研讨会，进一步表明海丝文化遗产保护交流互鉴具有美好的合作前景。协助央视做好《记住乡愁》塘东村、南岩村、安海镇、崇武镇拍摄工作，支持泉州广播电视台拍摄《海上丝绸之路》，进一步加强对台对外文化交流。主导并推动世界闽南文化节常态化举行。同时，推动文化贸易合作，通过参加家居装饰、礼品及家庭用品博览会和会展活动，促进特色的泉州文化作品走向市场，走出国门，讲好泉州故事，弘扬闽南传统文化。

（五）实施产业人才战略，为发展优质文旅提供人才保障

人才队伍缺乏在很大程度上将制约泉州市文化旅游行业的发展，因此，在未来几年中，泉州市应大力推进人才战略，为发展优质文旅提供人才支撑和保障。加强人才建设，开展“建设文化人才高地”行动，有针对性地培养和引进各类文化产业专业人才，促进与文旅行业发展较快的城市和港澳台地区的交流与合作，制定人才引进政策并实施，鼓励和吸引境内外优秀人才到泉州创业、就业。开通人才引进绿色通道，为人才提供优质的后勤保障服务，以解除其后顾之忧。通过加强校企合作和产业对接，多元化满足文化企

业对人才的需求。营造有利于高级经营管理人才发展的良好环境，一方面加大培训力度，借助泉州的高校、职业教育、行政培训等资源，举办“海丝”文化讲坛等，加强专业化培训，优化文旅人员的知识结构，提高他们的经营管理水平；另一方面，积极引进境内外高端人才团队参与泉州市文旅行业的经营管理。

四 结语

文化资源作为人类文化创造的历史积累和结晶，为人们提供了极其丰富的精神财富。这些沉淀深厚、丰富多彩的历史文化资源是取之不尽、用之不竭的，是当前泉州市加快发展文化产业的深厚土壤和根基。对历史文化资源的开发不仅可以为闽南历史文化资源赋予鲜明的地域、形式、内容和美学特色，而且能赋予泉州文化产品以特殊的魅力和市场竞争力，从而产生良好的经济和社会效益。我们要正确认识泉州历史文化资源的意义和现实价值，合理利用宝贵的历史文化资源，与时俱进，不断创新，挖掘它们的价值，汲取其合理的思想内核并赋予其新的时代内涵，创造出富于时代气息、富有竞争力和地域特色的文化产品，形成具有特色的泉州文化产业发展道路，这也是未来几年泉州市文化产业发展的方向。

B.19

泉州医养结合养老模式研究

李亚辉　刘义圣*

摘　要：　医养结合养老模式是我国经济社会快速发展背景下的产物。随着我国人口老龄化程度不断加深，医疗和养老产业的结合将成为破解我国老龄化问题的重要路径。本报告分析了泉州重点区医养结合养老模式的现状，对其存在的规模小、专业人才不足、资金投入较少、内置医疗机构管理机制不完善、运营成本高等问题进行深入剖析，并在借鉴省内外不同城市医养结合养老模式成功经验的基础上，对泉州医养结合养老模式提出相应的改进措施。

关键词：　泉州　医养结合　养老模式　老龄化

一　泉州医养结合养老模式现状

（一）泉州老年人口现状及发展趋势

截至2018年底，泉州市（包括各县区市）老年人口数为108.3万人，超过户籍人口数的14.3%；预计到2030年，全市老年人口数为170万人（见图1）。按照国际标准，泉州已经进入人口老龄化阶段。在老年人口爆发

* 李亚辉，福建师范大学硕士研究生，研究方向为社会保障；刘义圣，泉州师范学院二级教授，博士生导师，研究方向为区域经济学。

式增长的背景下，老年人预期寿命越来越长、独居老人越来越多、他们生活不能自理的程度也在加重，老年群体聚焦的社会基本保障、医疗保健服务、养老服务等问题更加突出。

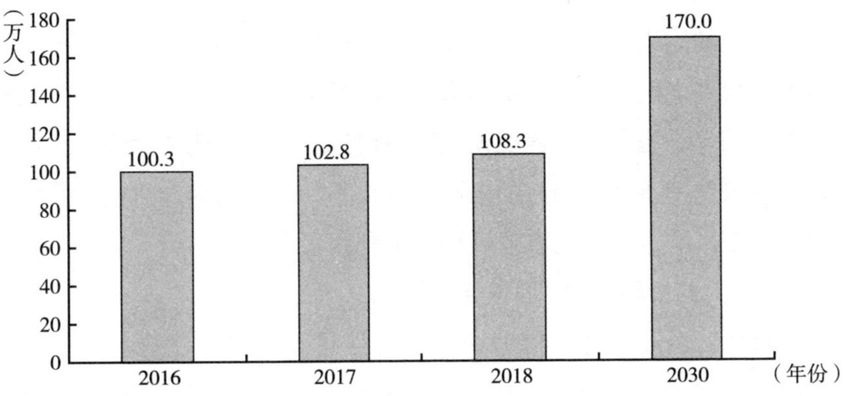

图 1　泉州老年人口数

注：2030 年为预测数据。
资料来源：泉州市统计局统计资料。

（二）泉州医养结合养老模式现状

泉州的养老问题一直受到高度关注，现有数据显示，泉州市（包括各县区市）已建、在建的各类养老机构超过 500 家，养老床位数约为 26260 张，每千名老人拥有养老床位数为 29.63 张。为加快补齐养老事业短板，确保 2019 年养老事业补短板主要指标任务完成，泉州市出台《实施养老贴心工程加快补齐养老事业短板 2019 年行动方案》。根据方案，2019 年，泉州市全年将实现新增各类养老床位 2000 张以上，每千名老年人拥有床位数提高到 35 张以上。此外，泉州将支持 194 个行政村新建农村居家养老服务站（农村幸福院），支持 19 个街道和重点乡镇新建居家社区养老服务照料中心，政府通过购买居家养老基础信息化服务，实施特困（低保）失能老人护理补贴项目，支持专业化养老服务组织进入社区建设实体服务站点补助项目，实施养老服务设施示范站点补助资金（星级评定以奖代补）项目，扶持200个农村居家养老服务站（农村幸福院）运行项目，推进市、县级社会福利中心建设，支持养老服务设施建立微型消防站。

从早期政府管理的公办福利院、养老院到近几年才发展起来的企业型养老机构，这个过程经历了社区居家养老及短期托养阶段。在泉州，制约医养结合模式发展的因素包括传统养儿防老观念的影响、孩子的误解甚至不同意老人离家寄居养老院、运营成本偏高且盈利预期时间长、医务人员以及医疗保健设备缺乏等。医养结合养老模式的规模过小，使养老事业难以推进，有的养老机构入住率不高，而有的老年人又找不到合适的养老机构，造成现有资源浪费，是影响未来养老事业发展的不利因素。

1. 晋江市：村级敬老院“医养结合”模式

晋江市民营企业发达，借助“全国百强县”的经济优势，晋江市大力发展村级敬老院，推动敬老院与村卫生室联动，探索村级养老机构的“医养结合”模式。以磁灶镇大埔村敬老院为例，敬老院内不仅设置老年人专用餐厅、多功能厅等必要设施，还在整洁宽敞的庭院里设置健身器材、门球场等基础配套设置。老年公寓所在的楼层，均配备健身房；老年人起居室，设置单独卫生间、热水器。晋江市还整合老年资源，将敬老院与村中的老人协会、老年学校集结整合在一起，以共享基础设施资源，扩大了老年人的社交范围，同时也丰富了老年人的晚年生活。近年来，随着大埔村集体以及私营经济的大力发展，目前免费入住老人的年龄调整为女65周岁、男70周岁，许多家庭夫妻双方均入住敬老院。老年人在入院之前均免费接受全面体检，逐一建档立卡。敬老院还与村卫生室签订合作协议，医生每周进院为老年人体检。目前村敬老院受限于基层医疗设施和医疗人员方面的资源不足，并无专职医护人员，老年人生病，仍需要外诊，因此导致该敬老院仅能接受生活基本能够自理的老年人。根据规划，大埔村敬老院今后将加强与医疗机构的合作，尽快实现与附近医院、镇卫生院的联动，实现真正意义的“医养结合”。

2. 鲤城区：民营“医养结合”养老模式

鲤城区在几年前便开始了“医养结合”的试点工作，泉州市鲤城区江南老年颐乐园是泉州市民营养老机构最早试点“医养结合”的单位之一，是综合性大型养老机构，其中“医养结合”是其最大的特点。颐乐园建园初期，便与泉州市第一医院建立了合作关系。江南老年颐乐园还建有专门的护理楼，为生活不便以及不能自理的老人提供人性化的照护及临终关怀照护。与传统的公办养老院相比，拥有较多医疗资源以及服务设施的颐乐园的相关服务费用也高出了很多。每个月每间房的床位最低费用接近3000元。颐乐园为入住老年人提供全方位的医疗保健服务，医院派出的专业护士早晚两次为老年人量血压、血糖等生理指标，每两个月做一次心电图。对于慢性病患者，护士每天帮忙取药并且提醒服药，基本做到“小病不出园”。

3. 泉港区：连锁养老服务模式

区县级养老院为了提高养老服务水平，引入连锁化的养老服务机构管理模式，这是一种解决办法，同时也是一种发展趋势。泉州市泉港区“龙人·伍心家园”养老院是一家集日常生活起居照料、老年兴趣爱好发展、身心保健、医疗诊治于一体的养老机构，也是泉港区规模最大的公建民营乡镇敬老院。2018年10月，“龙人·伍心家园连锁养老服务机构”开始正式营业。养老院位于泉港区山腰街道，拥有一幢4层大楼，占地面积为4443.47平方米，共设有200个床位，为全封闭养老院。大楼前后有宽阔的大院，供在这里安家的老年人活动，其中前院设有众多体育设施，以供老年人锻炼身体。养老院24小时有保安值班，以确保老年人安全。标准间设置两张床位，房间为入住老年人提供大屏幕液晶电视、冷暖两用空调、太阳能或电热水器等基本生活设施。考虑到老年人生活的便利性，走廊两侧、电梯间、卫生间等均设有沙发、专用扶手等方便老年人的家具以及设备。“龙人·伍心家园”养老院设有棋牌室、文艺活动室以及多功能厅。在饮食方面，养老院一楼有一个大餐厅，二楼有一个小餐厅，每月不定时有丰盛自助餐。养老院工作人员每月还会为老年人过一次集体生日，以让住在这里的老人感受到家的温馨。

4. 洛江区：社区居家养老服务模式

社区老年人日间照料中心为社区内生活不能完全自理、日常生活需要一定照料的半失能老年人提供膳食供应、个人照顾、保健康复、休闲娱乐等日间托养服务设施。它是一种适合半失能老年人的“白天入托接受照顾和参与活动，晚上回家享受家庭生活”的社区居家养老服务新模式。洛江区双阳街道以提高养老服务水平为宗旨，不断创新为老年人服务思路，切实发挥好社区养老服务照料中心阵地作用，积极布局基层养老产业发展，进一步推进老龄事业发展，带动辖区老年人共享社区建设成果。在洛江，双阳街道阳山社区养老服务照料中心已于2018年12月18日正式营业。照料中心按照福建省社区居家养老服务照料中心“三星级”评定标准配置，家具用品、健身器材、医疗器材等一应俱全。照料中心的楼房共有两层，一层有休闲区、医疗诊治区、报刊阅览室、老年餐厅区等四个区域，配备液晶电视、冰箱、电脑、按摩椅、健身单车、棋牌等设施设备，主要用于休闲、日常社交活动以及简单疾病的诊治；二层有老年人休息卧室，共计10张床位。照料中心的建成，全方位满足了基层街道社区的养老需求。

二　泉州医养结合养老模式存在的问题

当前泉州市养老产业面临诸多问题，总体上看，养老产业虽然发展快，但规模较小、结构不全的机构偏多；专业人才匮乏，机构自主运营能力不足；资金投入有限，难以塑造品牌，具体表现为以下五点。

（一）规模小，结构不全

目前泉州养老机构大多以小型为主，组织结构不全，以满足安顿老人吃、住为主，在心理沟通、医疗服务方面的配套建设相对落后。养老不只是过日子，而是要过好日子；不只要安全，更要安心。要让老人宾至如归，拥有居家的感觉。在日常生活上要由专人辅导、陪伴老人，而不是限制其行动，给其圈养的感觉，应在人员配置方面进行合理规划。高龄老年人大多存在生理机能退化及其他慢性疾病，在生活照顾上应更突出医疗需求，如果没有完善的医疗条件，那么其将无法拥有优质的休养生活。休养的意义在于充分的休息及科学的养生，因此养老机构必须完善其医疗卫生条件，以全面满足养老工作的需求。简易的医务室只能应付常见病，对于慢性疾病及突发状况不具备处理能力，这也是当前小型化养老机构的风险所在。

（二）专业人才匮乏

养老机构的工作人员的专业护理能力非常重要。目前社会养老机构缺乏专业医护人员的参与。由于工作环境的限制及薪资待遇不同步，养老机构对于专业医护人员的吸引力不足。尤其是对于要求工作人员有耐心及爱心的照护工作，更是难以留住年轻专业人才。老年人的护理不同于一般人，年龄因素造成他们的体质不稳定，慢性病症有时也多变，护理工作要求等级较高，超过一般临床护理工作，因此建立专业医护人才队伍是养老机构发展的关键，一个完整的医护团队应包括临床医学、护理、药学、康复、心理咨询等方面的人才，并且他们互相协作。

（三）资金投入较少

当前养老机构的发起人或投资者多为跨行业人士，在养老机构的运营和发展方面摸索前进，在面临实际运营困难时，常会有反应不足的无力感。养老产业的专业性使从业者在面对众多运营困难时，必须由专业运营团队来支持，小型化、家庭式机构难以发挥运营特性，其中包括设施的搭建、品牌的宣传、环境安全的保障、资金的安排以及维持运营的稳定。经营成本高昂及营收的局限性给运营造成极大压力，特别是在开办初期，在得到社会肯定之前，养老机构的运营资金要求高，达到收支平衡，需要一个长期过程，该行业不像其他行业能在短期内立竿见影。有数据显示，养老机构达到收支平衡至少需要五年的培育时间。开办养老机构所牵涉的环节较多，需要许多必不可少的设施，若资金投入不足，其就难以开展工作。从硬件设施方面来看，必定有符合老人需求的特殊设施，在人性化、便利性、舒适度等方面都必须给予老年人最大方便，因此必然投入大量资金；再加上运营和培育品牌过程都必须投入大量资金、人力资源以及社会资源，这也限制了养老机构的发展。

（四）内置医疗机构管理机制不完善

相对于传统养老机构，在管理以及运营方面，内置医疗机构的养老院无现成经验可循，只能在实践中逐步探索。由于行业属性，绝大多数民营养老机构无法取得医保资质，即使配有专职的医生以及护理人员，很多入住患者也得不到定点医院挂号、开药以及诊治服务。在业务层面，将医疗业务整体打包然后招标外包是目前大多数企业采用的做法。这样也便于对运营人员、医护人员以及服务品质进行定期考核。在医疗保险覆盖方面，目前北京养老机构医保覆盖比例为8.5%，上海为15.5%，而泉州仅为4.5%，大大低于国内发达城市水平。内置医疗机构符合医疗定点条件的，应积极申请归入国家医保定点报销范围，以便让已经入住的符合条件的老人享受同公立机构一样的待遇。这样既保障了老年人的基本权益，也大大增强了养老机构自身的竞争力。

（五）运营成本高，企业参与意愿低

相比上海、厦门等国内大城市，泉州市的社区规模偏小，老年人人口总量少，如果让第三方公司来提供养老社会化服务，则对企业化运营的公司来说，运营成本偏高。再者，泉州市各个县（市、区）、乡（镇）经济发展很不均衡，经济基础较好的地方的养老资金比较充裕；经济基础薄弱的地方很难再拿出财政资金扶持基层养老产业。在医养结合的实践中，陕西省就提出对符合条件的民办养老机构每张床位一次性补助3000元，此类由政府出台的专项扶持政策值得泉州借鉴。

三　福建省内外医养结合养老模式的经验借鉴

目前，在医养结合模式下，福建省内外多个城市正在积极摸索“医养结合”模式，陆续开始探索适合所在区域的相关做法。

（一）省内主要城市医养结合养老模式

福建省内医养结合养老模式以两个地区为典型代表：一是厦门市以“互联网+”打造社区居家养老模式，通过创建线上“上门康复云养老”服务平台+线下“社区居家养老照料中心+诊所”服务平台，高效整合各类养老服务资源，以智能化和信息化呼叫服务为核心，打造线下和线上互联互动的养老“O2O”新模式；二是福州市多元化医养结合养老服务模式，福州市形成了以社会福利院、福州金秋老人护理院等4家养老机构为代表的“内设式”医养结合模式，以文澳老年公寓与福建医大附属第一医院合作共同创办福建医大附一护养中心为代表的“合作式”医养结合模式，以福州市东升养老院等4家为代表的依托其周边医疗机构发展的“协议式”医养结合模式。

（二）省外医养结合模式发展经验

上海主要依托社区卫生服务中心推进医养结合，鼓励社区卫生服务中心与养老机构、社区托养机构签约合作，提供定期医疗巡诊、康复护理指导、慢性病管理、健康宣教等多层次医疗卫生服务。同时，也鼓励养老机构采取委托、合作等方式向社区卫生服务中心购买医疗护理服务，社区卫生服务中心委派医生上门为入住养老机构、社区托养机构的老年人提供基本的医疗护理服务。

青岛是首批国家级医养结合模式试点城市，主要采取社区小型养老机构和长期护理保险制度双创举的模式，通过实施长期护理保险制度，首次将医疗服务和养老服务纳入统一的制度框架。2012年，青岛市颁布了《关于建立长期医疗护理保险制度的意见（试行）》，在全国首创并实施了长期护理保险制度，这个制度有效地整合了医养各方资源，使医养结合渗透到机构、社区和居家等各种养老方式中，实现了医、养、康、护一体化服务，医养结合的路越走越宽。

温州主要以推进“医”“养”无缝对接来支撑医养结合养老模式的有效

实施。温州市民政局通过不断完善基层医疗卫生服务网点体系，提升基层卫生机构的养老能力，统筹社会资源，促进医疗机构转型升级，成为养老机构。比如，温州医科大学附属第一、第二医院，温州中心医院等综合性医院普遍设立了老年病门诊，为老年人提供“一站式”医疗服务。温州康宁医院股份有限公司投资创建温州怡宁老年医院，有床位300张，一期已开放床位100张，照护对象为以康复为主的失能和半失能老年人群体，专业诊治老年人常见病、慢性病。

苏州主要以发展社区居家养老服务为典型模式。苏州市辖区内各社区的居家养老服务中心通过打造“虚拟养老院”，发挥基层医疗卫生资源丰富的优势，依托家庭医生签约服务，给予居家老年人健康、预防、保健等方面的指导和服务，提供“保姆式”社区医疗卫生服务，以及依托全科医生服务团队定制“家庭诊疗”服务包等措施，充分发挥基层医疗卫生服务机构的作用，在提供基本医疗和公共卫生服务的基础上，主动将医疗保健服务延伸至家庭，以有效满足居家老年人日益增长的医养服务需求。

各城市医养结合养老模式比较分析见表1。

表1 各城市医养结合养老模式比较分析

城市	服务模式	资金来源	目标群体状况	服务特点	目的
上海	社区医养结合养老服务	政府、社区、个体	社区老年群体	上门或全托	提供社区老年人生活护理服务
青岛	城镇医疗护理保险制度	政府、社会组织、个人	居家、社区或机构老年群体	提供设施护理、随时医疗	娱乐交友、提供老年人护理服务
温州	医疗卫生服务养老	政府、个体	身体欠佳、需照顾的老年人	全托护理、医疗诊治	生活护理、治疗疾病
苏州	社区居家养老服务	政府、个体	居家、社区老年群体	全托护理、上门医疗诊治	生活护理、治疗疾病
福州	居家、社区和机构相结合养老服务	政府、社会组织、个体	居家、社区或机构老年群体	护理、养老服务	满足老年人多样化需求
厦门	互联网+社区居家养老服务	政府、社区、个体	居家、社区老年群体	养老及周边产业多样化	满足老年人多样化需求

（三）启示与借鉴

在国内，综观上海、青岛、温州、苏州、福州、厦门等城市的养老产业现状，以医养结合为主的养老模式已经成为社会主流。养老产业已经成为我国第三产业中举足轻重的一部分，其产值在服务业产值中的比重显著提升，从业人员不断增加，规模逐年扩大。在国家政策层面接连出台相关扶持政策，加快养老相关产业大发展。由此可以看出，在相关政策的推动下，泉州未来医养结合模式发展前景可期。

综上可以看出，医养结合模式是我国应对老龄化的主要方式之一。医养结合作为近几年逐渐发展起来的一种新兴服务业，非常方便地实现了有病治病、无病疗养的社会功能，医养结合已经成为目前泉州市政府以及各县区市相关部门关注的热点问题。

对泉州市以及各县区市而言，要全面推进医养结合的发展，必须做好前期规划，精准理解、把握《关于推进医疗卫生与养老服务相结合的指导意见》对医养结合工作的定位，不只把着眼点放在养老机构上，居家的医养结合才是关键。同时，要科学制定实施方案，制定医疗资源发展规划及相关政策；完善养老机构的医疗配置及政策；明确家庭病床、家庭医生的发展规划及相关政策。整合优质资源，发展医养结合产业。

四　泉州医养结合模式发展对策

泉州是福建三大中心城市之一，也是海峡西岸城市群核心城市。作为东亚文化之都，泉州更有着深远厚重的历史文化底蕴。在此背景下，泉州有能力也有必要充分发展养老产业，医养结合模式是未来养老产业的发展趋势。针对泉州医养结合养老模式存在的问题，现提出以下发展对策。

（一）发挥市场主体作用，改进结构，扩大规模

针对泉州市医养结合模式规模小、结构不全的现状，应充分发挥市场主

体作用，积极推进养老供给侧结构性改革，扩大产业规模。政府应积极支持民办养老机构参与医养结合探索，要充分发挥市场主体作用，探索民办公助、企业自建自营等模式，推动由个人、机构、大数据平台等形成可持续、可复制的商业模式，实现多方共赢。目前养老机构还存在一系列发展瓶颈，其有待突破，在国家层面存在缺乏行业规范、多个部门同时在管理、执行标准不一等问题，这严重限制了养老机构的发展。尽管医养结合还有很多问题需要解决，但随着老龄化社会的到来、供给侧结构性改革的进一步深入，养老产业的巨大市场将日渐显现。

以优质的临床医疗条件为前提，发展养老机构是一个最佳方向。从老年人及居家养老角度来看，医养结合一次性解决众多问题；为老年人日常生活及身心安置提供优质服务，使他们可以和家属良好互动，对老年人来说，其可以体验新的生活模式，与同龄人互动，以充分享受退休生活。从社会保障角度来看，以一个二级甲等医院为平台，结合养老业务，从老人入院体检、体质健康评级、鉴定慢性疾病情况、制定治疗方案、建议合理饮食、充分掌握老年人健康情况出发，借助衍生出的有效社会资源，使养老机构具有完整的医护功能，在社会上造就品牌，充分发展。

（二）完善人才培训机制，加强医护队伍建设

据国家卫生健康委员会在 2019 年 2 月公布的数据，我国养老所需服务人员已经超过 1000 万人。在医养结合模式下，居家养老医护人员所占比例大大超过养老院的比例，这使医护人员以及护工的需求量急剧增加。在医护人员方面，泉州市卫生部门应着力对全科医生加强培养，强化家庭医生机制，实现对居家养老老人慢性病的治疗以及非重大急性病的诊治。医养结合的机构除照护本单位的对象外，还可以照护接受三级医院手术或处于急性期过后的康复疗程的患者，由于三级医院床位有限，不能容纳亚急性患者，他们出院回家后的护理不方便，而医养结合机构正可以提供相关服务，减轻三级医院的床位负担，使临床医疗工作更完整，患者能得到更全面的护理。现今医疗常规表现为三分治疗、七分护理，急性期的治疗固然重要，康复期的

工作也决定最后效果。尤其是康复工作必须由专人负责，饮食的调整也需要专业营养师，这是医养结合的突出功能。

（三）依托公共财政收入，增加养老资金投入，合理配置资源

根据泉州市社会整体经济发展水平和老年人口发展趋势，要合理安排发展经费。加大公共财政、专项政策资金、福利彩票公益金、体育彩票公益金对老龄事业的投入力度。福利彩票公益金本级留存部分的80%以上要用于支持养老产业的发展。加大对老龄事业发展专项配套引导资金的投入力度，泉州市级财政按老年人口每人每年5～7元标准安排预留财政资金，县（市、区）财政按老年人口每人每年10元以上标准安排。

近几年来，随着互联网以及科技的快速发展，如5G技术的普及，养老机构与医疗资源的有效对接成为现实，并形成良性互动，同时也增加了投入。实际上，很多技术产品已被投入医养结合发展系统中，可穿戴设备可以实时定位、紧急呼救、自动报警、进行心肺监测，使医养结合机构随时掌握老年人的行动轨迹，结合科技的医养结合创新模式是解决养老问题的新利器，增加了对人性的尊重，又体验到了方便。

（四）理顺内置医疗机构管理机制，加强医养合作

在医养结合模式下，养老机构与内置医疗机构的合作显得尤为重要。内置医疗机构完善的体检项目可以监控老年人的身体健康状态，以备临床进行有针对性的治疗及提供相关的康复服务，而医养结合的机构可以在同一单位完成系统的全面护理，这样，老年人不会因为不在同一单位，必须进行烦琐的联系以及重复的身体检查，造成延误，增加心理压力以及浪费资源；医养结合不只为老人提供方便，还可以提高医护品质及维护安全，也因为有优质的医护保障，老年人及其亲人更放心。特别是医疗部分，每日都例行安排，必须有临床专业的医生，只有医养结合，才能做到长期治疗及就近调整方案。现代医学关于康复工作的要求已经提升到非常科学的水平，牵涉骨科、

内科、风湿科、理疗科、营养科等，另外，必须横向调节，以制定最合适的方案。对于行动不便及意识不清的老人，外诊是一个很麻烦的工作，既要注意安全，又要协调就诊时间，实属不易。因此只有医养结合才能完善工作，这也是现今社会现实的需要。高品质的临床医学和养老机构的合作，可以将养生服务等纳入全龄化服务体系，从而不只服务老人，甚至在整个家庭成员的不同阶段，都可以提供相应的健康服务。

（五）降低运营成本，提升企业参与意愿

养老产业是极为典型的重资产行业，投资门槛高且前期资金投入多，利润率低，成本回收周期长，它是典型的微利行业甚至无利行业，相当多机构处于亏损状态。根据民政部在 2015 年 1 月的统计数据，我国 50% 的民办养老机构收支只能持平，40% 常年处于亏损状态，能盈利的不足 9% 。2018 年 2 月国家卫生健康委员会出台“城企结合”养老企业扶持政策，每张床位政府提供 2 万元的财政补贴，这极大地降低了养老企业的运营成本。泉州市应着力探讨医养结合模式的优势，创新盈利模式，从而降低运营成本，提升企业的参与意愿水平。应以优良的临床医疗技术，配合科学的健康管理流程，增加养老服务机能，突出医养结合新优势。医养结合机构通过监测生理状态，建议亚健康群体进行短期养生疗养，以维护个体健康，这些知病防病的措施不再限于高龄群体，全龄段都适用，使其认识到预防胜于治疗。因此，唯有医养结合机构突出这个功能，先发现，才能确定休养方案。

（六）强化政府功能，开启养老事业大整合时代

在医养结合模式的推进过程中，除了充分发挥市场机制以外，在政策保障以及行业管理方面，应强化政府的引导作用。政府应根据本地实际情况制定配套规划，出台相关扶持政策，根据“就近原则”，加强附近医院、社区卫生服务机构与村级敬老院的合作，保障老人的养老和医疗需求，并将之纳入医院、社区卫生服务机构考核内容。从投资领域来看，医养结合发展孕育

变革性机会，通过精准服务实现纵深发展，投资者更加关注整个产业的标的，进而使医养产业和人工智能同台。医养产业虽然运营发展周期较长，但比较稳定，不受社会经济的影响，从而维持一个平稳的发展态势。过去医养产业的特点是小而散，随着新设立机构的增多，其更突出大整合的优势。值得关注的是，政府大力支持医养产业发展，在对社会服务性机构进行并联审批后，相对于原来的串联审批，相关流程已经大为简化，相关机构对投资项目进行在线审批监管，做到可核查、全透明。虽然医养发展产业仍然面临困难，但在政府大力支持及社会刚需背景下，其将有宏伟的发展前景。

（七）先建立试点，再逐步推广

医养结合养老服务模式的主要难点在养老机构、医疗机构及医疗保险等由不同部门分管，统筹协调难度大。应该由市政府牵头，联合多部门共同发文，在医疗资源、经济条件相对较好的城镇试运行，待其探索出成功模式后，再进行推广，以解决老人就医难、养老难的问题。

资源环境篇

Resource and Environment Analysis

B.20
泉州市土壤污染综合防治问题分析

陈永山*

摘　要： 随着我国经济和社会的发展，我国土壤污染日益严重，探究土壤污染的防治路径迫在眉睫。因此，深入对土壤污染进行认识和防治已刻不容缓。本报告基于泉州市自然土壤环境现状，系统分析工矿企业生产、人们日常生活及农业生产等过程产生的废水、废气及废物引起土壤环境污染的潜在风险，并在此基础上，提出泉州市土壤污染防治存在的主要问题，为泉州市土壤污染风险防控及保护土壤环境提供理论参考。

关键词： 泉州　土壤污染　风险防控

* 陈永山，泉州师范学院教授，博士，研究方向为环境污染过程、生态修复。

根据全国地貌区划位置，泉州市西部及西北部山地属闽浙火山岩中低山亚区的一部分，东南部属闽粤沿海花岗岩丘陵亚区的一部分。地域依山面海，境内地貌类型复杂多样，丘陵、河谷、盆地分布其间，其中山地及丘陵的面积约占总土地面积的79%，俗称“八山一水一分田”。地势西北高东南低，地形呈“E”形。

一 泉州市土壤环境基本情况

泉州市土地总面积为110余万公顷，主要的土地利用类型包括林业用地，面积约占土地总面积的64%（其中林地面积约为64万公顷）；耕地，面积约占土地总面积的14%；园地，面积约占土地总面积的7.7%；牧草地，面积约占土地总面积的0.05%。居民点及工矿用地面积约为161万亩，约占土地总面积的9.5%；交通用地面积约为12.5万亩，约占土地总面积的0.7%；水利设施用地面积约为11万亩，约占土地总面积的0.66%；未利用土地面积约为253万亩，约占土地总面积的15%；人均耕地面积为0.33亩。

泉州区域约有55个土壤种类，分属10个土类、24个亚类。首先红壤面积最大，约占全市土地面积的53%，主要分布在低山和高丘陵地带；其次为水稻土、砖红壤和黄壤；另外还有部分盐土、风沙土、潮土、石灰岩土等，它们分布在低丘陵、台地、平原及沿海滩涂、沙滩地带。区域内总体土壤垂直分布情况明显，但土壤层较薄，受水土流失影响而表现出土壤生产力明显下降的趋势；土壤有机质含量偏低，土壤酸性偏大，土壤环境质量不容乐观。人为不当影响加速了泉州地区的土壤退化，对土壤质量及其功能发挥产生负面影响。影响泉州市土壤退化的主要因素包括农业、工业生产活动引起的退化和城市化过程引起的退化，出现了压实、结皮、水分不平衡、酸化、化学物质污染、养分贫瘠、盐碱化等土壤退化现象。其中土壤侵蚀和污染是土壤环境质量难以恢复的典型因素。以安溪县为例，安溪县崩岗（我国南方生态危害最大的水土流失类型之一）面积约为2300公顷，占全省崩

岗总面积的36%，崩岗数量有1万多个，接近全省崩岗总数的一半。仅安溪县官桥镇崩岗重灾区，崩岗带来的损失包括172公顷耕地受影响，其中23公顷耕地无生产力，其余149公顷耕地受到不同程度的泥沙掩埋，生产力下降。全县因崩岗侵蚀灾害累计造成2.80%耕地受影响，直接经济损失近2亿元。

二 泉州市土壤潜在污染来源分析

土壤污染是人为有意或无意将对人类本身和其他生命体有害的物质或制剂施加到土壤中，导致新组分或某种成分含量明显高于原有含量，引起现存的或潜在的土壤环境质量恶化和其他相应现象。引起土壤污染的来源包括天然源和人为源，其中人为源以污水灌溉、固体废弃物的利用、农药和化肥施用及大气沉降为主。根据泉州地区产业结构及区域生产特点，泉州市土壤潜在污染来源包括如下几个方面。

（一）工矿企业生产过程的潜在污染源

泉州重点监管的工矿行业包括金属表面处理及热处理加工、电池制造、涂料制造、石油原料和制品加工、矿采矿冶、皮革鞣制加工、化学试剂和助剂生产及环境治理等行业，主要集中在泉港区、永春县、惠安县、石狮市、晋江市和南安市，涉及的重金属污染物包括铜、镍、锌、铬、铅等；有机污染物包括苯乙烯、1，4－丁二醇、聚醚、丙烯腈等。这些是土壤的重要潜在污染源。据统计，2017年全市一般工业固体废物综合利用率约为91%，工业危险废物处置利用率约为93%，医疗废物处置率为100%，生活垃圾无害化处理率约为98%，生活垃圾焚烧飞灰处置利用率约为82%。工业固体废弃物以粉煤灰、冶炼废渣、炉渣、尾矿、脱硫石膏等五类为主。从区域分布情况看，安溪县、石狮市和晋江市的工业固体废物产量较大，接着为泉港区、德化县、永春县、惠安县和南安市，鲤城区、丰泽区和洛江区产量较小。各县区市的工业固体废物处理利用率均在87%以上，但未安全进行固体废物堆存，这可能是造成土壤污染的潜在因素，需要特别关注污染风险管控与治理。全市危险废物以焚烧处置残渣、废矿物油与含矿物油废物、表面处理废物、金属冶炼废物、废催化剂为主，危险废物通过省内外转移及产废企业内部自行综合利用、处置或贮存等方式有效防治危险废物的土壤污染风险，但转移及处置过程的应急措施需要实时完善更新。

（二）生活过程产生的潜在污染源

生活污水排放、生活垃圾填埋及处置等过程均可能造成土壤污染，这类污染源如防治不当就容易形成土壤污染流域性和区域性态势。全市废水排放总量为 44548 万吨（2018 年《泉州统计年鉴》），城镇污水处理率为 93.01%，城市污水处理厂产生污泥 10.70 万吨，其中焚烧占 40.2%、建材利用占 39.4%、填埋占 10.5%、土地利用占 5.2%。全市 2017 年生活垃圾产生量约为 261 万吨；无害化处理率约为 99%。共有 5 座垃圾焚烧发电厂、3 座垃圾填埋场、2 座大型生活垃圾转运站，垃圾处理能力达 7340 吨/日，其中焚烧量为 6300 吨/日，填埋量为 1040 吨/日。全市正全力推进农村环境卫生工作，以“户分类、村收集、乡镇中转和县处理”模式基本实现农村生活垃圾处理全域覆盖，有力提升农村环境整治水平。各县区市的农村生活垃圾处理率为 98.2% ~99.2%，与城市生活垃圾处理率相当。生活垃圾及生活污水的得当处置，有效降低了土壤污染风险，但近期的日常监管完善过程及农村处理处置能力及投入问题在一定程度上影响土壤潜在污染源。

（三）农业生产活动的潜在污染源

全市农作物总播种面积约为 380 万亩（2018 年《泉州统计年鉴》），其中谷物播种面积约占 30.6%、蔬菜种植面积约占 34.6%、薯类种植面积约占 21.3%、豆类种植面积约占 2.1%、油料种植面积约占 8.4% 等。另有茶园面积约为 80.6 万亩、园林水果面积约为 95.2 万亩。为保障上述农业正常生产，2017 年全市肥料（农业 + 林业）消耗 20 亿元、农药消耗 1.66 亿元、

农用薄膜消耗 0. 39 亿元。这些农业生产活动投入的中间消耗品，在使用过程中带入的污染物是土壤重要的潜在污染源。从区域农田种植面积的空间分布情况来看，德化县、永春县、安溪县、惠安县、晋江市和南安市农作物种植面积较大，其中蔬菜主产区主要在南安市，水果优势产区在南安市、永春县及德化县，而安溪县、永春县是茶叶优势产区。区域性种植结构可能产生区域土壤潜在污染源，因此在土壤污染风险防控方面应该有所侧重，应对土壤污染风险防控和修复治理工作给予高度重视。从区域农业中间消耗总数来看（2018 年《泉州统计年鉴》），安溪县化肥消耗量最高，永春县次之；而农药消耗量最高的是南安市，接着是永春县；农膜消耗量最高的是永春县，接着是惠安县。农药、化肥和农膜高强度使用均可能是导致土壤环境退化的重要原因，随时间的累积，其可能造成较大的土壤污染风险，因此上述地区应注重减少对农药、化肥及农膜的使用量以及对土壤污染风险进行防控。

全市全年猪出栏量约为 142 万头、约有 36. 7 万只羊、约有 7. 4 万头牛，家禽量约为 1841. 7 万羽（2018 年《泉州统计年鉴》）。其中以南安市畜禽养殖最为典型，生猪当年出栏数达 59 万头，家禽出栏数为 668 万只，牛出栏数为 2. 8 万头；接着是惠安县（含台商区）、安溪县、永春县等地区。畜禽养殖对土壤的污染主要表现为畜禽粪便的不当还田造成的污染。不合理的粪肥施用，给土壤碳、氮、磷元素的循环带来显著的影响，可能引起元素循环失衡，造成土壤中的氮磷元素显著累积。另外，规模化畜禽养殖的疾病防疫及生产促进辅助化学品使用，也容易使化学品随粪肥或污水进入农田，进而造成污染，这方面在重金属、抗生素检测等方面均已得到证实。由于对畜禽废水和粪便的无害化及资源化利用尚未完全普及，因此没有被合理收集处理的畜禽废水或粪便成为土壤污染的潜在风险源，需要引起高度重视。

（四）矿业活动的潜在污染源

矿产资源在国民经济发展过程中占有非常重要的地位，然而矿产资源在开发利用过程中不但破坏了大量的土地和植被，还引起生态失衡、水土流失、土壤退化、水资源恶化等一系列严重的环境污染问题。据统计，全国由尾矿造成的直接污染面积已有6万余公顷，间接污染土地面积为60余万公顷，矿业资源开发加工是产生区域或局部场地污染物的主要原因。全市共有尾矿库26座，主要分布在德化县、永春县和安溪县，这三个县中德化县最多，有16座，接着为永春县（7座）、安溪县（3座）。这些尾矿库中有11座在用、8座停用、1座在建、4座已闭库、2座被再利用。除了尾矿库外，矿业活动废弃地还包括废石堆废弃地、开采坑废弃地和辅助设施废弃地等。这些废弃地在正常堆存、运输、生产以及非正常条件下（如暴雨），均会对周边土壤和水环境造成污染。主要土壤污染行为包括扬尘，废水外排、渗漏，矿库溃坝，运输泄漏等。普遍认为，物理胁迫（如土壤导水性、通气性和土壤团粒结构）和化学胁迫（如高酸碱、养分缺乏、重金属毒害等）是限制矿山污染土壤整治和生态修复的双重因素。因此，基于植物和土壤因素的联合作用，重新塑造土壤环境质量，是矿冶废弃地土壤污染风险管控和安全利用的有效途径。

三　泉州市土壤污染防治存在的主要问题

（一）土壤污染信息有待完善

土壤污染水平、分布等基础信息是土壤污染防治过程首先需要考虑的问题。在首次全国土壤污染状况调查期间，泉州市相关部门组织开展了全市土壤污染状况调查、农产品产地土壤重金属污染调查等专项工作，但调查方法、标准和监测指标等不能满足现阶段土壤污染风险管控需要。根据泉州市土壤污染防治行动计划实施方案，全市从2017年4月起启动土壤污染状况详查工作。以农用地和工矿企业用地为重点，开展土壤污染状况详查，2018年底前查明耕地、园地等农用地土壤污染面积、分布及其对农产品质量的影响；2020年底前掌握有色金属矿采选、有色金属冶炼、石油加工、化工、电镀、制革、铅酸蓄电池等重点行业企业用地中的污染地块分布及其环境风险情况。详查工作将为农用地安全利用、建设用地分用途管理等土壤污染防治措施的落实提供基础数据支持。

（二）对潜在污染源的管控仍需加强

全市在土壤潜在污染源的风险管控方面已经做了较多工作，但仍需加强对污染源的管控。在固体废物，特别是工业危险废物的贮存、运输及处置过程，操作不当或监管不到位可能引起较为严重的土壤污染事件。全市一般工业废物综合利用率为92.24%，未得到妥善处置的工业固体废物在贮存过程中是土壤的重要潜在污染源，需要加强对污染风险的管控和治理；全市工业危险废物处置利用率为93.42%，虽然对这些未进行处理或未被综合利用的危险废物也进行了安全贮存，但其潜在风险需要特别关注。全市城镇污水处理率为93.01%，生活垃圾无害化处理率为99.11%，说明生活污染源得到有效控制，但在农村层面，水体纳污能力及生活垃圾收集转运能力建设机制仍不健全，人们的环境保护意识相对较弱，因此生活污水排放和生活垃圾堆弃可能造成土壤污染，影响农田土壤质量。化肥、农药的施用在保障农业种植生产的同时，也给农田土壤带来潜在的污染压力，这种压力在蔬菜主产区（如南安市）和水果优势产区（如永春县）更为明显。化肥、农药施用过程带入的镉、铅、砷、铜等重金属长期累积，可能引发较大的区域性土壤污染事件；有机肥中的重金属和抗生素残留也是土壤污染的重要来源。畜禽养殖的污水排放、粪肥利用等过程也易引起土壤污染，特别是对于集约化养殖；高强度有机质施入是引起周边土壤环境质量恶化的主要原因；另外，养殖过程投入的抗生素、含砷制剂等防疫及生长促进辅料，通过污水排放及粪肥利用进入土壤，引起土壤污染。矿业活动产生的废水、扬尘、矿渣及形成的尾矿库、废弃地等，均是土壤污染的重要风险源。虽然全市在矿业生产过程的污染风险管控方面已经取得较大进展和一定成果，但在不正常条件（如暴雨）下，应急管控需要加强，这是矿业下游土壤被污染的主要因素。

（三）土壤污染防治技术水平及污染监管能力有待提高

我国对土壤污染治理与修复的研究起步较晚，至今多数研究仍在借鉴和学习发达国家的技术经验，缺乏具有自主知识产权的修复技术、材料和设备。在修复资金方面，仍以政府导向为主，市场运作能力严重不足，进一步制约土壤治理修复及污染监管技术开发与发展。泉州市地处闽东南，行业的市场关注导向及地域限制了土壤修复产业的技术及信息交流。另外，泉州地处亚热带，受副热带高压影响明显，区域内丘陵众多，红壤及砖红壤面积大，因此只有在土壤污染治理修复技术及污染监管方面有明显的地域性特征，才能真正达到效果。国内外现有技术在泉州地区的适宜性有待评估，尚不能被复制使用。因此，应该开展全市土壤适用技术筛选，积极推行先行先试土壤污染治理与修复规划，以示范、引领重点污染地块的治理修复及安全利用工作，为全市土壤污染治理与修复提供技术支撑。全市各级监测站均具有较强的空气、地表水等常规环境监测能力，部分监测点已成为“国控点”“省控点”。但土壤环境监测能力有待提升，监测网络不完善、信息化水平不高、技术人才匮乏等问题仍亟待解决。将土壤监测纳入环境质量例行监测，依据国家及福建省发布的相关管理办法、政策法规和技术导则、标准规范，立足泉州市土壤特征，出台土壤环境管理与安全利用管理文件，提升技术支撑能力。提升土壤环境执法能力，实现环境监管网格化管理，优化配置监管力量，推动环境监管服务向农村地区延伸。此外，应加强对土壤环境监管过程各级部门的协作管理及提升其响应能力。

B.21

泉州主要农业气象灾害分析

钱莲文 *

摘　要： 泉州属亚热带海洋性季风气候，地势西北高、东南低，由内地至沿海逐渐下降。泉州主要的气象灾害有干旱、高温、低温冷灾及台风等。近年来，这些气象灾害发生频率高、影响范围大、持续时间长，具有明显的群发性、连锁性、区域性和突发性等特征，给当地农业生产带来极大的损失，同时也严重影响泉州市社会经济的可持续发展。本报告通过了解和掌握农业气象灾害的特点及分布规律，提出必要的防灾、减灾、抗灾措施，这有利于减轻气象灾害造成的损失。

关键词： 泉州　农业气象灾害　灾害防御

一　泉州主要农业气象灾害危害

（一）台风

台风是造成泉州经济重大损失的灾害天气之一，泉州是东南沿海较容易受台风影响和袭击的地区，平均每年受到 4 次以上台风的影响，20 世纪 60 年代以来，台风发生较多的年份有 11 次（1961 年），较少的为 2 次（1983 年），台风影响主要集中在 7 月、8 月、9 月。2018 年登陆及影响泉州市的

---

* 钱莲文，泉州师范学院教授，博士，研究方向为植物生理生态、土壤生态。

台风有 6 个，分别为 6 月 1 个，7 月 1 个，8 月 2 个，9 月 1 个，10 月 1 个。台风带来的狂风、暴雨、巨浪、风暴潮，冲毁海堤，淹没村镇、农田、养殖场，破坏沿岸建筑物，摧毁大型公共设施以及装置和电缆，阻断通信和电力供应，进而造成工业停产、人员伤亡和财产损失，给国民经济和人民生活带来巨大影响。台风不仅会直接毁坏农作物，影响作物的生长发育及抗逆能力，造成大面积农田受淹和粮食减产，而且造成的田间小环境还非常适宜病虫害流行和蔓延，特别是水稻细菌性病害和纹枯病容易发生，由台风带来的狂风暴雨使作物折枝、伤根、叶片受损，同时带来的降水使作物表面长期维持高湿状态，这使病菌容易侵入，极易造成病害暴发。

（二）干旱

泉州位于闽东南沿海地区，具有典型的亚热带海洋性季风气候，终年气温较高，蒸发量大，降水量少，主要作物水稻的需水量大于同期降水量，水严重供不应求，是福建省的重旱区。旱灾几乎年年发生，严重制约了农业生产，成为危害该地区的严重农业气象灾害。泉州干旱灾害发生频率高、范围大、持续时间长，对农业生产危害极大，干旱造成农作物歉收、病虫害，森林火灾等尤为突出。2018 年泉州市雨季在 4 月 29 日至 5 月 3 日开始，在 6 月 20 ~ 25 日结束，降水集中期出现在 5 月 29 日至 3 月 3 日和 6 月 13 ~ 20 日，雨季降水前少后多，出现旱涝急转，春旱、夏旱近 15 年来较强。干旱依据发生季节的不同可分为春旱、夏旱和秋冬旱。

1. 春旱

春旱发生在 2 月中旬至 5 月上旬，这期间正是福建省春耕春播的大忙季节，部分地区双季早稻因春旱而无水溶田插秧，部分已插的大田因春旱出现稻田龟裂、秧苗枯萎死亡的现象。3 月中旬至 4 月中旬是泉州地区春大豆、春花生的集中播种期，春旱影响播种出苗或导致出苗后作物生长不良、凋萎甚至死亡。春旱严重影响亚热带果树生长，春旱对香蕉的威胁很大，香蕉根系浅，叶片宽大，生长量大，水分需求量大，此时缺水会造成部分香蕉的地上部枯死，营养生长期的营养器官发育不良；龙眼花芽分化期遇到高温少雨

的春旱天气，会出现大量的“冲梢”，这不利于花穗形成，影响龙眼产量。4月以后龙眼进入开花期，高温干旱导致柱头分泌物浓度较大，降低花粉活力，使子房不孕，同时蒸腾强度大，水分不平衡，影响受精，增加呼吸消耗，引起花穗养分不足、谢花后出现落果；同样，3～4月是荔枝抽穗期、花蕾期，春旱降低了同化作用，使荔枝生殖器官脱落，影响产量。

2. 夏旱

7～9月夏旱发生概率最大，此时正是泉州双季晚稻需水较多的时期，造成的危害也就最大。其他受旱较严重的作物主要有甘薯、茶叶、果树、蔬菜和花生。加上这一时期气温较高，农作物受灾，产量减少，森林火险等灾害特征尤为突出。

3. 秋冬旱

由于受季风活动的支配，泉州全年降水主要集中在春、夏两季。降水量的季节分配不均匀，入秋后，降水量迅速减少，但此时作物正处在灌浆阶段，耗水多，长期无雨造成干旱，影响秋收作物的产量。伴随伏旱出现的高温天气，严重影响杂交水稻的正常受粉，形成空壳，造成秋后减产甚至颗粒无收。泉州市属于亚热带气候，树木四季常青，作物终年生长，尤其是香蕉、荔枝、龙眼、枇杷等南方特有树种，冬季干旱天气带来的损失更是不可估量。此外，冬旱会对冬季作物或在地蔬菜造成影响，显著影响产量和质量。

（三）高温

高温对农业生产来说是灾害性天气，在高温的影响下，农作物的呼吸消耗急剧增加，使净光合积累量迅速下降，在持续高温下，作物会很快衰弱；某些作物在高温下部分用于气体交换的气孔关闭，作物的光合作用减弱；高温还可使作物的蛋白质凝固变性，或积累有毒物质而直接受伤；作物的花对高温最为敏感，如水稻盛花期遇高温，花粉粒发育畸形率就会显著提高，花粉管尖端因破裂而失去授精能力，形成秕粒；高温对林木的伤害的突出表现为强烈的太阳辐射引起枝干灼伤（常与干旱并发），由于水分不足，蒸腾量减少，果实或枝叶的向阳面表皮温度急剧升高，果实表面会出现淡紫色或淡褐色斑块，严重时还会出现裂果，枝条表面则出现裂斑；高温干旱使林草失水严重，其遇到明火极易被点燃，引发森林火灾；高温把处于乳熟期的早稻逼熟，降低千粒重而减产，高温天气还有可能使某些耐热的作物虫害发生等。2018 年 5 月，泉州高温天气出现得较早，刷新多项纪录。

（四）低温冷灾

泉州地处低纬度，属亚热带海洋性季风气候，低温冷灾发生频率较低。由于低温冷灾产生的危害较为严重，因而需要加以重视。泉州地区低温冷灾主要以五月寒及倒春寒的形式出现。2018 年 2 月，泉州寒冷，城区出现降雪，使茶树严重被冻。

1. 倒春寒

倒春寒是指初春（一般指 3 月）气温回升较快，而在春季后期（一般指 4 月或 5 月）气温较正常年份偏低的气候现象。一般过了“春分”尤其是清明节之后，气温明显上升，春播春种已全面进行，秧苗进入断乳期，多数果树陆续进入开花受粉期，抵御低温阴雨能力大为减弱，若此时出现倒春寒天气，就会出现大面积烂秧、死苗和果树坐果率低等现象。

2. 五月寒

“五月寒”是指 5 月下旬至 6 月上旬，受冷空气影响，加上持续降水，气温无法回升，连续 3 日平均气温低于 20℃的天气情况。5 月下旬至 6 月中旬，泉州早稻进入孕穗、抽穗开花阶段，此时正是南北两股不同性质的气流交锋最激烈的阶段，也是雨季高峰期。“五月寒”通常与冷空气影响背景下的阴雨天气相呼应，将影响稻穗的正常发育和扬花授粉，使空秕粒明显增多，造成减产。

二　泉州主要农业气象灾害空间分布

由于泉州市各地气候条件、下垫面性质、人类活动的性质不同，各地气

象灾害的危害程度和发生频率也不同。尽管自然灾害的发生具有一定的突发性，但通过对历史资料的统计整理并加以研究可以发现气象灾害的规律性，了解气象灾害的时空分布特征。对泉州一些地区主要农业气象灾害的时空分布特征进行分析发现，旱灾按受灾月份的不同分为春旱、夏旱、秋冬旱三种；低温冷灾按发生季节不同分为倒春寒和五月寒；气温高于32℃为高温；由于台风发生原因及时间、频率等的不确定性，本报告没有对台风进行研究，只对上述几种直接影响农业生产的主要灾害进行统计分析，并对其空间分布状况进行分析，以为泉州市制定减灾、防灾和救灾的基本决策提供理论依据。

（一）旱灾

1. 春旱

泉州各地区受春旱影响比较普遍，尤其是惠安、晋江、南安受春旱影响较其他地区严重，三地年均春旱日数分别为49天、41天和33天，安溪、德化、永春年均春旱日数分别为28天、18天和21天。由于东南部低矮的地势有利于海洋湿润气流深入境内，年降水量由东南沿海向西北内陆递增，因而永春、德化、安溪较沿海地区旱情较轻。

2. 夏旱

夏旱与春旱分布格局大致相同，泉州西北内陆地区受夏旱影响较东南沿海小。惠安受影响最大，年均夏旱日数为74天；德化受影响最小，年均为17天；晋江、南安分别为58天和40天，而安溪和永春分别为28天和25天。

3. 秋冬旱

泉州各地区受秋冬旱影响显著大于春旱和夏旱，其中仍以惠安受灾最严重，年均秋冬旱日数为79天，德化受灾最轻，年均为47天，晋江、南安、安溪和永春分别为70天、68天、4天和65天，各地区受秋冬旱影响不及春旱和夏旱大，受灾现象比较普遍。

（二）高温

泉州高温灾害的地域分布特征明显，沿海地区具有海洋性气候特征，出现高温的可能性较小，如惠安年均高温日数不到10天，晋江年均高温日数为48天；北部高海拔山区德化受高温的影响也较小；西南部的安溪、永春、南安受高温影响较大，年均高温日数超过70天。

（三）低温冷灾

1. 倒春寒

惠安、晋江出现明显倒春寒现象，过去40年间共出现20次和18次，接着是德化，出现11次，其他几个地区受影响较小，安溪、南安、永春各出现8次、9次和8次。

2. 五月寒

泉州地区倒春寒发生频率较小，各地区五月寒受灾程度差异较大，德化最易受五月寒侵袭，接着为惠安，其余地区受影响不大。

三　泉州主要农业气象灾害防御措施

（一）台风防御措施

台风既是灾源，同时也是可利用的资源。趋利避害、兴利防害、防御先行、防抗结合是农业防台风的基本思路。

1. 切实做好台风预报预警工作

根据历史规律、路径特征、强度实况和潮汐变化等情况，对台风等级进行划分，并加以科学设防。气象监测与预报是防台减灾工作的基础，是决定整个防台减灾工作成效的先决条件，逐步加强台风监测预警网络建设，在扩充和完善现有监测网站的基础上，适当提高监测密度，提高监测预警的准确性和时效性，充分认识台风的发生发展规律。

2. 加强台风防御基础设施建设

加强农田基础设施建设，减少由台风引起的泥石流、洪涝、滑坡等次生灾害对农田的影响，加强对村庄规划和农村居民点建设，提高房屋防台抗台标准，减少由台风及其次生灾害造成的房屋倒塌和人民生命财产损失；加强对养殖业设施的建设，提高防台抗台标准，包括提高畜禽舍防台建设标准，减少台风对畜牧业造成的损失，加强沿海渔港、避风港和近海养殖业设施防台抗台标准建设，减少近海水产养殖业及其捕捞设施、捕捞人员生命和财产的损失。

3. 加大政府的组织及抗灾救灾支持力度

防台减灾是一个涉及全社会方方面面的系统工程，只有政府组织领导，依靠行政手段，动员全社会防灾抗灾，才能把灾害降到最低程度。台风的监测、预报、防范及抗灾、救灾、援助等各个环节都需要政府进行组织、协调和指挥，其中宣传媒体负责传达政府的指挥决策信息，是贯穿整个过程的重要工具，而气象监测和预报质量是防台减灾的基础，军队、警察和消防是抢险救灾的关键，医疗、民政和社会力量是防台减灾的保障。

（二）干旱防御措施

1. 加强水利工程及抗旱基础设施建设

增强水库和池塘的蓄水能力，将有限的自然降水尽可能蓄留。同时开辟引水沟渠，从水源充足的江河湖库引水、调水到本区，也可从本区水分较充足的地区调节部分水资源到干旱地区。泉州有 15 个在建和待建的蓄水和引调水工程。

2. 实施人工增雨作业

完善人工影响天气作业体系，成立人工影响天气指挥中心。以市气象局为主成立人工影响天气指挥中心，以统一指挥和协调全市人工增雨作业，科学、有序调度农用水资源，以实现农业增收增效。各地气象局均已配置了人工增雨作业设备，同时，在前几年的人工增雨作业实践中，泉州锻炼和培养了一批进行人工影响天气作业的技术骨干队伍，其将为农业增收、增效发挥显著作用。

3. 大力发展节水型农业

积极发展节水灌溉工程，采用喷灌、微灌、滴灌以及塑料薄膜防渗等节水、高产、高效灌溉技术提高水的利用率，进而大大增强抗旱能力。同时，采用农业技术措施，提高植物抗旱能力，能取得较好的抗旱效果，主要措施：一是在高温干旱季节进行面上覆盖，以及增施有机肥、改良土壤以减少水分蒸发，提高土壤保水性；二是引进推广抗旱品种。

（三）低温冷灾防御措施

1. 掌握低温气候规律

调整农业布局，在进行农业生产时，为了合理利用气候资源，达到高产、稳产的目标，须掌握作物生长期间的低温气候规律，从战略上考虑避开低温。

2. 利用和改善小气候生态环境，增强抗御低温的能力

低温来临时，可采用覆盖法、灌水法、烟雾法、喷水法、加热法等措施，改变局部小气候生态环境，减轻和避免低温冷灾。

3. 运用综合栽培技术防御低温

针对泉州地区的低温冷灾规律与特点，重视培育耐寒的高产早熟品种，苗期进行地膜覆盖，推广水稻旱育稀植、合理施肥、科学用水等措施，使植物生长健壮，提高抗寒能力，增加作物产量。

四　结语

除台风外，泉州农业气候灾害主要有春旱、夏旱、秋冬旱、高温、倒春寒、五月寒。其中，春旱、夏旱、秋冬旱、高温影响较大，倒春寒、五月寒影响较小。

泉州农业气候灾害种类多，范围广，频率高，持续时间长，群发性突出，周期性明显，连锁反应显著，累积损失大，地区差异明显。

干旱是影响泉州农业最大的气象灾害，一年四季均可能出现，活动时间长、成灾范围广是干旱的突出特点。平均而言，东南沿海地区干旱多于内陆地区。不利于降水的大尺度环流形势的稳定维持是干旱的直接原因，但干旱

的形成还与地形、地理位置、土壤植被条件有关，而人口的快速增长、土地的过度开垦和森林滥伐也会提高和加重干旱的强度与影响。

泉州高温灾害的地域分布特征明显，中南部沿海地区惠安受高温影响最小，接着是高海拔山区的德化及沿海的晋江地区，西南部的安溪、永春、南安受高温影响较大。

低温冷灾是泉州发生频率低，但对农业生产破坏强度大的一种气象灾害。两种低温冷灾——五月寒及倒春寒有着明显的地域特征，惠安、晋江发生倒春寒的概率较大，接着是德化，其余地区的差异不显著。而五月寒最易影响德化，其他地区基本没有受到影响。

B.22

泉州市花卉产业发展规划策略

冯　莹*

摘　要： 泉州市地处福建省东南部沿海，花卉栽培历史悠久，基础扎实，特色明显。近年来，泉州花卉产业发展迅猛，已成为福建省三大花卉产区之一，把握机遇，迎接国内外市场挑战，走出一条具有泉州特色的花卉产业化路子，实现花卉产业和区域经济联动发展，对泉州地区的新农村建设具有重要意义。本报告简要概述泉州市花卉产业现状，并从生产、科技、品种及设备等方面分析花卉产业存在的问题，针对问题提出解决的办法，以期为泉州市花卉产业的发展规划提供理论指导。

关键词： 泉州　花卉产业　规模化　产业融合

商代甲骨文中，“花”，即华，表现盛开的花形和枝叶葱茂之花卉状。汉代许慎《说文解字》称：“卉，草之总名也”。南北朝时《梁书·何点传》载：“园中有卞忠贞冢，点植花卉于冢侧。”这是花、卉二字联用的较早记述。花卉既包括具有观赏价值的草本植物，也包括草本或木本植物、花灌木、开花乔木等，如梅花、桃花、月季、山茶等。

花卉产业作为21世纪的“朝阳产业”，是一项集经济、社会、生态效益于一体的绿色产业、兼具物质文明与精神文明双重意义的特殊产业。随着

---

* 冯莹，泉州师范学院副教授，博士，研究方向为园林植物资源、生物技术。

国民经济的发展和人民生活水平的日益提高，花卉产业迅猛崛起，成为我国种植业中发展速度最快的新兴产业。花卉作为商品已走进千家万户，成为人民生活不可或缺的消费品。花卉产业在农业和农村经济、城乡经济一体化建设以及社会经济、文化生活中占有越来越重要的地位并起到越来越大的作用，已成为调整农业结构、发展农村经济的新的增长点，是部分地区农民增收致富的有效途径。

泉州位于福建省东南沿海，南临台湾海峡，位于北纬24°22′~25°56′、东经117°34′~119°05′；地处闽东山地中段和闽东南沿海丘陵平原中段；具有亚热带海洋性季风气候，气候条件优越，气候资源丰富，适宜多种植被生长。泉州市野生植物种类繁多，据统计，野生维管束植物共有212科903属2201种（包括逸生和归化种），其中蕨类植物有42科84属199种，裸子植物有8科15属20种，被子植物有162科804属1982种。在这些植物中，珍稀濒危植物有35种，其中国家级保护植物有18种，如桫椤、福建柏、水松等；林业部保护植物有3种，即南方红豆杉、花榈木、榉；福建省级药材保护植物有天门冬、单叶蔓荆、花叶开唇兰3种；福建省级保护植物有黑锥、福建青冈、细柄半枫荷、青钱柳等11种。

一　花卉产业现状

2018年，泉州市充分发挥地理优势，从政策、资金方面大力推进花卉产业发展，其中政策上，按照省财政厅和林业厅要求，泉州市制定下发《泉州市林业局泉州市财政局关于印发〈泉州市省级财政花卉产业发展项目管理暂行规定〉的通知》《泉州市林业局泉州市财政局关于做好设施花卉种植保险工作的通知》，进一步明确细化花卉项目的补助政策和扶持补助花卉企业参加保险政策；资金上，提前做好花卉项目储备库的收集汇总工作，并按规定分解下达省级补助资金，其中花卉产业发展资金为302万元；泉州市500万元市级财政专项资金和100万元市级财政补助资金，用于花卉设施化建设和休闲林业发展。

在各项政策和资金的扶助下，全市的花卉种植面积达到118680亩，其中观赏苗木种植面积最大，占比达到90.56%；接着是盆栽植物，占比达到4.43%；而工业及其他用花的种植面积仅占0.18%（见图1）。扶持新建温室大棚4.9万平方米，苗圃560亩。全市花卉产业创造的经济总产值为71.9亿元，其中第一产业占48.82%（见图2）。

为进一步提高花卉产业知名度，泉州市积极组织各类花卉企业参加省内甚至国内各类花卉展会，加强对外交流，如在第二十届海峡两岸花卉博览会、第七届中国（福建）花王评选暨花卉精品展中，泉州市参展展品获得各类奖项70个，其中花王及最佳作品奖3个，金奖13个，银奖21个，铜奖30个，优秀奖3个；获奖数量列福建省第二位。

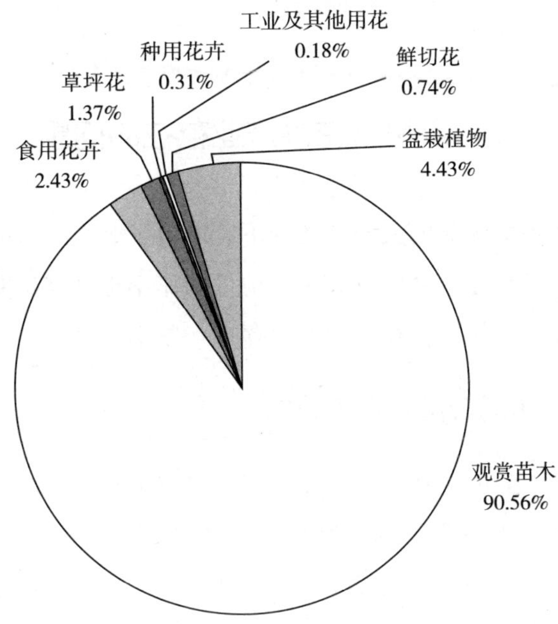

图1　2018年泉州市各类花卉种植面积分布

资料来源：泉州市林业局。

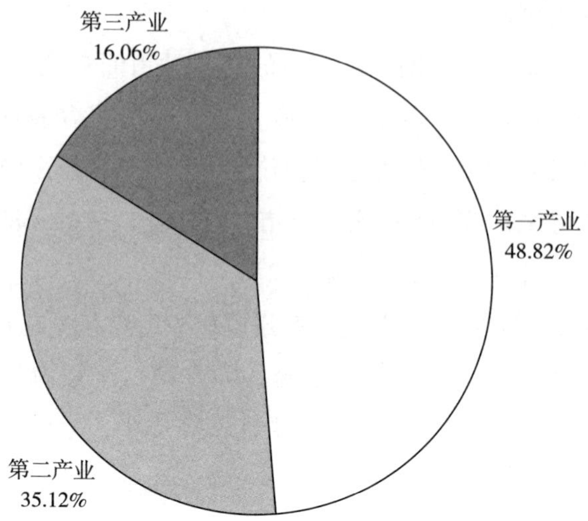

图2　2018年泉州市花卉产业创造的经济产值分布

资料来源：泉州市林业局。

二　泉州市花卉产业存在的问题

花卉产业在各级政府的关心和指导下，取得了令人瞩目的成绩，花卉经济在泉州国民经济和地区经济发展中的地位和作用也越来越明显，但与茶叶等其他农业主导产业相比，花卉产业仍存在一些不足之处。

（一）生产布局分散，竞争力弱

从整体上看，全市花卉生产企业规模普遍较小，以分散的个体花农为主体，多数还采用“小而全”的家庭作坊生产方式。这些个体花农多停留在传统栽培阶段，其规模小而分散，产品杂而不一，难以实现规模化、专业化、标准化的产业化经营，更难以打造精品和品牌，进而在海内外市场具有良好的产品反响。目前，泉州拥有泉美生物科技有限公司、阿波罗生物科技公司等规模较大的企业，它们主要从事兰花、其他花卉、苗木等规模化生产，但是，特色花卉、知名品牌不多，产品竞争力不强。

从竞争力来看，泉州的花卉业仍处于高速低效增长阶段，花卉产业的资源优势尚未充分发挥。花卉生产技术水平有限，产品技术含量低，且大量花卉在短时间内上市，对市场价格的冲击力非常大，极大地降低和减少了市场的整体竞争力和利润，同质化的数量增长难以带来单纯的效益增长。据统计，全市花卉生产以观赏苗木为主，鲜切花、种用花卉的生产规模占比还不到1%。

（二）科技含量不高，特色花卉缺乏

花卉育种技术是花卉产业发展的关键。作为第一花卉大国，支撑荷兰青春永驻的三大体系之一的育种业，聚集了世界一流的研究机构和科研精英，科研成果层出不穷。在国内，广东、上海等花卉产业发达的省份均成立花卉研究中心，由科研人员致力于花卉的引种、驯化、新品种培育等研究工作；作为全国最大的花卉种苗供应基地之一，上海各级党委与政府都十分重视“科技兴花”，上海每年都有专项资金用于资助花卉科研与开发，“科技兴花”迅速提升了上海的花卉品质，取得了十分显著的成效，现在上海已成为全国花卉业的种源中心。而长期以来，泉州市花卉科研立项少、成果少，获奖成果更少，至今还没有一个专业的花卉研究机构，难以推出拥有自主知识产权的花卉新品种、创新产品和质优价廉的特色产品，产品保鲜、包装、贮运技术也十分落后。

（三）忽视种质资源保护和新品种研发，品种保护意识淡薄

品种和种苗是生产者成功经营的基本条件。有了高品位、高质量的花卉种苗，才能栽培出受消费者青睐的花卉商品，获得较高的市场占有率和较多的经营利润。据统计，泉州市花卉产业以观赏苗木为主，而市场上常见的各种鲜切花，如康乃馨、玫瑰、百合等品种，大部分是从国外或省外引进的。这些都说明泉州对花卉种质资源保护和新品种研发不重视，缺乏对具有自主知识产权的花卉品种的保护意识，这严重影响了花卉产业的发展。

（四）基础设施薄弱，营销体系不健全

一些先进的发达国家采取“高投入、高生产、高质量”的原则、先进

的现代化设备和高科技，保证花卉的质量和效果。目前，全市的花卉培育以传统栽培方式为主，设施栽培规模也是在最近几年才开始逐渐扩大的。但是，设施栽培的设备较为简陋，技术设备也不规范，缺乏科学量化的管理设备和体系，进而严重影响花卉栽培的质量和产量。

随着科技的发展，为推动花卉产业可持续发展，许多花卉产业发达的省份建成了一大批花卉交易市场，逐步建立健全了符合本地花卉生产需求的现代花卉销售体系，加强了对花卉保鲜、贮运和市场设施的建设，形成了拍卖市场、批发市场、零售市场（花店、花摊）等功能不一、层次分明的花卉流通体系。而泉州市许多花卉产品的销售还停留在推销阶段，不能应用现代营销策略拓展市场。

三　泉州市花卉产业的发展策略

为加快泉州花卉产业化进程，实现花卉产业的现代化，要坚持以提高经济效益为中心，以市场需求为导向，以科学技术为前提，以花卉企业为基础，通过多层次、多环节、多形式、多元化的优化组合和城乡、农工商、产加销、产学研等紧密联结进行，最终达到区域化布局、专业化生产、规模化经营、社会化服务、企业化管理的目的。

（一）注重科研投入和品种开发

近年来，国际花卉市场出现了四大趋势：一是对花卉品质的要求从一般转向较高，花卉消费由重“质量”渐趋“质量”和“环保”并重；二是消费品种逐渐转向盆花、多肉植物，尤其凤梨科植物、龙血树、杜鹃花、万年青、一品红、多肉植物小盆栽等较为畅销；三是世界切花品种从过去的四大切花主导变为以月季、菊花、香石竹、百合、唐菖蒲、郁金香、大花惠兰等为主要种类，还出现了一些新品种，如大花飞燕草，乌头属、风铃草属、羽衣草属、熊耳草属、石竹属、丁香属花卉以及在南美洲、非洲和其他热带地区开发的花卉种类在市场上也受到欢迎。

在花卉市场的驱动下，政府和花卉企业应加大科技投入力度，重视高新技术在花卉产业中的应用。同时，还要做到以下几点：（1）加强对本土花卉品种资源的收集、整理、开发和利用；（2）注意将传统的育种方法和现代生物技术相结合；（3）有选择地引进、推广国外花卉优良品种，并注重不断改造创新。

长期以来，花卉科研被冷落，科研滞后已成为推进花卉产业化的主要障碍。加大对花卉科研的投入力度，可依托农林科研部门和高等院校，通过科技力量整合、组建泉州市花卉新品种研发中心，完善支撑花卉业可持续发展的育种体系。近期以新品种的引种驯化为重点，其中包含配套的良种快繁、规范栽培技术；中长期则注重野生花卉研发，并通过引育结合，培育具有自主知识产权的新、奇、特品种，以增强产业发展后劲，占领市场制高点。

此外，依托科研力量，要适时更新品种，开发适地适花、适销对路的产品，不断提高花卉质量和档次，因地制宜发展特色花木。从良种、良苗抓起，采用新技术、新资材、新设施，配套现代规范栽培、花期调控、采收包装和运输，形成产业链，努力提高花卉品质。

（二）注重特色品牌花卉培育

在市场经济条件下，没有特色产品就难以占有市场。要重视区划布局，发挥各自的自然资源与物种资源优势，开发地区特色产品，提高比较效益。没有特色就没有市场，全球几乎所有花卉业者都意识到了这一点。荷兰凭借悠久的花卉发展历史，逐渐在花卉种苗、球根、鲜切花、自动化生产方面占有绝对优势，尤其是以郁金香为代表的球根花卉，已成为荷兰的象征；美国则在草花及花坛植物育种及生产方面走在前列，同时在盆花、观叶植物方面也处于领先地位；日本凭借“精准农业”基础，在育种和栽培上占有明显优势；丹麦则集中全国力量，从荷兰引进全套盆花生产技术，并进行大胆改进，在盆花自动化生产和运输方面处于世界领先地位；其他如以色列、西班牙、意大利、哥伦比亚、肯尼亚则在温带鲜切花生产方面实现专业化、规模化生产；而泰国的兰花实现了工厂化生产，每年大约有 1.2

亿株兰花销往日本，在日本的兰花市场占有80%的份额。同时，一些发达国家开始寻求与花卉生产成本低的国家进行合作经营，以求在世界花卉业的竞争中立于不败之地，花卉生产有向发展中国家转移的趋势。目前，荷兰、美国、日本的一些花卉公司已经在哥伦比亚、危地马拉、巴西、印度、马来西亚及中国等地建立了大型花卉生产基地，以降低成本，增加国际市场的销售份额。

以特色产品为主，以培植特色产业为重点，建立花卉优势产品生产龙头企业，编制示范与推广方案，在品种创新、品质提升上下功夫，力求从单纯引进国外品种向引育结合转化、从传统栽培向规范栽培转化、从单项技术向配套技术转化、从照搬外国设施向设施本土化转化，提升花卉产品科技含量，提高市场占有率。

立足各地自然资源优势，扶持开发各具区域特色且具有市场前景的产品，通过育种、新技术研发、生产、加工、交易、转运、展览、休闲观光及信息服务、技术咨询等，构筑新型花卉产业群，引导、扶持和培育花卉企业走区域化发展道路，最终形成区域竞争优势，增强泉州市花卉业整体竞争力。

（三）注重智能化栽培设施引进

要生产高品质的花卉产品，提高泉州花卉产业在国内花卉市场中的份额，就必须充分利用现有的设施栽培条件，并继续引进、消化和吸收国际上最先进的设施及设施栽培技术。在设施栽培的过程中，我们还必须注意投入和产出的比例，在制订花卉和其他观赏植物设施栽培的发展计划时，应注意全球生产发展趋势。

荷兰设施栽培主要采用玻璃、PVC材料、自动化设备等，以及采取无土基质。与之相比，泉州市目前的设施栽培设备和栽培技术都比较落后，如采用钢架、简易型塑料大棚以及由竹木、水泥拱杆等搭建的温室，以全土混少量的基质培育花卉或观赏植物等。因此，我们不仅要加强设施栽培自动化、科学化、先进化建设，也要加强对先进栽培技术的引进和利用，促进花卉产业向更先进、更科学的方向发展。

产业化体系包括设备设施与环境工程、种子工程、产后处理、采后保鲜等，是集设计、制造、生产、销售于一体，农科贸一体化的系统。花卉产业的设施栽培与采后保鲜、运输、销售等紧密连接，其中任何一个环节的疏忽都会导致严重的损失。加快设施栽培的产业化进程，有助于花卉产业发展。

（四）注重人才培养和产业多元化

花卉的栽培和培养离不开专业人才，因此，我们想提高和增加花卉栽培的质量和产量，就要加强对我国花卉团队的开发和培养。要努力吸收优秀的专业人才，并加强对现有花卉设施栽培团队专业知识的普及和培训，提高其理论水平和培养管理水平，争取打造一支优秀的、先进的花卉设施栽培队伍，为花卉设施栽培产业发展做贡献。

目前，花卉业从业者中农民的比例很大，他们缺少技术指导、销售渠道和具体规划，导致花卉质量整体提升不快，效益不佳。因此，应借鉴国外及国内如浙江、上海等花卉产业发达地区花卉专业合作社的经验，坚持因地制宜，培育、扶持多种形式的花农专业合作社，引导其采取各种形式与花农结成利益共同体，为花农提供发展资金、种养技术指导、市场信息、产品市场营销等环节的全方位服务，实现农户生产与内外大市场的有效对接。同时，要加大政策扶持力度，改善花农专业合作社的发展环境；加强对花农的业务培训和指导，提高花农专业合作社运作水平，促进花农专业合作社全面发展。例如 2006 年 6 月成立的上海胡桥扶郎花合作社由大地种苗公司总经理袁文辉牵头，已有会员 58 人，都以种植非洲菊为主，暂不收费。合作社主要为会员提供信息、种苗、栽种技术、组织销售等服务。日本冲绳花卉园艺农业协同组合，以生产菊花切花为主，加入的农户每年要上缴占年销售额 1% 的基本资金和 6% 的运作资金，其中基本资金作为合作社生存金不断“滚大”，运作资金用于开展日常工作。合作社每年根据市场行情，不定期召开成员会议，确定一年的种植品种、数量等，之后再向政府寻求贷款，并为农户做担保，提供种苗、园艺资材、技术、销售等一条龙服务，农户只负责生产，成员间非常团结。

花卉协会在促进花卉业健康发展中发挥重要作用，如日本农协组织自上而下分为三个层次，处于最基层的是市町村农协，它的任务主要有生产指导、组织流通、信用服务和开展互助共济，以及通过多渠道搜集国内外市场信息，为其会员服务，使其会员对国际市场上花卉、农产品等进口量大的产业产量、行情非常了解，甚至据此制定统一的收购价。因此，要重视和推动花卉协会深化改革，以民间性、自律性为发展方向，以服务行业和企业为工作重点，建立健全花卉行业协会体系，成立各种不同类型的花卉行业协会、专业分会，吸收花卉企业家参加，不断完善协会职能，充分发挥协会连接花卉企业和广大花农的纽带作用。大力支持其为政府出谋划策，制定增强整体企业竞争力的方案和规划，在收集情报、分析市场、技术指导、提供信息、推销商品、协调出口等方面发挥作用，以满足泉州市花卉产业全面、持续、健康、稳定发展的需要。

（五）注重“互联网+”销售体系健全

坚持以科技引导产业、服务创造市场的理念，积极探索适合现代花卉企业的运营模式。随着花卉商品国际化程度提高，欧美国家一些有眼光的公司意识到只有取长补短、加强合作，才能共同谋取更大的利益，在国际竞争中立于不败之地，这已成为现代花卉企业的发展方向。合作经营或联合经营主要表现为生产上的合作和贸易上的合作两方面，如荷兰的 CAN 和 IBC 等合作组织，在农民加入后，可高额投资购置大型设备，为农民提供生产加工的场地和生产花卉必需的设备。在经营和贸易上的合作，可以实现利益共享，风险共担，最大限度地保护生产者和经营者的利益。

当前，国际花卉产业的变化，使栽植条件适宜、自然资源丰富、劳动力便宜、交通运输方便的国家和地区逐渐成为生产区域。交通运输条件的改善，更好地推动花卉物流业的发展，为推动海峡两岸花卉物流产业合作和发展创造良好的条件，进一步加快花卉产业的现代化进程。

此外，在福建省政府于 2006 年出台的《福建省“十一五”闽台产业对接专项规划》和《福建省人民政府关于实施福建省“十一五”闽台产业对接专项规划的若干意见》中，花卉主管部门提出，在建设现代物流企业、农产品交易平台和专业物流中心的基础上，根据国内外花卉消费趋势和市场需求变化，结合闽台花卉产业的差异性和互补性，尽早制定科学的花卉物流产业发展规划。

针对花卉产品存在的结构性和季节性过剩的现状，坚持以市场为导向，把握市场趋势，预测市场需求，选准市场定位。立足本地，瞄准市场缺口，调整产品结构（调整观赏苗木、鲜切花、观叶植物及小盆花等的生产比重）。同时，改个体分散式占有市场为联合体共同占有市场，积极拓展国际、国内花卉市场。

以市场为导向，以科技为先导，集成国内外农业高新技术，大幅增加和提高单位面积产量与效益，走适合泉州市的现代花卉产业发展道路，将使泉州市花卉事业更加健康地发展。

B.23

泉州市水源地现状及发展对策分析

陈腾殊*

摘　要： 水是关系人类生存和社会发展的基本物质条件，是一种有限的、不可替代的宝贵资源。对水源地水质要求高，是维系人类健康发展的基础，也是人类生产生活的健康保证。本报告通过分析泉州市水源地水质保护现状，发现泉州市水源地存在生活面源污染、工业企业污染、交通穿越污染、旅游餐饮污染、农业面污染源、其他几个方面的问题。针对水源地存在的污染问题，本报告依据现行法律法规，提出保护泉州市水源地的对策。

关键词： 泉州　水源地　面源污染

一　泉州市水源地概况

泉州属亚热带海洋性季风气候，水系河流全长为404.8公里，流域面积为5629平方公里。截至2017年，全市共有集中式饮用水水源保护区40个，按照行政职能及区域划分为市本级6个、各县（市、区）34个。河流型和湖泊型饮用水水源地是泉州市水源地的主要类型，其中河流型饮用水水源地为16个，湖泊型饮用水水源地为21个。山美水库、金鸡拦河闸、南北渠等市属重点水源工程，是事关全市人民饮水安全的生命工程。泉州市全市实际

* 陈腾殊，泉州师范学院副教授，博士，研究方向为水污染控制。

监测13个县级以上集中式饮用水水源地。人类不能制造水，只能搬运水，应保护好水资源特别是饮用水资源，水源地为城镇居民生活及公共服务提供用水，是维系人类健康发展的基础，也是人类生产生活的健康保证。

1. 水源地水量概况

由泉州市生态环境保护局发布的水环境质量月报可知，全市实际检测的13个县级以上集中式饮用水水源地的总取水量达标率为100%，2018年监测的13个县级以上集中式饮用水水源地没有超标因子，Ⅲ类水质达标率为100%，总体情况较好（见表1）。

表1　2018年饮用水水源地状况

单位：万立方米

月份	取水量	达标水源地取水量	水质达标情况
1	4064.7	4165.9	Ⅲ类,100%达标
2	4031.0	4095.7	Ⅲ类,100%达标
3	3513.0	3616.9	Ⅲ类,100%达标
4	3791.6	3988.0	Ⅲ类,100%达标
5	4032.7	4032.7	Ⅲ类,100%达标
6	4176.8	4176.8	Ⅲ类,100%达标
7	4124.4	4124.4	Ⅲ类,100%达标
8	4296.5	4296.5	Ⅲ类,100%达标
9	4398.8	4398.8	Ⅲ类,100%达标
10	4311.0	4311.0	Ⅲ类,100%达标
11	4255.3	4255.3	Ⅲ类,100%达标
12	4288.1	4288.1	Ⅲ类,100%达标

2. 水源地水质概况

泉州市共有县级以上集中式饮用水水源地13个，2017年实际实施监测12个（因泗洲水库堤坝除险加固，2017年未予监测，2018年，从泉州市生态环境保护局得知，其Ⅲ类水质达标率全年为100%，与2016年持平）。山美水库总体为Ⅱ类水质，惠女水库总体为Ⅲ类水质，水体均呈中营养状态。

3. 水源地管理状况

根据泉州市生态环境保护局消息，自饮用水水源地环保专项行动于2018年5月10日开展以来，截至11月10日，泉州市5个市级饮用水水源地晋江干流、北高干渠、南高干渠、桃源水库、泗洲水库的11个环境问题以旅游餐饮污染、生活面源污染、交通穿越污染、工业企业污染和其他为主。已全部完成整治，完成率为100%；10个县级饮用水水源地的15个环境问题主要为农业面源污染、生活面源污染、交通穿越污染、工业企业污染、旅游餐饮污染等，其中已完成整治5个，完成率为33%。

二　泉州市水源地现状及问题

（一）污染状况

根据2018年饮用水水源地环境问题排查情况，环境问题类型是生活面源污染、工业企业污染、交通穿越污染、旅游餐饮污染、农业面源污染及其他（见表2）。居民的生活污水以及农业活动、餐饮造成的影响以及各种建筑内生产生活的废水造成水源地污染。

表2　泉州市饮用水水源地问题统计

问题类型	水源地名称	问题基本情况
生活面源污染	晋江干流水源、南高干渠、美林水厂水源、黄塘溪水源保护区、永春县第三水厂水源保护区	居民及商铺等产生的污水通过管网收集后引至取水口下游保护区外进行排放或生活污水经村沟排入截污管道，生活垃圾收集后被统一清运，生活污水、垃圾收集处理不到位
工业企业污染	晋江干流水源、美林水厂水源、安溪县自来水厂大岭水源地	一些公司属水源地划定前建设项目，未办理环评审批手续

续表

问题类型	水源地名称	问题基本情况
交通穿越污染	晋江干流水源、北高水渠、南高干渠、美林水厂水源、黄塘溪水源保护区、安溪县城关水厂水源地	存在乡村路、桥穿越保护区,事故导流槽和应急池建设不完善,防护措施不完善
旅游餐饮污染	泗洲水库、桃源水库、南高干渠	存在农庄、山庄、餐饮店,生活污水经村沟排入截污管道,垃圾统一倒在周边垃圾收集点
农业面源污染	美林水厂水源、锦芳水库水源地、菱溪水库水源地	种植了水稻、花生、地瓜等农作物,水库周边种植速生林和果树,存在畜禽养殖点
其他	泗洲水库、黄塘溪水源保护区、永春县第三水厂水源保护区、安溪县城关水厂水源地	存在养殖点、茶园、4S 店等,加油站设施不完善

（二）泉州市水源地问题分析

1. 生活面源污染

造成生活面源污染主要因为很多饮用水水源地处在农村地区，而农村地区人民知识水平普遍较低，这使人民对饮用水水源地的保护意识较为淡薄。晋江干流水源、南高干渠、美林水厂水源由于居民生活污水通过管网收集后引至取水口下游保护区外进行排放，生活垃圾收集后被统一清运，黄塘溪水源保护区有一处美食园、废品收购站，水源地处居住的居民数量不多，导致生活污水和垃圾处理设施不完善、不到位，污水只能往水源地或者其他河流和湖泊排放，垃圾随意堆放，未做到日产日清。

2. 工业企业污染

工业企业污染主要是企业未合理规划厂址，导致企业建在水源地旁。晋江干流水源有企业在还未划定水源地前建设项目，将排污口设置在水源地，企业工业废水直接排放到水源地，并且企业的污染物处理设备不完善，污染物随意堆放。环保部门监管不力，执法力度不大，美林水厂水源有多家企业没有办理环评审批手续，存在乱排乱放现象，安溪县自来水厂大岭水源地内的两家公司，也存在污染问题。

3. 交通穿越污染

含有交通穿越污染的主要是晋江干流水源、美林水厂水源、安溪县城关水厂水源地，有大桥在水源地保护区内，穿越保护区并且应急设备不完善。黄塘溪水源保护区有城市快速路，北高水渠、南高干渠有主干道、次干道、支路和乡村路穿越水源地保护区。修建时，路桥两侧的防护栏未被考虑，也未考虑到运输有毒有害物质时的事故问题，未建设事故导流槽及应急池等应急设施，导致万一危险物品在运输过程中发生事故，不能及时应对，从而造成水源地污染。未严格限制有毒有害物质的运输，对危险化学品的运输监管不严格。

4. 旅游餐饮污染

旅游餐饮污染的来源主要是大部分都市人非常向往田园生活，双休日、节假日到郊区农庄休闲度假。泗洲水库含有两处农庄、桃源水库有一家森林山庄、南高干渠内有几家小吃餐饮店，这些水源地内的农庄、山庄等产生的污水、生活垃圾并没有被统一收集和统一排放，一般将排污口设置在水源地，导致水源地被污染。

5. 农业面源污染

农业面源污染中美林水厂水源、锦芳水库水源地、菱溪水库水源地主要在水源地保护区内种植了一些农作物，而农药和化肥的使用并没有很好地被规范剂量，种植农作物的农民没有很高的与作物种植相关的知识水平，当农作物出现虫害或者长势不佳时，大部分农民选择施肥和打农药。而当下雨或者浇灌作物时，水最终流向水源地，导致水源地中某些元素超标，污染水源地，例如磷元素超标，就会导致水体富营养化，水源地被污染。

6. 其他

其他涉及在泗洲水库水源地禁养区内养殖猪，这些养殖动物的排泄物被处理后用于山林灌溉，然而灌溉的水最终又会回到水体中，动物的排泄物含有大量的营养元素和有机物，所以养殖区会污染水源地。大部分农村的店铺比较少，导致污水排放设施不完善，垃圾收集系统不完善，另外，排污口设置不合理，导致水源地受到污染。安溪县城关水厂水源地附近有加油站等，应急设备不完善，出现事故时不能及时处理，最终导致水源地受到污染。永春县第三水厂水源保护区种植茶树等，造成水源地被污染。

三　泉州市水源地的发展趋势

水是生命之源、生产之要、生态之基，保护水源地刻不容缓早已成为共识。按照全国集中式饮用水水源地环境保护专项行动动员会要求，泉州市自2018年全面推进保护区环境问题整改。为落实打好污染防治攻坚战的部署要求，泉州市开展为期两年的集中式饮用水水源地环境保护专项行动，加快解决饮用水水源地环境问题。

市河长办有关负责人表示，按照《中华人民共和国水污染防治法》和《泉州市人民政府关于晋江洛阳江流域水环境保护管理暂行规定》，全市水库和水源保护区内禁止以下6种行为：①禁止向水域倾倒工业废渣、城市垃圾、粪便及其他废弃物；②禁止使用剧毒和高残留农药，不得滥用化肥，不得使用炸药、毒药捕杀鱼类；③禁止向水域排放污水，已设置的排污口必须限期拆除或者调整；④禁止从事种植工作，放养禽畜，严格控制网箱养殖活动；⑤禁止从事可能污染水源的生活物什洗涤活动；⑥禁止从事旅游、游泳和其他可能污染水源的活动。该负责人表示："违反水污染防治法和规定的个人，将按照属地管理、分级负责的原则由当地环保、水利等相关部门依法追责，情节严重者可追究刑事责任。"今后，泉州市将进一步强化全市水库和水源保护区保护工作，特别是对40个水源保护区的保护工作，重拳打击各类违法行为。

为助力泉州市生态环境向好发展，《泉州市关于全面加强生态环境保护坚决打好污染防治攻坚战的实施意见》规定，2019年6月底前，完成县级集中式饮用水水源地环境问题整治。2019年6月前，基本完成黑臭水体清淤疏浚、河道清障以及沿岸垃圾临时堆放点的清理和整顿工作。到2020年，基本消灭城市建成区黑臭水体，其中城市污水处理率在95%以上，县城污水处理率在90%以上。至2020年，确保污水处理设施覆盖全市所有乡镇，城镇生活污水处理厂出水全部达到一级 A 排放标准。坚持种植和养殖相结合，就地就近消纳利用畜禽养殖废弃物。严格控制对高毒高风险农药的使用，推进以有机肥替代化肥、通过测土配方施肥，大力推广病虫害绿色防控技术。

按照党中央、国务院关于打好污染防治攻坚战的决策部署，各地各部门组织开展集中式饮用水水源地保护专项行动，扎实推进饮用水水源地问题整治。泉州市政府及泉州生态环保局实行了多种措施来整治水源地污染，针对各种造成水源地污染的行为依法追责，而且随着水源地保护的重要意义逐渐深入人心，水资源的宝贵深入人心，水源地以后只会往越来越好的方向发展。

四 泉州市水源地发展的对策建议

山美水库、金鸡拦河闸、南北渠等市属重点水源工程，为泉州市主要生活用水来源。为防治水源地被污染，保障用水安全和人民群众身体健康，优化生态环境，促进可持续发展，本报告提出以下几点建议。

（一）加大水源地保护宣传力度

由于部分饮用水水源地处于农村地区，人民对饮用水水源地的保护意识淡薄，习惯将生活垃圾堆放在一起，用化肥和农药种植蔬菜，用农业污水进行灌溉，造成水源地污染严重。针对此种现象，我们要加强宣传，保护水源地。首先，我们应该让民众了解什么是水源地；其次，让民众知道水源地的范围、边界；最后，让民众了解保护水源地的重要性和原因。只有每个人都有保护水源地的意识，水源地才可能免受严重污染。

把水资源保护内容通过直观生动的途径和形式表现出来，经过媒体和政府等宣传和教育，让民众了解水源地被污染后的不良后果，让民众对水源地保护的重要性有一定的认识。在水源地周边地区，要广泛开展大型宣传教育活动，深入相关村、镇、学校等，有重点地进行水源地保护重要性的宣传、教育和引导，形成全社会爱护水源地、珍惜水资源的良好社会氛围。要在完善水源地保护区界牌及保护标志的基础上，设立水源地保护永久性公益宣传广告及相关法律警句、警示标志牌，营造保护水源地的氛围。同时，通过各种宣传媒介，从典型案例入手，以案说法，对保护水源地的好人好事进行报道、表彰，对破坏水源地的违法行为不留情面、坚决打击和依法惩处并及时向社会公布，强化对水源地保护的警示和教育，营造“以破坏水源为耻，以保护水源为荣”的舆论氛围。

（二）增加资金的投入

农村与城市差别大，很多农村没有污水处理设施，导致生活污水被直接排放到水源地，政府和有关部门要通过各种途径加大对小城镇和农村的污水治理力度，建成污水处理设施及配套管网，确保污水处理设施稳定运行，不得在饮用水水源保护区内设置排污口。在对垃圾的处理上，投入资金和相关先进技术，突破一些垃圾的关键处理技术，把城市的垃圾处理设施和工艺逐步引入广大农村地区和乡镇，建立一套适合农村垃圾处理的机制和方法。投入专门的人员和设施对农村地区的垃圾进行合理有效的处理，不能依靠废品收购站来解决农村的垃圾处理问题。对垃圾做到日清日产，每天都有垃圾车来装载所产生的垃圾，做到不把垃圾堆放过长时间。减少垃圾和污水对水源地环境的污染。

积极筹措饮用水水源地污染源搬迁、生态修复等方面的资金，增加财政资金投入，切实推进水源地环境整治工作。加大饮用水水源地保护专项经费的投入力度，重点做好水源地污染物削减、富营养化控制、水体生态修复和农村农业面源污染控制，切实提高水源地环境整治与保护的水平。在保护区内的桥路两侧建设防撞栏、事故导流槽、应急池，完善应急防护措施。

（三）加强对水源地的监管

严格控制项目审批关，对可能影响水源地安全的项目实行限批、慎批、拒批，禁止在饮用水水源地保护区内审批可能造成水源地污染的工业、农业、商业及服务业等项目，从源头上有效防止水污染。

加强日常监督管理，一级保护区内不得存在与供水设施和保护水源无关的项目，二级保护区内不得设置排污口、畜禽养殖场、固体废物贮存堆放场所等，做好日常监测，定期开展水源地水质调查，强化行政执法工作，确保水源保护区规范化管理。严格限制对有毒有害物质的运输，加强对危险化学品运输的监管。

加强对饮用水水源保护区及其上游工业企业的监管，对一、二级保护区外的超标排放企业进行限期整治或停产治理；强化水源保护区内畜禽养殖污染整治，进一步减轻畜禽养殖对水源的影响；加大农业面源污染治理力度，强化对科技支撑与农业生产的指导管理，发展高效、生态、无公害产业，减少氮磷污染物；强化环保部门对环境的统一监管职能，增强环保执法监察力量，提高环境执法水平。

环保部门会同住建、水利、综合执法、卫生等职能部门，加大对环境违法行为的打击力度，对影响水质安全的环境违法行为坚决依法查处，确保饮用水源安全。环保部门要加大对饮用水源地污染整治工作的督查力度，监察部门对饮用水源地环境整治工作进行行政效能监察，对造成严重后果的依法依纪追究有关单位责任人的责任。

（四）建立相应的水污染应急预案

要针对影响饮用水水源和水环境安全的重点污染隐患以及可能出现的突发性水污染事件，制定切实可行的环境预案和应急处置方案，做到能在较短时间内判断污染物的种类、理化性质、浓度、污染范围以及可能的危害程度，一旦水源地被污染，能第一时间启动有关应急预案，以便及时准确地处置污染事故，将饮用水水源可能发生安全事故的影响与损失程度降到最低。

B.24
泉州市水土保持状况及对策建议

许敬华*

摘　要： 水土资源是人类赖以生存的基础，大量的水土流失将导致人类可持续发展面临严峻挑战。泉州是我国水土流失较为严重的地区之一，几十年来，各级地方政府均投入大量人力物力开展水土保持工作，取得良好进展。本报告拟在对泉州市水土保持状况进行分析的基础上，结合各类型水土保持措施特点，从植被保护、生态补偿、社会民生、后期管护巡查的角度，对泉州未来水土保持工作提出几点对策建议，以期为决策部门提供借鉴和参考。

关键词： 泉州　水土保持　崩岗

泉州市是福建省水土流失最严重的地区之一，20 世纪 80 年代，全市水土流失率为 34.3%，为福建省首位。泉州市高度重视水土保持工作，特别是 2011 年以来，泉州市认真贯彻党的十八大精神和习近平总书记关于长汀水土流失治理工作批示精神以及福建省水土保持工作决策部署，围绕水土保持工作目标任务，全面推进水土保持各项工作。

一　泉州市水土保持状况

根据 2013 年《泉州市第一次全国水利普查公报》的统计结果，泉州市共

* 许敬华，泉州师范学院助理实验师，博士，研究方向为水土保持评价。

有1609.11平方公里的土地被不同程度侵蚀，其中轻度侵蚀面积为905.44平方公里，中度侵蚀面积为495.66平方公里，强烈侵蚀面积为135.27平方公里，极强烈侵蚀面积为48.27平方公里，剧烈侵蚀面积为24.47平方公里。水土保持措施面积为4194.83平方公里，其中工程措施面积为1078.92平方公里，植物措施面积为3115.91平方公里。相较于2000年的土壤侵蚀面积(1920.00平方公里)，总面积减少了近311平方公里，其中，轻度侵蚀面积减少了128.56平方公里，中度侵蚀面积减少了41.34平方公里，强烈、极强烈、剧烈侵蚀面积合计减少了137.99平方公里，治理成效显著。

2018年，在市委、市政府和省生态环境厅的正确领导下，全市认真贯彻落实全国、全省生态环境保护大会精神，认真抓好各项生态环境保护工作，在服务保障全市GDP、增速列全省第一的同时，生态环境质量稳定向好，森林覆盖率稳定在58.7%，与上一年度持平，新增水土流失治理面积27134公顷。截至2017年底，泉州市本级和10个县（市、区）先后建成国家生态市、县、区并获命名；全市建成111个国家级生态乡镇，1659个市级以上生态村。

二　泉州市主要水土流失现象

泉州市属南方红壤丘陵区，土壤流失类型以水蚀为主，主要发生在坡耕地、山地丘陵区以及砖红壤性红壤和红壤地带，尤其以5~8月暴雨和台风季节较为严重。风力侵蚀主要发生在沿海地带，在大风（每年10月至翌年3月）和台风（6~10月）季节较为严重，其侵蚀程度自沿海向内陆逐渐降低。除水蚀和风蚀外，泉州市还是福建省崩岗侵蚀发生的重要区域之一，崩岗是一种特殊的侵蚀类型，属于水蚀和重力侵蚀作用下的复合侵蚀。以下简单介绍泉州市的主要水土流失现象。

（一）崩岗侵蚀

泉州市下属安溪县是福建省乃至全国崩岗侵蚀最典型的地区之一，据

2007年崩岗调查数据，安溪县面积为60平方米以上的崩岗数量为12828个，占全省崩岗数量的49.29%，其崩岗面积约为2300公顷，占全省崩岗总面积的36%。严重的崩岗侵蚀导致大量水土流失，使生态环境日益恶化，成为困扰当地发展的重要因素。

崩岗侵蚀是指山坡土体或风化壳在水力和重力作用下分解、崩塌和堆积的侵蚀过程，是一种剧烈的沟状侵蚀，其灾害严重性仅次于滑坡和泥石流，主要由集水坡面、崩壁、崩积堆、沟底和冲积扇等基本单元组成。相较于其他类型的水土流失现象，崩岗具有鲜明的水土流失特征：①崩岗侵蚀爆发性强，一场暴雨可致沟头侵蚀向前推进2～10米，比一般土面水土流失更具威胁性；②单个崩岗侵蚀面相对较小，但侵蚀模数大，崩塌泥沙在沟底汇集流向冲积扇，具有点状水土输送特征；③崩岗与未发生侵蚀区域边界明晰，依据其形态可分为瓢形、条形、爪形、箕形、弧形、混合等。

崩岗分布与气候、地形、岩性、植被等自然因素关系密切，主要分布在热带、亚热带地区花岗岩风化壳区，人类活动是崩岗发育的最大诱因。据统计，95%以上的崩岗发育在海拔500米以下的丘陵区，而这一区域也是人为活动最为频繁的区域。

（二）山地茶果园水土流失

据林道华等2013年的不完全统计，泉州市山地茶果园总面积为1067.21平方千米，流失面积为554.61平方千米，占比达51.97%。这主要是由于茶果园超坡度开垦，缺乏相应的水保措施，梯田前无埂、后无沟，园面倾斜又无覆盖，导致水土流失严重。泉州市、安溪县水土保持部门近年来抽查安溪县山地新建茶园的水土保持状况发现，普遍存在机械开挖建园、超坡度开垦、一垦到顶、“三面光”清耕作业及缺乏有效的水土保持措施等问题。茶园表土基本裸露，流失率在90%以上，流失程度在强度以上，区域生态环境堪忧。因此，山地茶果园水土流失防治是泉州市的一项长期而艰巨的工作。

不同山地茶果园由于地形特点，水土流失状况具有一定差异，不同开垦年份的茶果园的侵蚀状况也具有一定差异。首先，新开垦茶果园一般覆盖程度低，土壤侵蚀严重，水土流失也更为严重；其次，不同开垦年限的茶果园的侵蚀强度不同，研究表明，开垦5年的茶果园水土流失量明显少于开垦1年的茶果园；最后，茶果园山脚位置的侵蚀程度会比山顶和山腰部分更为严重。

三　水土保持措施类型及特点

（一）工程措施及其特点

水土保持工程措施根据主要功能及布设位置不同，可分为坡面工程和沟床工程。坡面工程是指通过改变一定范围内的地形，拦蓄地表径流，增加降雨入渗量，降低地表径流速度，减小径流冲刷土壤的动能，从而减少水土流失。其主要措施如下。①水平梯田：梯田的田面呈水平状，各块梯田将坡面分割成整齐的台阶，适宜种植水稻和其他旱作作物、果树等。②鱼鳞坑：平面呈半圆形，沿等高线布设，上下两行坑口呈“品”字形错开排列，多为曲线形，用于导引降雨径流。③隔坡梯田：修建隔坡梯田较水平梯田省工50%～75%，特别适用于土地多、劳力少、降雨相对较少的地区。④反坡梯田：适用于15°～25°的陡坡，阶面可容纳一定的降水径流，适宜旱作和种植果树。⑤坡式梯田：顺坡向每隔一定间距沿等高线修筑地埂而成的梯田，它具有投入少、进度快，既能保水保肥又能稳定增产的特点。

沟床工程是为固定河床、拦蓄泥沙、防止或减少山洪及泥石流灾害而在山区沟道中修筑的各种工程，能够防止溯源侵蚀，固定并抬高侵蚀基准面，拦蓄泥沙形成的坝地，还能为农业生产提供高质量的土地。其措施主要包括谷坊、拦沙坝、淤地坝、小型水库工程和护岸工程等。

（二）植物措施及其特点

水土保持植物措施是指通过植树造林种草，增加植被，减少雨滴对地表土壤的直接溅蚀；拦蓄地表径流，涵养水源，调节地表水文状况；提高土壤抗蚀能力，防止土壤被侵蚀。我国水土保持植物措施对减少径流泥沙含量具有显著作用，其主要原理是通过林冠截留、林下草灌和对枯枝落叶的拦蓄及植物根系对土壤的固定作用保持水土，涵养水源，改善土壤肥力。

植物措施主要包括植树和种草以及封山育林、育草等，目的是进行良好的植被覆盖。其技术特点为：①水土流失地区的土壤干旱贫瘠，必须选择种植如刺槐、柠条、苜蓿等抗旱性强的植物，在背风向阳、土质较好的地块种植果树或其他经济林，提高水土保持的经济效益；②根据不同地貌类型和水体流失类型特点配置植物，建立良好的农林生态系统；③采用水平阶、鱼鳞坑等水土保持工程造林整地方法，蓄水保土，为幼林存活、生长创造良好条件；④在树种和草种的配置上，可以营造复层混交林，或者把乔木、灌木、种草相结合，采取块状、带状等镶嵌配置，提高保水保土效果。

（三）耕作措施及其特点

水土保持耕作措施是指在遭受水蚀和风蚀的农田中采用改变微地形，增加地面覆盖和增强土壤抗蚀力，保水、保土、保肥、改良土壤、提高农作物产量的一系列农业耕作方法，对防治水土流失、促进农业增产具有十分重要的作用。根据所起的作用可分为三大类：①以改变微地形为主的，如等高耕作、等高带状间作、等高沟垄种植等；②以增加地面覆盖为主的，如秸秆覆盖、留茬、密植等；③以增加土壤入渗为主的，如深松耕、免耕等。

水土保持是一项系统工程，植物措施发挥最大的生态、经济和社会效益，需要与其他水土保持措施相结合。工程措施促进了植物措施的实施，比如地形陡峭的地方，由于水土流失严重，植被难以生长，采用工程措施修筑水平阶、水平沟以及鱼鳞坑等拦蓄径流、泥沙，再种植植被，植被能更好地生长。植物措施的实施，比如植物篱等，可以防止养分流失，有效促进耕作措施实施。

四　泉州市水土保持对策建议

水土保持工作是一项长期而艰巨的任务，在工作中应始终牢记习近平总书记提出的“进则全胜，不进则退”的总要求，持之以恒不能放松。随着国家生态文明建设的推进，水土保持工作得到全方位的重视，国家出台了一系列相关法律法规保障水土保持工作开展，并将水土保持治理作为我国的一项基本国策，提出了“预防为主，防治结合”的指导方针。结合国家基本方针政策和泉州市当前水土保持工作状况，本报告提出以下几点建议。

（一）预防为主，加强对植被的保护

裸露的土壤更易受到侵蚀，植被的存在能有效降低水土流失的发生程度，因而在水土保持工作中，保护植被是最有效和最经济的治理手段。泉州地处东南沿海，雨水充沛，加之有更狂暴的台风季节，同时拥有花岗岩风化后形成的疏松土壤，裸露的地面更易受到雨滴的溅蚀和流水狂风的侵蚀，这加剧了水土流失的发生。20 世纪 60 年代，安溪县长坑、尚卿、虎丘等乡镇以及南安美林等地方大搞开山造田、人造平原等活动，对当地的植被覆盖造成了严重的破坏，导致极其严重的水土流失。因此，在水土保持工作中，应防止新的水土流失的产生，做到预防为主。

预防工作可分为两个方面。一个是对原生植被的保护。原生植被是在当地气候背景条件下自然繁衍和通过竞争形成的，植被生态系统具有更好的稳定性和适应性，能更好应对外界环境的变化，因而保留原有植被对防止土壤被侵蚀具有更好的效果，在开发过程中应尽可能防止对其造成的破坏。另一个是在破坏后做好保护措施，特别在破土工程开展过程中，注重对裸露土壤的保护，即使是一些简单的措施，只要有效，也能防止水土流失进一步发生，在工程完工后应及时恢复人工植被，预防水土流失发生。

（二）合理利用，完善生态补偿机制

人类对于水土资源重度依赖，水土保持有利于缓解经济发展和生态环境破坏之间的矛盾，维持水土资源的供求关系，使之可持续发展，而实施生态补偿有利于进一步改善水土资源利用方式，平衡“予”与“得”的关系。

生态补偿包括对上游的补偿、生态收益区对生态建设区的补偿、使用资源者对资源所有者和开发资源受害者的补偿等，在明确受益主体后，对受益主体征收专项生态补偿基金，治理受害方水土流失和环境污染等问题。根据补偿一方的支付能力以及社会发展水平等实行必要补偿和充分补偿两种标准，对受害主体以政策、实物、资金和技术等多种方式进行补偿。

在生态补偿机制方面，合理借鉴、科学完善补偿方案；加大宣传力度，提高社会对水土保持生态补偿政策和方案的认知水平，倡导积极践行环保行动；加大专项资金投入力度，对收益方合理征收补偿资金，完善生态税收制度，为水土流失受害方提供治理资金，合理补偿；制定和完善配套法律法规，明确责任主体，依法依规，强化监管，积极践行生态补偿机制。

（三）综合治理，注重改善社会民生

水土流失的成因复杂，可分为自然因素和人为因素两个部分。自然因素方面，降雨、坡度、坡长、地质类型、植被覆盖情况等都会影响水土流失，植被覆盖的缺失会导致雨滴直接溅蚀，大量的降雨形成地表径流裹挟泥沙向下游迁移，陡坡和长坡使地表径流动能增加，冲刷能力增强，进一步加剧水土流失。自然因素是造成水土流失的潜在因素，不合理的人为活动是水土流失的主导因素。因此，在治理过程中，应综合考虑，首先是要减少人为的不合理开发；其次是加强保护，防止潜在因素发展。

经过几十年的发展，我国逐渐总结出一条以小流域为治理单元的综合治理体系，取得了巨大的经济、社会和生态效益。泉州市在进行水土流失治理中应从全局出发，构建更为高效的小流域综合治理体系。通过实施坡改梯、截水沟以及谷坊等工程，拦蓄地表径流，减少土壤养分的流失，提高土壤肥

力，同时恢复植被景观，形成良好生态效益；在土壤肥力合适区域种植经济作物，提供技术支撑，增加和提高农产品产量和品质，增加农民收入，提升当地民众生活水平，提升水土流失治理经济效益，提高民众参与积极性；以小流域为治理单元，修筑拦沙坝、硬化道路、水塘等小型水利设施，改善农村生产和生活条件，提高农民劳动效率，促进水土保持社会效益提高。

（四）落实责任，做好后期管护巡查

水土保持工作很容易存在一个现象，即“重治理，轻管护，只建不管，只建不用”，对项目建成后管护和持续利用等重视不够。我们在对泉州市崩岗治理效益评价的过程中发现，安溪县崩岗治理大多采取将崩岗治理区变为经济作物区，甚至将部分崩岗治理区变为工业园区、生态旅游区的方式，它们具有良好的经济效益，这种以经济利用为主，结合植被、工程、耕作等措施对崩岗进行开发性治理的模式能调动当地群众的积极性，有利于加大水保措施力度，加强后期维护与管理，促进有效植被覆盖形成。因此，项目的后期维护是水土保持工作生效的重要因素。

落实主体责任，增强维护意识，把加强管埋维护纳入水土保持主要工作任务中，树立“治管并重”的思想观念；进一步完善水土保持工程管护工作制度，适当延长承包期，签订后期管护合同，并加以制约；引导当地农民积极参与，合理种植，集约经营，鼓励农民参与后期维护；建立监督管护队伍，形成市、县、乡、村四级监督管护网络，规范管护规章制度；在水土保持专项资金中划拨专有管护资金，支撑管护工作；强化执法监督，对破坏水保设施人员以及行为进行严惩，威慑破坏行为，实现治理一片、管护一片、成功一片的水土保持目标。

企业篇

Enterprises Reports

B.25 引领泉州文旅新发展　书写文旅发展新篇章

谢志忠*

摘　要： 作为核心动力引擎的国有企业，泉州文旅集团的发展关系到泉州文化旅游产业未来的发展方向，也影响到众多文旅项目经营者，因此，泉州文旅集团的发展战略至关重要。本报告在详细阐述泉州文旅集团基本概况、战略定位、业务开展情况的基础上，分析我国文化旅游产业未来发展趋势，认为未来旅游市场规模将持续扩张，旅游效应不断增强，并从制度壁垒、资金融通、共建共享、品牌建设、人才集聚等方面，为泉州文旅产业的发展提出对策建议。

* 谢志忠，泉州师范学院教授，博士生导师，研究方向为农村金融。

关键词： 泉州文旅集团　海丝文化　闽南文化　旅游 +

一　泉州文旅集团简介

泉州文旅集团是市委、市政府为进一步推动泉州文化、旅游、体育资源整合优化，实现文、旅、体产业融合发展，按照“组建大集团、发展大产业”战略部署，于 2017 年 1 月成立的国有独资企业，是泉州五大市级国资集团之一。集团下辖权属一级企业有 15 家，在册员工有 800 多人。

泉州文旅集团作为全市文化旅游发展的核心平台和市场主体，积极承担大泉州文化复兴、产业发展和城市营销重任。集团成立以来，大力推进企业整合重组、资产接收盘活、文体旅项目开发建设等工作，已初步进行古城保护性开发和文化、旅游、体育产业的投资运营。未来，集团将立足泉州文化旅游产业运营商定位，积极搭建投融资、产业集聚、项目开发、城市营销四大功能平台，全力助推泉州打造世界海丝文化休闲旅游目的地，力争 10 年内成为国内一流的文化旅游体育产业集团。

二　泉州文旅集团发展战略定位

泉州文旅集团自成立以来，一直致力于创新业务模式，上下延伸产业触角，初步形成了以“文化 + 旅游”为核心，联动相关产业的发展模式。通过资本和互联网双轮驱动，以资源整合、引擎开发、IP 打造、流量运营为抓手，构筑了旅游、文体、投资、实业四大板块，致力于打响“海丝文化”和“闽南文化”两大文化品牌，更好推动泉州市文化旅游产业发展。

集团战略方面，泉州文旅集团以文化战略为核心，以目的地战略、流量战略、资本战略三大战略为支撑，实现集团的战略突破。

第一，文化战略。围绕闽南文化和海丝文化，成立文化研究平台——海丝文旅专家智库和文旅资源整合平台——海丝文旅产业联盟，为文旅项目、节庆赛事、文创产品、文体培训等产业注入创新动力。

第二，目的地战略。打造泉州古城、清源山和刺桐古港三大超级 IP 项目，全力助推泉州打造世界海丝文化休闲旅游目的地。

第三，流量战略。“大节庆、大文创、大体育、大渠道”四位一体，构建超级流量平台，为城市和项目持续导入人流、物流、商流、信息流、资金流。

第四，资本战略。搭建多元稳健的投融资和金融服务平台，探索进行 PPP、产业基金、资产证券化等金融领域的创新，助力文旅资源整合和文旅项目开发。

三　泉州文旅集团业务开展情况

虽然泉州文旅集团成立时间不长，但发展十分迅速。2018 年，泉州文旅集团围绕泉州市委、市政府“组建大集团、发展大产业”战略部署要求，按照 2018 年初制定的工作思路和要求，认真做好战略规划、经营发展、资源整合及项目建设，积极融入“五个泉州”建设大局，取得明显成效。

（一）做精核心业务，增强公司竞争力

集团自成立以来，就一直专注旅游板块。立足“一山一城一港”三大 IP 项目，整合旅游资源和产品，打造以旅游开发业务为核心，以旅游服务和旅游营销为支撑的旅游综合业务体系。

1. 全力承接古城双修任务

作为古城保护开发的总平台，积极承担古城“双修”业主职责，古城发展公司、土地开发公司、中侨集团参与 40 个双修项目以及“七个一”示范工程建设。金鱼巷微改造、奎霞巷打通工程、新门街三创园、“东亚之窗”文创园一期已竣工投入使用，爱国路竣工通车，中侨商务大厦完成接收；西街游客中心、“东亚之窗”二期、泉州美食城、大寺逅精品酒店、台魁巷 7－1 号等项目陆续完工。肃清门・共生、通政壹号・巷遇项目完成招商和方案设计，进入实质改造建设阶段；中山路示范段启动建设，西街东段

U 形面改造、西街南片区核心慢行系统提升、小山丛竹公园改造、八卦沟水系改造提升等项目前期工作有序推进。

2. 加快清源山景区旅游项目建设

清源旅投公司深入挖掘环清源山景区资源，主景区智慧门禁票务系统及智慧停车系统已建成投入使用，实现了游客刷脸进入景区；完善清源山景交车项目运营，全年累计运送游客 10 多万人次；完成花博园片区总体策划、清源古道路线规划等；促进二消项目开发经营，引进共享系列产品，进行节假日时点市场营销，打造中小学研学基地，携手市总工会推出惠工卡等，景区项目开发的广度与深度得到持续提升，2018 年全年门票收入为 2377 万元，同比增长 13%。

3. 推动后渚片区前期工作

该项目位于后渚港区，拟被开发为海丝文化主题文旅综合体，已入选福建省首批区域标志性旅游产品项目。泉州文旅集团积极承担项目策划和片区改造业主职责，完成项目总体策划；前期招商工作有序开展，先后与华侨城、港中旅、中青旅等国内旅游行业龙头企业接洽磋商。

4. 延伸旅游全产业链条

泉州酒店以提高客房入住率和增加宴会收入为重点，优化服务流程，增加增值服务项目，推出“小白车免费一日游”“泉州经典一日游”“南音表演”等活动，提升酒店住客一站式服务体验，全年酒店平均客房入住率同比提高 5.11 个百分点；加大新媒体营销力度，全年举办多场次线上优惠促销活动，并开展“全员营销”，全方位推广酒店产品。泉州国旅引进 ERP 旅游管理操作系统，积极加强与高校、企业资源的联系对接，地接业务量、车队运行量不断增加。

5. 主动对接全域旅游资源

充分挖掘本土乡村旅游资源，策划德化丁荣村民宿群项目，召开丁荣旅游招商暨旅游线路推介会；组织对德化陶瓷文化小镇、大龙湖景区、永春牛姆林、惠安闽台文创园、泉州水上乐园等周边县区项目进行投资考察。

（二）积极推进文化旅游融合，提升公司经营活力

泉州文旅集团积极推进文体板块业务，积极开展以节庆赛事、文创产品、文体培训为核心的城市营销活动，着力打造城市特色文体 IP，推动泉州文旅体产业融合发展。

1. 持续策划开展大型文体赛事

环湾文体公司成功运营 2018 环泉州湾国际公路自行车赛、ITF 国际网联女子网球巡回赛泉州站、世界杯足球之夜、第四届世界石狮同乡联谊大会、探索泉州中国全能定向公开赛、海峡两岸千人群众骑游等，合作运营“创响中国”丰泽站暨海上丝绸之路国际数字商业创新节、俞大猷武术大赛等活动。古城发展公司参与承办“润物无声”系列展览、第三届海丝古城徒步及徒步摄影大赛，承办非遗创新设计赛等，全年共吸引 130 多万人次游客参观，城市影响力不断增强。

2. 加快古城 IP 孵化

与古城办联合成立泉州古城“润物无声”青年创客联盟，推出金鱼巷首批 1 +3 模式创客试点，带动多个民间年轻文创团队到古城创业；承办第六届全市旅游商品设计大赛，创新赛制赛程，共征集到 300 余件作品，积极挖掘旅游文创商品投资机会。

3. 丰富城市营销渠道

开发泉州古城知识竞答微信小程序；与泉州网联合制作“巷遇”系列融媒体短视频，深入探寻古城保护的生动实践和鲜活事例，反响强烈；将古城街巷历史人文有机串联，策划生成古城廉政游线路；盘活清源山二消资源，打造企事业团建活动线路；源和 1916 加强园区扩容和空间利用，入驻企业有 187 家，落地百余场文艺活动，全年游客量达 30 万人次。

（三）做实实业板块，坚持夯实企业发展基础

1. 夯实企业发展基础，持续优化集团存量资产

集团下属中侨集团促项目、保增长、抓内控、严监管，全年实现资产总

额33.5亿元，同比增长3.9%；营业收入为18350万元，利润总额为2425万元，主要经济指标均完成了年度预算。富士电梯公司不断提高生产效率，加大拓展东欧业务力度，2018年订单增长33%；半导体器件厂积极介入智能化工程建设，承接黎明职业大学两个智能化升级工程，2018年营收同比增长84%；源和堂将陶缸糖渍、柴火烧煮、天然晒制等生产工艺作为4A景区的一景，打造“观光工厂”，百年源和堂2018年销售收入及利润均增长了12%。源和堂“百年蜜茶”荣获中国特色旅游商品大赛金奖；味精厂连续六年被评为“福建省用户满意企业”；股权投资、资产管理效益增长显著。

2. 商贸活动经营平稳推进

商业集团营业收入为24200万元，利润同比增长116%。华联集团加强电商市场数字化建设，“新鞋网+华联电商市场”项目启用，实现了互联网与市场的深度融合；医药公司稳健增加零售药店及民营医院的市场份额，拓展器械配送业务；理成公司探索废弃物资源化利用新渠道，着力经营先进农业机械，成效初显；百纺公司经营部入驻泉州市级政府采购网上超市。

3. 传统物贸业务有序发展

下属物资集团积极抓好传统物资经营，全年实现营业收入12077万元。建材分公司采取直拨批发模式，降低库存风险，全年销售钢材7500吨；化塑分公司面对中美贸易摩擦等不利因素，积极开拓新货源渠道，全年预计销售化工产品12200吨。

（四）做活投资板块，着眼金融、文旅新业态，开展投融资和投资孵化业务，不断提高集团投资的深度和广度

1. 引入上海途逸公寓管理有限公司共同打造古城巷遇精品酒店；引入连捷投资集团，合作运营古城行舍轻奢酒店；与七匹狼集团合资成立泉州古城新门文旅产业有限公司，合作运营新门街区；与中演集团合作运营泉州大剧院；引入蓝湾文旅共同建设水上乐园。

2. 加强投资融资，增资兴业消费金融公司1.2亿元；完成古城保护提升（一期）PPP项目立项、实施方案及文件编制等；与银行、证券、投行、

会计师事务所等各类机构进行有效对接，为今后多渠道融资活动做好准备，财务信息化管理、股权投资及融资工作稳步推进。

四　文化旅游产业发展的未来趋势

改革开放40年来，中国经济经历了高速增长，旅游业伴随着经济增长、收入增加的红利而快速发展，整个消费链条的吃住行游购娱均得到了不同程度的发展。10多年来，全国旅游总收入从2007年的1.01万亿元增长到2018年的5.97万亿元，增长了5倍，而且除2008年外，各年度旅游业收入增速均高于GDP增速。近年来，我国文化旅游产业快速发展，多种形式的文化旅游产品日渐增多，市场规模持续扩张，旅游效应不断增强，并呈现新的发展趋势。

（一）城市更新将成为一、二线城市新增文旅项目的重要载体

随着城市增量空间的减少，城市更新将成为一、二线城市新增文旅项目的重要载体。北京的798艺术区、大栅栏街，上海的幸福里、上生新所等，都通过城市更新进行都市文旅目的地的打造。优质的城市更新项目会带动区域的文化聚拢和产业升级，在城市更新的大背景下，文化旅游元素的导入是提升片区整体活力的核心手段、撬动旧城区休闲游憩价值的重要杠杆。

（二）参与主体由单体开发转变为合作开发

在文旅项目的投资阶段，不仅需要开发企业的参与，还需利用融资平台引入外部资本方，以减轻资金压力。在开发运作阶段，随着项目开发的专业性提高，参与主体也需要从单一向多元转变，这将在无形中提升文旅项目的准入门槛。尤其在IP赋能的文旅项目中，IP运营方的参与对项目至关重要。同时，政府相关机构的参与程度也将成为文旅项目成功的关键要素。

（三）项目设计从空间主导转变为内容主导，克服单调

在传统设计中，空间与项目有着较为固定的关系，例如乌镇对应休闲商

街，山川对应登顶观光，乡村对应农家乐。未来的文旅项目将呈现更加灵活的表现形式，例如乌镇的木心美术馆、戏剧节，莫干山的民宿群、探索极限基地，台湾清境农场的马术表演、主题游乐等，优质的项目设计将更加灵活地植入软性内容，例如节庆赛事、教育课程、演绎展览、体育活动等，其投资成本相对较低，且更易保证更新频率。

（四）商业模式和盈利模式创新

在商业模式中，通过一定的轻资产策略以及金融化运作手段，可以减少前期投入成本，降低相应风险。围绕核心项目，整合上中下游各产业板块，强化整体竞争优势，促进文化旅游产业可持续发展。未来文旅项目需要更加复合的盈利渠道，除了增加旅游经营的二次消费外，如餐饮、酒店、零售等，还需衍生新业态，包括教育培训、文化产品、赛事活动等。风险基金、保险基金、网络众筹等投资主体的参与，为项目的金融化运作提供多元融资渠道。

（五）“旅游 +”的产业融合成为未来趋势

通过延长旅游产业链条，实现“旅游 +”功能。不断探索旅游产业与其他产业的深度融合，突破单一旅游功能，发展“旅游 +”度假地产、养身产业、游学产业、会议产业等可结合产业，实现多方面的横向、纵向文旅产业的合作。总之，文化旅游已由过去粗放发展和同质竞争的阶段向旅游本质精进探索，进入以健康培育发展模式为目标的全新阶段。

五　加快泉州文旅产业发展的若干对策建议

（一）政府引导，多源融合

政府统筹是实现文化与旅游融合发展的重要手段，政府应积极成立文化旅游产业融合发展领导小组，整合与旅游相关的文化、宣传、农林水等多部门资源，建立重大决策、重大工程、重大问题多部门协商解决机制。合力统筹多方资金，以高标准、高定位、高投入、高质量管理和强推广为要求，编制文化旅游多源融合发展规划，合力打造文化旅游发展项目库，推动文化旅游产业相互渗透、相互促进，丰富旅游的内涵，最终实现深度融合，高度发展，以扩大现有市场，提高文旅产业整体效益。

（二）保障资金投入

强化泉州市财政资金、文化产业发展基金、旅游产业发展促进基金以及泉州文旅集团自有资金的投入，加大对旅游项目的资金投入力度，探索建立文化产业投融资体系，促进金融资本、社会资本投入文化旅游产业。进一步拓宽文旅融资渠道，建立多元文旅投融资机制，加大力度建立投融资平台，积极引导社会资本参与到泉州文化旅游资源开发中，探索其与社会资本（PPP）及风险投资的合作方式。组织项目实施单位与金融机构对接，鼓励以银行、保险、证券、基金为主的金融机构加大力度开发以文旅为核心的金融服务与金融产品。

（三）建立共建共享机制

文化与旅游产业投资多、发展周期较长且见效慢，但于区域发展而言，其是可持续的综合型产业。泉州市文化旅游形态多样，但分布零散，文旅产业发展应充分发挥综合性特点，进一步落实多元融合策略。围绕全域旅游与“旅游＋”发展策略，整合与文化旅游相关的交通、宣传、农林水、通信等多部门资源，促进多部门间项目与规划协同，实现对重点旅游项目与重点旅游决策的全面打造。

旅游文化产业的管理亦是推进产业可持续发展的关键，应以游客的需求为着力点，开发具有泉州特色的文化旅游产品；健全旅游监管体系，探索具有泉州特色的文旅管理模式。以泉州文旅集团为核心，建立企业协会，为政府与企业之间、企业内部及行业之间的合作搭建沟通平台；发掘与探索居民参与文旅产业的方式，发挥在地居民的积极动能，让居民融入旅游发展的进程中，成为泉州特色文化的传承者、保护者和展示者。

（四）打造文化旅游品牌

以规划为先导进行引领，依托软硬件资源进行有效支撑，建立强有力的文化旅游品牌。泉州作为底蕴丰厚的城市，在特色品牌建设上既要以历史文化、传统文化、民俗文化为旅游开发的重点，也需要汲取外来精华，更需要面向未来。将文化与旅游充分融合，打造品牌线路、品牌景区和品牌活动，努力打造精品景区，全域打造精品路线。深刻理解旅游具有开放经济、眼球经济和现象经济的典型特征，统一区域文化与旅游对外宣传内容，形成校企联合、部门合力、多层面联动的宣传机制，利用海内外各种媒体，加大推介力度，实现平面与网络媒体多元有机互动，提高和增强泉州市文化旅游的知名度与吸引力。

打造品牌文化活动，加强对外文化交流。开展文化节、旅游节等品牌活动，推出民俗文化旅游新品牌。充分发挥泉州市各类博物馆、展览馆等公共文化资源的作用，深入挖掘旅游产品的文化内涵，借助现代艺术手段，将厚重的闽南历史文化资源转化为游客喜闻乐见的旅游产品，重点开发大型旅游演艺精品等富有地方文化特色、雅俗共赏的娱乐节目。改变过去以平面式参观、欣赏为主的旅游活动，积极推进集互动、娱乐、演艺、体验、购物、餐饮于一体的多元旅游活动，拓宽旅游的产业面，实现旅游整体结构优化，充实旅游品牌。

（五）建设文旅人才队伍

人才作为产业发展的基石，对于文化旅游产业而言也具有重要的作用。一方面，旅游是具有专业性的产业，需要大量管理、科研方面的专门人才；另一方面，在传统文化的传承中，人具有决定性的作用。不论从文旅产业的发展角度还是从传承角度来看，都要意识到人才是产业发展的第一要素，把人才建设纳入产业发展的计划中去。同时，也应加大对现有旅游从业者的培训力度，强化文化旅游产业的发展意识。泉州作为非物质文化遗产传承人资源丰富的区域，应充分挖掘现有深厚的文化资源，以与旅游资源有机结合，并将其转化为可产生经济价值的文化旅游产品。

B.26

提升金融服务水平　助力民营企业发展

——泉州农商银行推动民营企业转型升级的实践

林向前　谢志忠*

摘　要： 民营经济是推动泉州经济社会发展的中坚力量。目前，在国内外经济形势不断变化的新时期，泉州民营经济的转型升级面临成本增加、融资困难等问题。针对众多小微企业遭遇到的困境，泉州农商银行始终以客户需求为导向，提升金融服务水平，精准扶持民营企业发展。本报告从精准施策、创新服务、提效减压三个方面对泉州农商银行助力民营企业转型升级的实践进行全面阐述，总结实践成果，为实现泉州民营经济高质量发展打下坚实的基础。

关键词： 金融服务　民营经济　转型升级　高质量

民营企业蓬勃发展，民营经济从小到大、由弱变强，在稳定增长、促进创新、增加就业、改善民生等方面发挥了重要作用，成为推动经济发展的重要力量。支持民营企业发展，是党中央的一贯方针，这一点丝毫不会动摇。习近平总书记的这句话为新时代的民营企业指明了方向。泉州作为中国"民营经济大市"，GDP 连续 20 年居福建省第一。泉州是靠实体经济起家的，也是靠实体经济走向未来的。作为一家有使命、有担当、有情怀、有温

---

* 林向前，泉州农商银行董事长，高级经济师，研究方向为农村金融、普惠金融。谢志忠，泉州师范学院教授，博士生导师，研究方向为农村金融。

度的本土银行，泉州农商银行长期以来与泉州民营企业共同成长。泉州农商银行始终坚持支农支小市场定位，以服务乡村振兴战略为抓手，以服务实体经济为工作重心，积极出台服务民营企业实施方案，助推民营企业创新转型升级，为实体经济注入更多金融活力。

一 二十六条措施支持民营企业

《泉州农商银行支持民营企业发展工作实施意见》是泉州农商银行2019年1号文件。通过“一二三”目标、“三个不低于”要求、七大方面内容、二十六条措施，从优化资源配置、简化贷款流程、单列信贷规模、盘活信贷存量、丰富金融产品、拓宽服务渠道等方面直击民营企业融资难、融资贵等问题，制定提升金融服务民营企业水平的措施。

解决好民营企业融资难问题，是打破“卷帘门”“玻璃门”等隐性壁垒的最有效、最直接手段。泉州农商银行坚持做民企的“贴心人”，五年来连续下发小微企业金融服务工作方案，2018年印发《泉州农商银行服务乡村振兴战略行动计划（2018－2022年）》，明确支持民营企业政策导向，加大支持民营企业倾斜力度，真正让民营企业的金融服务更便捷、更可得。

二 三大组合拳加大创新服务力度

坚持需求导向，瞄准企业痛点，精准施策。结合民企生产经营实际，泉州农商银行加大创新力度，实施“产品创新＋服务创新＋模式创新”三大服务民企“组合拳”，拓宽企业融资渠道，真正将“真金白银”落实在民企身上。

（一）贴近需求，创新信贷产品

为满足民企金融服务需求，精准对接“泉州制造2025”，与泉州市经信委联合推广“数控易贷”机械设备抵押贷款，扶持黑金刚等科技公司推进智能工业、智能机器人生产。精准对接“福建省高新技术企业”及“福建省科技小巨人领军企业”名录的高新技术企业，在“科创贷”基础上推出“科创贷2.0”。对具备技术优势、成长稳定、发展前景较好的企业，以及区域内产业龙头、就业大户、战略性新兴行业等关键重点民营企业，因地制宜探索推广发放林权、商标专用权、股权、专利权、海域使用权、承包地经营权、排污权等质押贷款。同时，依托省联社平台，创新推广“小微宝”“福e贷”“银税贷”等产品，破解银企信息不对称难题，满足企业融资需求。

（二）多管齐下，提升服务质效

引导民营企业充分利用中国人民银行“中征应收账款融资服务平台”与省经信委“福建省产融对接云平台”等基础平台拓宽融资渠道。依托福建农信“福e购”电商平台，为本土企业、合作社等提供网络销售及金融服务，搭建“金融+电商+农副产品+扶贫”助农平台，有效拓宽涉农企业产品销售渠道。开通企业微信预约开户功能，优化企业银行账户开户服务，企业可随时随地提交开户预约线上申请，在线上传开户资料影像，待网点审核通过后再携带材料到柜面办理正式开户，无须手工填单，告别网点排队，提升民营企业开户效率。

（三）创新模式，为民企引“活水”

为解决当前民营企业融资难、担保难问题，积极寻求多种服务模式，与厦门金融租赁有限公司签署战略合作协议，打造“银行+租赁”金融服务模式。积极申请央行内部（企业）评级，增加可质押资产的种类，为22家500万元以下的小微企业办理贷款6973万元。深化银企、银协、银政等合作模式，与泉州市总工会围绕“泉工e家”网上工会平台，推出“泉工惠”卡，将民营企业“工会普惠”与银行“普惠金融”完美结合。与永春湖洋商会、南安翔云商会、梅山商会、洛江区青年商会等商会、协会签署战略合作协议，通过一系列综合金融服务，不断满足民营企业综合金融需求。对接市政府为泉州市中小微科技型企业打造的“助保贷”模式、“科创贷”模式、买方信贷模式等综合融资服务，依托风险补偿机制、利率优惠等多种组合优惠政策切实为民企引入金融“活水”。

三 亲清型服务提效减压

国务院提出“要确保将小微企业融资成本降下来”。为切实加大普惠金融扶持力度，泉州农商银行专注服务实体经济，强化为民营企业降本增效，进一步加大减费让利工作力度。

（一）“减费让利”为企业降低资金成本

第一，用足政策。充分用足央行支小再贷款优惠政策，已办理贷款1395笔，余额为7.16亿元，进一步缓解小微企业融资难、融资贵问题。同时，将央行定向降准2.50个百分点后释放的3.09亿元资金用于开拓小微企业市场。对新增的、既符合涉农贷款标准又符合小微企业标准的小微企业、个体工商户、小微企业主以及其他普惠型组织、个人经营性（非农户）贷款和单户授信总额在500万元（含）以下的普惠型农户经营性贷款实施利率优惠，进一步加大对涉农、小微企业及相关民营企业的支持力度。

第二，用活产品。将“无还本续贷”优惠政策运用范围由原来的单纯小微企业扩大至中型企业、个体经营户及小微企业主等个人经营户，清理不必要的“通道”和“过桥”环节，减免企业因资金盘转而产生的成本，发放无还本续贷涉及480户，金额为8.17亿元。推出小微企业“分期贷”业务产品，它们可根据自己的资金回笼情况，选择适合自己的还款方式，这能逐步降低小微企业财务杠杆，缓解企业贷款到期一次性归还的压力，泉州农商银行发放“分期贷”7764笔，金额为12.14亿元。

第三，用好机制。细分客户群体，对新增的、既符合涉农贷款标准又符合小微企业标准的小微企业、个体工商户、小微企业主以及其他普惠型组织、个人经营性（非农户）贷款和单户授信总额在500万元（含）以下的普惠型农户经营性贷款实施利率优惠。在综合考虑自身筹资成本、信贷风险、企业贡献度等因素前提下，实施贷款综合定价机制，对企业实施差别化、精细化利率定价，并将贷款利率与企业日均账户余额挂钩，企业可根据合同约定，享受降低贷款利率的优惠，最低可降至基准利率，泉州农商银行已开办“活利贷”8255 户，余额为 12.31 亿元。

（二）“量身定制”为企业降低时间成本

第一，审批流程升级。综合考虑资金规模、管控能力、风险状况等因素，分类管理，完善小微贷管理机制、营销机制和风控机制，根据具体情况开辟绿色审批通道，免除繁复手续带来的附加成本。

第二，评审机制升级。积极推广运用客户关系管理系统，推行“建档、评级、授信三同步”模式，将民营企业客户的营销、授信的预调查、调查与审查、当期授信调查同步进行；对信用等级评定、授信额度核定、审批环节进行合并，减少审贷环节，简化流程。

第三，服务渠道升级。在优化网点布局和服务功能的基础上，持续推进自助银行、普惠金融便民点升级转型，整合民营企业和银行双方资源优势，打造“金融、电商、收银、物流、民生、政务”六位一体的综合金融服务站。

（三）为企业营造良好的服务环境

第一，推广“小微宝”线上办贷。依托手机银行推出“小微宝”线上办贷新模式，线上申贷、快速审批、即时放款、随借随还受到广大客户的青睐和支持，已办理 239 户，授信金额为 9515 万元；同时加大“福税贷”“快 e 贷”等线上产品研发力度，逐步实现“快审—快批—快贷”，提高民营企业综合服务效率。

第二，全面推进以“服务实体、审慎合规、务实创新、良好操守”为核心的信贷文化建设，认真落实“五不要求”，务实高效，廉洁办贷，构建亲清型银企关系。

第三，加强与公检法、央行、银监、工商等部门协作，严厉打击恶意逃废债、金融诈骗等非法金融活动，共建“守信联合激励，失信联合惩戒”机制，营造“有信者荣、失信者耻、无信者忧”的社会氛围。

面对民营经济发展的新形势、新任务、新挑战，泉州农商银行将运用好支持民营企业“二十六措施”，强化责任担当，深耕实体经济金融服务，积极践行普惠金融，履行社会责任，构建银企新型关系，持续提升金融服务民营经济水平，助推民企翻过“融资山”，打造银企联合“新形势”。

B.27

诚信立业，做电讯行业的先行者

——福建省华远电讯集团发展纪实

谢志忠　叶　颉*

摘　要： 福建省华远电讯集团始终秉承“勇于创新、追求卓越、崇尚责任、团队协作”的经营理念，坚持“质量上乘、服务制胜”的服务信念，延续“改革创新、勇于攀登”的创业精神，不断致力于塑造一支“服务一流、管理一流、质量一流、诚信服务”的团队，形成了独具特色的企业文化和核心竞争力。本报告对华远电讯集团的概况进行了梳理，从企业管理机制、品牌塑造、保障先行独创信息化模式以及社会责任感等方面总结该公司的发展特点，并对企业招商引资、服务能力、引领能力等方面提出发展愿景，以供参考。

关键词： 华远电讯集团　品牌塑造　社会责任　创新发展

一　集团概况

（一）公司简介

福建省华远电讯集团始创于1983年，是一家以移动通信产业为主体

* 谢志忠，泉州师范学院教授，博士生导师，研究方向为农村金融；叶颉，泉州师范学院讲师，博士，研究方向为产业经济。

的大型多元化集团公司，旗下拥有十几家企业，注册资本共约 4 亿元人民币，资产总额超 10 亿元人民币，业务涉及移动通信产品（代理、批发、零售）、地产、金融、广告、市政工程、科技、环保化工等多个领域。

福建省华远电讯集团始终秉承“勇于创新、追求卓越、崇尚责任、团队协作”的经营理念，坚持“质量上乘、服务制胜”的服务信念，延续“改革创新、勇于攀登”的创业精神，不断致力于塑造一支“服务一流、管理一流、质量一流、诚信服务”的团队，形成了独具特色的企业文化和核心竞争力，所有这一切都为集团实现持久发展奠定了坚实的基础。

（二）公司发展历程

1981 年，华远电讯集团董事长陈文海先生刚刚高中毕业，就走向了对讲机推销的道路。他一边推销对讲机，另一边熟悉市场营销、成本控制等业务与知识，从而形成了自己的销售网络，同时也使自己坚韧、有耐心和对市场敏感。

1983 年，陈文海先生通过对通信市场的长期探索和思考，创立了福建泉州市华远电讯有限公司，以经营移动通信终端产品为主，并坚持以销售“正品行货”“诚信经营”为导向。创业初期，企业经历了行货货源短缺、销售市场不景气的重重困难，因此，他亲自洽谈业务、向员工讲述销售技巧，始终保持清晰的诚信理念，该公司一步一个脚印，从最初电器小街的小店发展成在泉州市区繁华地段九一街开了福建省首个占地 1000 多平方米的专业手机城，并在福建省内外多个区域设立分公司和专营店的企业，成为福建省通信行业的龙头企业。

1999 年，公司成为“诺基亚”手机在福建省的分销商和直供经销商，并成为“诺基亚”的核心战略合作伙伴，公司也随之迅速发展壮大。之后，公司凭借在通信行业诚信经营的品牌优势，先后成为中国移动、中国电信的紧密型战略合作伙伴，并以完善的渠道、全方位的优质服务和品牌效应，实现了从“传统手机代理商”到“运营商的服务商”的成功转型，并在激烈的市场竞争中一直保持领先优势。

为了迎接市场新的挑战，寻求更大的发展空间和抗御市场风险，公司不断深化经营体制改革，推进多元化经营，逐步涉入地产、金融、广告、市政工程、科技、环保化工等多个领域，并取得不俗的业绩。企业被中共中央宣传部、中央文明办、商务部、国家工商行政管理总局授予全国“百城万店无假货”活动“示范店”，被中华人民共和国商务部授予“典型统计调查企业”，荣获“省级优秀企业”“2018 年福建省用户满意服务”“福建省私营企业光彩之星”“省级百家文明诚信私营企业”“12315 消费维权先进服务点”“百佳放心专营店”“百家诚信专营店”“青年文明号”“2017 年度泉州市放心消费创建示范单位”“泉州市文明诚信经营单位”“泉州老字号企业会员单位”“2018 泉州服务业企业百强”“泉州市电讯行业首家无假货商店”“海峡青少年最喜爱的泉州品牌”“守合同重信用单位”“纳税信用 A 级纳税人”“金秋助学活动热心资助单位”“泉州移动 4G 渠道联盟会长单位”“优秀合作伙伴”“泉州移动十年杰出贡献奖”“卓越经销商”“金牌合作伙伴”“2017 优秀合作伙伴”等荣誉称号。

二 集团发展特点

（一）企业管理机制不断创新

为了适应日益激烈的市场竞争环境，华远集团经过多年的实践探索，对企业的组织架构进行不断调整和完善，设置了通讯事业部、地产事业部、金融事业部、广告事业部、市政工程事业部和科技事业部（见图 1）。华远集团各中心、部门各司其职、各负其责，各级管理机构和人员具有高度的专业化分工，各自履行一定的管理职能，形成了一个规范合理的企业组织架构，极大地推动了企业和谐团队氛围的营造，使每一个职能部门所开展的业务活动更好地为整个集团服务。

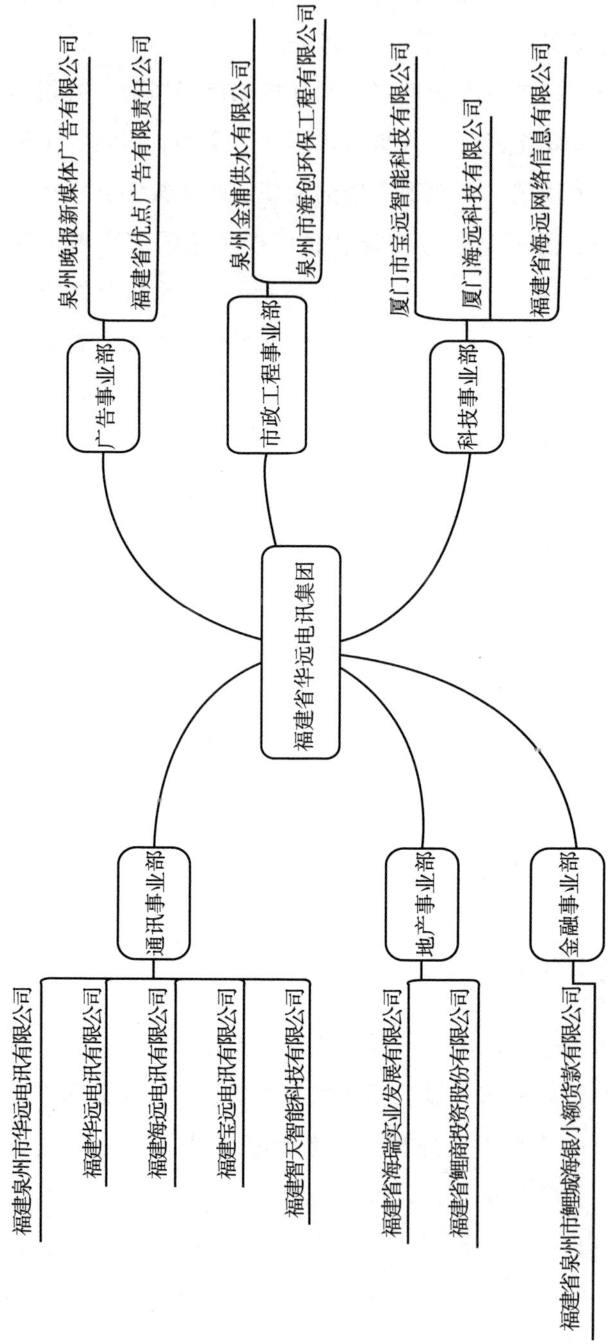

- 福建省华远电讯集团
  - 广告事业部
    - 泉州晚报新媒体广告有限公司
    - 福建省优点广告有限责任公司
  - 市政工程事业部
    - 泉州金浦供水有限公司
    - 泉州市海创环保工程有限公司
  - 科技事业部
    - 厦门市宝远智能科技有限公司
    - 厦门海远科技有限公司
    - 福建省海远网络信息有限公司
  - 通讯事业部
    - 福建泉州市华远电讯有限公司
    - 福建华远电讯有限公司
    - 福建海远电讯有限公司
    - 福建宝远电讯有限公司
    - 福建智天智能科技有限公司
  - 地产事业部
    - 福建省海瑞实业发展有限公司
    - 福建省鲤商投资股份有限公司
  - 金融事业部
    - 福建省泉州市鲤城海银小额贷款有限公司

图1 集团组织架构

（二）专注企业品牌的塑造

企业一定要专注，要坚持，要有激情，要相信自己可以为客户创造独特的价值，相信自己可以做不一样的事情。凭着专业经营、诚信服务的成功模式，“买手机，到华远”已成为泉州人的共同观念。华远电讯，不仅是一个企业品牌，而且是一个比其品牌更深远的诚信追求，为此企业获得了各界的美誉。

智能产品替代传统手机已经成为一种必然。在移动通信产业，华远电讯集团拥有遍及全省的高效营销网络及优质的售前、售中、售后服务。除了建立专门的用户体验中心之外，企业还为用户提供完善的售后服务，任何疑难杂症都可以得到营业厅售后人员的免费帮助。另外，在质量的保障上，始终坚持对手机“跟踪”服务，每部华远“出品”的手机都有独立“身份证”，以确保质量。

企业只有站在顾客的角度，以客户的利益为出发点，才会立于不败之地。只卖行货、坚持正品的企业文化得到了消费者的认可。“质量上乘、服务制胜”是华远集团一直秉承的经营理念，它使公司在通信行业拥有良好的口碑，并拥有大批忠实客户群体。

华远电讯凭借在手机业诚信经营的品牌优势，成为中国移动通信集团福建有限公司的紧密型战略合作伙伴，实现了从“传统手机代理商”到“运营商的服务商”的转型，有效连接用户和手机厂商、运营商，并以完善的渠道，全方位、优质的服务和品牌效应，在竞争中继续保持领先优势。在通信领域的5G时代，华远电讯已以扎实的基础、完善的产业链组合和完美的运营机构做好准备。

（三）保障先行独创信息化模式

这几年，“山寨机”“翻新机”“水货”等层出不穷，不少投机取巧的企业看到利益就踏入“黑市”。为了保障消费者的权益，从手机的采购、出厂、装备、库存到出售，华远可谓层层把关，每台手机都有自己的“身份证”。首先，进货关得严把，华远只和世界、国产大品牌合作，质量有保障；其次，货到仓库后，层层装备，全程都进行监控，并给手机各配件贴防伪商标纸，且录入电脑系统管理。华远的标志可以模仿，但串号无法复制，一套完整的管理链贯穿手机的“出生”到“出嫁”，以确保顾客的利益。

在信息化管理上，华远不仅应用金蝶财务软件，还和软件公司联合专门开发了信息化 ERP 分销系统，使企业对订单和供货具有快速反应和持续补充库存的能力。ERP 分销系统可以跟踪每一批手机，了解它们的状况，从而分析库龄。现在手机更新换代快，出厂后就开始慢慢走向贬值，华远公司开发的 ERP 分销系统可以控制库存、提高周转率。ERP 分销系统会提醒手机的到货时间和出货时间。ERP 分销系统能使华远迅速掌握市场信息并对市场需求的变化做出反应，以最短的供应链、最快的反应速度来对接市场，提高顾客的满意度与忠诚度。

（四）具备强烈的社会责任感

创业成功的关键靠个人的智慧和努力，但社会这个载体也是不容忽视的。公司时常开展各种让利性活动来满足群众对通信工具的需要，提供诸多就业岗位，解决社会就业问题；为员工提供社保、医保、医疗互助等福利，给员工提供良好的福利保障；公司还积极组织员工进行公益献血、为灾区捐款等公益活动，并针对失学儿童、困难学生进行捐资助学。在四川汶川地震等重大灾难性事件发生之后，华远集团在第一时间承担起企业的社会责任，义不容辞地发动员工捐款援建。华远集团始终站在整个泉州市发展的高度，倡导整合资源，共同发展。

正因为这些对社会充满责任的举措，华远集团受到各界的赞赏和嘉奖，赢得群众的热爱和赞颂。心有家国情怀、造福回馈桑梓，是优秀的企业发展到一定阶段必须做到的，这体现了一个有责任感的企业的担当。

三　集团发展前景

华远自成立以来，走过了风风雨雨的历程，从生产对讲机，到深涉通信服务领域，一直在服务贸易市场深耕细作。

回顾创业历程，悲喜交集、感慨万千。喜的是，经过一如既往的品质坚守和深耕细作，华远紧随现代科技高速发展步伐，先后与国内知名品牌手机制造商（华为、小米）建立深度战略合作关系；与移动公司长期保持全面战略合作伙伴关系，深度参与宽带布局；依据在业界的口碑，涉足智能家居售后服务市场；发展旅游、地产等项目，实现多元化和集团化战略布局。悲的是，当前市场上的服务价值被严重低估，服务贸易市场潜力没有得到完全释放，整个消费市场对此尚未形成共识。要知道，一座城市的服务精神，在一定程度上体现城市文明进步情况，也侧面反映这座城市的市场新增价值。

依托日渐智能化的实体产业，服务产业深度及广度的提高仍然存在无限可能。作为一家服务型企业，华远一直坚持服务精神，践行服务理念，认为只有服务好自己的员工，激发他们的潜能，他们才能创造更大的价值，最终实现企业和员工双赢的局面。华远借助大数据分析，将员工的服务质量与薪酬挂钩，鼓励更多适合在一线服务岗位工作的人员干得好拿得多；与此同时，也积极对接新技术，努力减少和减轻员工的工作负担和压力。

华远通讯公司既助推全区经济高质量发展，又服务广大民营企业，帮促企业做优做强做大。其需重点提高三方面能力。

（一）进一步提高招商引资能力

主动融入全区招商引资主战场，发挥人脉广、资源多、信息灵的优势，大力宣传和推介鲤城良好的营商环境、优质的招商项目，以商招商、以企引企，为有意来鲤城投资创业的企业家牵线搭桥，动员更多优秀企业家、科技人才、管理人才来鲤创业发展，为鲤城的发展做出新的贡献。特别是对于一些优质的合作伙伴，应不断动员和鼓励它们到鲤城投资兴业，共享鲤城发展新商机。

（二）进一步提高服务能力

拓展服务平台、延伸服务触角，针对企业发展中存在的问题和要求，找准服务着力点，提供政策引导、市场准入、企业管理、信息等多方位的服务，促进企业发展，当好区委、区政府抓非公经济的得力助手。同时，加强与各部门、金融机关和社会各界的交流协作，及时把利好政策送到企业家手中，建立完善的信息反馈网络和渠道，把企业意见、建议反馈传递给政府，并持续发挥沟通联系在外鲤商的纽带和桥梁作用，强化与省、区、市泉籍、鲤籍异地商会的横纵向联动，改进异地商会联络和服务的方式方法，引导各地鲤商抱团回归，参与家乡建设。

（三）进一步提高引领能力

积极构建亲清型政商关系，激励并引领工商联干部职工勇于担当、积极作为，帮助企业解决实际困难和问题，以锐意进取的精神风貌，不断开创两个健康工作新局面，为鲤城经济社会发展做出新贡献。同时，推动企业进一步增强内功，增强企业的经营管理能力和市场竞争力，力争将企业做成行业龙头和标杆，实现高质量发展。

B.28

砥砺前行　做行业的领航者

——中坤集团发展纪实

叶　颉　余东烨*

摘　要： 近年来，随着互联网用户规模及普及率不断扩大和提高、互联网基础资源日益丰富、互联网应用领域不断拓展，互联网企业也在不断创新，以满足客户的多样化需求。中坤集团作为在互联网浪潮中发展起来的多元化企业，在团队优势、产品创新以及企业文化方面都具有突出的表现。本报告以中坤集团为典型案例，对中坤集团的概况、主要分公司的发展现状进行详细阐述，并提出基于“网动发展计划”和“未来游戏畅想家”品牌战略的未来发展思路。

关键词： 互联网　中坤集团　品牌战略

一　集团概况

中坤集团自成立以来，在短短两年时间里，由一个小小的游戏公司发展到现今在互联网、网络安全、房地产、酒店、影业、娱乐、水利、电工等行业都占有一席之位，靠的是以“诚信服务”为经营导向，以“同创价值共享成果”为核心，以及上下员工共同努力，进而同心同德推动集团不断向高质量发展。

---

* 叶颉，泉州师范学院讲师，博士，研究方向为农村经济、产业经济；余东烨，福建省高校特色新型智库（民营经济发展研究院）实习研究员，研究方向为产业经济。

目前，集团拥有网动科技、畅想家游戏、小鱼金服、几何云、创云资本等多家全资子公司。对外投资公司包括上海云盾科技有限公司、厦门炼金师影业股份有限公司、万衡置业、艾尔文网咖连锁、福建省银泰金尊置业有限公司、加速度青年精英俱乐部、东盈珠宝连锁、花园大酒店、吉米钱包等。中坤集团发展历程见表1。

表1　中坤集团发展历程

时间	大事记
2016年6月	福建省网动网络科技有限公司成立
2016年11月	绝创网络科技乔迁至源和1916创意产业园9号楼，并更名为“网动科技”
2017年2月	东莞几何网络科技有限公司成立
2017年6月	平台运营团队成立
	小鱼金融公司成立
	福建省盾网信息科技有限公司成立
2017年8月	H5游戏团队成立
	厦门游戏研发团队成立
2018年6月	厦门市畅想家网络科技有限公司成立

二　主要公司发展现状

（一）福建省网动网络科技有限公司

公司成立于2016年，是一家以H5手游、手游研发、微信H5游戏，网站开发、电子商务和WEB端应用开发为核心，集研发、运营、推广于一体的综合型互联网公司。业务涵盖互联网网站建设、电子商务、手游、H5游戏平台运营及渠道推广，游戏娱乐社区运营等。

1. 团队优势

顶级技术团队：（1）核心团队成员均有知名互联网企业从业经历；（2）核心运营团队成员均具有网络推广及营销经验；（3）行业资深策划师，

对企业营销策划有很深刻的理解与研究；（4）7×24 小时客服，最大限度提升网络渠道转化率；（5）完善的外包机制以及进行定期网络培训，保证团队的长期高效及具有超前性。

领先的技术保证：（1）领先的技术是公司为客户提供优质的互联网服务的基础；（2）网动科技成立专项信息部门及技术小组以对国际最新技术进行吸收与转化，并密切与著名软件开发商、硬件供应商等进行技术交流。

强大的合作伙伴：公司与众多著名网络机构、硬件供应商、软件开发商、策划公司及新闻媒体建立战略合作伙伴关系，并能随时得到世界上最先进的技术，能够始终站在互联网技术的领先地位，同时也为客户提供多元化的相关周边服务及相应保障。

2. 产品系列

命运决战：是一款 3D 战棋策略对战手游，综合了集换式卡牌和战棋游戏的对战玩法，玩家需要收集并获得卡牌，构筑自己的卡组以作为对战的可用阵容。在对战中玩家扮演的角色要作为主将统领卡组，控制战局，压制并击败对手。

萌鸡大作战：在全国上线后，便受到国内 H5 游戏爱好者的一致好评，迅速成为独领风骚的经典 H5 游戏，开启 H5 游戏新玩法。

谁是首富：在腾讯玩吧上线后取得良好收益。

3. 企业文化

使命：不断思考用户的真正需求，不断追求细节，精益求精，为的就是能够真正做到注重用户感受，打造让用户爱不释手的游戏，并努力成为一个为用户提供优质游戏娱乐体验的企业。始终秉承“为最好的客户提供最好的服务”的品牌信念，给所有喜好手游、热爱手游的消费者最优质的手游产品，使其感受手游之魅力。

愿景：专研手游产品，产品都是由多方研发的，工程师、策划师、美工师等经过多次内测，对各个环节进行严格测试，并根据行业的升级创新不断更新，将最前沿的产品投入研发工序中，以引领国际新风向、严格要求为消费者带来优质的产品。与科技为伍，努力领先。

经营理念：秉承“为最好的客户提供最好的服务”的品牌信念，通过提供优质的产品和服务，让每一位用户都能够享受手游产品融入生活带给其的喜悦与满足，进一步丰富人们的物质生活和精神世界，让社会朝着更好、更和谐的方向发展。这既是身为民族企业应承担的义务，也是朝“使中国科技文化走向世界”目标迈进过程中所应肩负的使命。

理念：切实从用户的真实需求出发，深入挖掘用户内心需求，不断研发最先进的产品。以对市场需求的深入解读及对经典手游产品的创新，使富有本品牌特色的手游产品与传统手游文化相互融合，把握市场新风向，得到用户的一致认可。

价值观：用科技改变生活。

目标：从不受制于普通的市场手游产品，将最新型的产品和最独家的创意进行结合一直是重要目标。通过手游产品这一生活的侧面，唤醒和引领广大网友关注中国未来手游新方向，关注中国网络科技发展，使中国科技走向世界。

广告语：网罗天下，动而辄随。

（二）厦门市畅想家网络科技有限公司

公司成立于2018年6月，是福建省网动网络科技有限公司的全资子公司，成立之初便以“打造世界级精品游戏”为目标，是一家专业从事手游研发的互联网科技公司。公司致力于网络产品的开发与技术革新，坚持技术领先、理念领先、管理领先的战略，力争打造国内最优秀的研发、运营企业，为全球用户提供优质的互联网娱乐服务内容。公司拥有近130位员工（包含泉州研发中心），核心人员来自智明星通、御风行、飞鱼等国内一线游戏公司，有多款产品正在研发中，未来发展前景可观。

1. 企业文化

使命：做未来游戏的畅想家。

理念：让团队中的每一个人都令人尊敬，成就一段没有遗憾的人生。

价值观：（1）创造力，即没有创造力的游戏没有生命力，游戏创造者不能拘泥于现状，要敢于通过思考进行创造；（2）专业，即秉承专业的研发态度，打造专业的游戏研发运营团队，做专业的游戏产品，这意味着畅想家不仅拥有优秀的产品，还拥有可靠的运营能力和真诚地服务玩家的态度；（3）热爱，即对游戏充满热爱，畅想家游戏人充满对游戏行业的热爱，不忘进入游戏这一行业的初心，以一颗赤诚之心做优秀的游戏产品；（4）勤奋，即天道酬勤，既要做到肢体勤奋，也要做到思想勤奋，并且明确方向，专心致志，坚持不懈。

2. 企业产品

2018 年 ChinaJoy 畅想家游戏全面展示了新产品——卡牌战棋游戏“命运对决”，正式启动打造“未来游戏畅想家”品牌战略，以全球化视野为游戏热爱者创造和发现好玩的精品游戏，争取获得大量业内人士和玩家的一致好评并进行相关合作；计划在 2018～2019 年陆续上线中国大陆、港澳台，马来西亚，泰国，俄罗斯，美国，澳大利亚，加拿大，巴西，墨西哥，日本，韩国等多个国家及地区。

（三）福建省盾网信息科技有限公司

公司在 2017 年 6 月创办于福建泉州，是一家以网站、App 开发，小程序应用、WEB 端应用开发为核心，集研发、运营、推广于一体的综合型互联网公司。

近年来，公司始终以领先的技术为客户提供优质的互联网服务。公司专门成立了专项信息部门及技术小组，核心团队成员均有知名互联网企业的资深从业经历，并时常对国际前沿技术进行学习、吸收与转化。同时，技术团队还与著名软件开发商、硬件供应商等进行密切的技术交流，进行资源共享和优化配置。

在产品开发方面，“切实从用户的真实需求出发，并深入挖掘，不断研发出客户真正需要的产品”，是公司一贯坚持的目标。除了提供优质的产品外，提供好的服务也是公司一直秉承的理念。公司产品的开发都经过多方研发及内测，对各个环节进行严格测试，并根据行业的升级创新不断更新，将前沿产品技术投入研发工序中，力争带给客户优质的产品和服务，让每一位用户都能够享受产品融入生活带来的喜悦与满足，进一步丰富人们的物质生活和精神世界。同时，为了能够服务更多客户，将优质产品推广到全国各地，公司开放对外承接项目小组，承接项目涉及全国各行业，与市政府相关部门也有合作项目，并受到社会各界的广泛好评。

在自主研发方面，面对日新月异的市场，公司专门成立了研发小组，做好应对，不断创新。目前，公司自主研发的产品包含金融小程序、电商小程序、电商 App、资讯网、学习软件等，涉及各年龄段，做到提供给消费者优质的产品，并为之增添魅力。未来，公司将不断研发创新产品，为社会各界提供优质良好的产品体验，为用户生活提供便捷的服务。

（四）东莞几何网络科技有限公司

公司成立于 2017 年，公司总部位于东莞市莞城区罗沙社区智慧小镇，是一家从事公有云和私有云建设与维护，云主机、服务器出租、服务器托管、机柜租用、大宽带等业务的科技公司。

1. 公司架构

目前，几何云分布式可商用高标准 T3 +、T4 级数据机房，公司有中国电信·徐矿淮海大数据中心和鲁南数据中心。

中国电信·徐矿淮海大数据中心由中国电信股份有限公司江苏分公司和徐州矿务集团有限公司共同投资，由中国电信股份有限公司徐州分公司、徐矿集团华美热电公司负责建设，是 2017 年徐州市重点工程项目，是徐州市委、市政府为推进淮海经济区中心城市建设，开展政务云、智慧城市建设的合作载体。该项目充分利用徐矿资源优势，致力于打造一个布局合理、功能齐全、起点高、标准高，且在淮海经济区具有较大影响力的大数据产业园基地。园区规划总占地面积为 600 余亩，建筑面积近 40 万平方米。其中数据中心占地面积为 14 万平方米，包括可容纳 2 万余台机柜的数据机房及配套设施，总投资约20亿元。工程分四期建设，一期工程投资约5亿元，目前已建设完成，其中包括可容纳3500个机柜的数据机房。

鲁南数据中心与中国多家主体运营商紧密合作，总带宽现已超过1T，为中国之最。鲁南数据中心直接与各地骨干网节点相通，保证客户网站访问速度绝对领先，同时可以为分布于不同地点的数据中心的用户设备提供宽带互联服务。电信、联通、移动等多家运营商线路接入实现静态BGP广播效果，全国平均延时50ms左右。机房面积为4694平方米，总机有1100个；防火墙设备达到300G硬件防火墙集群要求。有高防BGP棋牌游戏服务器，为棋牌客户提供专属独立防护线路，以有效抵御大流量、CC攻击，避免客户损失。

鲁南数据中心骨干节点为五星级机房，机房总出口带宽高达1T，冗余带宽充足，易于扩展，并且拥有中国联通数据中心最高硬防集群，网络稳定性更可靠，光纤直连中国联通节点骨干网，用400G华为防火墙集群防护，提高机房网络安全系数。重要的网络节点采用多点冗余备份，采用华为电信级交换设备，网络总体交换能力高达2T，拥有强大的网络通信能力，适合电子商务网络，大型门户网站、官方游戏等应用，并适合下载视频、音频等的大型带宽用户，典型客户有奇虎360、盛大网络、中国站长站、酷6网、网宿科技、酷狗音乐等。

2. 公司管理方式

公司基于对数据中心运维管理的深刻理解，建立了一套规范化运维方法和经过广泛验证的智能运维管理解决方案，凭借技术、人才、服务体验等优势，运维服务全面走向标准化、智能化和自动化，为客户提供全方位的核心价值，更与多家知名公司进行深度合作，为上百家企事业单位提供网络信息服务。

受快速增长的客户需求的驱动，几何云将加大对数据中心业务的投入力度。目前，几何云已经在多个一线城市建立了高标准T3、T4数据中心，并已全部投入运营，充足的核心城市资源储备更让几何云构建起一个数据中心集群环网，逐渐打造覆盖全国的IDC业务布局。

几何云通过多年的IDC新建、改建、扩容和运维服务，积淀了一支经验丰富的设计、工程管理团队。同时，建立了一支基于ISO标准的运维管理团队，在服务质量、业务风险、运行环境、灾难恢复、外包监管，以及外部审计和业务连续性等层面，严格遵从金融等相关领域规范，保证客户业务安全、稳定运行。

专业技能过硬的运维队伍和严苛、标准化的服务规范，使几何云不仅服务金融客户至今，而且从未出现过火灾、断电等重大事故，还先后成功为其机房搬迁、灾备演习保驾护航。

BGP多线认证星级机房、国际标准机柜，满载电流不超过9A，高度稳定；专业的技术团队根据用户的需求定制具有针对性的解决方案，节省运营成本和时间成本；营造高速、安全、可靠的网络环境，全年网络可使用率达到99.99%；客户服务中心和技术支持中心提供7×24小时不间断电话服务和全方位的实时智能监控。

多年积累下来的财富，具有新一代数据中心的设计、施工、运维、管控等方面的经验，使公司形成可复制、推广的行业标准和规范，一路为客户保驾护航。

3. 公司安全体系

目前，公司拥有包含三大法则的安全体系，主要包括以下内容。

第一，进行端到端无缝持续的威胁防御；实现安全无界；从内到外实现智能防御，让全攻击面具有可见性；以快制胜，在几何云强大的平台下快速响应，同时具备可进化、快速更新迭代的体系。

第二，能够通过监控设备、智能网络隔离、共享并关联本地与全球威胁情报、共同努力排除攻击链上任意节点出现的威胁，为企业提供具备无缝防御能力的“韧性网络”。从产品化到场景化，从有线到无线，在所有虚拟化平台上，不管是企业内部自建的数据中心安全，还是在云上的数据安全，几何云都可以让用户全方位部署，始终如一地提供保护。

第三，用开放的生态把全网安全融为一体。在内部生态构建方面，通过智能安全分析，几何云用安全大数据平台来整合安全孤岛，实现情报共享、信息整合、快速联动。安全管理员可以用多样性的动态条件来建立面向对象的安全策略，实现更高级别的安全防护。

三　集团未来发展战略

经过多年的努力拼搏，中坤集团奠定了坚实稳固的发展基础。未来，中坤集团应持续探索，不断优化开发环境，提高技术水平，逐步朝着更加高端的方向发展。

（一）网动发展计划

目前，网动上线产品有“回到8090”“生存者黎明”“天雷别劈我”。其中，“回到8090”被微信评为创意小游戏，是福建首款创意小游戏。这三款产品每天DAU有100多万，腾讯还会持续给其曝光位。

公司目前与深圳萌蛋、火星，广州河马、中手游等公司都有较深的合作关系，它们均属于小游戏和手游的头部发行公司。公司下一步将把创意小游戏和腾讯共同联运。2019年的目标是再出一款创意小游戏，并通过以上合作关系实现全渠道推广。

在渠道方面，公司目前与小米、OPPO等有资源合作，均能获得较好的资源位。尤其小米，只要是网动的小游戏，都能有精品游戏展示位。未来网动也会以联运其他CP的游戏为切入点，逐步开启自己的发行计划。

（二）“未来游戏畅想家”品牌战略

2018年，畅想家将正式开启“未来游戏畅想家”品牌战略，用自身行动传播热爱者价值，并全面启动“畅想未来，共享热爱”战略计划，以全球化视野为游戏热爱者打造精品游戏，提高游戏准入门槛，降低用户选择门槛。

未来三年内，公司发展将以研运一体、全球化运营为核心，成为国内一线研运商。在研发上，畅想家在稳定固有产品的同时，打造精品研发团队。在运营上，以匠人的精神对待每一款产品，致力于营造生态化的发行环境。畅想家将组建最优秀的发行和研发团队，在发行业务上与渠道进行紧密合作，以最专业的运营和市场工作为发行工作保驾护航。

B.29
从乾隆钦定到大国品牌，八马茶业引领的中国茶

雷国铨　谢志忠*

摘　要： 安溪铁观音被发现第6年就如传奇一般成为皇家贡茶，成为中国十大名茶之一，堪称茶叶界的“香奈儿”。八马茶业作为铁观音传奇的缔造者和见证者，在中国茶国际化的过程中，始终以国茶标准、百年技艺、百年传承、百年匠心营造极致国茶的“喝好”体验。本报告沿着八马茶业诞生、兴起、升级的历史脉络，详细分析八马茶业成为大国品牌、引领中国茶产业发展的重要实践，以期为我国茶叶企业的品牌化、国际化发展提供经验借鉴。

关键词： 八马茶业　文化传承　大国品牌　高质量

一　百年传承，全国千店连锁品牌

八马茶业源于百年前名扬东南亚的“信记”茶行，自1742年乾隆帝钦定赐名“铁观音”，至今近300年，王氏十三代人薪火相传，持续专注制茶技艺的提升。第十三代传人、国家级非遗传承人王文礼，集结先人经验，总结出制好茶的24条定律，配合现代标准化生产流程，确保茶品质始终如一。

* 雷国铨，福建农林大学安溪茶学院教授，研究方向为农业管理；谢志忠，泉州师范学院教授，博士生导师，研究方向为农村金融。

多年来，八马茶业致力于做国茶复兴、为世界“喝好”的民营茶企，作为中国茶领军品牌，成为首家入选央视大国品牌的茶企。在引领行业标准制定中，八马茶业不仅首创了生活茶艺的八道泡法、茶叶泡饮的标准，还率先在行内提出中国好茶四大标准——安全、对口、正宗、稳定，这成为茶行业沿用的标准规范。同时，八马茶业通过了ISO9001：2000国际质量管理体系、ISO14001：2004环境管理体系和HACCP体系、QS体系认证，成为国家唯一乌龙茶GAP示范基地、全国茶叶标准技术委员会福建省唯一的委员企业、福建省唯一国家现代茶产业技术体系综合试验站、福建省首个高新技术企业。

从创办的第二年——1994年起，八马茶业连续15年保持安溪同行业纳税第一，公司选送的铁观音于1998年、1999年、2005年三次荣获“茶王”称号，创100克茶叶拍卖4万元和7万元的纪录。2006年“八马”商标荣膺“中国驰名商标”，2008年获“中国名牌农产品”称号。公司自2004年获得茶叶进出口权后，出口量年年攀升：2008年，出口量逆势而上，占到安溪铁观音总出口量的70%以上。公司现已是5家世界500强企业的供货商，1996年，八马茶业在深圳开了第一家专卖店，截至目前，八马茶业已进驻各大电商平台，成为拥有超过1700家实体店的茶叶优质品牌，在深圳、广州以及上海、北京、天津等一线城市均开设连锁店，全国连锁店铺数量居行内第一。从铁观音工坊到茶叶展厅，从茶餐厅到茶庄园，从茶叶包装到茶叶食品、茶具，多渠道、多载体的灵活方式让八马品牌走进千家万户。

二　会集中国十大茗茶，专注做好茶

从茶树种进泥土的那一刻起，一片茶叶就开始了它的品质之旅，而八马茶业凭借深厚内功和匠心精神确保出品“杯杯好茶”。从茶叶种植、加工到物流、销售、管理，八马茶业的标准化体系超过30项，在服务领域规范了110多项统一标准。同时，八马茶业还建立了全程质量安全追溯系统，一旦产品出现问题，责任可追究，产品可召回。

为丰富茶产品，八马茶业在全国布局十大名茶基地，八马茶业将种植生产经验推广到中国各产茶区，以八马茶业的标准体系进行管控。在建立十大名茶产品体系，让消费者享受到中国好茶的同时，也让茶产地的茶农增收，带动当地茶产业发展和茶农增产增收。目前，八马茶业通过“龙头企业+合作社（小茶厂）+茶农”模式，累计建设可控生态茶园合作基地面积近5万亩，带动茶农1万多户。

目前，八马茶业旗下有安溪八马茶业有限公司（为公司总部并具体负责产品生产和外销）、深圳八马茶业连锁有限公司（负责全国自营连锁）、厦门八马茶业有限公司（负责加盟及福建自营）。公司参与管理茶园基地面积为50000多亩，有西坪和龙门两个加工厂，总建筑面积为6万平方米，年加工能力为6000吨，其中龙门加工厂是亚洲最现代化的乌龙茶铁观音精制加工厂。

多年来，八马茶业秉承“让天下人享受茶的健康与快乐”的使命，以“以茶养人”的理念经营发展成一家集种植、研发、生产和销售于一体的全产业链、全茶类连锁企业。连续三年入选“中国品牌价值500强”，2018年品牌价值为86.12亿元；同年成为唯一入选央视“改革开放40年40品牌”的茶企。

三　传递大国文化，让世界爱上中国茶

大国品牌，不仅要能够代表国家参与全球商业竞争，还能够代表国家参与全球文化交流。“以茶为载，弘扬国粹。”2011年，八马茶业开启了国际之路，从赛珍珠铁观音全球品鉴会出发，从泉州启程，历经美国、英国、法国等16个国家的36个城市。2018年，赛珍珠铁观音全球品鉴会升级为东湖之光全球巡回品鉴会，开启了“为您喝好、为中国喝好、为世界喝好”的国茶世界之路。八马茶业总计走过了美国、英国、法国等24个国家的67个城市。

2018 年 5 月 29 日，八马茶业在福州举办“百年匠心 · 国茶八马”战略发布暨全球品鉴活动，王文礼首次阐述“喝好”理念，助力中国外交，见证国茶魅力。王文礼说：“茶和世界，茶叙正日益成为中国外交的标配。”从古代丝绸之路、茶马古道，到丝绸之路经济带、21 世纪海上丝绸之路，中国茶深受世界各国人民的喜爱。而今中国茶频频亮相国际舞台，在“茶叙外交”中担当重任，架起互鉴交流、和平与友好的桥梁，成为中国人友善而独特的待客之道。

王文礼说：“不可否认，茶与中国一起崛起。在当代中国外交中，以茶为媒、以茶会友、交流合作、互利共赢的模式已经成为一种潮流。”中国茶不仅谱写了产业发展的新篇章，还成为中国的一个代表符号，为中国发声。在这场国茶崛起的潮流中，八马茶业始终紧抓“一带一路”热点机会，先后亮相上海世博会、米兰世博会、金砖国家领导人厦门会晤、海丝国际艺术节、博鳌亚洲论坛等国际舞台，并多次为国际高端会议提供服务，款待国际贵宾。作为一家百年企业，八马茶业希望以国茶标准、百年技艺、百年传承、百年匠心营造“为您喝好、为中国喝好、为世界喝好”的极致国茶“喝好”体验。在王文礼看来，从战略 1.0 铁观音单品类时代，到战略 2.0 全品类时代，再到战略 3.0 国茶时代，八马茶业已经完成了一个企业纪元的升级与更替。

B.30

创新致远，实干争先

——佳友茶机助推茶产业转型升级的实践

雷国铨　谢志忠*

摘　要： 福建佳友茶叶机械智能科技股份有限公司秉承“共赢、创新、进取、感恩”的经营理念，坚持以“厚德至诚，精工至善；创新致远，实干争先”为立业之本，不断自主创新，为安溪茶叶产业的转型升级提供助力。本报告在介绍佳友茶机发展概况的基础上，对其助推茶产业发展的实践和策略进行详细分析，提出佳友茶机未来应在设立农业茶叶机械类院士专家工作站、设立企业技术中心、建立企业技术研究院等方面不断推进，进一步促进企业技术创新，这对推进企业高质量发展具有一定现实意义。

关键词： 茶产业　转型升级　自主创新　可持续发展

一　公司简介

福建佳友茶叶机械智能科技股份有限公司（简称“佳友茶机”）成立于2000年，是一家以研发、加工、销售、服务茶叶机械装备、智能装备为主营业务的国家高新技术企业、福建省科技型企业、福建省创新型企业、福建

* 雷国铨，福建农林大学安溪茶学院教授，研究方向为农业管理；谢志忠，泉州师范学院教授，博士生导师，研究方向为农村金融。

省知识产权优势企业、福建省科技小巨人领军企业，建有福建省院士专家工作站、福建省茶叶加工机械企业工程技术研究中心、泉州市乌龙茶初制生产线工程技术研究中心、泉州市安溪佳友茶叶机械技术研究院和泉州市茶叶机械产业技术创新战略联盟。公司主导产品有多茶类（或乌龙茶、红茶）自动生产线、智能数控机、茶叶揉捻机、茶叶杀青机、茶叶烘干机、茶叶发酵机、茶叶萎凋机等20多款，产品远销国内外，遍布全国各地。

二　公司发展概况

自2008年以来，公司承担国家级、部级、省级、市级、县级科技研发项目等多个（见表1），其中科技部项目“新型乌龙茶茶叶加工全自动生产线”获福建省科技进步三等奖；主持编制福建省地方标准《红茶发酵设备通用技术条件》（DB35/T 1814－2018）并发布实施，填补了福建省红茶加工机械标准的空白；参与编写国家标准《乌龙茶加工技术规范》（GB/T 35863－2018）、《红茶加工技术规范》（GB/T 35810－2018），地方标准《茶叶综合做青机通用技术要求》（DB 35/T1516－2015）。目前，公司已获国家专利36项，其中发明专利为8项，实用新型专利为28项（见表2）；获得全国发明展览会银奖1项、铜奖3项，中国食品科学技术学会科技创新技术进步奖二等奖1项、福建省科技进步奖三等奖1项、福建省专利奖三等奖1项、泉州市专利奖三等奖2项（见表3）。

公司具有技术领先地位和竞争优势，综合素质位于全国茶机行业前茅；与国内多家高等院校、科研院所建立了长期的产学研战略联盟关系，对茶机行业技术创新起到引领示范作用。自2015年引进院士专家团队以来，通过陈学庚院士牵桥搭线，先后引入叶阳、陈建能、董春旺等一批高层次人才，公司拥有研发人员13人，其中，叶阳是国家茶产业技术体系加工机械化岗位科学家，主要从事茶叶加工工程及装备研究，以及茶叶加工技术成果转化和服务推广工作；陈建能主要从事农业机械及其现代设计方法研究和产品开发；董春旺主要从事茶叶加工机械及食品智能感官技术研究。自2016年以来，这些专家瞄准安溪铁观音加工工程瓶颈问题，针对乌龙茶做青和成型两道关键工序进行深入研究，采取工艺与装备结合的方法，探索新工艺，研制新设备，重点解决劳动强度大、影响铁观音外形品质方面的加工技术难题。“佳友茶机”公司平台目前与院士专家团队合作研发的自动化连续化茶叶发酵机已成功推广到全国11个茶叶主产区；与叶阳、陈建能、董春旺等专家合作研发的全自动茶叶成型机已完成图纸设计，确定了优化加工工艺的研发路线；而全自动茶叶摊青做青机已完成样机制造，对其进行多次小规模试产实验，并对实验数据进行收集、分析、研究，正在进一步改进技术和优化加工工艺，逐渐完善。

三　公司发展策略

（一）设立农业茶叶机械类院士专家工作站

随着社会的进步与发展，市场对茶叶制作标准与质量要求水平逐步提高，政府应引导茶农、茶企和茶商（简称“茶叶三农”）解决相关问题。面对“茶叶三农”的技术瓶颈和困扰，公司率先提出“院士 + 博士 + 技术团队”来加速振兴公司的设想，并将其作为公司加强科研工作的切入点和解决突出问题的落脚点。积极响应福建省科协和市科协的号召，在各级党委、政府的领导下，在省、市、县科协的持续支持下，想方设法引才、引智，将目前国内研究农业机械方向的两位院士之一的陈学庚院士及其技术团队，成功引入公司院士专家工作站；随后，公司加强横向联系和沟通，又先后将中国科协高层次人才、浙江理工大学机械设计及理论专业博士生导师陈建能教授以及国家茶叶产业体系加工机械化岗位科学家叶阳研究员成功引入院士专家工作站，并把国家绿肥作物机械岗位科学家王伟引入院士专家工作站。

目前公司院士专家工作站团队健全、专业结构合理、技术力量雄厚，已是集茶叶机械研发、生产、销售于一体的高新技术企业，公司已在海峡新三板成功上市。建站以来，院士专家工作站紧紧围绕发挥院士专家的技术引领作用，集聚创新资源，消除关键技术制约，逐个突破技术瓶颈，使科技成果不断落地应用，使制茶技术不断得到提升，使公司的产品不断增加，业务不断得到拓展。

凭借这支最具前沿资源信息、研发能力强的专家团队的强大支撑，公司屡获国家级、省级、市级、县级诸多奖项，并获得“国家高新技术企业”、“福建省创新型企业”、“福建省知识产权优势企业”、“福建省科技小巨人领军企业”、“福建省科技型企业”、2025 泉州“数控一代”示范企业等称号，院士专家工作站里的技术骨干也先后被评为“福建省科技创业领军人才”和“全国技术能手”称号，被聘为全国茶叶标准化技术委员会委员。公司主导的乌龙茶自动生产线、红茶自动生产线、数控机床、单机产品的茶叶揉捻机、茶叶杀青机、茶叶烘干机等 20 多种“佳友茶机”专项产品畅销全国各地，得到广大消费者的青睐与认可，拥有广泛的市场潜力；还远销东南亚、印度、斯里兰卡等国家和地区。

针对当前的突出问题，院士专家工作站投入研发经费 300 多万元，提出新思路、规划新未来，把茶叶机械规范化和单机服务全球茶农纳入蓝图之中，争取 3～5 年内实现国内茶叶机械单机销售量最大。当前，面对安溪茶产业转型升级的关键时期，院士专家工作站积极介入，大胆出谋献策，朝着有效破解的方向前进。同时，院士专家工作站又以公司的名义，和台湾合作申报“新型系列烘焙机技术研发与推广应用”的国家重点对台项目，该项目将实现大陆、台湾先进茶叶机械研发制造的深度合作，产品有望在“一带一路”沿线各茶叶主产国家有一定市场需求与供应。

（二）设立企业技术中心

企业技术中心以增强企业自主创新能力、发展高新技术产业为宗旨，构筑“技术创新、产品检测、科技服务”三大支撑平台、主攻“茶叶自动生产线、数控一代示范产品、新型系列茶叶生产加工装备与关键技术”三大研发方向、实施“人才、可持续发展、龙头企业再造、技术标准”四大发展战略工程。

1. 近期目标

技术中心通过对茶叶自动化生产线、茶叶生产加工装备制造与关键技术等的研究，形成一系列具有自主知识产权的茶机制造核心技术，并不断推出高科技含量、高附加值的茶机系列产品，加快产业化、规模化进程。同时，加大科技投入力度，进一步增强科技创新和自主知识产权的获取能力，培养、壮大创新团队，逐步实现人才、技术、经济的良性循环和持续发展。着力打造以市场为导向、以工程技术研究为中心、以资源共享与行业服务为纽带的茶叶机械技术应用和工程化科技创新服务平台，促进产学研一体化，充分发挥福建省院士专家工作站、泉州市（王伟）专家工作站的科研、技术、资源、信息等的强大优势力量，成为技术水平国内领先，支撑泉州市、福建省茶机行业技术发展、人才培养和成果转化，带动产业升级的重要研发基地。

2. 中期目标

技术中心的研究方向、研究内容向“大茶机”迈进，为福建省茶叶机械及相关产业的发展提供坚实的科技保障和技术支撑，搭建一个全方位的集产业共性技术服务、科技创业服务、科技信息服务、知识产权服务、产品检测服务等于一体的开放性、共享型服务平台。实现每年输出一批共性关键技术，输出一批行业创新创业人才，形成多部标准，迅速拓展茶叶机械工程技术的应用领域，为重大工程项目、重要装备制造开辟一条有效路径，带动产业升级，促进茶机行业及相关产业发展和行业科技进步，推动福建省茶叶机械产业实现跨越式发展。其主要构想如下。

第一，公司茶机产业立足福建，辐射全国；第二，以乌龙茶生产加工设备装备及其关键技术研究及推广应用为主打产品，向全茶类茶叶加工装备制造产业化、自动化、智能化方向延伸；第三，紧扣茶叶类生产加工设备装备制造向非茶类、通用类、智能化、高科技机械生产制造发展，基于“2025福建制造”“2025泉州制造”，努力发挥“佳友茶机”企业的技术研发优势和龙头企业的示范引领作用；第四，坚持茶机制造主线，逐渐向农机相关产业延伸；第五，公司主产品的销售市场实现由国内主战场向“一带一路”产茶国迈进。

（三）建立企业技术研究院

1. 研究院组织架构与运行策略

研究院的运行机制基本可分为核心管理层、技术研发层、技术转化层三个层次。

第一，核心管理层——主要包括董事会、院长、专家委员会、副院长等，主要职责是分析茶机产业及智能化装备技术的发展现状、未来趋势，立足市场需求，制定研究院战略发展规划及确定研发方向。同时，做好与成果实施企业的技术对接工作，确保研发成果产业化顺利推进。

第二，技术研发层——主要包括自动化茶机装备研发中心、工业机械人研发中心、中试车间、项目与知识产权管理中心等，主要职责是综合管理机构及市场现状、研究院现有基础、实用性等方面，不断应用专业知识挖掘技术潜能，并将技术进行中试，确保所研发的技术具备产业化能力。通过人员带动项目，通过项目建设平台，通过平台引领产业，从而建立以人员为中心、以项目任务为纽带的智能装备研发交流平台。

第三，技术转化层——主要包括投资项目对接中心、市场调研及推广中心，主要职责是在管理机构及专家委员会的牵头下，通过项目成果吸纳外部企业、机构投资，并赋予其成果转化的优先权。成果转化机构负责收集泉州乃至全国的智能装备人才、品牌等资源，将研发成果进行高层次转化，不断提高研究院成果转化能力及盈利水平，最终实现智能化装备产业附加值高速增长。

2. 重点任务

第一，开展安溪茶叶机械品牌的战略研究与提供咨询服务。聚集集美大学机械与能源工程学院的高端研究成果，基于新技术的应用与转化，结合安溪县茶叶机械产业的传统优势，组建“泉州市佳友智能茶机装备研究院”。在科技研究方面，集美大学机械与能源工程学院根据协同创新需求，协助福建佳友茶叶机械智能科技股份有限公司进行茶叶机械技术开发、技术转让、技术难题攻关，提供科技支撑和人才智力支持。

第二，开展节能型茶叶单机的研究。茶叶的生产制备过程中需具备烘干工序，从而确保茶叶能长期保存。现有茶叶烘干设备多为单一加热方式的烘干机，烘干功能单一，烘干时间长，严重制约茶叶烘干工艺的发展，同时耗能，不符合国家可持续发展战略。为此，研究院将针对节能型茶机烘干设备及综合茶机设备进行研究，以获得实用型、节能型茶机设备。

第三，开展智能化、连续化茶叶流水线的研究。随着“中国制造 2025”逐步推进，传统茶机行业朝着自动化、智能化、连续化方向转型升级具有深远意义。目前，对于流水线的研究已初见成效，接下来应注重细节的优化设计，缩小与日本、美国等发达国家在这一领域的差距，如实现衡量茶叶质量重要指标的含水率的在线监测。

第四，开展数控加工中心、工业机器人的研究。数控加工中心是由机械设备与数控系统组成的适用于加工复杂零件的高效率自动化机床。数控加工中心是目前世界产量最高、应用最广泛的数控机床之一。它的综合加工能力较强，工件一次装夹后能完成较多的加工内容，加工精度较高，就中等加工难度的批量工件而言，其效率是普通设备的 5 ~ 10 倍，特别是它能完成许多普通设备不能完成的加工内容，对形状较复杂，对于精度要求高的单件加工或中小批量多品种生产更为适用。数控加工中心的研究可大大提升茶叶机械整体加工、生产水平，提高精密度，实现标准化，加快茶机企业转型升级。同时，数控加工中心及工业机器人的研发推广可额外增加企业主营业务收入，增加纳税，这将是企业生产智能化、自动化装备的又一突破。

表 1　公司历年承担各级科技项目情况

单位：万元

序号	项目名称	项目类别	编号	金额	起止时间	项目级别	是否产学研项目
1	科技部科技项目“茶叶自动摊青机”	政府科技计划	10C26213501800	80	2009 年 11 月至 2011 年 11 月	部级	
2	省科技厅科技项目“乌龙茶摊青机的研制”	政府科技计划	2010C0018	20	2010 年 3 月至 2012 年 2 月	省级	是
3	科技部项目“新型乌龙茶茶叶加工全自动生产线”	政府科技计划	13C2613502919	60	2013 年 10 月至 2015 年 9 月	部级	
4	“十二五”国家科技支撑计划“茶叶加工关键技术装备研制”	合作研发项目	2014BAD06B06－02	179.5	2014 年 1 月至 2016 年 12 月	国家级	
5	泉州市科技计划项目“茶叶加工自动化装备模块技术集成创新与开发应用”	政府科技计划	G〔2014〕0073	30	2014 年 4 月至 2016 年 4 月	市级	
6	省科技厅区域发展项目“茶叶加工自动化生产线集成创新与开发应用”	政府科技计划	2015N3004	60	2015～2017 年	省级	是
7	泉州市科技项目“高效节能乌龙茶加工关键技术与装备研究”	政府科技计划	2015Z18	50	2014 年 12 月至 2016 年 12 月	市级	
8	泉州市科技项目“茶叶自动化发酵关键技术及装备研究与推广”	政府科技计划	2016G078	50	2016 年 4 月至 2018 年 3 月	市级	
9	省科技创新资金项目“节能型可分离式茶叶提醇设备研发推广”	政府科技计划	2017C0016	40	2017 年 4 月至 2019 年 4 月	省级	

续表

序号	项目名称	项目类别	编号	金额	起止时间	项目级别	是否产学研项目
10	省科技厅创新项目“数控化茶叶加工机械的创新研究及应用”	政府科技计划	2016R201010061	10	2015年12月至2016年9月	省级	
11	安溪县科技项目“数控揉捻机组的创新设计及应用”	政府科技计划	G〔2015〕0001	10	2015年1月至2016年1月	县级	
12	安溪县科技项目“多茶类加工装备模块集成创新与开发应用”	政府科技计划	G〔2014〕0006	10	2014年11月至2015年11月	县级	
13	安溪县科技项目“多热源茶叶烘干机的研究与推广”	政府科技计划	G〔2017〕0004	10	2017年6月至2019年1月	县级	
14	节能型农产品烘干设备研发推广	合作研发项目		250	2016年6月至2018年6月		是
15	智能化茶叶机械在线监测设备研发	合作研发项目		250	2016年6月至2018年6月		是
16	自动化连续化茶叶发酵机研发推广	合作研发项目		120	2017年3月至2019年3月		是
17	“‘机器换人’的单机数控作业提升茶机企业自身装备能力”项目	合作研发项目		120	2017年3月至2019年3月		是

表 2　公司历年专利情况

	序号	授予时间	专利名称	专利号
发明专利	1	2011 年 9 月	一种茶叶摊青机	ZL200810211762. 0
	2	2012 年 9 月	一种茶叶摔沫机	ZL200810172486. 1
	3	2013 年 11 月	乌龙茶成型机及其成型方法	ZL201210570687. 3
	4	2014 年 3 月	一种乌龙茶自动生产线	ZL201010541291. 7
	5	2014 年 9 月	一种红茶发酵机	ZL201310145844. 0
	6	2016 年 6 月	一种六角钻攻机	ZL201410197117. 3
	7	2016 年 6 月	一种双速电机	ZL201410197303. 7
	8	2017 年 1 月	一种多组式茶叶萎凋机	ZL201410627403. 9
实用新型专利	1	2008 年 12 月	龙眼肉烘干机	ZL200820004884. 8
	2	2009 年 7 月	一种滚筒式茶叶成型机	ZL200820135906. 4
	3	2011 年 1 月	一种茶叶全自动捡梗机	ZL201020265737. 3
	4	2011 年 2 月	茶叶烘干机	ZL201020265724. 6
	5	2011 年 4 月	乌龙茶茶叶压揉快速成型机	ZL201020208818. X
	6	2011 年 7 月	一种乌龙茶自动生产系统	ZL201020603347. 2
	7	2012 年 1 月	一种茶叶烘焙机	ZL201120060201. 2
	8	2012 年 2 月	一种名优茶鲜叶养护机	ZL201120189051. 5
	9	2013 年 8 月	一种茶叶通用风选机	ZL201320212837. 3
	10	2013 年 9 月	一种红茶发酵机	ZL201320213524. X
	11	2013 年 9 月	一种便于筛架取放的红茶发酵机	ZL201320254655. 2
	12	2013 年 10 月	乌龙茶成型机	ZL201220724669. 1
	13	2013 年 11 月	一种茶饼成型机	ZL201320361875. 5
	14	2014 年 3 月	一种可自动控制揉捻压力的茶叶揉捻机	ZL201320521670. 9
	15	2014 年 3 月	一种带匀料输送装置的茶叶风选机	ZL201320367308. 0
	16	2014 年 4 月	一种茶叶揉捻机组	ZL201320781262. 7
	17	2014 年 6 月	一种红茶自动发酵机组	ZL201420004381. 6
	18	2015 年 1 月	一种多功能茶叶加工一体机	ZL201420604975. 0
	19	2015 年 1 月	一种茶叶萎凋房	ZL201420605052. 7
	20	2015 年 1 月	一种茶叶自动萎凋槽	ZL201420605000. X
	21	2016 年 4 月	自动压茶机	ZL201520856421. 4
	22	2016 年 8 月	一种船型茶叶输送装置	ZL201620363462. 4
	23	2016 年 10 月	隧道式烘干机	ZL201620447373. 8
	24	2016 年 11 月	一种自动摊叶机	ZL201620330230. 9
	25	2016 年 12 月	一种乌龙茶燃油杀青机	ZL201620331674. 4
	26	2017 年 3 月	可调角度自动摇青机	ZL201620809738. 7
	27	2017 年 3 月	一种茶叶防压死揉捻机压盖机构	ZL201620809795. 5
	28	2019 年 1 月	一种新型颗粒乌龙茶成型设备	ZL201721881828. 8

表 3　各类资质认证与荣誉获得情况

序号	获得时间	荣誉获得情况
1	2014 年 11 月	时任中国工程院院长周济到佳友公司视察指导并对数控机械的研发生产技术予以肯定
2	2016 年 2 月	《泉州晚报》对佳友数控生产流水线进行报道
3	2017 年 9 月	国家高新技术企业
4	2017 年 10 月	泉州市知识产权示范企业
5	2017 年 9 月	福建省院士专家工作站
6	2016 年 10 月	泉州市专家工作站
7	2013 年	福建省茶叶机械工程技术研究中心
8	2011 年 10 月	泉州市乌龙茶初制生产线工程技术研究中心
9	2016 年 1 月	福建省创新型企业
10	2015 年 5 月	福建省知识产权优势企业
11	2016 年 6 月	福建省科技小巨人领军企业
12	2015 年 9 月	福建省科技型企业
13	2013 年 12 月	福建省著名商标证书
14	2014 年 2 月	海峡股权交易中心挂牌企业
15	2014 年 9 月	泉州市茶叶机械产业技术创新战略联盟
16	2012 年 9 月	福建省十佳茶机械品牌
17	2013 年 10 月	海西品牌企业
18	2009 年 4 月	泉州市企事业知识产权试点单位
19	—	福建省农业机械学会理事单位
20	2011 年 2 月	2009 ~ 2010 年度守合同重信用单位
21	2014 年 3 月	2012 ~ 2013 年度守合同重信用单位
22	2014 年 2 月	福建省守合同重信用单位
23	2016 年 6 月	2014 ~ 2015 年度守合同重信用单位
24	2018 年 7 月	2016 ~ 2017 年度福建省守合同重信用单位
25	2018 年 10 月	2016 ~ 2017 年度泉州市守合同重信用单位
26	2015 年 1 月	福建省工业企业质量信誉承诺企业
27	2015 年 3 月	泉州市总工会安康杯优胜企业
28	2018 年 5 月	泉州市总工会安康杯优胜企业
29	2014 年 12 月	安全生产标准化证书
30	2015 年 6 月	漳州科技职业学院实训基地
31	2017 年 9 月	福建省科技进步奖三等奖
32	2014 年 1 月	福建省专利奖三等奖
33	2016 年 8 月	泉州市专利奖三等奖

续表

序号	获得时间	荣誉获得情况
34	2017 年 11 月	泉州市专利奖三等奖
35	2015 年 2 月	泉州市科学技术奖专利优秀奖(乌龙茶成型机及其成型方法)
36	2016 年 11 月	全国技术能手称号
37	2012 年 11 月	全国发明展览会铜奖
38	2011 年 8 月	全国发明展览会银奖
39	2010 年 8 月	全国发明展览会铜奖
40	2015 年 10 月	全国发明展览会铜奖
41	2011 年 8 月	海峡两岸职工创新成果展金奖(一种茶叶全自动拣梗机)
42	2011 年 8 月	海峡两岸职工创新成果展金奖(乌龙茶茶叶速包机)
43	2011 年 8 月	海峡两岸职工创新成果展银奖(茶叶烘干机)
44	2011 年 8 月	海峡两岸职工创新成果展银奖(乌龙茶茶叶快速成型机)
45	2014 年 11 月	中国食品科学技术学会科技创新技术进步奖二等奖
46	2016 年 6 月	福建省百万职工“五小”创新大赛一等奖
47	2016 年 6 月	福建省百万职工“五小”创新大赛三等奖
48	2017 年 6 月	福建省百万职工“五小”创新大赛三等奖
49	2013 年 3 月	2011 ~2012 年度安溪县科技进步二等奖(手拉式烘干机)
50	2011 年 1 月	2010 年度科技进步二等奖(茶叶摊青机的研发与应用)
51	2013 年 3 月	2011 ~2012 年度安溪县专利优秀奖(一种茶叶全自动拣梗机)
52	2015 年 4 月	2013 ~2014 年度安溪县专利金奖(一种乌龙茶自动生产系统)
53	2015 年 4 月	2013 ~2014 年度安溪县科技奖荣誉奖(乌龙茶成型机及其成型方法)
54	2015 年 4 月	2013 ~2014 年度安溪县科技奖荣誉奖(一种茶叶摔沫机)
55	2015 年 4 月	2013 ~2014 年度安溪县科技进步奖一等奖(茶叶揉捻机)
56	2017 年 11 月	2017 年第二十二届全国发明展览会暨第二届世界发明创新论坛“发明创业奖·项目奖”银奖(一种多组式萎凋机)
57	2018 年 4 月	2018 年中国(上海)国际发明创新展金奖(一种乌龙茶自动生产线)
58	2018 年 9 月	2018 年国际发明展览会暨第三届世界发明创新论坛“发明创业奖·项目奖”银奖(新型乌龙茶茶叶加工全自动生产线)

B.31

坚守民生情怀 做有温度的好银行

——泉州农商银行发展纪实

林向前 谢志忠*

摘 要： 多年来，泉州农商银行始终坚持“不忘初心，牢记使命”，深入践行社会责任，在乡村振兴、民营经济转型升级和社会慈善方面做出卓越贡献。本报告从金融服务、民生服务、民营企业服务三个方面，对泉州农商银行坚守民生情怀的实践进行详细阐述，总结其普惠金融的实践成果，为未来金融行业更好地服务社会、践行社会责任树立标杆。

关键词： 普惠金融 民营企业 精准扶持

2019 年 2 月 17 日，泉州农商银行、泉州少林寺联合向泉州市洛江区河市教育促进会捐赠 10 万元爱心款。此次捐赠的爱心款，一半来自泉州少林寺与泉州农商银行联名发行的“日行一善 · 观音卡”持卡爱心人士捐赠的爱心款。目前，泉州农商银行已使用观音卡“日行一善 · 爱心助学”和福万通慈善基金，连续五年捐助贫困学子 197 人，发放助学金 98.5 万元，已发放助学贷款 1426 笔，余额为 956.34 万元，以金融力量圆学子读书梦。

爱心助学，只是泉州农商银行践行社会责任、厚植民生情怀的一部分。作为一家本土银行，近年来，泉州农商银行始终坚持“服务三农、助力小

* 林向前，泉州农商银行董事长，高级经济师，研究方向为农村金融、普惠金融；谢志忠，泉州师范学院教授，博士生导师，研究方向为农村金融。

微、造福民生”战略定位，把履行社会责任作为主动选择，坚持服务乡村振兴，助力实体经济，大力发展普惠金融，积极投身慈善事业，充分发挥“懂农业、爱农村、爱农民，有情怀、有责任、有担当”支农服务主力军作用，不断提升百姓幸福指数，为支农助农兴农注入强大金融能量。

一　金融服务“不出村”

在泉州的最北端，坐落着一个因“信用致富”而广受社会各界关注的孤岛，一个曾经不通水不通电、人均收入全市最低、穷得只剩下“信用”到现在人均收入在15年内增长20多倍、远近有名的“幸福岛”——泉州市泉港区南埔镇惠屿岛。这个福建农信系统的首个“金牌信用村”，在泉州农商银行“征信+普惠金融”精准扶贫模式的悉心浇灌下，在全岛1480名岛民的共同坚守下，创造了“信用创造财富”的神话，也成为泉州农商银行用金融活水浇灌“三农”实体经济、振兴乡村产业、实现人民富裕的典型案例。泉州农商银行从提供最基础的金融服务、完善最基本的服务设施做起，持续优化完善普惠金融服务体系，书写暖心支农情怀，让金融服务人人可得。

构建普惠金融生态圈。按照“广覆盖、低成本、可持续”的原则，以“1个手机、2个收单、3张卡、4类中间业务、5款渠道、6个信贷产品”为拳头产品，依托乡村振兴金融服务队，加强社区服务，推行“错峰服务”“延时服务”“流动服务”“金融夜市”，通过开放式空间、弹性错时经营，让更多的边缘乡村或金融服务不充分的社区成为普惠金融村、普惠金融社区。

编制乡村服务网络。依托52个营业网点、124台自助设备、106个普惠金融便民点三大线下服务网络体系，联动各级部门和村居两委，深入开展信用户、信用村、信用乡镇创建和评定工作，为客户提供集支付结算、信贷融资、国际业务等本外币业务于一体的全方位零距离金融服务。

搭建便捷移动金融。依托手机银行、微信银行、云闪付、扫码收单等新型移动支付业务以及流动服务车、移动柜员机和200多个移动金融平台，以整村（社区）建档授信为抓手，深入金融服务不充分的乡村、社区提供移动式、全方位现场服务，打造“乡居金融服务零距离”精品项目，并结合区域金融需求，推广“巧妇贷”“农 e 贷”“渔船贷”等金融产品，持续扩大小额贷款的覆盖面，积极引导资金向普惠金融领域倾斜，为发展绿色经济和海洋经济增添助力。

二 普惠金融“惠民生”

当拥有八年军旅生涯、多次获得全军优秀狙击手的退役特种兵陈某，在一天时间内从办理并领取泉州农商银行为其发放的 20 万元“拥军贷”时，这个铁骨铮铮的男子汉感慨万千。退役后创业、结婚、养老，甚至多年训练留下的肩伤、腰伤和膝盖伤病等各种经历接踵而至，“这 20 万元是我创业路上的重要备用金，接下来，我有满满的信心创业致富”。泉州农商银行积极响应党的十九大号召，主动承担社会责任，在精耕“三农”、服务小微等普惠金融发展过程中持续发力，以实实在在的金融产品和贴心服务“浇灌”担当和责任。

精准扶贫“开辟”致富路。在精准扶贫这场攻坚战中，泉州农商银行围绕“支农支小、扶贫扶绿”中心任务，结合当地村镇金融需求，重点对接新型农村生态主体，扶持乡村旅游、乡村农场、乡村农庄建设，持续助力美丽乡村建设和绿色城镇建设，创新推出了光福贷、林易贷、石改贷、助学贷、安居贷、乡村振兴贷等扶贫小额贷款，由传统捐款捐物的“输血式”扶贫向新兴产业推动“造血式”扶贫转变，将信贷资源、网点资源、服务资源等向贫困地区、金融供给不充分地区倾斜，全力支持贫困地区脱贫致富。

信贷倾斜“输血”创业潮。为贯彻落实国务院“大众创业、万众创新”战略，助推青年创业创新和“五个泉州”建设，2017 年 5 月，泉州农商银行成立了全省首家“青年支行”，并联合共青团泉州市委、泉州市金融团工委发行以“青年创业”为主题、以信用卡为载体的“青创卡”，以专门用于推进和扶持农村青年、返乡青年、高校毕业生等自主创业的“青年创业备用金”，实行集授信额度、办理速度和综合服务于一体的“1358”金融服务机制。同时，根据创业青年在初创期、成长期、成熟期、青创板等不同阶段的金融需求，创新推出福吧卡、校园普惠卡、青创卡等创业备用金以及数控易贷、青创贷 2.0 等专属金融产品，以满足创业青年融资需求。已发行“青创卡”3.15 万张，授信余额为 26.79 亿元，用信余额为 10.39 亿元，对创业青年授信 41.14 亿元，用信 26.79 亿元，持续打造“青年圆梦计划”。在大众创业、万众创新的路上，泉州农商银行从未止步，继与泉州市经信委联合推广“数控易贷”机械设备抵押贷款后，紧抓政策优势，与泉州市财政局、泉州市人力资源和社会保障局、泉州市中小企业融资担保有限责任公司联合推出普惠金融产品“创保贷”，不仅免担保，还可享受贴息，以全力满足创业群体金融服务需求。

三　精准施策“扶民企”

针对许多小微企业遭遇经济下行压力、处境艰难的情况，泉州农商银行以客户需求为导向，通过升级服务模式，连续五年出台金融服务小微企业服务方案，2019 年 1 号文“二十六条”措施直击民企融资难问题。一是“随借随还”降成本，推广“循环贷”“小微宝”系列小微企业自助贷款，已办理“小微宝”518 笔，金额为 1.54 亿元；二是“无还本续贷”降成本，推出“易续贷 2.0”产品，将“无还本续贷”优惠政策扩大至小微企业、个体经营户等，已发放“易续贷 2.0”478 笔，金额为 10.08 亿元，不断提高信用良好、生产经营正常的民营企业的业务占比；三是“分期还款”降成本，企业可根据自己的资金回笼情况，选择适合自己的还款方式，逐步降低小微企业财务杠杆，缓解企业贷款到期一次性归还的资金压力，已办理“分期贷”7793 笔，金额为 14.08 亿元；四是“用足政策”降成本，利用中国人民银行支小再贷款办理贷款 1395 笔，余额为 7.16 亿元，进一步缓解小微企业融资难、融资贵问题；五是“利率优惠”降成本，对新增的、既符合涉农贷款标准又符合小微企业标准的小微企业、个体工商户、小微企业主以及其他普惠型组织、个人经营性（非农户）贷款和单户授信总额在500万元（含）以下的普惠型农户经营性贷款实施利率优惠，进一步加大对涉农、小微企业及民营企业的支持力度。

践行社会责任，彰显民生情怀。泉州农商银行始终坚持以服务和支持地方经济发展为己任，以党建引领发展，以服务彰显情怀，以责任厚积温度，致力于成为当地最有温度、最为贴心、最有担当、最具责任感的好银行。

B.32

奋力新作为　开启新征程

——福建万家美轻纺服饰有限公司发展纪实

谢志忠　叶　颉*

摘　要： 在国际一体化进程的洪流中，万家美始终以市场为导向，树立品牌经营理念，以品牌开拓市场，强化企业管理，本着“育万家英才、创一流企业”的宗旨，以“开拓进取、勇于创新”的拼搏精神，为致力打造万众瞩目的中国民族服装品牌而努力。本报告在阐述福建万家美轻纺服饰有限公司概况的基础上，对企业的技术与管理、人才培养、员工素质提升、公司管理效率等方面提出一些参考性意见，并提出守望愿景，以供参考。

关键词： 轻纺服饰　企业管理　品牌经营

一　企业概况

福建万家美轻纺服饰有限公司创办于2006年4月，2007年3月正式开工投产，位于永春县探花山—榜德工业区，公司占地面积为170亩。公司注册资金为7700万港元，现有总资产约3.1亿元。公司年产能为500万件，2018年，公司产量在300万件左右，产值为3.5亿元，出口额达3.2亿元，全年纳税为1653万元，公司现有员工1100多人，其中管理和技术人员为200多

* 谢志忠，泉州师范学院教授，博士生导师，研究方向为农村金融；叶颉，泉州师范学院讲师，博士，研究方向为农村经济、产业经济。

人，是一家集设计、生产、销售于一体的国际针织毛衫基地。

目前，万家美凭借雄厚实力，“质量第一”先行，激流勇进，与国际羊毛局（IWS）密切合作，成为国际羊毛局特许工厂，授权悬挂“纯新羊毛标志”。万家美不但以高瞻远瞩的商业战略眼光瞄准全球市场，产品行销世界，销售网络覆盖欧美、东南亚、日本等国家和地区以及国内各省份，还与国内外众多知名品牌，如 Massimo Dutti、COS、Polo、Anthropologie、Jack Jones、E. Land、劲霸、柒牌、雅戈尔、七匹狼等建立了友好合作伙伴关系。

沧海横流，方显英雄本色。在国际一体化进程的洪流中，万家美始终以市场为导向，树立品牌经营理念，以品牌开拓市场，强化企业管理，本着“育万家英才、创一流企业”的宗旨，以“开拓进取、勇于创新”的拼搏精神，为致力打造万众瞩目的中国民族服装品牌而努力。公司荣誉见表 1。

表 1　公司荣誉

年份	主要事纪
2009	通过 ISO 9001 质量体系、ISO 14001 环境体系、SA8000 社会责任体系认证
2010	获得福建省五一劳动奖章
2011	获得福建省先进基层党组织荣誉称号
2012	被评为泉州市出口先进企业、福建省质量诚信体系建设单位
2013	被评为 2012 年度泉州市信息化和工业化融合示范企业
2014	被评为泉州市管理创新示范企业
2014	通过安全生产标准化二级认证（国标）
2016	被评为福建省劳动关系和谐企业
2017	获得泉州市市级先进职工之家荣誉称号
2018	通过泉州市“数字化车间”认证

二　企业的发展方向

（一）提高技术水平和增加研发管理投入

围绕客户升级，公司应该集中现有优质资源有计划、有步骤、有目标地开拓高端客户，从而降低不断上涨的成本。

（二）加大人才培养力度

围绕公司核心战略客户升级、附加值提升、技术管理升级这一长期目标，不断深耕管理，培养人才。在培养人才方面，公司每年根据发展需要有计划、有步骤地进行培训。培养人才是公司各管理层的核心任务。

（三）提高员工管理水平

围绕客户升级需要，进行流程改造，优化制度。应该在管理上下功夫，培训、教导员工，让员工认识返工浪费是最大的损失。只有减少损失，才能更好地提高员工工资水平和增加福利；只有不断提升管理水平和效率，才能争取更多高端客户；只有提升附加值，才能源源不断地提高员工福利水平。向市场要利润、向管理要效率、向技术要成果，深耕管理是长期任务。不断优化流程和进行各项技术改造，围绕开发高端产品，加大新设备的投入力度，以满足市场变化需求，始终走在针织行业的技术开发和设计前沿，永不落后。

（四）提高公司管理效率

为深耕管理、提高效率，今后较长时期内，公司务必走专业发展道路，深耕厚植，夯实公司管理基础，警惕冒进与浮躁，使公司成为值得信赖与尊重的知名企业。在“做专做强”还是“做大做强”两种经营思路的选择上，公司毫不犹豫地选择前者。“新、特、精、专”是公司赖以生存发展的永恒主题，也是公司的特色所在。流程化、表格化、制度化管理是公司保持健康、稳定、持续发展的唯一选择。

三　守望愿景

公司未来将持续坚守针织专业，深耕管理，关爱员工，“铸造百年针织品牌，谱写永续经营新篇”。公司围绕“新、特、精、专”，不断进行创新，持续改进升级，不断培养人才和实现设备更新，不断加大研发投入力度，紧跟智能制造步伐，不断优化工艺技术和管理流程。功劳是员工努力和拼搏的结果，所以做领导就要担责任，只有责任心强的人，才能承担更大的责任，才有决心深耕管理，深化改革，才能跟上时代步伐，持续学习、兢兢业业、永不落后、永不停步。

附　　录

Appendix

B.33 泉州师范学院服务泉州经济社会发展行动计划

泉州师范学院科研处

作为泉州市唯一“省市共建、以市为主”的地方院校，泉州师范学院确立“植根泉州、服务泉州”的办学理念，将服务泉州经济社会发展作为兴校之举、强校之策，坚持走“以服务求支持、以贡献谋发展”的道路，努力在服务“五个泉州”中体现新作为、展示新形象、获得新发展。为增强学校服务地方的功能，提升服务地方的质量和水平，制定《泉州师范学院服务泉州经济社会发展行动计划》（以下简称“行动计划”）。

一　明确定位，增强服务泉州经济社会发展的责任感和紧迫感

1. 服务泉州经济社会发展是学校办学的重要理念

泉州是福建省三大中心城市之一，历史文化积淀深厚，是首批中国历史

院纺织服装产业服务型制造公共服务平台”，为纺织服装行业企业提供以服务型制造和生产性服务为主要内容的技术支持和技术咨询，主要提供纺织服装技术研发、时尚设计、其他纺织品设计和开发、国际交流和人员培训等方面服务，服务泉州纺织鞋服产业转型升级。

（四）轻纺化工清洁生产技术创新平台

依托“福建省轻纺化工绿色过程工程技术研究中心”和“福建省轻纺化工清洁生产技术开发基地”，面向泉州乃至全省纺织、石化等主导产业绿色、生态发展的需求，重点进行“高效催化及清洁生产工艺”“轻纺化工过程节能减排技术”“工业废弃物无害化、资源化处置技术”等行业共性关键技术开发和应用。加强与企业行业的产学研合作，为泉州石化、纺织产业转型升级做贡献。

（五）功能纳米材料创新平台

依托“化工材料绿色纳米技术福建省高校重点实验室”，开展功能材料的设计、精准合成及其在能源、环境以及生物领域的研究和应用；注重对多种优势性质的储能电极材料、纳米金属催化剂和金属有机框架化合物的精准合成以及对这些功能纳米材料的特性进行研究；以绿色能源和催化为发展目标，积极开展新型储能电池纳米材料、抑菌功能纳米材料、仿生纳米材料等新型功能材料应用基础研究，服务泉州产业转型升级。

（六）信息功能材料科技创新平台

依托“信息功能材料福建省高校重点实验室”，开展有机光电子器件与驱动电路、新型功能材料与器件、微波通信与信息处理的研究。重点开发各种照明光源的驱动电路，制备低成本透明导电薄膜和ITO薄膜，探索变隙硅在光伏技术中的应用，打造集工程开发和人才培养于一体的信息产业技术基地，促进泉州电子信息产业迅速发展。

（七）食品产业和生物医药科技创新平台

依托“福建省海洋藻类活性物质制备与功能开发重点实验室”，围绕海洋生物医药产业发展面临的重大科学问题和共性关键技术，在海洋低值资源高值化利用、海洋蛋白/多肽、脂质和多糖医药产品开发和质量控制等领域进行前瞻性研究。重点提供食品开发与创新药物相关技术服务（委托研发、人员培训、产业咨询、技术服务），推动泉州食品产业和海洋生物医药产业转型升级，促进泉州食品产业和生物医药产业跨越式发展。

（八）近海资源生物技术研发平台

依托“近海资源生物技术福建省高校重点实验室”，围绕近海资源的开发、利用和保护进行研究，从滨海红树植物、海藻、星虫、中华褐孔菌、蜜蜂、蚕虫草、甲壳动物和海洋微生物中初步筛选分离生物活性物质和海洋生物功能材料，以用于抗病毒、抗肿瘤、抗心脑血管病、延缓衰老。建立和完善活性物质的提取和浓缩工艺，对提取的活性物质分别进行活性试验，探索在医疗、工业、食品、饲料等方面的应用，以服务泉州食品企业、饲料加工业和海洋医药产业。

（九）大数据信息分析与智能服务科技创新平台

依托“福建省大数据管理新技术与知识工程重点实验室”和“智能计算与信息处理福建省高校重点实验室”，开展大数据分析、智能云服务、高性能计算、传感网、物联网、智能制造等研究。提升智能制造企业运营管理和研发创新能力，推动制造模式变革和工业转型升级；降低中小企业信息化门槛，促进电商领域创新企业转型升级；推动智能信息处理技术在生产制造、文化创意等领域的应用；目前全省高中生综合素质测评正依托该平台进行数据建模与分析。

（十）环境整治与废弃物资源化集成技术创新平台

依托福建省院士专家工作站，进行泉州市生态工业园区规划与建设研究；围绕泉州“美丽乡村”“城市双修”“农业面源污染整治”中面临的重大技术难题和共性关键技术，在农村环境整治、航空器（无人机）技术开发、智能型一体式污水处理装置研制与产业化、农业废弃物高效利用、土壤改良与生态修复等领域进行实用技术研究与产业化探索。

三　建设八大哲学社科创新平台，为泉州提供决策咨询服务

充分发挥哲学社会科学认识世界、传承文明、创新理论、资政育人、服务社会的功能，适应闽南文化发展需求，完善学校的哲学社会科学创新体系，以基础研究带动应用研究，不断提高承担区域重大现实课题研究以及解决经济社会发展实际问题的能力，把学校建成泉州重要的学术创新和决策咨询服务基地，成为泉州各级党委、政府决策的思想库和智囊团。

（一）闽南文化传承保护与开发创新平台

依托“中国社会科学院文化研究中心闽南文化研究基地”、“台盟中央闽南文化交流研究基地”和“福建省高校人文社科基地闽南文化生态研究中心”，挖掘、保护、传承和推广闽南文化，做好非物质文化遗产的保护、宣传和知识普及工作。依托“南洋华裔族群寻根谒祖综合服务平台谱牒文献数字化基地”和“闽南姓氏文化研究中心”，开展闽南姓氏文化研究，传承保护家族文化遗产，建设闽南谱牒文献中心及闽南族裔寻根中心和学术交流中心。依托福建省“2011 计划”，南音文化传承与发展协同创新中心和福建省首批社会科学研究基地“南音研究中心”，持续开展南音抢救、记录、发掘、整理、保护等研究工作，建设南音数据库，编撰出版《泉州南音集成》、南音考级教程，使之成为泉州文化乃至闽南文化建设的标志性成果。

开展南音新作《凤求凰》海内外巡演，使中华优秀传统文化在更高的平台及更广的范围得以传播与弘扬，助力泉州成为世界南音人才培养与学术研究交流中心。

（二）“泉州金改”研究创新平台

依托“福建省高校特色新型智库（民营经济发展研究院）”“福建省高校人文社科基地侨乡区域经济研究中心”和学校与《求是》杂志社共建“中国经济研究中心”，整合经济专业研究力量，围绕泉州金融改革出现的新情况新问题，积极进行金融组织体系、民间资本投资以及小微企业融资等研究。主动满足泉州各级政府、行业和企业的需求，积极为泉州市“金改区”建设提供决策咨询；继续出版《泉州经济社会发展报告》蓝皮书，为泉州经济社会发展建言献策。加强校企校地合作，深化与企业、金融机构的合作，为企业提供咨询服务。根据企业需求，培养金融服务人才，推进民营企业“二次创业”。

（三）体育产业服务平台

依托“福建省体育产业研究中心”，探索建立与政府、高校和企业深度合作的机制。积极协助泉州市体育局组建“泉州市体育产业办公室”，发挥泉州市国家体育产业联系点和晋江国家体育产业基地作用，与泉州知名体育企业携手，组建“泉州市体育产业协同创新中心”。积极承接泉州市及各县（市、区）政府体育产业规划和政策研制工作，以及企事业单位、体育行业委托的咨询课题和项目，参与体育赞助、重大体育赛事策划运作、场馆运营等工作，推动泉州体育产业转型升级。

（四）电子商务研发创新平台

组建由国内大数据安全管理研究专家、闽江学者桂小林教授和电子商务物流管理研究专家、闽江学者金淳教授领衔的高水平研发团队，依托“云计算物联网电子商务智能福建省高校工程研究中心”，构建云计算数据存储平台和物联网数据智能感智平台。通过云物联平台的研究和实践，实现电子商务管理、存储、检索及系统的智能化，让企业快速实现商务流、信息流、资金流和物流的全方位管理和监控，引领和推动泉州电子商务产业大发展。

（五）哲学社会科学理论与应用研究平台

依托泉州市高校思想政治理论课协作中心主任单位，充分发挥学校社科联的组织协调作用，整合文学与传播学院、商学院等的师资力量，依托马克思主义理论、法学、应用经济学、历史学、管理学等学科，推进以马克思主义理论为指导的哲学社会科学学科发展、非公企业党建理论研究，围绕习近平总书记治国理政新理念新思想新战略、培育与践行社会主义核心价值观、传承泉州红色文化、弘扬优秀传统文化和社会主义文化建设等进行理论研究，以为泉州经济社会文化发展提供理论依据、智力支持和精神动力。

（六）文化创意产业创新平台

依托东亚城市品牌与文化产业互动发展协同创新中心、闽南非物质文化遗产研究所，主动对接泉州文化创意产业，积极进行海丝文化品牌、数字内容、广告会展、广播影视、演艺娱乐、文化创意、文化旅游等领域的升级发展研究；注重文化创意人才培养，推进传统工艺美术产业与文化创意产业融合发展。加强与泉州各县（市、区）政府、企业的合作，构建政产学研合作平台，打造闽南民间美术手工作坊，推动传统工艺美术向艺术收藏、创意设计、商务礼品、旅游纪念品等转型发展，构建“大工艺美术”产业链，力争建设福建省重要的文化创意研发基地，以更好地服务泉州地方经济文化发展。

（七）心理咨询服务与研究平台

组建“泉州市中小学心理健康教育指导中心”，大力培养心理教师和培训心理咨询师，普遍开展心理健康教育。与泉州市委文明办合作，办好“泉州市校外未成年人心理健康指导中心”，创建未成年人心理健康教育指导中心网站，QQ 网络在线咨询、微信公共平台，微信群线下网络咨询平台等，关注未成年人心理健康；开展网络在线心理健康咨询等活动，直接服务泉州社会大众心理健康。

（八）特殊教育资源服务平台

依托“特殊教育师资培养培训与闽台合作交流中心”、福建省高校人文社科基地——特殊教育与社会融合研究中心、福建省残疾人事业发展研究基地等平台，充分发挥特殊教育专业专家智库的作用，为泉州特殊儿童的教育安置提供咨询服务，为随班就读及普通学校资源教室方案的实施提供指导，为提高特殊教育教师专业能力和普通教育教师的融合教育技能提供培训。充分利用国内一流的特殊教育实验、实训和体验等实践教学资源，向社会开放，为特殊儿童提供个训，以及为家长提供教育及康复知识的培训。

四　构建六大人才培训平台，为泉州经济社会发展提供智力支持

为满足构建终身教育体系、建设学习型社会的需求，充分利用学校办学资源，加快教育信息化建设，积极构建教育培训平台，建立体现区域特色的学历教育、非学历教育互补的开放式终身教育体系。

（一）中小学校长培训平台

依托“福建省中学校长培训基地”和“福建省乡村校长（小学正职）助力工程与乡村教师素质提升工程培训项目”，办好泉州各县（市、区）中小学校长、中层干部培训班，提升校长、中层干部队伍的整体素质和管理水平，全面提升教育质量。

（二）高校教师素质提升拓展平台

依托“福建省教师教学发展示范中心”，为泉州地区高校教师参加教学

专题讲座、名师示范教学、主题教学沙龙、心理拓展训练等提供服务。协助教师做好职业生涯规划，提升教师教学技能、科研能力和人文素质，促进教师心理健康。

（三）特殊教育师资培训平台

依托教育部“卓越教师培养计划”项目、“福建省‘十三五’中小学名师名校长培养培训单位”、“福建省特殊教育教师专业能力提升计划项目”和“特殊教育师资培养培训和闽台交流合作中心”（国家发改委资助项目），大力开展特殊教育专业师资培训，提升泉州地区特殊教育专业教师教学能力和专业水平。

（四）公务员培训平台

依托“福建省公务员培训基地”，与泉州市以及各县（市、区）公务员局合作，开展公务员初任、任职、在职培训，有效提升公务员的适任能力和履职水平，助力泉州打造一支高素质的公务员队伍。

（五）企业人才培训平台

依托“中泉国际海员培训中心”，开展海员培训业务，为泉州培养适应国际航运企业管理的航运人才。依托“泉州市知识产权培训基地”，为泉州市企事业单位及知识产权中介机构的各类知识产权人才提供业务培训。充分利用学校的学科资源，与企业合作开展企业中层管理人员管理能力提升培训。

（六）在职学历教育提升平台

做好学校与福建省内外本科院校联合举办各类硕士学位班工作，为泉州培养各类高层次人才。做好成人高等学历教育和高等教育自学考试工作，满足广大社会青年和在职人员接受学历教育或职前教育培训的需求。

五　拓展四大国际交流合作平台，服务“海丝”先行区建设

充分发挥泉州作为21世纪海上丝绸之路先行区建设的优势，积极融入国家“一带一路”倡议，服务泉州“海丝”先行区和重要门户城市建设。

（一）“海丝”文化研究和交流平台

依托音乐与舞蹈、中国史、应用经济学等一级学科，整合艺术学、历史学、经济学、管理学、法学、文学等研究团队，开展泉州“海丝”历史文化、“海丝”文化遗产、“海丝”申遗、海外交通与海外移民（华侨、华裔族群）、港口贸易与物流以及海洋法规等方面研究，深度挖掘“海丝”文化内涵；举办或承办各类型面向青年学生及学者的教育文化交流活动；主办围绕“海丝”文化与世界遗产的高层次学术研讨会，进行艺术交流、演出以及文化遗产保护活动，服务泉州“海丝”保护和申报世界文化遗产。

（二）“海丝”沿线国家教育合作平台

与“海丝”沿线国家高校建立学术交流合作关系，建立合作办学项目，进行科研合作，承办学生文化交流活动，加强师生互访，搭建教育合作平台。同时，为“海丝”沿线国家输送涉外应用型人才及优秀汉语师资，接收沿线国家的留学生来校学习。设立国际海员培训项目，以孟加拉国为点带动周边国家留学生参加培训，以海员职业发展为导向，为“海丝”沿线国家培养符合国际公约的高级海员。

（三）泉台高校交流合作平台

借助泉台“五缘”优势，加强与台湾22所缔结姐妹关系的高校的交流，做好闽台高校联合培养人才项目，深化教学科研合作。借助台湾合作高

校资源，共同促进与“海丝”沿线国家进行教育、文化、经贸交流合作，联合培养涉外应用型人才，合作进行与“一带一路”相关的历史、文化、社会、经济等方面的研究，共同承担科研课题和设立研究所。围绕南音传承、闽南文化研究，打造与台湾高校文化交流合作的品牌，与“海丝”沿线高校合作，携手弘扬中华文化。

（四）汉语国际推广与创新平台

依托“福建省海外华文教育基地”，组织汉语教学志愿者赴菲律宾、印度尼西亚等国家开展汉语国际推广工作。进一步加强与福建省侨办、泉州市侨办及海外华文教育机构、闽籍商会的联系与合作，承办海外（菲律宾、马来西亚、泰国等）华裔青少年“寻根之旅”活动。积极争取教育部国家留学基金委资助项目，吸引海外留学生来校学习和进修，打造海外留学生留学语言先修及汉语国际教育专业国际实习平台。做大海外华文教育，加强泉州与“一带一路”沿线国家的交流合作，传播中华优秀传统文化。积极与闽籍“互联网+”企业开展校企合作，打造“线上互联网汉语国际教育教学”平台，为相关企业提供智力和人才支持。

六　建立健全保障机制，推进服务泉州各项工作落到实处

（一）加强组织领导

服务泉州经济社会发展是一项系统工程，需要坚强的组织领导，需要全校上下通力合作，密切配合，形成合力。学校成立以党委书记、校长为组长，以分管校领导为副组长，由各相关职能部门和二级学院负责人组成的“泉州师范学院服务泉州经济社会发展工作领导小组”，统一领导、部署和协调服务泉州的各项工作。领导小组下设办公室，负责各项服务工作的论证、组织实施和督查评估。

（二）抓好宣传引导

加大宣传力度，鼓励、引导广大师生积极主动投身泉州经济建设和社会发展，“以服务求支持、以贡献谋发展”。强化政策导向，充分调动师生服务泉州经济社会发展的积极性、主动性和创造性。实施干部教师挂职锻炼制度，选派干部教师到各县（市、区）、企业挂职锻炼。

（三）创新体制机制

加强学校与泉州市委、市政府有关部门，各县（市、区）、泉州地区兄弟院校，大中型企业，科研院所的战略合作，建立定期联系沟通机制和需求服务机制。实施“一县一策”合作机制，推进与各县（市、区）签订战略合作协议，精准对接和服务县域经济和产业发展。通过建立合作联盟、召开联席会议、进行项目对接、签订合作协议等途径，积极推进校地、校企、校校合作，提高服务针对性。制定服务泉州经济社会发展的奖励制度，对做出突出贡献的师生给予特别奖励，在职称评聘、评先评优、干部选任等方面予以优先考虑。

（四）注重统筹协调

加强统筹协调，抓好行动计划的任务分解、分工负责和组织实施工作。各职能部门和二级学院制定相关配套措施和实施方案，确保各项任务落到实处。加强管理和检查督促，提高服务实效。

B.34
云计算物联网电子商务智能福建省高校工程研究中心简介

许旭红　郭建宏*

一　基本情况

云计算物联网电子商务智能福建省高校工程研究中心（以下简称工程中心）于2013年1月经福建省教育厅批准设立（闽教科〔2013〕4号），依托泉州师范学院建设。2018年5月，被评为福建省高校优秀工程研究中心（闽教科〔2018〕30号）。

近三年，工程中心累计投入建设资金1000多万元，围绕云计算、物联网、电子商务智能等领域的研究，立足智能信息技术科学研究与相关应用服务，研究方向主要集中在云计算及电子商务智能关键技术、物联网与传感技术应用、云计算物联网及电子商务智能应用等方面。

工程中心现有设备总值为649.2万元，拥有的科研及办公用房面积为1160平方米，固定研究人员为32人（副高以上职称占68.8%，博士占56.3%）、外聘专家为3人、流动研究人员为10人。近三年，发表学术论文104篇、出版著作4部、获得发明专利6项，四技服务总金额为66.7万元。

* 许旭红，泉州师范学院商学院副院长、副教授，研究方向为制造业、区域经济；郭建宏，泉州师范学院副教授，博士，研究方向为数据挖掘、电子商务。

二　研究单元构成

（一）云计算及电子商务智能关键技术研究室

主要从事云计算技术和物联网技术的应用研究、电子商务智能应用研究、实时电子商务智能与云数据中心企业数据池连接技术研究。新增网络集群服务器系统、核心交换机、网络存储系统、科学计算工作站等设备，可以提供云计算和信息综合处理的应用基础研究，实现大规模的电子商务软件开发、海量数据挖掘、数据挖掘算法开发等。

（二）物联网与传感技术应用研究室

主要从事传感网体系结构研究、不同传感设备与云数据中心的接口功能设计、基于云计算的传感网智能信息处理与传感网应用系统开发、传感技术在 Android 手机的应用研究。可提供无线传感网体系结构及协议分析研究、智能体的无线传感网关键技术等研究及面向农业、交通、物流、家居、医药健康等产业的传感网应用的研发，同时能提供学生进行传感网技术设计、创新设计、创业设计等相关赛事。

（三）云计算物联网及电子商务智能应用研究室

主要从事云计算和虚拟化等关键技术研究、电子商务智能关键技术及应用研究、云数据中心和数据仓库的构建技术研究、基于云计算的数据安全设置，主要面向中小企业、政府机关、事业单位和个人，为用户提供超大规模、虚拟化，具有高可靠性、通用性、高可扩展性的云计算服务。

三　科学研究

近三年，工程中心根据自身学科发展的优势和特色，积极投身地方经济建设和社会发展主战场，承担和参加一大批应用基础和关键技术攻关项目以及科技成果转化项目。2015～2017年，主持各级各类项目64个（其中国家级项目为3个，省部级项目为21个，横向项目为13个），获得科研经费累计337.47万元。设立本校内师生开放课题18个，资助经费总额为36.4万元。

获得省级教学成果奖（三等奖）1个，获得泉州市科学技术奖（自然科学奖二等奖）1个、泉州市科学技术奖（科技进步奖二等奖）1个，获得发明专利1项、软件著作权5项。出版学术著作4部，发表学术论文104篇（其中SCI、SCIE、EI、CPCI-SSH收录52篇，占50%）。

积极服务地方经济发展和满足企业生产经营重大需求，组织开展技术开发、技术转让、技术咨询、技术服务等活动。三年来，获得来自省市地方政府相关部门、行业企业的委托项目10多个，总金额为66.7万元。

工程中心取得的科研成果和良好的服务地方能力，为建设依托单位（泉州师范学院）2017年申报获批立项建设工商管理省级应用型学科提供了有力的支撑作用。该省级应用型学科主要服务"海丝"核心区和先行区电子商务、现代物流、创新金融等重点产业，凝练三个主要建设方向，即物流与供应链管理、市场营销和投资管理。

四　学术活动

工程中心技术委员会由8人组成，主任由大连理工大学系统工程研究所副所长金淳教授担任。技术委员会每年度召开技术委员会会议，就研究团队建设、研究计划制订、课题提炼立项、建设项目申报、工作条件建设等问题进行讨论，以指导工程中心建设发展工作。

近三年，工程中心固定研究人员共38人次，分别参加中国信息经济学年会、中国管理科学年会、全国高校物联网最新技术应用研讨会、阿里云开发者大会、香港国际港口物流交通运输研讨会等境内外高级别学术会议。先后邀请美国佛罗里达大学DiMatteo教授、台湾辅仁大学齐学平教授、台湾龙华科技大学陈佳莉博士、西安交通大学桂小林教授和齐勇教授、大连理工大学金淳教授和郭崇慧教授、厦门大学彭丽芳教授、昆明理工大学刘文奇教授等境内外专家来访，进行学术交流。选派学术骨干前往香港高等科技教育学院、澳门大学、澳门科技大学、澳门城市大学等境外高校进行学术交流。

五　人才培养

2015 年以来，工程中心持续加大高层次人才内部培养力度，队伍建设效果良好。

在“走出去”方面，选派 14 名中青年学术骨干外出访学、进修、攻读博士学位和开展博士后研究。所派人选中，2 人前往国外高校访学，7 人进入博士后工作站进行专题研究工作，4 人攻读博士学位（其中 2 人已获学位、2 人在读），1 人入选福建省教育厅高校师资闽台联合培养计划。

在高级职称晋升方面，2 人晋升教授职称，6 人晋升副教授职称。同时，通过内引外联，搭建各种平台，加强学术交流与团队合作，着力培养学术带头人和科研骨干，累计 30 人次在各级各类学术组织中任职，不少研究人员多次参加国际学术会议并在大会上做报告。

在高层次人才项目方面，苏金泷教授获批 2017 年福建省高等学校优秀学科（专业）带头人培养计划海外访问学者项目，颜双波教授入选福建省高校新世纪优秀人才支持计划，苏金泷教授、张小玲博士先后入选福建省高校杰出青年科研人才培育计划，黄英艺博士、张小玲博士、吴晶晶博士、吴春秀博士入选泉州市引进高层次创业创新人才，黄英艺博士和余鲲鹏博士入选 2017 年泉州市高校中青年学科专业带头人培养计划。

目前，工程中心已形成以中青年骨干为主体，结构合理、思想活跃、年富力强、学风优良、工作勤奋、勇于创新、具有较强的科研能力的学术队伍。固定研究成员的年龄大多为 35 ~45 岁，平均年龄为 41. 8 岁；100% 拥有硕士以上学位，其中博士学位占 56. 3%；教授为 6 人（占 18. 8%），副教授、高级工程师为16人（占50.0%）；硕士生导师为4人，具有海外留学或工作经历的有10余人。

为了加快对后备学术带头人的培养，增设1名工程中心常务副主任即苏金泷教授。其是加州大学伯克利分校劳伦斯国家实验室访问教授、福建省杰出青年科研人才。参与国家科技支撑计划重大项目，主持多个省部级项目，发表SCI/EI论文近30篇，出版2部专著。担任国际信息论与系统论协会在美国举行的“系统论、控制论和信息论世界综合大会”（WMSCI）执行委员会委员，在国际工程与技术发展年会（IMETI）、IEEE计算机与网络技术国际会议（ICCNT）、International Conference on Computer Application and System Modeling（ICCASM）计算机应用与建模国际年会、*Journal of Mechanical Engineering Research*等担任审稿人。

近三年，在工程中心固定研究人员的指导带动下，电子商务、物流管理、国际经济与贸易、市场营销等专业学生创新创业活动取得优良效果。在全国大学生电子商务“创新·创意·创业”挑战赛总决赛、“挑战杯”大学生课外学术科技作品竞赛、“创青春”全国大学生创业大赛电子商务专项赛、“互联网+”大学生创新创业大赛、福建省物流仿真设计大赛等学科专业赛事方面，累计获得省级以上奖励16个，其中国家级奖励为4个。此外，累计获批省级以上大学生创新创业训练计划项目共10个（其中国家级为5个、省级为5个）。

在指导毕业生创业实践方面，据不完全统计，2015年以来相关专业39名毕业生创办40家企业，其中国际经济与贸易专业共15人（占38%）。

六　条件建设

工程中心在着力培养内部高层次人才的同时，也高度重视从境内外引进高层次人才。2013年以来，累计引进10名优秀高层次人才。其中，聘任3名“闽江学者”讲座教授（分别是大连理工大学系统工程研究所副所长金淳教授、西安交通大学电信学院副院长桂小林教授、上海财经大学创业学院执行副院长刘志阳教授）；聘任2名境外全职研究人员（白俄罗斯 Yuliya amatok 博士和台湾周静芝博士）；引进5名青年博士。

保持建设经费投入，不断完善工程中心设备。截至2017年12月，累计投入建设经费1009.7万元，以用于数据中心开源虚拟化平台和云资源调度系统建设，新增10万元以上设备31台（套），其中30万元以上设备有3台（套），现有设备总值达649.2万元。

目前，工程中心所有区域在逻辑上使用核心交换机及防火墙进行底层网络隔离，性能以百兆为主，拥有基层架构即服务（IaaS）、平台即服务（PaaS）、应用即服务（SaaS）三个层次对外服务能力。

数据中心采用业界通用的X86计算平台，总体硬件架构部分主要分为密集型前端应用集群和分布式后端数据分析集群。密集型前端应用集群以华为系列刀片框为容纳主体，配合大容量内存扩展性双路M630刀片式服务器以实现密集型前端应用硬件承载，同时配备分布式双活存储节点，存储容量最高可达PB级别扩展能力。分布式后端数据分析集群由高性能多节点分布式X86机架服务器构建，同时配置高性能节点以用于存储关键的元数据索引名，提高整个系统的后续扩展能力和高可用性。数据中心在有限空间内实现形式多样的前端应用，通过资源动态调度满足科学研究和企业应用需求。生产区域和实验区域的有效划分使数据中心既能满足工程中心的科研要求，又能有效提供社会服务。

七　制度建设

工程中心管理实行技术委员会指导下的主任负责制，增设常务副主任1名、副主任1名，以协助主任处理本中心的日常管理工作。

工程中心各研究室实行研究室主任负责制。研究室主任把握研究方向和研究内容，负责制定研究方案并组织实施。采用两级模式进行管理，各研究室人员在经研究室主任推荐后由工程中心主任聘任，由研究室主任负责考核。

近三年来，工程中心建立相对完善的规章制度，对人、财、物、教学、科研及服务等进行全面管理。完善《研究室管理暂行办法》《研究室知识产权保护暂行条例》《研究室专项费用管理暂行办法》《研究室办公室管理暂行条例》《研究室行政管理暂行条例》《研究室学术活动管理暂行条例》《研究室成果论文奖励暂行办法》《研究室开放课题基金申请指南（暂行）》《研究室流动人员管理暂行办法》《研究室仪器设备管理暂行办法》等规章制度。

工程中心设办公室主任1名、秘书1名、工程师1名，以协助主任和副主任完成日常行政管理、会议组织、文件档案、仪器设备管理等。工程中心组织管理系统见图1。

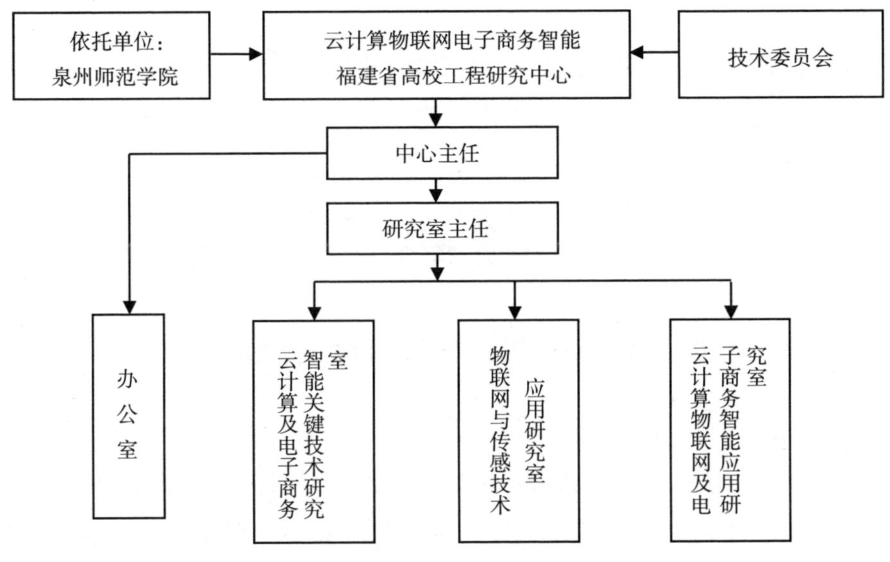

图1　工程中心组织管理系统

八　努力方向

三年来，工程中心在科学研究、人才培养、服务地方、制度建设等方面取得不少成绩，但在创新团队、学术交流、研产融合、成果转化等方面存在明显短板，需要在今后的建设中着力解决。

（一）继续加大建设力度，创新发展路径

目前，工程中心建设投入主要局限在学校和上级主管部门的专项经费投入方面，如果长期发展与运营，必定要搞活各个研究室，理顺各方利益关系，提高社会各方面投入的积极性，引入社会资金、企业资金，开展具有先导性和前瞻性的科研部署，引进或培养高水平科研团队和开展实质性合作与提供相应服务，真正实现工程中心共建共享。

（二）进一步凝练研究方向，加强创新团队建设

紧密围绕区域经济社会发展需求，以云计算物联网电子商务智能技术及方法为主要研究内容，吸收人工智能、逻辑学、认知科学等领域最新研究成果，在高性能计算与信息处理、云计算及大数据信息处理技术、传感网信息处理技术及应用等方向进行深入研究，进一步凝练研究方向，重构优化人员队伍，力争在三年内获批 3 个有特色、高水平的创新团队。

（三）进一步提升科研质量，产出一批标志性成果

紧密围绕研究方向，提炼科研项目，集聚优势资源，进一步加大科研联合攻关力度，力争在三年内获得 5 项以上省部级科研奖励，获批 20 项以上专利成果和通过 10 项技术鉴定，发表 60 篇以上高水平学术论文，出版 5 部以上学术专著。

（四）进一步加强研产融合，提高成果转化效益

加强与相关行业龙头企业合作，牵头或以主要参与单位承担国家、地方和行业的重大科研任务。力争在云计算及电子商务智能关键技术、物联网与传感技术、电子商务智能应用领域取得突破，主持或参与制定行业、地方重要标准或规范。密切与本地区相关产业的联系，建立大数据特色服务专业平台，着力加强技术开发和技术转让，协助企业及时解决生产经营中遇到的技

术问题，及时将具有商业潜力的新成果推向企业，使其尽快转化为社会生产力，力争三年内获得1000万元以上的经济效益。

（五）积极举办学术会议，进行学术交流合作

积极举办或承办省级、全国性乃至国际性相关学术会议，邀请国（境）内外高水平研究人员和高校的同行专家参加会议，努力邀请国内外知名专家学者进行讲学或合作研究，聘请国内外兼职教授，共同申报国内和国际科研项目。有计划、分批次派教师赴国（境）内外实验室进行合作研究。

（六）进一步健全制度建设，完善“开放、流动、联合、竞争”的运行管理机制

全面深入研究各级各类科研政策措施，修改或废除有碍科研积极性和创新性发挥的管理规章，进一步健全工程中心的管理制度。坚持体制机制创新与科技创新相结合，加强以工程中心资源为主体的科学仪器协作共享平台建设，提升开放服务水平。通过积极进行国内外、省内外科学技术合作与交流，提高资源利用率和社会效益，实现资源共享和优势互补，完善“开放、流动、联合、竞争”的运行管理机制。

B.35

中国经济研究中心与侨乡区域经济研究中心简介

刘义圣　谢志忠*

一　中国经济研究中心简介

2014 年，泉州师范学院与中共中央主办的理论刊物《求是》杂志社联合成立了中国经济研究中心，目标是研究我国新时期改革开放中的宏观经济、金融和区域经济发展问题。研究中心目前会聚了校内外 20 余名经济学专业相关专家学者。2015 年 9 月，中国经济研究中心盛邀著名经济学家林毅夫来学校讲学，取得轰动效应。2016 年，中心组织本校 20 多名教师，集体编撰了《泉州经济社会发展报告（2017）》，涉及 30 多个有关泉州经济与社会发展的选题。《泉州经济社会发展报告（2017）》是泉州市第一部经济社会发展蓝皮书，取得了良好的社会反响，是泉州市社科科普优秀读物。2016 年 11 月，中心承办了第 24 届中华外国经济学说史研究会年会。

二　侨乡区域经济研究中心简介

“侨乡区域经济研究中心”主要依托泉州师范学院建设，其确定的侨乡区域创新驱动与海丝核心区建设研究、侨乡区域金融创新研究、侨乡民营经济转型升级研究、海外人才与侨乡创业研究等四个研究方向，学科优势明

* 刘义圣，泉州师范学院二级教授，博士生导师，研究方向为区域经济学；谢志忠，泉州师范学院教授，博士生导师，研究方向为农村金融。

显，软硬件设施比较完善，研究团队结构合理，具有较丰富的研究成果和较扎实的研究基础，满足地方经济社会发展需求。今后学校将加大经费投入和人才引进力度，提高解决重大实践问题的综合研究能力和参与重大决策的能力，使中心成为知名的思想库和咨询服务基地，为建设高等学校哲学社会科学创新体系提供有力支撑。

B.36

泉州师范学院民营经济发展研究院简介

谢志忠　刘义圣*

一　建设背景

2012 年 12 月 12 日，福建省人民政府以闽政〔2012〕58 号印发《关于推进泉州民营经济综合配套改革试验的若干意见》。该意见分为明确总体要求和主要目标、提升民营经济产业层次、推动民营企业自主创新、促进民营经济集聚发展、引导民营企业制度创新、完善民间投资扶持政策、扩大民营经济对外开放、推进金融服务实体经济改革试验、健全土地保障体制机制、创新城镇和社会管理、优化服务民营经济发展的政务环境、强化组织保障 12 部分。2014 年国家发改委批复《福建省泉州莆田民营经济综合改革试点总体方案》（以下简称《总体方案》），标志着泉州市继省级民营经济综合配套试验区后，成为国家发改委六个改革试点地区之一，迎来民营经济改革发展的又一重大政策利好。

泉州是中国民营经济重镇，有着“民办特区”的美誉，民营经济几乎涵盖第二产业、第三产业的所有行业。2013 年，泉州民营企业超过 7.82 万家，其中产值超亿元的企业超过 1848 家，居中国地级市第一；民营经济实现生产总值 4291 亿元，占全市地区生产总值的 82%；工业增加值为

* 谢志忠，泉州师范学院教授，博士生导师，研究方向为农村金融；刘义圣，泉州师范学院二级教授，博士生导师，研究方向为政治经济学。

2658.89 亿元，占全市工业增加值的 91.7%；就业人数占全市九成以上，缴纳税金占全市财政收入的 81% 以上。

二 建设基础

智库负责人刘义圣现任泉州师范学院商学院教授、工商管理学科带头人、博士生导师，2014 年被聘为泉州市“桐江学者”。1982 年北京大学经济学本科毕业，获学士学位；1988 年北京大学经济学院硕士研究生毕业，获硕士学位；2005 年福建师范大学经济学院博士研究生毕业，获博士学位。2001 年入选“百千万人才工程”，2005 年开始享受国务院政府特殊津贴，2010 年被评为福建省“四个一批”人才中的理论人才，2014 年被评为福建省第一批哲学社会科学领军人才。

智库首席专家程恩富系泉州师范学院讲座教授、清源学者。著名经济学家，中国社会科学院学部委员，中国社会科学院大学教授，上海财经大学马克思主义研究院院长、海派经济学研究中心主任、博士生导师，部级跨世纪中青年学科带头人。兼任中国《资本论》研究会、中华外国经济学说研究会、中国社会主义经济规律系统研究会、中国高等财经院校政治经济学研究会和上海市经济学会 5 个重要学会的副会长，教育部中青年理论经济学研究组组长，中国海派经济论坛主席，上海市社联常委，上海市委理论创新咨询专家，并任俄罗斯彼得堡大学、北京师范大学、复旦大学、黑龙江大学、安徽财经大学等兼职教授和研究员。被中日等权威报刊认为是“我国第四代经济学家的代表之一”“中国最有创见的经济学家之一”。

三 研究团队

泉州师范学院已经初步形成具有民营经济发展研究特色的学科优势领域，已初步凝练形成了具有民营经济发展特色的研究方向，取得了一批具有特色和一定影响力的科研成果，多项相关研究成果被省部级以上相关部门采用或获得省部级以上领导批示，一批高质量、有水平的咨询报告直接转化为各级政府部门的决策或为决策提供了重要参考。主要特色成果包括：《泉州经济社会发展报告（2016）》《泉州经济社会发展报告（2017）》《泉州经济社会发展报告（2018）》（社会科学文献出版社出版）。

（一）产业转型升级方向的研究团队

团队负责人为刘义圣教授。该团队由6位教授、3位副教授、3位讲师组成，先后承担国家自然科学基金、国家社科基金、教育部人文规划基金、省科技厅、省社科规划等省级以上多个项目，在核心期刊发表论文多篇，多项相关研究成果被省部级以上相关部门采用或获得省部级以上领导批示。

（二）民营企业投融资方向的研究团队

团队负责人为谢志忠教授。该团队由9位教授、4位副教授、3位讲师组成，先后承担国家自然科学基金、国家社科基金、教育部人文规划基金、省科技厅、省社科规划等省级以上项目32项，在核心期刊发表论文100多篇，多项相关研究成果被省部级以上相关部门采用或获得省部级以上领导批示。团队负责人现任泉州师范学院商学院教授、博士生导师，全国农村金融学科组副组长，福建省九三学社经济委员会副主任，福建省统计局高级统计师评审委员，其对农村金融理论与实践的研究具有国内领先水平；对孔子学院经贸发展系列研究具有国内领先水平；对福建省区域经济可持续发展系列研究具有福建省先进水平。

（三）企业家精神和品牌建设方向的研究团队

团队负责人为吕振奎教授。该团队由6位教授、4位副教授、3位讲师组成，先后承担国家自然科学基金、国家社科基金、教育部人文规划基金、省科技厅、省社科规划等省级以上项目12项，在核心期刊发表论文50多篇，多项相关研究成果被省部级以上相关部门采用或获得省部级以上领导批示。

（四）科技创新能力培育及知识产权保护方向的研究团队

团队负责人为屈广清教授。该团队由 7 位教授、8 位副教授、4 位讲师组成，先后承担国家自然科学基金、国家社科基金、教育部人文规划基金、省科技厅、省社科规划等省级以上项目 18 项，在核心期刊发表论文 60 多篇，多项相关研究成果被省部级以上相关部门采用或获得省部级以上领导批示。屈广清教授为泉州师范学院校长，教育部法学教学指导委员会委员、福建省人民政府顾问、福建省人大常委会立法咨询顾问。许多研究成果成为各级政府立法决策重要依据。

四　建设目标

（一）研究领域

习近平同志在十九大报告中指出，“支持民营企业发展，激发各类市场主体活力”，“努力实现更高质量、更有效率、更加公平、更可持续的发展”，“建设现代化经济体系，必须把发展经济的着力点放在实体经济上，把提高供给体系质量作为主攻方向，显著增强我国经济质量优势”。研究院结合泉州市民营经济发展实际，凝练形成了四个特色鲜明、具备雄厚研究基础的研究方向，包括产业转型升级、民营企业投融资、企业家精神与品牌建设、科技创新能力培育及知识产权保护。

（二）研究院定位

研究院充分发挥泉州师范学院特色领域的研究优势，整合全国高校、政府部门、金融机构等多方研究力量，搭建更合理的决策咨询团队、更开放的科学研究平台，针对民营经济发展中的现实问题和长远问题，开展全局性、战略性、前瞻性研究，为政府和民营企业发展提供具有重要应用价值的决策咨询和政策建议，着力打造泉州市民营产业经济领域具有引领作用和重要话语权的决策咨询和人才培育基地，在福建省地方智库中能够发挥中坚力量并成为福建高校智库中具有领先地位的专业研究机构，最终成为立足福建、辐射全国的开放型高端智库。

（三）发展目标

1. 研究院秉承“公平、包容、共享、共赢”理念，整合社会资源和研究力量，打造结构合理、业务精良的研究团队，推动协同攻关，实现民营经济发展智库的目标。

2. 打造具有地方特色和影响力的决策咨询基地。

3. 搭建特色研究平台，在产业转型升级、科技创新能力培育及知识产权保护、投融资服务、企业家精神与品牌建设等特色领域形成在国内外具有显著影响的一系列成果。

4. 建设民营产业经济研究人才队伍的聚集与培育基地，会聚国内外民营产业经济领域研究专家和业界人士，形成民营产业经济专家库和思想库，并积极培养民营产业经济后备人才，努力打造结构合理、业务精良的研究团队和全国知名的民营产业经济人才培养基地。

（四）人才队伍建设规划

1. 建立福建省各研究部门、全国各高校、部分海外大学的民营产业经济领域知名人才名册，对其近两年内完成的各类课题、公开发表的论文等情况全面摸底，按照产业转型升级、民营企业投融资、企业家精神与品牌建设、科技创新能力培育及知识产权保护四个研究方向，增加智库人员。

2. 通过政策倾斜和增加投入，面向海内外引进2～3名民营产业经济领域的高层次人才，以作为智库的专职研究人员。

3. 通过课程开发和吸收青年教师参加课题研究，促进最新研究成果向教学层面转化，并资助智库骨干青年人才前往国内外知名高校进行交流访问，参加国内外经济学科的相关学术会议，逐步形成一支以中青年为学术骨干、学术梯队合理、团结协作的科研团队。

（五）管理体制机制创新

实行“特区制”管理，突破管理体制机制障碍，研究院成为福建省科研体制及管理机制改革的示范区。

1. 研究院以“任务牵引、深度融合”的创新模式，创新人事管理新模式与新机制，实行全员聘任制和项目合同制。

2. 全过程督导课题研究。对课题研究进行全过程调度管理，确保智库专家结合福建实际情况，提出能解决实际问题的工作思路、有效举措和对策建议，并在规定时限内提交研究成果。

3. 构建联合研究、协作攻关平台。课题研究原则上由课题组承担，为课题组成员与有关部门和单位开展联合攻关、合作提供帮助。

4. 推进成果转化。智库研究成果以《成果呈阅》《智库专家建言》报省委、省政府领导。有全局意义的研究成果，印发相关部门。

泉州师范学院作为地方高校，将积极促进民营经济发展研究院进一步发展，推动政府、民营企业、国内外高校及研究机构交流合作，努力创建和完善民营企业经济发展研究平台及进行数据库建设，在为政府和民营企业提供建议指导的同时，力争把该研究院建成福建省区域经济发展的知名高端智库。

B.37
福建省高校人文社会科学研究基地“茶产业发展研究中心”

雷国铨*

2015年5月27日，福建省教育厅（闽教科〔2015〕36号）批复文件，福建省高校人文社会科学研究基地——茶产业发展研究中心正式获批。中心主要围绕建设高水平创新型茶产业研究平台、学术团队，打造茶产业发展的人才智库、学术高地和政界与业界智囊，构建茶产业发展研究的国际交流合作平台。

中心倡导“顶天立地”的学术文化，整合各方建设人才；通过聚集效应，中心的整体研究水平在国内同领域领先，优势方向达到或接近国际先进水平；建设中心研究队伍，使其成为茶产业发展研究领域具有国际竞争力的，高水平、创新型研究团队。通过定期开设茶农教育培训班、对点辅导、相关主题培训等社会服务形式，中心成为茶产业发展的人才培养培训基地，构建茶产业发展的人才智库；通过主动承揽有关部门的委托研究课题、吸收有关部门工作人员参加课题组的合作与研究项目，派遣专兼职研究人员担任顾问等措施，提升中心为福建省乃至我国茶产业发展提供理论支持和决策参考服务的能力，使中心成为茶产业发展的学术高地和政界与业界的智囊。

中心立足安溪，放眼全球，安溪作为马可·波罗的驿站，陆上丝绸之路和海上丝绸之路“南船北马”的汇合点，作为铁观音的故乡，依托历史，展望未来，以国际化视野和高度，以闽南人的爱拼精神，致力于构建进行茶产业发展研究的国际化交流合作平台。

* 雷国铨，福建农林大学安溪茶学院教授，研究方向为农业管理。

B.38
福建省茶产业技术开发基地

雷国铨*

2015年8月18日由福建省经济和信息化委员会，福建省科学技术厅，福建省教育厅和福建省财政厅共同发文（闽经信科技〔2015〕535号）批复组建福建省茶产业技术开发基地。

福建省茶产业技术开发基地的运行和管理以依托单位福建农林大学安溪茶学院，联合学校、学院及基地主要依托和合作的企业，成立了基地管理委员会，实行管委会领导下的基地主任负责制，设立技术（学术）委员会以作为基地的技术和政策咨询部门，基地下设“茶树种质资源创新研究利用技术开发与服务团队”、“茶叶安全生产加工与品质提升技术开发与服务团队”、“茶叶深加工与资源综合利用技术开发与服务团队”以及“茶产业经济与文化管理技术开发与服务团队”四个团队，支撑基地的“茶产业技术集成研发平台”、“技术经营交易平台”、“成果转化平台”及“复合型人才培养平台”四大平台建设，并面向茶产业、茶企业辐射，面向政府和国内、国际组织辐射，积极进行研究、合作和交流，吸收国内外先进技术，提升技术成果的形成、转化和熟练应用效率，服务茶产业区域集群发展。

基地通过建立“一个基地、四大平台、二面辐射”的运行机制，以“开放、流动、联合、竞争”的方式运行。基地提供开放式、流动式、联合型和竞争型的技术研究开发与产业服务，让基地资源对产业开放共享；研究团队和成员以流动形式开展基地研究开发与提供相关服务，以了解产业实际需求、解决产业实际问题、服务产业实际需要；以基地为中枢纽带，联合多

* 雷国铨，福建农林大学安溪茶学院教授，研究方向为农业管理。

方资源开展与基地相关的技术研发工作和提供相关服务，提高效率，扩大效应；协调各方资源与信息，引导产业合理竞争、良性发展。

基地积极与国内外相关实验室、产业研究中心建立战略联盟关系，引入先进技术，与区域产业结合，为产业发展服务。同时，基地以四个研究开发团队为基础，积极组织协调省内外专家合作攻关一些行业的关键共性技术，与企业建立长期的产学研合作机制，吸引相关企业聚集到基地，建设好基地的四大平台，引导区域产业走自主创新之路，做大做强茶产业集群，带动茶产业链实现跨越式发展，并以此为基础和保障，逐步形成茶产业创新研究、工程化开发、成果推广辐射与产业化的良性循环体系，实现自我发展和不断壮大。

B.39
福建省茶产业工程技术研究中心

雷国铨*

2017年3月16日由福建省科技厅发文的（闽科技〔2017〕13号）文件决定，福建省茶产业工程技术研究中心（以下简称中心）依托福建农林大学安溪茶学院建设。中心围绕茶产业工程技术的研究与开发应用，设立"茶树种质资源创新利用工程技术研究"、"茶叶安全生产加工与品质提升工程技术研究"、"茶叶深加工与资源综合利用工程技术"和"茶业智库建设"4个团队，各团队由经验丰富的资深研究人员牵头，结合年龄层次和专业方向合理配置人员队伍，进行各项涉茶工程技术的研究开发和推广应用。近年来，中心在茶树优异资源挖掘保存与鉴定选育、乌龙茶和白茶自动清洁化加工关键技术及装备研发应用、提升茶叶品质的加工技术研究水平与应用和规划咨询等方面开展了大量研究并转化应用相关技术成果，解决了当前福建省茶产业生产实际中遇到的技术难题。

中心现有签约研究人员41名、客座研究人员5名。签约人员中中级及以上职称有33人，占比为80.5%；具有硕士学历以上人员38人，占比为92.7%；具有博士学历以上人员19人，占比为46.3%，中心拥有一支人员学历、专业方向配置合理的研究队伍。

中心主要进行茶树种质资源与分子遗传育种研究、茶叶品质化学与标准化研究、茶叶质量安全与工艺品质调控研究、茶叶深加工关键技术与资源综合利用研究以及茶产业技术成果转化推广与技术服务研究。

---

* 雷国铨，福建农林大学安溪茶学院教授，研究方向为农业管理。

参考文献

[1]《2019中国经济形势分析与预测》，《山东干部函授大学学报》（理论学习）2019年第4期，第64页。

[2]《经济蓝皮书　2019年中国经济形势分析与预测》，《经济学动态》2018年第12期，第162页。

[3] 胡云华：《2019年浦东经济形势分析与预测》，《浦东开发》2019年第1期，第40~43页。

[4] 中国宏观经济研究院宏观经济形势课题组：《2017年上半年经济形势分析及下半年预测》，《中国物价》2017年第7期，第3~5页。

[5] 魏笑甜：《2019年上半年我省经济形势分析与预判》，《山西财税》2019年第7期，第22~26页。

[6] 朱之鑫：《如何分析当前的经济形势和宏观经济政策》，《经济导刊》2019年第7期，第40~44页。

[7] 杨景富：《泉州城市竞争力实证分析》，《全国商情》（经济理论研究）2008年第2期，第18~19页。

[8] 余海强：《泉州城市竞争力研究——基于福建省若干城市的比较》，华侨大学硕士学位论文，2017。

[9] 郝方方、石培基、陈丽红：《城市竞争力差异及其影响因素分析》，《干旱区资源与环境》2009年第7期，第82~86页。

[10] 沈宏婷：《增强城市国际化功能　提升枢纽经济竞争力》，《南京日报》2019年8月21日第A07版。

[11] 党亚苹：《京津冀城市竞争力综合评价研究》，河北大学硕士学位论文，2019。

[12] 李明阳：《城市生态建设与城市经济竞争力协同机制研究》，《知识经济》2018 年第 22 期，第 9 ~ 10 页。

[13] 泉州市统计局、国家统计局泉州调查队：《2017 年泉州市国民经济和社会发展统计公报发布》，《泉州晚报》2018 年 3 月 31 日第 003 版。

[14] 韩婷：《关于推进乡村振兴战略的对策建议》，《第十六届沈阳科学学术年会论文集》（经管社科），2019。

[15] 刘进：《面向海丝战略的区域物流网络结构研究——以福建省为实例》，《物流科技》2019 年第 3 期，第 123 ~ 126 页。

[16] 黄育云：《中国经济社会发展现状、问题与展望》，《绵阳师范学院学报》2003 年第 1 期，第 1 ~ 3 页。

[17] 徐娟、梁称福：《衡阳县生态经济与社会发展现状及对策研究》，《现代营销》（创富信息版）2018 年第 10 期，第 132 ~ 133 页。

[18] 王晨昕、钟玉庆、张龙飞、郭禹曹：《新形势下传统制造业的转型升级》，《化工管理》2019 年第 22 期，第 91 ~ 92、120 页。

[19] 杨朝均、毕克新、呼若青：《开放经济下工业企业绿色创新动力传导机制》，《系统工程》2018 年第 9 期，第 79 ~ 90 页。

[20] 朱学彦、文武、张宓之、张仁开：《创新型经济促进供给侧结构性改革的动力机制研究》，《科技中国》2019 年第 7 期，第 18 ~ 23 页。

[21] 王小敏、李书涛、黄丽、许高：《湖北省矿业形势分析及对策建议》，《中国矿业》2019 年第 8 期，第 10 ~ 14 页。

[22] 李霞：《新形势下临朐县工业经济发展的对策思考》，《山东纺织经济》2016 年第 3 期，第 66 ~ 67、45 页。

[23] 尹玉林：《广西工业结构调整：形势、机遇及对策》，《企业科技与发展》2011 年第 12 期，第 1 ~ 3 页。

[24] 周振：《我国农业农村经济形势及发展展望》，《宏观经济管理》2018 年第 3 期，第 37 ~ 47 页。

[25] 张予、林惠凤、李文华：《生态农业：农村经济可持续发展的重要途径》，《农村经济》2015 年第 7 期，第 95 ~ 99 页。

[26] 张俊飚、颜廷武：《中国农业经济管理学科发展70年：回顾与展望》，《华中农业大学学报》（社会科学版）2019年第5期，第1~11、164页。

[27] 郭燕枝、郭静利：《加快农业专业合作，推动农村经济发展的政策建议》，《经济研究参考》2010年第66期，第23页。

[28] 黄南：《加快绿色发展步伐　促进产业转型升级》，《南京日报》2019年8月14日第A07版。

[29] 原红：《企业文化与制度创新研究》，《河北企业》2019年第8期，第122~123页。

[30] 刘敏、钱方明：《中小企业融资问题研究》，《现代营销》（下旬刊）2019年第8期，第16~18页。

[31] 莫柏旭：《新形势下广东省对外贸易发展现状、问题及对策》，《特区经济》2018年第5期，第135~137页。

[32] 曾静：《“一带一路”形势下我国对外贸易面临的障碍与对策》，《中国商论》2016年第10期，第123~125页。

[33] 陆岷峰、徐阳洋：《大数据背景下政府宏观调控方式优化研究》，《西南金融》2019年第1期，第37~43页。

[34] 刘友芳：《关于激发科研院所创新活力的对策建议》，《第十六届沈阳科学学术年会论文集》（经管社科），2019。

[35] 张荣、郝大江：《产业联动与经济发展研究综述》，《商业经济》2019年第4期，第4~5页。

[36] 胡跃：《加快宁波现代海洋服务业发展的对策建议》，《宁波经济》（三江论坛）2019年第7期，第20~23页。

[37] 陈迪：《广州空港经济区现代服务业发展对策探究》，《智库时代》2018年第52期，第206~207页。

[38] 谢志惠：《郴州市服务业竞争力分析与发展对策研究》，《西部皮革》2018年第21期，第118~120页。

[39]《十九大报告辅导读本》，人民出版社，2017，第31~32页。

[40]《泉州市2018年国民经济和社会发展统计公报》，中国统计信息网，http：//www. tjcn. org/tjgb/13fj/35872. html。

[41] 刘义圣主编《泉州经济社会发展报告（2018）》，社会科学文献出版社，2018，第86页。

[42] 李英伟：《全面提升泉州市制造业质量发展水平探析》，《闽西职业技术学院学报》2019年第1期，第22~27页。

[43] 姚析佐、李春鹏：《互联网背景下泉州制造业转型升级的路径与策略》，《智能信息技术应用学会会议论文集》，2017。

[44] 刘红艳：《泉州制造业服务化水平及发展路径探析》，《开封教育学院学报》2017年第5期，第253~255页。

[45] 杨爱菊：《乡村振兴视角下农村集体经济发展模式探讨》，《中外企业家》2019年第23期，第156页。

[46] 张新鹏：《乡村振兴战略下农村集体经济的发展路径研究》，《现代商贸工业》2019年第25期，第11页。

[47] 胡秀华：《发展壮大村级集体经济全力促进乡村全面振兴》，《农家参谋》2019年第16期，第14页。

[48] 王留鑫、姚慧琴：《乡村振兴视域下农地“三权分置”与农村集体经济组织发展》，《宁夏社会科学》2019年第4期，第109~113页。

[49] 郭明亮：《发展壮大村级集体经济为乡村振兴提供有力支撑》，《现代交际》2019年第9期，第248~249页。

[50] 杨生团、刘振奋：《聚焦：乡村振兴战略下贫困村集体经济发展之路》，《营销界》2019年第11期，第82~84页。

[51] 何代欣：《如何推动减税降费全面起效》，《金融博览》2019年第5期，第32~33页。

[52] 杨虹、马国柱：《减税降费为纳税人带来更多获得感》，《中国税务》2019年第5期，第75~76页。

[53] 楚耘：《把减税政策落到实处》，《中国储运》2019年第5期，第12页。

[54] 俞明辉：《减税降费与财政收支平衡》，《新理财》（政府理财）2019年第4期，第54~55页。

[55] 石海娥：《减税降费：把给企业减负落到实处》，《光彩》2019年第4期，第22~24页。

[56] 李旭红：《减税降费助力小微企业发展》，《中国税务》2019年第4期，第14~17页。

[57] 卞梦健：《加大减税降费力度　促进实体经济发展》，《税收征纳》2019年第3期，第1、9~11页。

[58] 张宜：《新形势下减税政策效应研究——以扬州市开发区为例》，扬州大学硕士学位论文，2018。

[59] 张泽帅：《我国供给侧结构性改革中的减税政策研究》，河北经贸大学硕士学位论文，2018。

[60] 苏洪爱：《小微企业税收优惠政策解析及纳税筹划路径分析》，《财会学习》2019年第15期，第15~16页。

[61] 李雨凡：《城市商业银行对小微企业融资的风险管控》，《经营与管理》2019年第6期，第27~30页。

[62] 翁子斐：《商业银行支持小微企业的信贷产品创新》，《经营与管理》2019年第5期，第12~14页。

[63] 杨静修、唐秀梅：《民营企业融资难的原因分析及对策建议——基于行为金融学的视角》，《经营与管理》2019年第5期，第15~18页。

[64] 程立丽：《普惠金融存难题》，《纳税》2019年第13期，第198、201页。

[65] 刘翔峰、宋语哲：《支持民营经济要抓住小微企业这个关键环节》，《辽宁经济》2019年第4期，第10~13页。

[66] 夏平：《商业银行服务小微企业的实践与思考》，《金融纵横》2019年第3期，第3~10页。

[67] 毛雪媛：《商业银行小微企业不良贷款的风险防范——以建行B支行为例》，河北工程大学硕士学位论文，2018。

[68] 何苗颖:《我国商业银行投贷联动运作模式分析》，西南科技大学硕士学位论文，2018。

[69] 周鸿瑜:《泉州地区商业银行支持小微企业发展的策略研究》，福建农林大学硕士学位论文，2017。

[70] 朱以财、刘志民:《“一带一路”高校战略联盟建设的现状、困境与路径》,《比较教育研究》2019 年第 9 期，第 3 ~ 10 页。

[71] 黄艾、祝志勇:《构建产业学院提升高职人才培养质量的专业建设机制研究与实践》,《职教论坛》2015 年第 18 期，第 65 ~ 68 页。

[72] 李宝银、汤凤莲、郑细鸣:《产业学院的功能设计与运行模式》,《教育评论》2015 年第 11 期，第 3 ~ 6 页。

[73] 李冀平:《“海丝”泉州扬新帆》，人民政协网，http://www.rmzxb.com.cn/c/2018 - 12 - 27/2250404.shtml。

[74] 应雄:《文化先行: 推进“一带一路”建设的和合文化基因——以阳明心学重构中国文化传播软实力》,《宁波日报》2018 年 9 月 13 日第 008 版。

[75] 周建标:《“海丝泉州”城市品牌建设路径选择》,《文化与传播》2018 年第 5 期，第 39 ~ 45 页。

[76] 姚素月:《凭借暑期社会实践活动，助力古刺桐史迹申遗——以泉州经贸学院古韵海丝申遗实践队为例》,《江西电力职业技术学院学报》2019 年第 3 期，第 92 ~ 93 页。

[77] 陈朝霞:《“海丝”申遗要有全球视野》,《宁波日报》2011 年 12 月 12 日第 008 版。

[78] 王菲、宁翠娟、吴存兰、董雅琪、郑小佳:《海丝泉州: 重品牌推智造创示范》,《纺织科学研究》2018 年第 6 期，第 60 ~ 63 页。

[79]《泉州:“海丝”牵线助推泉州品牌国际化》,《福建质量管理》2015 年第 Z2 期，第 57 页。

[80] 刘忠:《借助“一带一路”战略来推动地方经济转型升级》,《政治经济学评论》2015 年第 4 期，第 21 ~ 23 页。

[81] 彭长林：《石器时代环南海地区的文化互动》，《东南亚南亚研究》2015 年第 4 期，第 83 ~ 89、110 页。

[82] 吴泰、陈高华：《宋元时期的海外贸易和泉州港的兴衰》，《海交史研究》1978 年第 0 期，第 5 ~ 16 页。

[83] 《福建〈针路簿〉解密泉州地区航运贸易路线》，和讯网，http://news.hexun.com/2013-05-24/154486598.html。

[84] 苏鑫鸿、郑雨婷：《明清时期泉州私人海外贸易兴盛原因初探》，《厦门大学学报》（哲学社会科学版）1989 年第 1 期，第 79 ~ 83 页。

[85] 陈博翼：《从月港到安海——泛海寇秩序与西荷冲突背景下的港口转移》，《全球史评论》2017 年辑刊，第 86 ~ 126、348 页。

[86] 陈衍德、卞凤奎主编《闽南海外移民与华侨华人》，福建人民出版社，2007，第 46 ~ 59 页。

[87] 泉州市华侨志编纂委员会编《泉州市华侨志》，中国社会出版社，1996。

[88] 施亚岚等：《中国海丝旅游城市文化软实力建设研究：比较的视角》，《华侨大学学报》（哲学社会科学版）2018 年第 2 期，第 72 ~ 82 页。

[89] 陆芸：《近 30 年来中国海上丝绸之路研究述评》，《丝绸之路》2013 年第 2 期，第 13 ~ 16 页。

[90] 陈雅梅：《浅谈泉州历史文化名城品牌形象的打造》，厦门大学硕士学位论文，2006。

[91] 刘兵：《我国体育产业发展的内在动力、存在问题与升级路径》，《武汉体育学院学报》2019 年第 8 期，第 37 ~ 43 页。

[92] 张英建：《我国体育产业创新驱动型发展机制研究》，《广州体育学院学报》2019 年第 4 期，第 22 ~ 24 页。

[93] 丁举岩：《“一带一路”背景下我国体育消费市场发展前景探讨》，《商业经济研究》2019 年第 14 期，第 182 ~ 184 页。

[94] 陈林会：《我国体育产业高质量发展的结构升级与政策保障研究》，《成都体育学院学报》2019 年第 4 期，第 8 ~ 14、127 页。

[95] 钱海婷:《基于区域品牌塑造的秦东地区文化资源开发》,《西安石油大学学报》(社会科学版)2014 年第 6 期,第 104 ~108 页。

[96] 武联、李东:《尊重、保护自然生态环境,再现历史文化价值——(唐)玉华宫风景名胜区规划的思路和方法》,《苏州城建环保学院学报》1999 年第 3 期,第 64 ~72 页。

[97] 阮仪三、张艳华、应臻:《再论市场经济背景下的城市遗产保护》,《城市规划》2003 年第 12 期,第 48 ~51 页。

[98] 解占录:《简论青海历史文化资源开发的社会价值》,《青海民族研究》2001 年第 1 期,第 34 ~36 页。

[99] 安玉滨:《论音乐教材在保护和挖掘黑龙江历史文化资源工作中的作用和意义》,《经济研究导刊》2010 年第 8 期,第 82 ~91 页。

[100] 彭燕:《武陵山区土家族口述历史文化资源的传承与抢救研究》,《图书馆学研究》2011 年第 6 期,第 37 ~39 页。

[101] 毛锋、周文生、黄健熙:《空间信息技术在京杭大运河文化遗产保护中的应用》,科学出版社,2011。

[102] 杨福泉:《促进云南历史文化资源与旅游良性互动》,《社会主义论坛》2012 年第 10 期,第 10 ~11 页。

[103] 刘玉珍:《广西凭祥市历史文化资源的保护和利用——以班夫人信仰为例》,《广西民族师范学院学报》2012 年第 6 期,第 15 ~18 页。

[104] 夏莹、高泽华、刘梦雅:《论城市文化资源的保护与利用——以潍坊风筝资源为例》,《潍坊学院学报》2013 年第 5 期,第 27 ~29 页。

[105] 赵世林、王玉琴、陈燕:《社会建构论与民族文化资源的保护与开发——以大理白族文化为例》,《贵州民族研究》2013 年第 6 期,第 45 ~48 页。

[106] 梁俊仙、鲁杰:《冀西北历史文化资源的保护和开发》,《河北青年管理干部学院学报》2014 年第 2 期,第 105 ~109 页。

[107] 陶丽萍:《长江三峡地区巴文化资源的保护与利用策略》,《长江大学

学报》（社科版）2014 年第 9 期，第 16 ~ 21 页。

[108] 颜岸青、余道年、陈保中：《对和县历史文化资源保护开发的几点思考》，《安徽工业大学学报》（社会科学版）2014 年第 6 期，第 58 ~ 60 页。

[109] 杨帆、陈恩虎、齐先文：《炯炀老街历史文化资源的保护与旅游开发研究》，《中南林业科技大学学报》（社会科学版）2017 年第 3 期，第 92 ~ 97 页。

[110] 欧阳亿、刘向林：《古镇旅游开发中特色历史文化资源的保护与发展分析——以大通古镇为例》，《广西科技师范学院学报》2018 年第 2 期，第 81 ~ 84 页。

[111] 于春梅、季诗洋、李文睿、潘贺男：《少数民族红色文化资源的保护和传承》，《理论观察》2018 年第 4 期，第 111 ~ 113 页。

[112] 武宜娟：《论地方历史文化资源的产业开发》，《学术交流》2012 年第 8 期，第 144 ~ 147 页。

[113] 黄志锋：《城市文化软实力提升研究：基于福建省区域发展视角》，《科技和产业》2017 年第 5 期，第 17 ~ 22 页。

[114] 韩佳均：《医养结合养老模式发展的难点及对策》，《中国人口报》2019 年 8 月 14 日第 3 版。

[115] 邓丽：《医养结合养老服务模式探究》，《中国人口报》2019 年 8 月 2 日第 3 版。

[116] 李长远、张举国：《我国医养结合养老服务的典型模式及优化策略》，《求实》2017 年第 7 期，第 68 ~ 79 页。

[117] 朱莹：《苏州市“医养结合”机构养老模式研究》，《合作经济与科技》2016 年第 19 期，第 178 ~ 179 页。

[118] 崔树义、杨素雯：《健康中国视域下的“医养结合”问题研究》，《东岳论丛》2019 年第 6 期，第 42 ~ 51、191 ~ 192 页。

[119] 刘德春：《医养结合养老模式面临的困境及对策探讨》，《中国农村卫生事业管理》2018 年第 11 期，第 1397 ~ 1401 页。

［120］郑丽真：《泉州市土壤污染状况与防治措施》，《农技服务》2010 年第 12 期，第 1654～1655 页。

［121］李冬、周婧：《土壤重金属环境污染与治理措施》，《节能》2019 年第 7 期。

［122］张纯臻、田薇：《土壤重金属的治理方法和研究展望》，《建材与装饰》2019 年第 21 期，第 149～150 页。

［123］陈炜：《我国土壤环境保护与污染防治探讨》，《节能》2019 年第 8 期，第 147～148 页。

［124］钱莲文、郭建宏：《泉州农业气象灾害空间分布特征分析》，《泉州师范学院学报》2009 年第 6 期，第 76～79 页。

［125］钱莲文、郭建宏：《泉州主要气象灾害对农业生产的影响及其防御措施》，《福建农业科技》2009 年第 6 期，第 70～72 页。

［126］游丽金、王如明：《气候及其变化对东南亚农业生产的影响》，《地理教育》2010 年第 Z1 期，第 29 页。

［127］李桂珍、李永利：《探析农业气象服务与气象灾害防御体系建设》，《农家参谋》2019 年第 17 期，第 117 页。

［128］郝瑛、闫慧敏：《农业气象灾害类型及防御对策》，《现代农村科技》2019 年第 7 期，第 89～90 页。

［129］王健超：《平武县主要农业气象灾害及防御措施》，《吉林农业》2019 年第 13 期，第 110 页。

［130］郑焙华：《泉州市花卉产业发展现状及对策》，《林业勘察设计》2010 年第 2 期，第 144～148 页。

［131］赵国华：《泉州市洛江区花卉产业发展现状和对策》，《华东森林经理》2015 年第 4 期，第 67～69、72 页。

［132］《海南省花卉产业含苞待放离不开政府政策引导与支持》，《农业工程技术》（温室园艺）2014 年第 3 期，第 173 页。

［133］杨园：《中国花卉产业的发展现状、趋势和战略》，《现代园艺》2019 年第 11 期，第 44～45 页。

[134] 路莹：《宝鸡市苗木花卉产业发展战略研究》，西北农林科技大学硕士学位论文，2019。

[135] 潘颖利、马刘平、蒲景庭：《浅析陕西省花卉产业的发展态势》，《中国市场》2019 年第 10 期，第 48 ~ 49 页。

[136] 张李玲、佟洪金、廖瑞雪、许冠东：《四川省城市集中式饮用水水源保护对策》，《四川环境》2019 年第 3 期，第 26 ~ 29 页。

[137] 付青、郑丙辉：《关于饮用水水源地规范化建设的思考》，《环境保护》2015 年第 14 期，第 51 ~ 54 页。

[138] 陈森阳：《饮用水水源地突发环境事件防范对策探讨》，《厦门科技》2019 年第 3 期，第 17 ~ 20 页。

[139] 庞朔、赵莹、潘发林、杨惠宇、张惠峰：《饮用水水源地水质现状评价及变化趋势分析研究》，《科学技术创新》2018 年第 19 期，第 14 ~ 15 页。

[140] 洪礼东：《晋江市引供水现状分析与发展规划探讨》，《水利科技》2018 年第 1 期，第 6 ~ 9 页。

[141] 林道华：《福建省泉州市“十二五”水土保持工作成效和“十三五”工作思路》，《亚热带水土保持》2017 年第 1 期，第 27 ~ 29 页。

[142] 林道华：《浅谈福建省泉州市水土保持生态建设项目管理》，《亚热带水土保持》2011 年第 2 期，第 46 ~ 48 页。

[143] 朱利会：《分析水土保持治理存在问题和解决措施》，《现代物业》（中旬刊）2018 年第 11 期，第 254 页。

[144] 董碧阳：《水土保持工作面临的形势及发展对策》，《农业科技与信息》2019 年第 15 期，第 38 ~ 39 页。

[145] 岳奎：《城市水土保持监测中存在问题及对策分析》，《科技风》2019 年第 16 期，第 139 页。

S UB DATABASE 基本子库

中国社会发展数据库（下设 12 个子库）

整合国内外中国社会发展研究成果，汇聚独家统计数据、深度分析报告，涉及社会、人口、政治、教育、法律等 12 个领域，为了解中国社会发展动态、跟踪社会核心热点、分析社会发展趋势提供一站式资源搜索和数据服务。

中国经济发展数据库（下设 12 个子库）

围绕国内外中国经济发展主题研究报告、学术资讯、基础数据等资料构建，内容涵盖宏观经济、农业经济、工业经济、产业经济等 12 个重点经济领域，为实时掌控经济运行态势、把握经济发展规律、洞察经济形势、进行经济决策提供参考和依据。

中国行业发展数据库（下设 17 个子库）

以中国国民经济行业分类为依据，覆盖金融业、旅游、医疗卫生、交通运输、能源矿产等 100 多个行业，跟踪分析国民经济相关行业市场运行状况和政策导向，汇集行业发展前沿资讯，为投资、从业及各种经济决策提供理论基础和实践指导。

中国区域发展数据库（下设 6 个子库）

对中国特定区域内的经济、社会、文化等领域现状与发展情况进行深度分析和预测，研究层级至县及县以下行政区，涉及地区、区域经济体、城市、农村等不同维度，为地方经济社会宏观态势研究、发展经验研究、案例分析提供数据服务。

中国文化传媒数据库（下设 18 个子库）

汇聚文化传媒领域专家观点、热点资讯，梳理国内外中国文化发展相关学术研究成果、一手统计数据，涵盖文化产业、新闻传播、电影娱乐、文学艺术、群众文化等 18 个重点研究领域。为文化传媒研究提供相关数据、研究报告和综合分析服务。

世界经济与国际关系数据库（下设 6 个子库）

立足“皮书系列”世界经济、国际关系相关学术资源，整合世界经济、国际政治、世界文化与科技、全球性问题、国际组织与国际法、区域研究 6 大领域研究成果，为世界经济与国际关系研究提供全方位数据分析，为决策和形势研判提供参考。

法律声明